Ich nähte für den Kaiser von Äthiopien

Aide Rehbaum

Aide Rehbaum

Ich nähte für den Kaiser von Äthiopien

Die wahre Geschichte von Elise, einer Deutschen in Afrika

Biografischer Roman

Verlag DeBehr

Linolschnitte: Dr. Aide Rehbaum
Covermotiv: erstellt über midjourney.com
Herausgeber: Verlag DeBehr, Radeberg
Umschlaggrafik Hintergrund © tarapong - Fotolia.com
Neuauflage: 2023
(1. Auflage erschien 2014 unter dem Titel: Äthiopischer Brokat – Eine Deutsche in den Wirren Ostafrikas)
ISBN: 9783987271397

Für Kurt, in Liebe

Das Alte stürzt, es ändert sich die Zeit,
und neues Leben blüht aus den Ruinen.
(Schiller, Wilhelm Tell IV, 2)

Inhaltsverzeichnis

Anmerkung: Kursiv gesetzt sind die Gedanken der Protagonisten.

Prolog

Äthiopien 1973. „Ich bringe Ihren Landrover nach Mekele zurück", hat sie vor Stunden in Addis Abeba dem Präsidenten des Roten Kreuzes von Eritrea versprochen. Kein Thema, seine Bitte kam ihr entgegen.

„Good gracious." Sie murmelt zu sich, wie so oft, wenn sie alleine unterwegs ist. „Machen Sie sich keine Sorgen, habe ich doch tatsächlich gesagt." Sie schüttelt nachträglich den Kopf über ihre unsinnige Floskel. *Der Verbleib des Wagens hat ihn bloß einen Moment länger davon abgehalten, sich um weit Schwerwiegenderes Gedanken zu machen,* überlegt sie. *Und dann auch noch den Stander des Wagens abzuschrauben, als kleine Erinnerung für meinen Sohn.* Der Wimpel liegt neben ihr auf dem Beifahrersitz.

Staubfahnen verhüllen die Sicht auf den Straßenverlauf. Sie entstehen unter dem Hakenpflug, den unweit der Straße ein paar Männer mit bloßen Händen über ein abgeerntetes Baumwollfeld zerren.

Ato Tadesses Pflichtauffassung in allen Ehren, aber da fehlt mir jegliches Verständnis für. Statt sein eigenes Leben für die ganze Sippe zu retten, fühlt er sich verpflichtet, einen einzelnen Greis auf seinem letzten Gang zu stützen!

Sie will nicht nachdenken über das, was sie gestern Nachmittag vom Büro aus beobachtet hat, die roten Rinnsale an der Backsteinmauer und alles andere. Deshalb ist ihr die Wut ganz willkommen über den Konvoi, den sie gerade eben bei Alamat'a ins Flüchtlingslager einbiegen sah. Irgendwie kommt sie mit der eher zurecht als mit dem Entsetzen.

Dieses verdammte Militär!

Sie schlägt mit der Faust aufs Lenkrad und knirscht mit den Zähnen. *Missbraucht haben sie mein Mitleid. Wenn Leo wenigstens da wäre, könnte ich meine Ohnmacht bei ihm ausheulen. Noch ein Bergrücken, dann habe ich es geschafft.* .

Als sie ein Wadi erreicht, hängen Gewitterwolken über dem letzten Pass vor Mekele. Linkerhand krallt sich die Straße an die Felswand, rechts gähnt die Schlucht. Erschrocken stoppt sie. Die Zufahrt zur Brücke versperren übermannshohe Gesteinsbrocken. *Eine klassische Falle für einen Shifta-Räuber.* Protestierend fliegt eine Felsentaube auf. Besorgt sucht sie mit den Augen die Hänge und Vorsprünge oberhalb der Straße ab.

Schimpft die Taube nur über mich? Wenn man da oben zwischen den Felsen hockt, sieht man jeden meilenweit kommen und ist selber unsichtbar. Hey, bewegt sich da etwas? Blitzte der Sonnenstrahl eben nicht in einem Brillenglas? Die Freude versalze ich euch. Zwischen den Felsblöcken wird es knapp, aber mir bleibt nichts anderes übrig.

Sie gibt Gas und rollt auf die rechte Lücke zu, bis Stein über Blech schrappt, dann erhöht sie den Druck aufs Gaspedal.

Soll es ruhig die Wagenseite aufreißen, was sind schon ein paar Schrammen!

Sie zieht die Handbremse, lässt den Motor laufen und zwängt sich hinaus.

Weit jenseits der Gebüschgrenze hört sie es rutschen. Sie stemmt sich gegen den rechten Felsblock, den Schuh in eine Rinne verhakt, und beginnt bei der Schinderei zu keuchen. Verdammt, nur zehn Zentimeter, dann würde das Mistding von selbst rollen! In ihren Oberarmen beginnen die Muskeln zu brennen. Sie fasst tiefer. Ihr Fuß rutscht weg. Sie muss verschnaufen.

Zwischen den Sträuchern hangauf bröckelt etwas. Dicke Wassertropfen platschen auf Karosserie und Straßenbelag. Irgendein Hilfsmittel muss her, was könnte sie nehmen? Halb aus der Klamm ragt ein kleiner Baum mit der Krone nach unten. Sie reißt sich die Hände auf, zerrt und drückt, um ihn zu sich zu ziehen. Dann splittern die Äste und sie schwankt zurück.

Ein kopfgroßer Brocken kollert zwanzig Meter entfernt über den Weg. Die Stoßstangenecke muss als Drehpunkt herhalten, sie stemmt das Holz unter den Stein, schnellt sich verbissen auf den Stamm, während ihr Atem rasselt. Krks! Stücke brechen ab, der Brocken zittert schwach. Endlich! In Zeitlupe dreht er sich um sich selbst, die Kante gibt nach und behäbig gleitet er Richtung Flussbett. Mit dem Unterarm reibt sie über die Stirn und verschmiert den Dreck.

Die Geräusche im Hang ... Mehrere Personen sind auf dem Weg, darauf wette ich.

Uff! Sie wirft das Stämmchen dem Felsen hinterher und wuchtet sich auf den Fahrersitz. Zack! Krach! Ein Blitz taucht die Bergschrunden in ein bläuliches Licht, umso schwärzer die vorzeitige Dunkelheit, die Reifen drehen ein Stück durch, greifen schließlich und der Wagen überquert die Brücke. Das Unwetter bricht mit Macht aus den tief hängenden Wolken.

Sie hat beschlossen, dem Prinzen nie zu gestehen, was sie in der Hauptstadt gesehen hat, und ahnt nicht, dass sie sich deswegen bis an ihr Lebensende Vorwürfe machen wird.

Mit heißer Nadel genäht

1

1942, Bonn. Nachträglich war Elise der Überzeugung, dass die erste Weiche am letzten Schultag vor Beginn dieser Osterferien gestellt worden war, die sich eigentlich nach Freiheit anfühlen sollten. Nur die Forsythien erfüllten die in sie gesetzten Erwartungen. Dafür war nicht der Krieg verantwortlich, sondern, das wurde ihr ständig unter die Nase gerieben, außer ihrer Faulheit der fatale Widerspruchsgeist.

Sie gab sich unbeeindruckt, aber nur weil sie nach der Schule schon Dampf abgelassen und ihren Ball eine halbe Stunde lang gegen die Scheunenwand von Bauer Halbig gedroschen hatte vor Ärger, weil das Ergebnis so perfekt in die Schablone von Mutter Hertha passte. Elises Trotz gegen jedes „Ihr müsst" oder „Man tut" kam gegen Mutters Bitterkeit nicht an.

Stiefvater Heinz, Angestellter einer Euskirchener Bank, ließ den Schöpflöffel wortlos in die Eier mit Senfsauce fallen, als Elise gestand: „Wenn ich nicht freiwillig das Gymnasium mit der mittleren Reife verlasse, geben sie mir kein Abgangszeugnis, sondern ich darf eine Ehrenrunde drehen."

Über das Sitzenbleiben, diesen Beweis für Elises Unfähigkeit, frohlockte Mutter Hertha: „Hättest mal besser bei den Mädeln mitgemacht, statt dich zu verkriechen. Das ist jetzt die Quittung." Sie meinte das blöde Keulenschwingen beim Bund Deutscher Mädel.

Die Argumente waren vorhersehbar wie Stichworte in einem Drehbuch. Eines folgte dem nächsten, bis die Szene im Kasten war und keiner hörte mehr richtig hin.

Die Mutter höhnte weiter: „Da hat Frau Doktor mit ausgespielt." Elises größter Wunsch war gewesen, Ärztin zu werden, seit sie sich an Omas Sterbebett so hilflos gefühlt hatte. Medizin war für Hertha zwar kein Schnickschnack, bloß als Berufswunsch in ihren Kreisen der Inbegriff an Großmannssucht und gehörte in die Schublade „Hirngespinste" und die schloss sie jetzt. Dieses Fiasko widerlegte den letzten Rest ihrer Zweifel, dass das Mädchen am besten einen handfesten Beruf erlernte.

Elise nahm sich eine zusätzliche Pellkartoffel. „Mir egal, keine zehn

Pferde halten mich weiter in der Schule", schmollte sie. *Den Tod von Oma kann ich sowieso nicht mehr rückgängig machen,* machte sie sich klar, *wird's halt nichts mit der Ärztin.*

Die ewig gleiche Leier fehlte auch diesmal nicht: „Wie lange soll das Kind uns denn noch auf der Tasche liegen? Das soll bald was verdienen."

Elise schluckte und murmelte: „Fachschule für Handwerk in Düsseldorf, das wär's." Die möglichen Zuschüsse, Elises letzter Trumpf, rissen das Ruder nicht herum.

„Du häs en Egg av." Dialekt zählte bei Heinz als Indiz für Überdruck. „Wer soll das bezahlen? Die Fahrtkosten!" Der kleine Halbbruder Dieter duckte sich in Erwartung eines größeren väterlichen Wutausbruchs. Stattdessen schnalzte Heinz mit seinen Hosenträgern und streckte sich. „Leever met däm Kopp durch die Wand wie jar kein Finster." Versöhnlich streckte er schon die Hand aus, um der Tochter über den Kopf streichen, aber sie drehte sich wie üblich automatisch weg. Mehr als erklärlich, wenn man die ganze Vorgeschichte betrachtet.

„Du häs Krömel im Kopp!", knurrte Hertha unwirsch. „Ein Studium bei einem Mädchen ist nichts als rausgeschmissenes Geld. Nähen kannst du auch mit einer Schneiderlehre!" Elise fühlte ihre Flügel schmerzhaft beschnitten. „Zu mehr reicht deine Ausdauer nicht. Da kannst du das Haushaltsgeld mit aufbessern, wenn du erst unter der Haube bist", fügte die Mutter hinzu.

Sissi hob den Kopf von den Pfoten und fiepte kurz. Das Mädchen stand auf, hockte sich, grub die Finger ins Nackenfell des Schäferhundes und maulte über die Schulter: „Dann gründe ich jedenfalls eine eigene Werkstatt."

Hertha lachte. „Wenn du gescheit bist, angelst du dir einen Beamten, dann hat das Abrackern ein Ende." Mit diesem Satz pflasterte sie den Lebensweg ihrer Tochter, seit diese denken konnte.

Köch, Kirch, Pänz, das reicht dir vielleicht", dachte Elise. *„Mein Beruf soll mir Freude und dem ständigen Pfennigdrehen ein Ende machen. Und einen Stall voll Kinder will ich. Die brauchen nicht wie ich jedem Fitzelchen Lob wie ein Hund der Wurst nachjagen und schmusen werde ich mit denen den ganzen Tag.*

Zwei Jahre später hatte eine höhere Gewalt in ihren Lehrplan eingegriffen und sie wusste, wie man Hühner mit bloßen Händen fängt, Wehrmachtsdecken zu Kleidung verarbeitet und sich vor Russen in Sicherheit bringt.

2

1946. Ob die zweite Weiche mehreren im Münster gestifteten Kerzen zu verdanken war, ließ sich nicht eindeutig sagen. Auf jeden Fall überschlugen sich die Dinge durch einen Eisprung.

„Dass du dich nicht kaputtschwitzt in der Bluse", staunte Ruth, als Elise ihre langen Ärmel herunterrollte, nicht schnell genug, um den feuerroten Krätzeausschlag zu verstecken.

Ruth, deren Schwester Judith und Elise bildeten ein Gespann wie aus der Operette. In jeder freien Minute klebten sie zusammen, seit Elise verdreckt und abgemagert ein halbes Jahr zuvor nach der Sperrstunde aufgetaucht war, allein aus der Evakuierung zurückgekehrt und vom Anblick des Kölner Trümmerfeldes noch unter Schock.

Barfuß war Ruth nach unten gestolpert und der nicht gerade nach Rosen Duftenden um den Hals gefallen mit den Worten „Ich dachte, die Russen haben dich kassiert." Dass ihr Nachthemd dabei den Abstieg zum Putzlappen um mehrere Stufen übersprang, war ihr gleichgültig

„Die Amis hätten es beinahe geschafft."

Ohne Zögern befeuerte Mutter Goldstein den Badeofen, durchstöberte die Lebensmittelvorräte und lachend und weinend zugleich überbrückten ihre zusammenhanglosen Berichte die zurückliegenden Jahre.

„Im Juli bin ich in Föritz los", das waren drei Monate seitdem, „zu Fuß. Diesseits der Grenze haben sie mich ohne Papiere aufgegriffen und ein wenig aufgehalten." Das war gewaltig untertrieben, Elise wischte Nachfragen jedoch mit einer Handbewegung weg. „Von Coburg aus bin ich mit Lastwagen und Güterzug weiter. Meine Mutter und Dieter sitzen wahrscheinlich immer noch in dem Kaff."

„Schau sich das einer an", Ruth zeigte auf die schwarze Brühe,

„ich tippe auf einen Kohletransport."

„Der war auch dabei. Ich mach da weiter, wo ich vor drei Jahren aufgehört habe. Schrubb mir mal den Rücken, Judith, wenn du schon auf dem Hocker klemmst“, forderte Elise. „Morgen renne ich Meier-Mertens die Tür ein.“

Vorweisen konnte sie in dem Modeladen gegenüber dem Münster nichts, ein Probestück hatte aber gereicht und sie war Lehrling. Durch einen Maueranschrieb fand sie ihre Angehörigen ein paar Wochen später und zog mit ihnen zusammen, denn nur mit Tante Käte und Cousin Günther standen Hertha, Dieter und Elise Wohnraum bei einem Baron in der Koblenzer Straße zu. Heinz war noch in französischer Kriegsgefangenschaft und Onkel Hans vermisst.

Regelmäßig trafen sich seitdem die drei Mädchen hinter der Jugendstilfassade. Parkett und Stuckdecke mit Kronleuchter, warum nicht, aber Mansarde, und das in diesem glühend heißen Sommer!

Bis auf die Jungs saßen alle zusammen in der Bude, das ließ sich nicht vermeiden. Elise räumte eine halbfertige Weste auf ein Beistelltischchen und Ruth packte ihre Gerätschaften aus. „Ich fang gleich an, damit wir fortkommen.“

Gehorsam setzte sich Elise auf den thronartigen Großvatersessel am Fenster, dessen rot-gelb gestreiftes Polster sich im Bezug des Kanapees und der Tapete wiederholte. Vornehm geht die Welt zugrunde, die ihre halt mit einer Biedermeiergarnitur aus Kirschbaum.

In schwarzgemusterten Kittelschürzen ribbelten die Mütter auf dem durchgesessenen Sofa Berge von alten Pullovern auf, um sie in den bestellten modernen Schick zu verwandeln.

Aus dem Volksempfänger tönten die täglichen Suchanzeigen des Roten Kreuzes, in denen sich auf der Flucht verloren gegangene Kinder an Namen und Situationen der Verlassenheit erinnerten. Allzu leicht wühlte das Gehörte durchlebte Schrecken auf, deshalb unterbrach Elise: „Es muss herrlich sein an einem Ort ohne Schutt und Blindgänger, ich will endlich schöne Dinge, mal Farben sehen! Das Grau in Grau hängt mir zum Hals raus! Wie unter einer Schimmelschicht komme ich mir vor.“

Hertha verzog die Mundwinkel. „Setz halt eine rosa Brille auf.“

Mit einer Brennschere versuchte Ruth, der Freundin den gleichen Lockenschwall zu zaubern, mit dem die Natur sie selbst beglückt hatte. „Egal wo, den Aufenthalt würde ich mir schon verdienen“, griff sie die Spinnerei auf und zog die nächste Strähne über das Eisen.

Zum vierten Mal klingelte es an jenem Nachmittag, Elise duckte sich unter der heißen Schere weg und sprang mit wehendem Rock die paar Schritte zur Tür, das Handtuch noch um die Schultern. Einer der Obdachlosen, die am Rhein in Zelten kampierten, eingewickelt in einen Vorhang, mit einer russischen Mütze und herabhängenden Ohrenklappen, streckte Elise eine rostige Büchse entgegen und presste zwischen aufgesprungenen Lippen hervor: „Hätten Sie bitte Wasser?" Das Mäntelchen des kleinen Jungen an seiner Seite war von Riemen zusammengehalten und sein Schädel wegen der Läuse rasiert.

Jetzt sahen sie alle bemitleidenswert aus. In dem Blick, den Ruth von Elise auffing, als sie den Behälter füllte, stand die unausgesprochene Frage: Ist das auch einer von denen? Zusammen hatten sie erst kürzlich Broschüren aus dem Goldsteinschen Bücherschrank verschlungen, die einem das Blut in den Adern gefrieren ließen. Sie bestätigten das Gemunkel in Thüringen von Lampenschirmen aus Menschenhaut.

Die Bilder aus dem KZ Buchenwald verfolgten die Backfische bis in den Schlaf und bewirkten, dass sie sich ein Messer unters Kopfkissen legten. Da solche Taten niemandem auf die Stirn geschrieben standen, konnte der harmloseste Zeitgenosse, der zufällig neben einem Schlange stand, beteiligt gewesen sein.

Die Wohnungstür war hinter den Flüchtlingen zugefallen, Tante Käte verknotete das Ende ihres Knäuels mit dem nächsten Strang und legte ihn der Schwester um die Handgelenke. „Was würdet ihr denn machen? Elise hat noch nicht mal ihre letzte Prüfung!" Unwirsch fragte Hertha nach dem unbekannten Ausdruck: „Was soll das wieder für eine Flause sein, Au Pair?" Sie stellte sich eine Art Kinderlandverschickung darunter vor.

„Als Au Pair betreut man Kinder und spült Geschirr, nichts anderes als das, was ich hier auch mache, aber man kriegt es bezahlt", sagte Judith, hob ihren Bubikopf vom Strickzeug, kratzte gedankenverloren mit einem Fuß an der anderen Wade und zerquetschte eine Mücke. „Wenn du erst dort bist, siehst du, wie es woanders läuft, und warum soll sich nicht noch Besseres finden? Gefällt es einem nicht, kommt man halt zurück und hat immerhin was gesehen."

Die drei waren sich einig: „Es kann nur schöner sein als hier. Nach dem Abi sind wir weg."

„Bleibt noch zwei Monate", brummte Elise. „Meine Gesellenprüfung mach ich noch.“ Sie schrie auf, weil Ruth sie geziept hatte.

„Du schuftest wie eine Maschine“, spottete Judith, „bei der ein Abstellknopf fehlt.“ Jemand brauchte nur mit Gewebtem zu winken, schon trat Elise in die Pedale der gräflichen Singer-Nähmaschine.

Neidisch mäkelte Ruth: „Du bist die Letzte, Judith, die klagen darf.“ Bei Judiths Sommerkleid hatte sich Elise selber übertroffen, in der Taille und am Saum ein eingesetzter Streifen mit Schmetterlingen auf rotem Grund – weiß der Himmel, welcher Bettüberwurf dafür hatte herhalten müssen – , am Halsausschnitt ein Restchen Spitze, eine Schleife auf der Brust und der nachtblaue Gardinenstoff war reif für eine Berliner Modenschau.

„Erste Sahne, Elise ist eine Künstlerin.“

„Ach was, halb so wild“, beschwichtigte die Freundin. „Meine Chefin hat mir den Zutritt ins Lager für die fertigen Stücke verboten und ich darf von früh bis abends Ärmel fertigmachen. Nur Ärmel.“

„Logisch, die hat Angst, du kupferst ihre Muster ab.“

„Hilft ihr bloß nicht viel. Ich muss nur die Zuschnitte sehen, das reicht. Mit den richtigen Stoffen wäre es ein Kinderspiel.“

Tante Käte stand auf, klaubte einige Fädchen vom Rock und zog die Vorhänge vor der Küchenecke zurück. „Ich sehe noch das lavendelfarbene Hochzeitskleid mit passendem Frack und Zylinder vor mir, deinen ersten Auftrag aus der Nachbarschaft, da hattest du gerade deine Lehre angefangen.“ Sie setzte den Wasserkessel auf den provisorisch angeschlossenen Emailkohleherd, der umgehend anfing zu qualmen, und stellte ein paar angeschlagene Tassen auf den Tisch.

Die Tante, die mit verklärter Miene ein Wischtuch an ihre Brust drückte, ähnelte der Heiligen Maria Magdalena auf Elises jüngstem Kommunionsbildchen: „Auf den Champs Élysées bummeln, das muss herrlich sein, in einem Café eine heiße Schokolade mit Sahne süffeln und dazu ein Mokkaeclair!“ Auf Kommando schoss den fünf der Speichel schmerzhaft auf die Zunge.

Das seidene Halstuch, das Hans kurz nach dem Einmarsch aus Paris geschickt hatte, hüteten sie wie eine Reliquie. waren doch Reisen ins Ausland bis dato bestenfalls für höhere Töchter gewesen, und das sollte auf einmal für sie in Reichweite sein?

Bei Vorstellung der Weltkarte wurde es Elise schwindelig. „In Englisch war ich immer gut in der Schule! Am besten wir fahren irgendwohin, wo das gesprochen wird, Amerika oder Australien." Ein Ozean wäre günstig als Schutzschild gegen Einmischung aus der Heimat und vor der Versuchung zu früh aufzugeben, falls nicht gleich der Rubel rollte.

Die Abendsonne funkelte in den Glastropfen des Kronleuchters und rückte das Fadenscheinige der quastenbesetzten Tischdecke und die mit Geschirr vollgestopften Borde in mildes Licht.

Bis zur Unkenntlichkeit verschönt schlenderten die drei, übermütig eingehakt, wenig später zum Alten Zoll, Streublümchen in Wadenlänge, ohne Strümpfe in schiefgetretenen Halbschuhen, die Augenbrauen mit Holzkohle nachgezogen, verrucht wie Marlene Dietrich und hungrig nach Aufregung. Ein Tanzvergnügen reichte nicht mehr für ihren Tatendrang, sie hätten nicht sagen können, was ihnen vorschwebte, Hauptsache neu, nie dagewesen sollte es sein.

Unter den schattigen Platanen traf Ruth die Eingebung: „Kinder, Tante Sarah wohnt in Manchester!" Mit offenem Mund starrte Elise sie an. So ein Sprungbrett stand ihr als Metzgersenkelin nicht zur Verfügung.

3

Lieber heute als morgen hätte Elise ihrer Mutter gekündigt und sie gegen Tante Käte ausgetauscht, die fieberheiß Elises Hand drückte und krächzte: „Du bringst es zustande, Kind." Ab September verschlechterte sich ihr Befinden, auf ihren kreideweißen Wangen glühten karminrote Flecken. An feuchtkalten Tagen reichte ihre Luft nicht mehr weiter als bis zum Sofa, wo sie im Morgenrock von Flicken zu Flicken Kräfte verausgabte. Diese Phase endete im Krankenhaus am Tropf, die einzige Therapie, die den Ärzten zu Gebote stand. Elise nahm sich Näharbeit mit, um ihr so oft wie möglich Gesellschaft zu leisten.

„Natürlich, lass mich erst die Prüfung haben, dann können sie sich auf den Kopf stellen." Mit jeder Wiederholung glaubte Elise stärker an einen Ausweg. Sie brauchte noch nicht einmal die Augen zu schließen, um Wolkenkratzer, klingende Sektgläser und Laufstege mit ihrer Kollektion unter Palmen vor sich zu sehen.

„Leg dich nicht auf die faule Haut“, nörgelte Hertha tagtäglich, „alte Sachen umändern kannst du jederzeit.“

Das Verhältnis zwischen ihnen hatten weder Bombentreffer noch die Evakuierung verbessern können. Die Mutter honorierte mit keinem Wort Elises Einfallsreichtum bei der Jagd nach Essbarem, obwohl allein mit den Lebensmittelkarten für Erwerbslose Schmalhans nicht mal Küchenjunge gewesen wäre.

„Du machst das schon richtig.“ Tröstend strich dagegen Käte über den Arm der Nichte. *Tja, richtig und falsch, wer legt das fest,* fragte sich das Mädchen. *Da zerschneide ich Uniformen, färbe und verbräme mit Pelzkragen, nähe praktisch Persilscheine, aber die Perlmuttknöpfe halten denselben abscheulichen Inhalt zusammen wie vorher die mit Hakenkreuz.*

„So nachdenklich heute, Elise? Gibt’s was Besonderes?“

„Gestern kam ein Telegramm aus Manchester: Zwei Plätze bei guten Familien frei! Es wird ernst, Tante.“

Ein Lächeln huschte über Kätes Gesicht, als Elise seufzte: „Mir wird nichts anderes übrigbleiben, ich muss mich als Schiffsjunge verkleiden und auf einem Dampfer anmustern.“

Tantchen verstand sie. „Ich bin mir sicher, eines Tages staffierst du sogar die Apachen mit Dirndl aus.“

Als die Kranke eingedämmert war, machte sich Elise auf den Heimweg. Meier-Mertens, der ihr eine feste Stelle verweigerte, konnte ihr gestohlen bleiben! Im Hofgarten stapfte sie durch die zusammengewehten Laubhaufen unter den Parkbäumen, die die Druckwelle der Bomben und Brennholzsammler noch nicht entwurzelt hatten. Der vom Rhein hochgewaberte Nebel verdichtete sich zu Raureif und würde bald jedes Licht zum Funkeln bringen.

Wie konnte sie nur so eigensüchtig sein! Penicillin fehlte der Tante, ihr letztes Kleid hätte die Nichte für eine Ampulle hergegeben, aber es war aussichtslos, ohne Beziehungen war es nicht mal auf dem Schwarzmarkt zu ergattern.

Auf die ansteckende Aufbruchsstimmung der Freundinnen freute sich Elise. Die prickelte im Gemüt wie Champagner auf der Zunge und zog sie unwiderstehlich durch das Stockentor. Sie hielt sich an der Ruine des Rathauses rechts und drückte die angelehnte Tür in einem der Gebäudereste auf, dessen Mauern oberhalb des ersten Stocks

ausgebrannt in den Himmel ragten.
Bei Goldsteins öffnete Judith völlig verheult. Das war gerade das Gegenteil von dem, womit Elise gerechnet hatte. „He, probt ihr etwa das Heimweh? Übt lieber ‚God save the King‘!“
„Bei uns ist eine Bombe hochgegangen“, sagte Ruth, die inmitten mehrerer Wäschehaufen ihren Besitz einer Inventur unterzog.
Elise setzte sich neben die schniefende Freundin aufs Bett. Ein zweiter Koffer voller Staub und Spinnen harrte unberührt neben der Kaktus-Etagere. „Hast du Angst vor der eigenen Courage gekriegt?“, fragte Elise. Judith vergrub ihren Kopf im Kissen und schluchzte leise.
Frau Goldstein betrat das Wohnzimmer und behielt den Türdrücker in der Hand. Den strengen Eindruck ihres schwarzen Kleides aus Fallschirmseide, ein Werk Elises, milderte sonst ein weißer Kragen aus gehäkeltem Zwirn. Weil sie ihn vor lauter Rage vergessen hatte, trübte nichts das Bild einer Rachegöttin auf der Suche nach einem Flammenschwert. „Schau sie dir an! Judith hat sich alles vermasselt“, lamentierte sie. „Hast du davon gewusst, Elise?“
„Was soll ich wissen?“
„Sie kann sich nicht nur alle Englandpläne an den Hut stecken, aus, vorbei!“ Der im Nacken verschlungene Haarknoten der Ärztin war in Auflösung begriffen.
Judith begehrte auf: „Fahre ich eben später!“
„Wie stellst du dir das vor? Eine verheiratete Frau kann nicht als Kindermädchen ins Ausland! Und ich hoffe, er hat so viel Anstand, dich zu heiraten.“
„Moment, warum sollte sie? Das ist kaum der geeignete Zeitpunkt!“, protestierte Elise.
Judiths Mutter, die so viel auf Erziehung zu Selbstständigkeit und Eigenverantwortung schwor, presste aus heruntergezogenen Mundwinkeln: „Du sagst es!“
„Ich bin schwanger“, jammerte die Freundin.
„Ach, du grüne Neune“, murmelte Elise, während sie die aufsteigende Übelkeit unterdrückte. Sie sah eine enttäuschte Familie in Manchester am leeren Bahnsteig stehen. Augenblicklich wurde ihr heiß. *Der verwaiste Platz in England! Gab es einen größeren Pechvogel*?
Hoch aufgerichtet, stand Frau Goldstein vor einem der mit

Wachspapier beklebten Fenster. „Spätestens morgen hat sie für Behrendts den letzten Brief getippt. Wenn der das erfährt ... Abgrundtief dumm ..., was erzähle ich nur eurem Vater?“ *Aus der Traum bei Mutter und Tochter*!

„Sie hat sich alles verbaut! Studium mit Kind, dass ich nicht lache, kein Beruf. Verheiratet oder nicht verheiratet, was soll das für eine Zukunft sein? Alles gestrichen“, klagte Frau Goldstein und zündete sich eine Zigarette an.

Wäre ich nur an Judiths Stelle, dachte Elise.

Die Sünderin schluchzte: „Dann gehe ich eben, wenn das Kind da ist. Oder ich verlier es vorher.“ Sie werde jede Treppe nur noch springen und sich als Trümmerfrau die schwersten Balken aufladen.

„Untersteh dich!“, schrie ihre Mutter. „Die Stelle in England aussitzen kannst du vergessen. Wer jetzt eine Hilfe braucht, nimmt den nächstbesten Bewerber.“

„Bis dahin gibt es neue Interessenten.“

„Sarah hat sich krummgelegt, um euch den Job zu ergattern, und ihr ... Undankbar!“

„Der muss nicht verloren sein“, hakte Ruth ein, „dann kommt halt Elise mit.“

Dem einen sin Uhl, ist dem anderen sin Nachtigall. Die Quintessenz von Herthas Kommentar am Tag der Abreise war: „Na, viel Vergnügen, wirst schon sehen, was du davon hast.“

Vor kurzem war Heinz mit Krücken heimgekehrt, er nickte geistesabwesend. Ein Esser weniger, waren sich beide stillschweigend einig.

Tante Kätes Tod zwei Wochen zuvor hatte den letzten Hemmschuh entfernt und Elises Lebenszug nahm an Fahrt auf.

4 Sechs Jahre später

Bis zu diesem Stuhl hatte Elise der Schwung des kolossalen Freiheitsgefühls getragen, das die zwei Mädchen erfüllt hatte, seit in Ostende der Kontinent hinter ihnen im Dunst verschwunden war. Je länger sie wartete, umso mehr drückte die ungewöhnliche Schwüle des Apriltages auf ihre Stimmung und ihre Zuversicht bröckelte. Wozu war sie als eine der ersten zur Sprechstunde eingetroffen? Ergebnis der „queuing culture“ war, dass ausländische Prüflinge bis zuletzt saßen, hatte Elise den Eindruck.

Sie kramte in ihrer Tasche, aber statt des Vokabelhefts, das sie anscheinend auf dem Nachttisch liegengelassen hatte, förderte sie ein Foto mit gezackten Rand zu Tage, das sie mit Ruth zusammen auf der Fähre zeigte.

Von dem knöchellangen Mantel aus kratzigem Wollstoff wollte ich mich längst trennen, das total altmodische Barett ist bei Oxfam gelandet. Am Stolz hat sich nichts geändert. Es war die einzig richtige Entscheidung nach London zu gehen. In den „fetten Jahren“ als Aupair bei dieser Arztfamilie in Manchester war ich ständig kurz davor mich zu erbrechen. Die Fleischberge jeden Mittag, der Schmer an den Händen ohne Spülmittel, igitt. Schwer hat man es als Vegetarierin. Sie wischte unbewusst die Hände an der Hose ab. *Schade, dass hier Achtundvierzig-Stunden-Tage nicht reichen, um das Angebot auszukosten. Kunst, Theater, Fortbildung. Die Weihnachtsfeste folgen schneller aufeinander als die U-Bahnzüge.*

Wie diesmal die Prüfung ausgefallen war, sollte sie gleich im Büro der Kursleiterin erfahren. Davon hing der nächste Schritt ab.

Wieder öffnete sich die Tür. „Miss Nabokov, kommen Sie bitte!“ Die vorletzte Teilnehmerin raffte ihre sieben Sachen. Das Gewimmel der Schüler in den Fluren versickerte, während Elises Entrüstung wuchs und ein Stillsitzen immer schwieriger machte. Draußen sah sie Eis schleckende Mädchen in Schuluniform vorbeispazieren.

Als sie eine Viertelstunde später im Büro mit dem abgeschabten Teppichboden stand, dessen Farbe den Geruch nach Durchfall heraufbeschwor, zügelte sie ihren Bewegungsdrang.

„Drückend ist es heute, nicht wahr?“, sagte Mrs. Markham, die Leiterin des Designlehrgangs, und ordnete Papiere auf dem Schreibtisch. „Das richtige Wetter, um ans Meer zu fahren. Kennen Sie Brighton, Miss äh?“

Die Dame im hellblauen Twinset kannte hundertprozentig Elises Namen. Ihr typisch englisches Höflichkeitsgeplänkel verursachte, dass Elises Knie zitterte, als ob ihre Nähmaschine in Höchstgeschwindigkeit laufe.

„Was sind Ihre langfristigen Pläne? Sicher wollen Sie sobald wie

möglich zurück in Ihr Land."
Hinsichtlich ihrer Familie empfand Elise keinen Verlust, denn verlieren konnte man nur, was man vorher besessen hatte. Elise zwang ihr Bein zur Ruhe, weil das Rockfutter hörbar am Stuhlbein schabte. Nur zu deutlich gellten ihr Mutters Klagen über Oma im Ohr, die ihr erlaubt hatte, die ersten selbst genähten Puppenkleider auf der Straße zu verkaufen. Unter den Fingern spürte sie die noppige Oberfläche des Verdunklungsstoffs wieder, den sie nach Vorbildern aus der Modezeitung „NS Frauenwarte" zerschnitten hatte.

Die leidenschaftslose Lehrerin mit der teigigen Blässe und kastanienroter Entwarnungsfrisur bat sie in die bequeme Sitzecke neben einer Standuhr, die wie ein Metronom das Gespräch in dosierte Dornen zerhackte.

„Bis zum eigenen Modestudio wird es noch dauern. Meine Aufenthaltserlaubnis ist an Arbeit gekoppelt, die regelmäßig beim Foreign Office im Old Admiralty Building an der Mall nachzuweisen ist. Ich schüttle tagsüber Kissen auf, verteile Essen und Aufmunterung als Orderly im St. Mary Abbots, fürs Schneidern bleibt nur abends Zeit."

„Ach, in Kensington!" Die energische Frau verbarg ihre Erleichterung, schenkte den Tee ein und rückte die Schale mit den Ingwerkeksen in die Tischmitte. „Das sind die roten Backsteingebäude mit Sandsteinkanten, an denen die Feuer des Blitzkriegs noch sichtbar sind?"

Die Schülerin überging den versteckten Vorwurf. „Genau, es macht mir ja Spaß, mit den unterschiedlichsten Menschen zusammenzutreffen, bloß bezahlt ist es zu schlecht, um damit ein Vollzeitstudium zusammenzusparen."

„Sie sind ausgesprochen geschickt und haben einen Riecher für Trends", presste die Ältere mit angestrengtem Lächeln hervor. Bei ihr bekamen Talent und das gewisse Etwas, das sie widerwillig dieser Deutschen zugestehen musste, normalerweise eine Chance, doch nicht die Tochter eines „Krauts". Momentan entsprach deren Erscheinungsbild keineswegs ihrem Schreckgespenst, aber die Assoziation von marschierenden Reihen blonder Zöpfe, Halstuch und ausgestrecktem rechten Arm ließ sich ebenso wenig unterdrücken, wie Gänsehaut auf niedrige Temperaturen.

„Hübsch, was Sie da entworfen haben und im Schriftlichen keine Fehler", eröffnete die Lehrerin.

Doch sie musste diese Nazigöre entmutigen. „Das Zertifikat wird leider nicht viel nutzen. Die Fortgeschrittenengruppe ist für das kommende Semester ausgebucht."

Mit sechsundzwanzig Jahren hatte Elise damit die Abschlussbescheinigung der Anfängerstufe in der Tasche. Jahrelang zügelte sie nun schon ihre Ungeduld, legte jeden Penny zurück und nähte die halbe Nacht, irgendwann musste auch sie einmal schlafen. Trotzdem war ihr Wunsch, es dieser Ignorantin zu zeigen, übermächtig.

Im St. James's Park traf Elise ihre Kolleginnen aus der Klinik wie verabredet auf der Bank am See, die eher hausbackene Trudi aus der Schweiz mit der Vorliebe für Tweed-Röcke und dem Liebreiz eines Feldwebels, die ein bisschen überkandidelte Elli aus München, die im Winter Sehnsucht nach den schneebedeckten Bergen und dem Aprés-Ski packte, und Ruth. „Die Schufterei nimmt kein Ende", seufzte Elise niedergeschlagen.

Nur wegen eines Wolkenbruchs stellten sie sich unter den Dachvorsprung, wo jedes Türeöffnen mit köstlichem Duft lockte, sonst hätte ihr Schicksal nicht seinen Lauf nehmen können.

5

Die bonbonfarbene Inneneinrichtung des Cafés in der Kensington High Street entsprach dem letzten Schrei und war ein „Must" unter jungen Leuten. Um die Schuhe der vier Hilfsschwestern in dampfenden Mänteln und mit tropfenden Schirmen bildeten sich Pfützen und von den Fenstern rann das Kondenswasser. Statt den Eingang zu verstopfen konnten sie sich ebenso gut ein paar Scones gönnen.

Es waren nur an einem der nierenförmigen Tische ausreichend Clubsesselchen frei und das strahlend weiße Lächeln der bereits dort sitzenden jungen Männer verstärkte die magnetische Wirkung dahin. Was war dabei? Zu viert fühlt man sich sicher.

„Woher kommt ihr?", fragte Elli die jungen Männer nach dem ersten Gefrotzel über die drangvolle Enge, wobei ihre glühenden Bäckchen den Grad ihrer Gemütsbewegung verrieten.

„Äthiopien!" Es fiel der Begriff „Königin von Saba". Bei aller Exotik war das christlich, also nicht gänzlich fremd.

Man sucht im Unbekannten immer auch das Vertraute und nur vom sicheren Territorium aus wagen wir uns dann in unerforschte Gewässer. Warum sollte es ihnen anders gegangen sein als den Jungs?

„Seid ihr Touristen?“, wollten die Fremden wissen.

Die Hilfsschwestern wohnten unter den Dachsparren des Nurse House, der Unterschied zur gräflichen Mansarde in Bonn war minimal, unter anderem mit dem gusseisernen Waschbecken eines Hoflieferanten der Queen Victoria möbliert, außerdem männerfreie Zone, aber das rieben sie den Afrikanern nicht unter die Nase.

„Wir studieren hier“, erfuhren die Mädchen von den träge zurückgelehnten jungen Herren und fühlten sich taxiert.

„Auweia, muss teuer sein von so weit her.“ Elli fächelte geziert mit der Speisekarte und Elise kam sich zum ersten Mal im Vergleich mit ihr als graues unscheinbares Mäuschen vor.

„Wir haben ein Stipendium unseres Kaisers.“ Durch die innere Wochenschau flimmerte eine Kreuzung des Kalifen von Bagdad und Kaiser Wilhelm. „Ich heiße Melese“, sagte der im Anzug, dessen große Augen Elise auf der Haut brannten, „und die drei hier Adunja, Amanuel und Makonnen.“ Das Quartett hätte glatt den Schnitzereien im Chorgestühl des Kölner Doms entstiegen sein können.

Als Bedienung jobbten in dem Café zwei ihrer Landsleute, Cousinen zudem, die biegsame Masante, deren Gang zwischen den Bistrotischchen einem Tanz glich, und Rahel, deren Oberweite die Servierschürze fast sprengte. Die schmalere, milchkaffeefarbene Nofretete brachte ein Tablett voller Tassen, Gebäck und Clotted Cream und ein wahrhaft königliches Lächeln zur augenzwinkernden Warnung: „Na, jetzt kommt gleich der Satz mit der Elite des Landes.“

Als wolle Rahel ein Staatsgeheimnis dem nächsten Klatschkolumnisten verkaufen, wisperte sie: „Zum ersten Hotelfrühstück in England sind sie in ihren neuen Schlafanzügen erschienen, die Kellner sind in Ohnmacht gefallen!“ Nur drei der Krankenschwestern verkniffen sich loszuprusten, die vierte kaschierte ihr Gelächter mit Husten.

Man bekam den Eindruck, Melese verbringe seine Tage auf den Besucherrängen des Unterhauses, weil er bei dessen Erwähnung in Fahrt kam. Dabei studierte er Architektur und Adunja Medizin. Ihn hätte Elise für einen Schüler gehalten, wenn er nicht Geheimratsecken gehabt hätte, denn alles an ihm war zu kurz geraten, seine Gliedmaßen, die Stirn, sogar seine Sätze. Der athletisch gebaute Amanuel, der Techniker, teilte den Geschmack der vier Deutschen in puncto Musik und Kino.

Auf dem Heimweg schritten sie ungeachtet des typischen Smogs eingehängt voran, mit den Gedanken noch ganz im Café. „Der Lange hat Klavierspielerhände."

Elli wollte sich gar nicht beruhigen über die schönsten Menschen, die sie in ihrem Leben gesehen hatte. Schon drehten sich Leute an der Bushaltestelle schmunzelnd zu ihr um. „Besonders die Frauen", beugte sie jeder Anzüglichkeit vor.

„Und das hast du sogar ohne Brille gesehen, alle Achtung!"

In Gesellschaft ersetzte die Kollegin aus Eitelkeit ihre Sehhilfe wenig zweckmäßig durch Augenschminke. „Recht hast du", bestätigte Elise. „Dat Fijörche, das wären die besten Models auf dem Laufsteg."

Trudi klappte die Kapuze ihrer Regenjacke herunter, zog die Kniestrümpfe hoch, die sie bis in den November hinein mit Hinweis auf den Golfstrom trug, und raffte die Einkaufstüten näher. „Die müssen die Köpfe nach der Geburt runddrücken. So gleichmäßig, wie die sind!" Ihre Absicht, die Hebammen danach zu fragen, war vergessen, als der richtige Doppeldeckerbus bremste und einen Schwall Pfützenwasser aufspritzte.

Im Nurse House bückten sich die Mädchen unter den Wäscheleinen hindurch, die den ganzen Dachboden bis zu ihren öden Zimmern im Zickzack unterteilten.

„Dieser Makonnen", ungläubig schüttelte Elli den Kopf, „sieht mit seinen hüftlangen Locken eher aus wie ein Pirat und rechnet noch aus, wie viele Linsen die Bauarbeiter an den Pyramiden verbraucht haben."

Zustimmend nickte Elise. „Der beurteilt alles danach, ob es sich lohnt oder nicht."

„Geh zurück und lass dir die Adresse geben, Elise." Trudi blieb mit vor Übereifer hochgezogenen Augenbrauen stehen.

Doch Elise zierte sich.

6

Vom North Carriage Drive schlenderten zwei Bobbys mit den Händen auf dem Rücken heran, auf den Lippen ein schiefes Lächeln, und stellten sich zu einem Hot-Dog-Wagen, an dem zwei Halbwüchsige ihre Würstchen bezahlten.

Ein Redner auf der Bierkiste hielt eine Landkarte von Großbritannien hoch und seine Stimme überschlug sich: „Die Frauen sind unser Untergang, überall mischen sie sich ein und mäkeln einem die Ohren voll. Wie soll man da zur Ruhe kommen, ein bequemes Zusammenleben ist mit diesem Geschmeiß unmöglich!"

Melese und Adunja hatten gerade den Hyde Park durchquert, um am Speaker's Corner ihrem regelmäßigen Sonntagsvergnügen zu frönen, da schwemmte sie die Menge, die vorher bei Baron Soper, dem Methodisten im übergroßen Jackett, Schlips und Melone gestanden hatte, vom Eisenzaun hinüber und vor die Füße dieses verrückten Europäers, der in voller Fahrt war.

Schon bald nach ihrer Ankunft auf der Insel hatten sich die äthiopischen Studenten sonntags in kleinen Grüppchen unters Volk gewagt, ihr Taschengeld war begrenzt, umso willkommener war dieser kostenlose Palaverplatz zwischen grün-weiß gestreiften Liegestühlen und weiten Grasflächen, die eine Menge größerer Tiere als die Tauben spielend ernährt hätten.

Hier lagen ihnen die Briten wie Insekten dem Zoologen unter dem Vergrößerungsglas. Wie offen und unverblümt die Redner, die sich keineswegs nur aus Eingeborenen rekrutierten, ihren Unmut auf den Punkt brachten!

„Ob der denn keine Angst hat, sang- und klanglos mundtot gemacht zu werden?", fragte Adunja.

Sein Freund hatte sich umgehört. „Das Einzige, was dir hier passieren kann, ist, wenn du zu lange um den heißen Brei herumstotterst, dann verlierst du die Zuhörer und deine Geschosse laufen ins Leere."

„Die ziehen alles durch den Kakao", staunte der andere, „hinter den prächtigen Fassaden bröckelt es ganz schön, das ahnst du gar nicht."

„Nur die Royals sind tabu." Manches Mal waren sie sprachlos, mit wie wenig Respekt Ältere behandelt wurden, noch nicht mal schäbige Kleidung war ein Hindernis, seiner Verdrossenheit Ausdruck zu verleihen.

„Was willst du machen, Kollege. Die Frauen sind unser Schicksal!“, rief Melese dem Briten zu. Er stieß Adunja in die Seite, der größte Spaß war es, eine gegensätzliche Meinung zu vertreten und den Redner aus dem Konzept zu bringen. Die Rolle des Provokateurs war ihm auf den Leib geschneidert. Dazu brauchte er keine eigene Ansicht, er behauptete einfach das Gegenteil.

Dem grauhaarigen Weltverbesserer in den ausgebeulten Jeans stieg der Blutdruck, an seinem Hals pulsierte eine Ader und Speicheltröpfchen sprühten im Gegenlicht, während der Wind das Papier in seiner Hand beutelte. „Hier habe ich die Grenzen eingezeichnet. Im Osten und Süden wohnen die Frauen. Männer siedeln im westlichen Teil.“ Auf seiner Landkarte spaltete eine rote Zone die Insel in zwei Hälften, jede Kurve und Halbinsel der Küste hatte er durch einen neutralen Streifen amputiert.

Adunja drohte grinsend: „Dann wird England aussterben!“ Gleich nach dem Abitur hatte er mit einigen Mitschülern in einem TallaBrauhaus die erste Erfahrung mit einer Frau im Schnelldurchlauf hinter sich gebracht. Die verfügbaren Dirnen weihten die Unerfahrenen in das ein, was hinter kruden Andeutungen und Warnungen versteckt wurde, nur ein Vorgeschmack auf ein durchaus reizvolles Wissensgebiet auch hinsichtlich venerischer Krankheiten.

Leider war die Erforschung weiblicher Anatomie dabei mehr als lückenhaft geblieben. In seiner Phantasie spielte die Ergänzung der Leerstellen mit einer Weißen eine nicht unerhebliche Rolle. Die Chance dazu war durch die Cafébekanntschaft in greifbare Nähe gerückt, doch wieder durch die Finger geronnen.

Im selben Augenblick, in dem Adunja bedauerte, dass die vier Püppchen ihre Adressen nicht herausgerückt hatten, fiel sein Blick auf ein blondes Mädchen und als es sich herumdrehte, erkannte er Elise. Sein Landsmann, der mit offenem Mund den Zukunftsvisionen künstlicher Befruchtung gelauscht hatte, war mit den Gedanken schon weiter. „Ich seh schon, du bist geizig mit deinem Nektar. Soll man nur den Spaßvögeln die Zucht überlassen? Was ist mit den Kindern?“

Der Mann auf der Kiste deutete auf zwei Punkte: „Hier macht man Übergänge. Zu festgelegten Zeiten sind Treffen möglich, sonst lebt jeder für sich. Kein Gezeter und Gekrittel, keine Erpressung, kein Kindergeschrei.“

Melese unterbrach seinen Wortschwall: „Ach, sollen die auf der Frauenseite bleiben?“ Adunja zupfte ihn am Ärmel, um auf die blonde Krankenschwester aufmerksam zu machen.

Der Demonstrant war so angefüllt mit dem, was er für berechtigten Unmut hielt, dass zu viele Sätze auf einmal zum Ausgang drängten, mit weit aufgerissenen Augen gestikulierte er in seinem an den Ellbogen durchgewetzten Pullover und komprimierte schließlich den Zorn in zwei Worte: „Wo sonst.“ Melese wettete mit sich selbst, dass er ein alter Veteran war, der als Parkplatzwächter seine täglichen Lagerbiere verdiente.

„Den hat eine schlampige Frau mit böser Schwiegermutter und vier plärrenden Zöglingen mit ihren Ansprüchen in die Schulden getrieben“, phantasierte der kurzgliedrige Adunja.

„Oder ist bei der Scheidung wie eine Weihnachtsgans ausgenommen worden“, spekulierte sein Freund. „Wer weiß, was bei englischen Frauen üblich ist.“

Melese kam dem Traumtänzer ein Stück weit entgegen: „Wer soll den Blagen Disziplin beibringen? Von den Frauen lernen sie das nicht.“ Einen Moment war der Redner perplex und der Äthiopier legte nach: „Wenn die Lehrer pendeln sollen, verlangst du viel. Wie wäre es mit Internaten für Jungs auf der Männerseite? Die Mädchen sollen bei den Müttern bleiben.“ Bei Internaten konnte er mitreden, sein katholisches hatte ihn fürs Leben wahrhaft gerüstet. Er war nicht der Einzige, der sich in Gesellschaft des gleichen Geschlechts sicherer fühlte, dafür hatten die Missionare schon gesorgt.

Vor der Verführung durch die westliche Glitzerwelt war er genauso gefeit, auch wenn er die luxuriösen Schlitten bewunderte, die an jeder Ampel standen. Eines Tages, das wusste er, würde er so ein Auto und die Schuhe bei Lobbs kaufen, ein Laden, an dem eine Plakette seinen Kaiser als Kunden auswies. Das richtige Mundwerk hatte ihm schon in der Schule geholfen. Die Gewissheit, dass sein Vater für ihn als Erstgeborenen die besten Fäden zog, ließ ihn einiges verschmerzen.

Die Bobbys waren grinsend stehengeblieben und wippten amüsiert auf den Ballen. Japsend hing der Phantast am Haken und spann weiter: „Die Schulgebühren sparen wir uns. In die Köpfe passt sowieso nichts rein.“ Eine dürre Jugendliche mit Männerhaarschnitt pfiff auf den Fingern, alle lachten.

„Einer muss schließlich putzen", erinnerte Melese mit gerunzelter Stirn und zwinkerte erfreut Elise zu, die sich zu ihnen durchschob. Er ließ die Augen schweifen nach den Freundinnen, von denen aber keine zu sehen war.

„Hast du Töne, so ein Dussel!" Adunja winkte zum Gruß. „Da ist der Löwe von Juda in seinem Element."

Melese boxte ihm in die Seite und schoss seine nächste Salve ab. „Wer will schon den Müll raustragen? Jeder braucht einen Boy." Die Menge klatschte. Bei diesem Redner hatte er sie hinter sich.

„Auf euch können wir hier verzichten, liegt dem Staat auf der Tasche, anstatt eure Bananenrepublik in Ordnung zu bringen", zeterte ein blasser Anzugträger mit akkuratem Seitenscheitel und geballter Faust.

Die Menge murmelte zustimmend.

„Halt's Maul! Sie nehmen uns die Arbeit weg und klauen wie die Raben."

Eine beleibte Dame stieß ihrem Nebenmann den Ellbogen in die Hüfte. „Sag auch was, Joe."

Ein indischer Einwanderer leerte in aller Gemütsruhe die Papierkörbe in seine Schubkarre.

Jetzt fühlte sich Elise herausgefordert und konterte: „Lern was Gescheites, dann brauchst du keine Angst zu haben, dass dir jemand vor die Nase gesetzt wird."

Die Dame drehte sich zu ihr herum, brachte Elise scharfsinnig mit ihrer haselnussbraunen Begleitung in Verbindung und grölte los: „Noch so ein Flittchen, das sich mit denen einlässt. Mit Stumpf und Stiel ausrotten, sag ich. Dass die Pest nicht um sich greift." Sie schwang einen Regenschirm bedrohlich über ihrem Kopf. Nie im Leben hätte Elise angenommen, dass in einem Land mit jahrhundertelanger Zuwanderertradition aus dem Empire die gleichen Sprüche und auch noch lauthals zu hören waren wie in ihrer Heimat hinter vorgehaltener Hand.

Sie steckten unter gemeinsamer Decke, auch sie war eine Fremde, der man es allerdings erst anmerkte, sobald sie den Mund aufmachte. Es sollte noch Jahre dauern, bis in öffentlichen Einrichtungen der Insel Plakate hingen, die die Opfer von Diskriminierung zur Anzeige ermunterten.

Ihr tomatenroter Kopf kündigte eine deftige Antwort an. Melese raunte ihr zu: „Dein Kampf ist lobenswert, bloß manchmal ist die Kritik berechtigt.“ Gleichzeitig empfand er ihre Betroffenheit als wertvoll.

Der Redner mit der Karte merkte, dass ihm sein Anliegen entglitt. Zerstreut wischte er sich mit einem Taschentuch über die Stirn.

„Sollen wir nur noch im Restaurant essen gehen? Das wird teuer, verehrter Genosse“, warf ein gut genährter Zuhörer ein. „So gut wie bei meiner Oma schmeckt es da nicht.“

„Wer darauf nicht verzichten will, kann auf die andere Seite fahren. Glaubt mir, die Zahl an Herzanfällen und Magengeschwüren wird zurückgehen, wenn wir die los sind!“

Die englische Walküre sank bläulich verfärbt auf einen der Liegestühle, während sich regenschwangere Wolken über den Marble Arch schoben und Sprühregen einsetzte.

Wie aus einem Munde riefen Adunja und Melese: „Da wird sich die Pharmaindustrie nicht freuen.“

Elise amüsierte der öffentliche Schlagabtausch, sehr gerne hätte sie sich länger darauf eingelassen, wenn es ihr Zeitplan erlaubt hätte, doch sie musste sich auf die Socken machen, wenn sie pünktlich den Spätdienst antreten wollte.

„Gib uns wenigstens deine Telefonnummer“, erinnerte Adunja im letzten Moment. „Solange das Land noch nicht aufgeteilt ist, müssen wir das ausnützen.“

Schon auf dem Weg zur Bushaltestelle drehte sich Elise lachend herum. „Wofür haltet ihr mich? Ich kann unmöglich private Anrufe auf Station annehmen. Nächsten Sonntag bin ich wieder hier.“

7

Zwei Jahre später. „Ihr klebt wie Pat und Patachon zusammen“, lästerte Ruth, als beide Koffer im Gepäcknetz verstaut waren und Elise hastig ihren Mantel im Abteil aufhängte. „Draußen steht dein Brüderchen wie bestellt und nicht abgeholt.“

Während Elise die Brotbüchse auf den Klapptisch am Fenster zurechtlegte, dachte sie: *Getroffen. Ein Bruder macht nicht den*

geringsten Versuch, einen zu begrapschen.
Dass Elise einmal bei Melese auf der Couch übernachtet hatte, band sie noch nicht einmal Ruth auf die Nase. Von allen guten Kirschgeistern verlassen musste sie nach dieser Party gewesen sein! Sie hätte sich belügen müssen, um es als einen Test zu beschönigen. Bestanden hätte ihn dieser Schwarze, denn er gehörte in eine andere Kategorie Mann als die Bleichgesichter ihrer Vergangenheit, in welche genau, überlegte sie noch. Dennoch knirschte die innere Stimme: *Eine Dame tut das nicht, soll der Mann sie für ein Flittchen halten? Andererseits, erwarte ich etwas von ihm? Kann mir schnuppe sein, was er denkt.*

„Der hat mir den Kopf vollgejammert, weil ich heimfahre", berichtete sie ihrer Schulfreundin. „Ich habe mir geschworen, den Kontinent erst wieder zu betreten, wenn ich etwas vorzuweisen habe."

„Dann hast du jetzt die Reiseerlaubnis."

„Eine Etappe ist geschafft. Don't make a mountain out of a molehill. Was sind schon drei Monate, hab ich ihm gesagt."

„Soll er sich Paris anschauen", meinte Ruth, „und einen Abstecher nach Bonn machen, das ist schließlich um die Ecke."

Von Trudi beneidet und gemeinsam mit Ruth machte die Reise doppelt so viel Spaß. Ob sie sich zurechtfinden würden nach fünf Jahren Wiederaufbau?
Am Bonner Hauptbahnhof trennten sich die Wege der zwei Freundinnen. Elises Taxi bog hinter der neuen Rheinbrücke zum Fluss ab und schwenkte in die Kaiser-Konrad-Straße. Viel hatte sich verändert, saubere Zweifamilienhäuschen und Wohnblocks füllten die Baulücken und Kirschbäume waren gepflanzt.
Auf der Fahrt legte sich Elise eine Taktik für mögliche Streitgespräche zurecht, überflüssigerweise, denn Mutter Hertha fühlte sich nicht mehr zuständig, da ließ sich leicht tolerant sein, und Stiefvater Heinz hatte keine eigene Meinung.
Beim Kaffee lauschten sie den Erlebnissen der Tochter. Zusammenhanglos fragte die Mutter in die erste Sprechpause hinein, ein bisschen zu unbeteiligt, was die Dringlichkeit umso mehr bewies: „Noch keinen Graf Koks an Land gezogen? Suchst du bei jedem ein Haar in der Suppe?"
Das schamhafte Verstecken fraulicher Rundungen und das Puppenspiel noch im Alter von fünfzehn Jahren hatte Hertha früher als reine

Komödie ihrer Tochter bewertet. Deshalb fand sie keine Erklärung, warum das Mädel, das sich ernähren konnte und mit den Füßen auf der Erde stand, eine alte Jungfer geworden war. Ihrer Meinung nach gehörte ein Ehemann, idealerweise ein gutbetuchter, einfach zu einer vollwertigen Frau.

Als Melese tatsächlich, wie vom Gängelband gezogen, zehn Tage später in der Hauptstadt aufkreuzte, nahm es der Mutter den Wind aus den Segeln und Elise fühlte sich entlastet. „Das ist ein guter Freund“, stellte sie ihn vor. Sein Auftritt wurde mit der gleichen Schicksalsergebenheit hingenommen wie die in der Zeitung veröffentlichte Strichliste unbezahlter Knöllchen an ausländischen Staatskarossen. Herthas Gastfreundschaft gegenüber Ausländern war nie einer Probe unterzogen worden, sondern beschränkte sich auf den Satz „Jede Jeck is angers!“

Sie richtete in der Wohnküche sein Bett auf der Couch her, auf der Häkeldeckchen die durchgewetzten Stellen an der Rückenlehne versteckten.

Stöhnend streckte sich Melese am nächsten Tag: „Mein Rücken fühlt sich an, als wäre jeder Wirbel ausgerenkt.“

„Komm her, Rücken an Rücken. Ich zieh dich mal lang!“ Ächzend jonglierte Elise ihren Freund mit ausgestreckten Armen und gebeugten Knien bis zum erlösenden Knacks!

Als der hochgewachsene Schwarze sich die Beine vertrat, knurrte die Mutter beim Geschirrspülen: „Was heißt hier Freundschaft, Kind! Der hat Schafsaugen! Wenn ein Mann solche Augen macht, ist er verliebt bis über beide Ohren! Bei dem regt sich nicht nur das Herz, lass dir das gesagt sein.“

„Rede du nur herbei, was du dir einbildest“, grummelte Elise bei sich, irritiert, dass keine rassistische Bemerkung fiel.

„Sich so am Riemen zu reißen ...“, rätselte Elise gegenüber Judith, als sie nach einer Tour zum Drachenfels auf den Bänken der Rheinpromenade saßen. „Das sind doch Wölfe im Schafspelz, kann mir keiner erzählen, dass auf einmal alle zur Vernunft gekommen sind.“

Die Freundin wunderte sich nicht: „Die Presse trieft vor Lobhudelei. Äthiopien ist ein Reich ohne Gewalt, in dem Milch und Honig fließen. Du hast anscheinend nicht mitgekriegt, dass Kaiser Haile Selassie gerade unserem Selbstwertgefühl auf die Sprünge geholfen hat.“

„Was hat der da zu tun mit?"
„Tja, er ist gerade abgereist, der erste Staatsgast, der uns für voll nimmt. Wir haben den diplomatischen Ritterschlag, ansonsten bevormunden uns die Alliierten, keiner weiß, wie lange noch."
Dass Mutter in dieselbe Kerbe schlug wie ihre Kolleginnen, veranlasste Elise, das eigene und Meleses Verhalten kritisch zu beobachten. Konnte etwas dran sein an ihrer Eroberung? Sie bildete sich seine verträumten Blicke noch ein, wenn niemand hinter ihr stand, und errötete bei der kleinsten Berührung. Aus jeder zwanglosen Äußerung, jeder Geste, jedem Vorschlag filterte sie Anzüglichkeiten, die ihr früher nie aufgefallen waren. Jeder Hornochse müsse merken, wie künstlich ihre Ausgelassenheit war, fürchtete sie. Wenn sich nur andeutete, dass das Gespräch eine sentimentale Wendung nahm, wurde sie nervös.
Melese gehört zu den Typen, die sogar in Jeans immer wie frisch aus der Wäschemangel aussehen. Er ist nicht breitschultrig, weder Fettwülste auf den Hüften noch dicke Muskelstränge an den Oberschenkeln, ideal wie eine Schaufensterpuppe. Wenn er auf dem Gebiet der Leidenschaft nicht so zurückhaltend wäre, hätte meine Mutter nicht draufzeigen müssen. In seiner Gesellschaft bin ich sicher. Hoffentlich kommt er nicht auf die Idee sich zu erklären, dann wird es heikel. Eine Freundschaft ist so schön unverbindlich und bis ich fertig bin, hat mir keiner dreinzureden.
Am Geländer des Anlegers, wo Judith mit den Kindern stand und den Ausflugsschiffen zuwinkte, entließ ein Schiff der weißen Flotte einen Schwall Ausflügler, die den Farbtupfer Melese als erste Attraktion der Bundeshauptstadt bestaunten. Elise spürte ihre Blicke und interpretierte die unerwünschte Aufmerksamkeit trotzig als Bewunderung für ihren internationalen Umgang.

Bis zu seinem Abschied am Bahnhof war alles noch immer in der Schwebe, die Zeit reichte nur für einen hastigen Abschiedskuss und schon winkte Elise dem Zug hinterher. „Ich erwarte dich am Victoria-Bahnhof", kündigte Melese an und Elise hörte eine Drohung heraus.
Sie drückte sich davor, ihre Gefühle näher in Augenschein zu nehmen. Merklich erleichtert, schlenderte sie die mit Betonplatten belegte Poststraße zum Münsterplatz, mit jedem Schritt ließ der Druck nach und sie begann auf den Platten zu hopsen. „Wenn ich keine Fugen

treffe", so ging ihr altes Kinderspiel, „dann komme ich davon."

8

Steif streckte Melese ihr am Bahnsteig einen bunten Strauß Astern entgegen. „Ich weiß nicht, was ich zu dir sagen soll." Elises Kopf glühte. „Wie wäre es mit: Schön, dass du da bist?"

In seinen Augen saß dummerweise das Wasser locker, er hoffte, dass kein Bekannter unterwegs in die Quere käme. Um die Peinlichkeit zu überbrücken und seinen Händen eine Aufgabe zu geben, tauschte er die Blumen gegen den Koffer. Schwankend hangelten sie sich im Bus die steile Treppe zum Oberdeck hinauf, Elise rutschte auf die Frontbank und musterte konzentriert jede Änderung im Londoner Straßenbild, als ob davon die Dauer ihres Aufenthalts abhinge.

„Bleibst du denn bei mir heute Abend?", unterbrach Melese ihre Betrachtungen schüchtern, wobei Beklemmung, Neugier und Begehren abwechselnd heiße Wellen durch die Adern jagten. *Ob in ihr dasselbe Chaos herrscht*, fragte er sich. *Jeden Augenblick würden sich die anderen Fahrgäste umdrehen und entdecken, dass aus seinem Ohr Rauchwölkchen dampften.* Er verließ sich auf die Schilderung seiner Freunde, lag das Ziel erst einmal hinter ihnen, dann waren die Hemmungen überwunden. An einer Eroberungsliste lag ihm nichts, über etwaige Folgen machte er sich keine Gedanken. Das Angebot war ihm rausgerutscht und weil er nicht vorausschauend handelte, traf ihn ihre Zusage unvorbereitet.

Ist ja ganz schön, sich umwerben zu lassen, wenn es nicht mit Anfassen verbunden wäre. Mitleidig lächelte Elise in Gedanken an ihre Freundinnen, die in aller Offenheit nervös im Kalender rechneten, wenn ihre Tage überfällig waren. *Wenn ich den ersten Schritt mache, wird es erträglicher, weil die Regie bei mir liegt.*

Der Afrikaner stellte den Koffer im Flur ab und bevor Elise nach einer Vase suchen konnte, hielt er ihre Handgelenke fest und wusste nicht weiter. Auf die Art verhinderte er, eine Ohrfeige zu kassieren, andererseits waren seine Hände nicht frei. Erst als Elise zur Drehung ansetzte, zog er sie an sich und drückte seine Lippen auf ihren Mund. Weder wehrte sich die Freundin noch kam sie ihm entgegen, er spürte ihre Anspannung bis in die Fingerspitzen, als zügele sie mit äußerster Kraft den Drang wegzurennen. Das Leben kann mit fünfundzwanzig Jahren _ er war vier Jahre jünger als Elise _ noch genauso kompliziert sein wie mit siebzehn. In diesem Moment hätte ein „Nein“ für keinen von beiden Gesichtsverlust bedeutet, dennoch erstarb es in ihrer Kehle.

Penibel, wie im Internat antrainiert, legte er seine Hose in Bügelfalte, während die eingetrichterten Schlagworte in seinem Kopf zu einem Multiple Choice reduziert waren: die böse Fleischeslust. Stimmt. Die Hure Weib treibt in die Enge. Stimmt nicht. Gehirnerweichung bei Selbstbefriedigung. Stimmt nicht. Oder war es bei Hingabe mit Haut und Haaren? Stimmt oder stimmt nicht? Das Schreckgespenst war außer Kraft. Unbeholfen drängte Melese die Freundin auf seine Liege, ohne sich Zeit für ein Abtasten der Hülle zu lassen. Wie eine Frau aussah, wusste er, rein optisch. Ein langsames Erkunden kam nicht in seinen Sinn, war er sich doch weder seiner selbst noch ihrer Bereitschaft sicher.

Er drückte ihre Beine auseinander, ohne auf Abwehr zu stoßen. Seine Erregung schoss als Flamme aus den Füßen hinauf und entlud sich verfrüht mit einem kleinen wimmernden Schrei, kaum dass der Stromkreis der Lust geschlossen war. Heftig arbeitet seine Pumpe und stoßweise fühlte er hinauspulsiert, was er bis dahin absichtslos im Schlaf eingebüßt hatte.

Einerseits folgten beide dem Instinkt und beobachteten gleichzeitig das Geschehen wie aus dem Vogelflug. Ihre Brust zu küssen und zu streicheln gehörte sich nicht, dieses Terrain war den Säuglingen vorbehalten. Peinlich berührt von seinem klebrigen Geschlechtsteil, drückte Melese sich auf die Knie und erhob sich ohne weitere Umstände, als er die Bescherung auf dem Laken sah. „Flucht nach einem Vorstoß auf fremdes Territorium“ hätte ein Karikaturist das Bild untertitelt. Verlegen vermied Melese jeden Blickkontakt.

War das alles, weswegen so viel Aufhebens gemacht wird, fragte sich Elise, als die Duldungsstarre nachließ. *Da habe ich auf einer Schatzkiste gesessen, die leer war. Was quatschen die anderen nur immer einen Kappes, von wegen Himmel voller Geigen. Glimpflich davongekommen, trifft es eher.*

Diesen Reinfall versinnbildlichte das seelenlos bestückte Zimmer.

Kaum Zettel, Ordner, Schreibzeug, nicht einmal schmutzige Wäschehäufchen. An Staub- und Heimwehfängern gab es nur einen blaustichigen Kalender der Ethiopian Airlines, die Fachbücher zeigten Bibliotheksaufkleber, die spärlichen Möbel fassten den gesamten Besitz.

Sein münzbetriebener Badezimmerboiler fraß ihr sämtliches Kleingeld, bis sie den Geruch nach Fisch und Gummi und all die ekligen Ausscheidungen in den Abfluss geschwemmt hatte und sich halbwegs sauber fühlte. Am liebsten hätte sie ihr Innerstes nach außen gekrempelt, um jeden Rest von Körpersäften zu beseitigen. Mit dem Seifenwasser gurgelte ihre Selbstbestimmung in den Abfluss. *Immerhin gehöre ich jetzt zu den Wissenden. Der wäscht mich, ohne mich nass zu machen, das ist der simpelste Nenner der Erfahrung. Was man als Frau zu ertragen hat, steht im Beichtspiegel: ungebührliche Leichtfertigkeit im Vorfeld des Verlusts der Keuschheit.*

Melese gab vor zu schlafen, gleichermaßen von der Furcht bedrängt, in Elises Gesicht ein Lachen oder einen Vorwurf zu entdecken und der Konsequenz von beidem mochte er sich nicht stellen.

9

„Der Mann liebt dich über alles, dafür brauche ich keine Brille!" Elli, die blauen Lidschatten passend zum Blüschen aufgelegt hatte, schob mit einer Hand das Gestell mit Mittagessentabletts durch den Flur und wich dem Pulk zum Operationssaal eilender Ärzte und Studenten aus. Sie warf dem Oberarzt einen anzüglichen Blick nach. Elise spielte die Ahnungslose und deutete ihm fragend hinterher.

Ungehalten schnalzte die Münchnerin, die bisher vergebens nach Amanuel, dem schmalhüftigen Beau mit den breiten Schultern, schmachtete, und verstaute ein weiteres Tablett, nachdem sie die Essensreste in einen Kübel gekratzt hatte. „Was hält dich zurück? Wie kann man nur so unentschlossen sein", moserte sie, „willst du ewig den Kranken den Hintern abputzen?" Im Vorbeigehen entfernte sie vertrocknete Ranken aus den Grünlilien und entleerte ein Glas Wasser an die Wurzeln. „Du liebst den doch auch!"

Na ja, dachte Elise, *mein Bodyguard hat bis jetzt keinen Eintrag in meiner Mängelliste, er zwingt mich zu nichts, hat keine*

Gewohnheiten, für die man sich schämen müsste. Seine unbeholfenen Zärtlichkeiten sind genau das Richtige. So fühlt sich anscheinend Liebe an.

Minuten später traf sie mit Elli wieder im Schwesternzimmer zum Sterilisieren der Geräte zusammen und stopfte sich eine widerspenstige Locke unter das Häubchen. „Meine Mutter sagt immer, ich soll mir einen Beamten angeln, dann hat das Abrackern ein Ende."

Empört runzelte die Freundin ihre Stirn und kontrollierte die Blätter des Dickblatts auf Milbenbefall, indem sie sich nah darüber beugte. „Wer nichts ist und wer nichts kann, geht zu Post und Eisenbahn."

„Das will ich ja gerade, arbeiten! Ungehindert!"

„Kennst du den Behördendreikampf? Knicken, lochen, abheften. Du wartest doch nicht ernsthaft auf so eine Niete."

„Nein, du verstehst mich falsch."

Trudi drängte sich in die Kochnische und stellte ein in Geschenkpapier gewickeltes Päckchen mit unter die Schleife gesteckten künstlichen Ilexzweigen auf den Stuhl. „Na, Mädels, hat euch einer ans Bein gepinkelt?" Eine Weihnachtsmelodie, die durch das hochgeschobene Fenster hereindudelte, summte sie mit und holte mehrere Packungen Medikamente aus dem Hängeschrank.

Konzentriert streckte Elli die Zunge aus dem Mundwinkel, als sie eine Milbe mit Schmierseife betropfte. „Wenn Elise so weitermacht, wäscht sie eines Tages Tintenflecke aus Ärmelschonern statt Champagnerflaschen zu zerdeppern."

„Blödsinn. Ich will mein Leben nicht als schmückendes Aushängeschild fristen."

„Was ist daran so schlecht?" Vor Ellis kurzsichtigen Augen lag ein Swimmingpool. „Ich kann mir Schöneres vorstellen als Bettpfannen auszuwaschen." Mit ihrem Lerneifer war es nicht weit bestellt und das Ziel ihres Auslandsaufenthalts war der Fang eines Halbgottes in Weiß gewesen, egal, wer im Kittel steckte. Dafür investierte sie in Kosmetika. Elises Drang, sich selbst zu verwirklichen, tat sie mit einem Schulterzucken ab.

Voller Vorfreude auf weiße Weihnacht in der Schweiz, setzte Trudi der Deutschen eine rote Zipfelmütze mit weißer Bommel auf.

„Kannst du das mit deinem Herzbuben etwa nicht?" Das war eben die Frage. „Ich will eure Hochzeit gerne noch miterleben, bevor ich in die

Schweiz zurückkehre. Weihnachten oder Silvester sind die geeigneten Zeitpunkte zur Verlobung."

In Momenten wie diesem spürte Elise eine dicke Decke über sich, die ihr die Luft abdrückte, und hatte das Bedürfnis, sich freizustrampeln. Sie räumte die fertigen Gerätschaften in die Schubladen. „Vielleicht geh ich nach Amerika."

Die Eidgenossin stöhnte, steckte sich eilig vor dem Spiegel eine Haarspange fest und klickerte die Pillen in die bereitgestellten Schälchen. „Weiter flüchten geht nicht?"

„Wie soll ich die Ausbildung hier bezahlen? Ich habe in der amerikanischen Botschaft die Fragebögen für Immigranten abgeholt. Was die alles wissen wollen! Ob ich Kommunist wäre, ob ich im Konzentrationslager war. Im Foreign Office sagen sie, dass ich nicht als reguläre Krankenschwester arbeiten darf. Wie kann ich Erfahrungen für ein Medizinstudium sammeln?"

Vor dem Spiegel leckte Elli ihren Zeigefinger, strich sich über die Brauen und machte einen neuen Gummi um ihren Pferdeschwanz. „Mit der Schneiderei bist du so weit, was willst du denn jetzt noch mit der Medizin?"

„Ein wichtigeres Rädchen im Getriebe sein. Die schönste Aufmachung ist nur Oberfläche, reicht das als Lebensinhalt?" In den Abendkursen nähte Elise für einen Schein und eine Note, mit Kunden hatte sie nichts zu tun. Vielleicht war es das, was ihr fehlte. Sie band ihre Schnürsenkel zu. „Ich hatte gehofft, dass die vielen Jahre, die ich jetzt hier Schnabeltassen halte, zu mehr gut wären als nur für die Brötchen auf dem Tisch." In der Handtasche kramte sie nach dem Lippenstift. „Den Zahn haben sie mir gleich gezogen. Vollzeitstudium wird hier nicht gehen, weil mein Lebensunterhalt nicht gesichert ist."

Ihre Kollegin stellte die Tablettenschalen auf den Servierwagen. „Waren etwa alle Überstunden für die Katz? Ich dachte, du bist bald Modeschöpferin."

„In Amerika gibt es bessere Arbeitsmöglichkeiten für mich. Ich muss los, Melese wird unten stehen, wir wollen zu einer Weihnachtsfeier." Ein kurzes Winken und sie war weg.

Elli rief ihr nach: „Ich wette mit dir, wenn du nach Amerika gehst, steht Melese drüben am Flughafen. Der lässt dich nie im Leben freiwillig los!"

In den Straßen stiebten feine Schneeflocken im Licht der Scheinwerfer, die Autos verstopften die Innenstadt, die dieser Zustandsform des Wassers ausgeliefert war. Kurz vor Erreichen der Hausnummer, in der die Party steigen sollte, war Elise in ihrem Entscheidungsprozess zu einer Zusammenfassung gelangt.

Melese, der bis dahin kommentarlos zugehört hatte, blieb stehen, der Illustration zur Salzsäule aus Elises Kinderbibel nicht unähnlich. Die Worte „Heirat“ und „Familie“ fühlten sich sperrig an und was damit einherging, war so weit entfernt, dass er sich nicht erinnerte, was seine Mutter diesbezüglich angedeutet hatte. War er nicht außer Landes gegangen und hatte dadurch Althergebrachtes auf den Kopf gestellt? Beide hatten drei Kreuze über ihre Vergangenheit geschlagen, doch die Gründe konnten konträrer nicht sein.

„Hör mir zu, ich darf studieren und arbeiten“, stammelte er.

„Schön für dich.“

„Wenn du mich heiratest, hättest du die gleichen Möglichkeiten.“ Elise fluchte insgeheim auf ihre Entscheidungsfreiheit. „Wie wäre das, ich mag dich sehr und du hast mich doch auch gern.“ Ihr Schweigen kränkte ihn. „Du traust dich nicht, weil ich schwarz bin.“

Ein solcher Verdacht traf sie härter als alle Unterstellungen ihrer Mutter. Der innerliche Protestschrei verpflichtete sie zum Beweis des Gegenteils, der sie andererseits dem Verdacht aussetzte, sie sei kaltschnäuzig auf ihren materiellen Vorteil bedacht! Ihre Vorbehalte gegen die Institution bündelten sich in dem Begriff Scheinehe und waren nur durch ein Bekenntnis zur Liebe auszumerzen.

Das Kopfzerbrechen, wie sie aus dieser Zwickmühle herauskomme, lenkte sie den ganzen Abend so ab, dass sie nicht auf die Menge Gin mit Orangensaft achtete, die sie auf leeren Magen kippte, kaum die rechte Grundlage für Lemonkoteletts, die, beim Tanz geschüttelt, in kürzester Zeit die Wirkung einer falsch behandelten Sektflasche zeigten.

Elise hing würgend über der Schüssel, Melese rannte in die Apotheke, kochte Kamillentee, stützte sie zur Toilette. Er legte sich neben sie und wärmte ihr fürsorglich den Rücken. Erregtes Gestammel, geiferndes Keuchen und schweißklammes Ungestüm? Weit gefehlt, denn sein Leidenschaftsmaß entsprach homöopathischer Verdünnung: verlässlich, zufriedenstellend und geringdosiert.

10

Eines Samstags klemmten sie in der Regent Street im Stau der Kauflustigen, der sich um einen Dudelsackspieler in schottischem Tartan vor dem Showroom von Waterford Wedgwood gebildet hatte. Bis ins letzte Sahnelöffelchen entsprach die prachtvoll gedeckte Kaffeetafel auf einem weißen Quadrat Richelieustickerei und sechs Gedecken Kaffeeservice - „King's Ransom von Royal Albert", wie Elise auf dem Schildchen las - dem Inbegriff an heimeliger Behaglichkeit.

Vor dem Schaufenster pries eine dicke Frau in wattierter Jacke Bündel von Christrosen in Wassereimern an. „Wie wär's mit einem Sträußchen für Ihre Freundin?", fragte sie voller Hoffnung, dass dieser Braunhäutige solche Sitte bereits kannte. „Ja, geben Sie her." Kaum bezahlt, drehte er sich schwungvoll um die eigene Achse und streckte die Blumen Elise entgegen. "Would you marry me?"

Ein Kloß verklebte Elises Stimmbänder, sie bewegte ihre Lippen im Leerlauf. „Wenn du so viel Angst vor der Entscheidung hast, lass es uns äthiopisch machen", schlug er vor und hängte sich lächelnd bei ihr ein.

„Wie wäre das?"

„Wir versprechen uns für zwei Jahre. Wenn wir uns dann immer noch mögen, verlängern wir den Kontrakt."

Die Weihnachtseinkäufer drängten die beiden weiter, sie mussten hintereinander gehen, eine Unterhaltung war unmöglich und Elise war froh um den Aufschub, denn ihre Vorsätze rasten wie Billardkugeln durcheinander.

Sie glaubte, Liebe und Treue seien keine Frage, weder bei ihm noch bei ihr. *Wer kennt die Zukunft? Noch einmal so einen Riesenskandal wie bei meinen Eltern? Meine Mutter hat als Erste in der ganzen Stadt das Armenrecht in Anspruch nehmen müssen, da Vater selbst bei gutem Willen nichts hätte zahlen können. Möglicherweise war der Gruppensex als Begründung vom Rechtsanwalt zusammengesponnen. Bei dem Wort fiel jeder 1928 noch in Ohnmacht. Einer musste schuld sein, an meiner Familie hat das geklebt wie ein ausgespuckter Schleimklops. Alle waren sich einig, ein Huhn gackere noch nicht mal bei einem Windei aus Spaß. Trennung ist gleichbedeutend mit Untergang. Wenn ich dem offiziellen Amtssiegel ausweiche, kann das nicht passieren und auf Äthiopisch läuft der Vertrag erfreulich sang- und*

klanglos aus.
„Ja“, antwortete Elise. *Eine Stufe nach der andern, dann sehen wir weiter.*
Wie eine Befristung vereinbar war mit ihrem Wunschtraum von einer großen Familie? Trotz aller Phantasie merkwürdig kurzfristig gedacht. Dass ein Leben als Alleinerziehende kein Zuckerschlecken war, hatte die Mutter eindrucksvoll vorgelebt.

Melese hatte seine Augen aufgemacht in den sechs Jahren, die sie sich kannten. *Diese unverwüstliche Tatkraft, unglaublich, auf die Art kann man was erreichen,* dachte er, *geschäftstüchtig, praktisch und weitblickend. Die Weißen haben sicherlich deshalb so viel geschafft, weil sie alle genauso ticken, oder liegt es an den Frauen? Besteht darin das ganze Geheimnis ihrer Überlegenheit auf allen Gebieten? Unübersehbar, dieses Fuhrwerken von morgens bis abends, Energie wird nicht sinnlos verplempert, ein Rädchen greift ins andere. Wenn ich erst in ihre Kultur hineingewachsen bin, flutscht bei mir auch alles wie von selbst, wäre doch gelacht! Für den ersten Architekten des Landes ist die beste Frau gut genug. Mit ihr kann ich mich sehen lassen.*
Jedes Mal verfolgt mich dieses Tuscheln bis in den Schlaf, das unweigerlich folgt, wenn ich wieder in einem Fettnäpfchen gelandet bin. Dagegen ist dieses Mädchen die beste Abwehr.
Seine Vorstellungskraft war beschränkt, Seifenblasen gehörten mehr als bewusstes Kalkül dazu. Noch war alles erreichbar und Äthiopien läge ihnen zu Füßen, hätte er gesagt, wenn Elise ihn gefragt hätte.

11

Das Versprechen, das sie sich im Beisein aller Freunde im Kensington Register Office vor einem steifnackigen Standesbeamten gegeben hatten, lag einen Wimpernschlag lang zurück. „Die ersten zwei Jahre sind um. Möchtest du deinen Ehevertrag verlängern?“, so weckte Melese seine Frau eines Tages.
Sie räkelte sich, dass es in ihren Gelenken knackte. „Glaub nicht, dass du mich loswirst.“
Elises Bedenken waren geschmolzen wie ein Wachsdeckel über der

Brutkammer einer Arbeitsbiene, die reichlich verspätet die Flügel getrocknet hatte und ohne Verzug zur nächsten Futterquelle durchgestartet war. Im Aufwind eines rauschhaften Hochgefühls füllte sie Wabe um Wabe mit ihren Urkunden.

Oma, das hätte dir gefallen, schrieb sie in ihr Tagebuch, *wie meine preisgekrönte Abschlusskollektion als Wanderausstellung durch alle Handelskammern der Insel tingelt. Sogar Mrs. Rheynolds traut mir mehr zu. Sie hat mich gedrängt, Lehrerin an der St. Martin School of Art zu werden. Meine Angst war ganz unnötig, Erwachsene lassen sich williger unterrichten als eine Hammelherde durch einen Hohlweg treiben.*

Noch nicht mal Thackeray in seinem ‚Jahrmarkt der Eitelkeiten' hat sich solchen Quatsch einfallen lassen: Ein ehemaliger Schneiderlehrling aus Kleinbüllesheim erobert einen englischen Herrenclub, an dessen Gardinen mit Motiven der Schlacht bei Hastings sich bestimmt tausend Jungfrauen zehn Jahre lang die Finger blutig gestickt haben. Und das auch noch auf Einladung eines äthiopischen Prinzen, was denn sonst? Der ist kein Sarotti-Mohr auf einem fliegenden Teppich. Ich war hin und weg. Dieser vorbildlich in einen dreiteiligen Kammgarnanzug gekleidete Gentleman, zu komisch, der Stilbruch, pfiff den neuesten Popsong. Immer, wenn er sich in London aufhält, umgibt er sich mit den Studenten seines Landes und ihrem Anhang. Ich bewege mich in Kreisen, die Mutters Beamte höchstens aus der Zeitung kennen.

Mein Hauptgewinn ist nicht zu toppen, mein Mann stellt weder an Küche noch Bett hohe Ansprüche, ich stehe im Rampenlicht und für eine Einladung zu unserem Frühschoppen können wir bald eine Warteliste einführen.

Man soll den Tag nicht vor dem Abend loben. Der Hochzeitstag des Paares fiel zusammen mit der Einladung einer Kollegin nach Sussex in ihr Cottage, das einem Bilderbuch von Beatrix Potter als Vorlage gedient haben konnte.

Sogar bei dem Nieselwetter war erkennbar, dass auf dem Nachbargrundstück eine ähnliche Pracht im Dornröschenschlaf schlummerte, for sale! Im Zickzack geschnitten war die frische Strohlage, die den First gegen Wetter und Vögel schützte, das weit heruntergezogene graue Reet umrandete in geschwungener Linie gaupenartig die

kleinen Schiebefenster mit Butzenscheiben, deren Gegenstücke im Erdgeschoss weiß gerahmt aus den roten Ziegelwänden leuchteten.
Elise zerriss sich die Strümpfe an den wuchernden Buchsbaumeinfassungen, nach der Besichtigung zierten Kletten ihren Rock und welke Blättchen ihre Ärmel. Sie konnte sich nicht entsinnen, dass es ihr im Garten ihrer Eltern je in den Fingern gejuckt hätte, Hand anzulegen, das Gemüse, das den Kriegsspeisezettel aufbessern sollte, rangierte unter den lästigen Pflichten. Kein Vergleich mit der über einen Bogen hingegossenen Flut vollköpfiger Lady-Shalott-Rosen, den übermannshohen Stockrosen und den leuchtend blauen Blütenrispen des Rittersporns. Das wäre ein Heim nach ihrem Geschmack gewesen! Mit einer Schere Stängel von den Stauden zu schneiden und in einem Weidenkörbchen die geerntete Überfülle zu Stillleben zu ordnen, musste der Gipfel an Luxusleben sein. „Wer verkauft denn so etwas Schönes, und dazu noch für eine lächerliche Summe?"
Alles, was Melese über den Lattenzaun hinweg äußerte, war:
„Ganz verwildert!"
„Lass uns dieses Schmuckstück kaufen", bat Elise, die so eine Entscheidung für Niederlassen und Nestbau nicht allein fällen wollte.
Ungewohnt heftig begehrte er gegen das verführerische Idyll auf:
„Das kommt nicht in Frage. Ich will keinen Besitz in England, sondern zurück in mein eigenes Land."
„Habt ihr nie darüber gesprochen?", fragte die Kollegin erstaunt, die sich, wie die meisten Engländer, eher für eigene Immobilien verschuldete als selbst für eine überschaubare Lebensphase in einer Mietwohnung zu leben. „Damit muss man bei einem Ausländer rechnen, zumal einem, der nur vom Kaiser finanziert zum Studium abgeordnet ist."
Einfach weggeschoben hatte Elise den Gedanken, dabei war jedem Dämlack klar, dass der Kaiser kein Interesse daran haben konnte, Fachleute ausbilden zu lassen, damit andere von deren Kenntnissen profitierten.
„Wenigstens einen Anfang könnten wir ..., zeitlich befristet ... Du weißt überhaupt nicht, wann du fertig bist. Bis dahin fließt noch viel Wasser die Themse hinunter."
„Woher willst du das wissen?", brauste Melese auf und verschluckte den Rest.
Im allgemeinen Geplauder suchte Elise im Bildarchiv ihrer

Erfahrungen nach dem Motiv „Melese über Büchern lernend“ und fand nichts.
Halbfertige Zeichnungen? Nein, nie hat er mich nach meiner Ansicht zu einem Entwurf gefragt. Meistens ist er früher zuhause als ich, fachsimpelt nicht mit Gästen, kein Kommilitone aus seinem Fach war jemals darunter. Einem Fachmann ist es sicher zu dumm, mit Laien zu diskutieren, beruhigte sie sich, *meine Wissbegier war leicht abzulenken. Prüfungsangst haben schon ganz andere erfolgreich bekämpft, das richtige Maß an Druck wird ihm helfen. Wir müssen mal besprechen, welche Möglichkeiten wir anpacken. Ich habe zu voreilig sein Schweigen als Einverständnis ausgelegt.*
Nahe daran, in dieser Nacht die Initiative zu ergreifen und ihn mit dem Opfergang milde zu stimmen, begleiteten rasende Kopfschmerzen den Eintritt ihrer Menstruation und in diesem Zustand war sie unberührbar.
„Treffen wir ein Abkommen“, schlug sie ihrem Mann in den eigenen vier Schlafzimmerwänden vor, nachdem sie sich eine ganze Weile unruhig gewälzt hatte. Sie kuschelte sich an seinen Rücken. „Entweder du machst dieses Jahr dein Diplom und wir gehen in dein Land oder wir kaufen dieses Häuschen und bekommen sofort ein Kind.“ Schmeichlerisch streichelte sie die Schulter des Schlaftrunkenen. „Ich will darüber nicht steinalt werden.“

12

„Dann baust du den Staudamm“, sagte Makonnen, der in Kürze seine Zelte in England abbrechen würde, gerade, als Elise die Tür aufschloss. Meleses Diskussionspartner verjüngten sich rapide, seit Adunja nach Kanada weitergezogen und Rahel und Seble unterwegs nach Afrika waren. Er kam sich zeitweise vor wie der überlagerte Camembert im Kühlschrank, die Kruste hielt noch am Ort, es fehlte nur ein kleiner Anstoß und er würde davonlaufen.
„Was für einen Staudamm?“, fragte Elise.
„Dort, wo der Nebenfluss Jiamma, von Osten kommend, in den Blauen Nil mündet, wird eine Staumauer von hundert Meter Höhe errichtet. Dadurch entsteht entlang des Jiamma ein See von hundert

Kilometer Länge und siebzig Kilometer Breite. Den Gebirgszug dazwischen müsste ein hundertvierzig Kilometer langer Tunnel durchstechen."

Das waren ja ganz neue Töne. „Wie kommst du denn darauf?"

"You will see", war alles, was sie Elise erklärten, der es allmählich reichte, jedes Mal, wenn sie Wissensdurst über Äthiopien zeigte, mit Herablassung abgespeist zu werden. Sie fühlte sich ahnungsloser als ein Neugeborenes, es war höchste Zeit, sich Literatur aus der Bibliothek zu besorgen. Zu lange hatte sie ihre berechtigte Neugier als zweitrangig auf die lange Bank geschoben.

Makonnen, der Betriebswirtschaftler, schnippte mit den Fingern. „Alte Geschichten!" Er warf seinen Buschen Rastalocken nach hinten. „Menelik wollte schon den Tana-See anzapfen und Japaner eine Stadt dort bauen."

„Die Kopten verhinderten das, Gott sei gepriesen", sagte Amanuel salbungsvoll, der als angehender Elektrotechniker die Schwierigkeiten am ehesten abschätzte. „Sie sind vom Nil abhängig. Kaum jemand lebt dort außer ihnen."

„In der Nähe des Sudans ginge es technisch, wo das Tal flacher wird", behauptete Melese selbstgefällig Er verschränkte die Arme hinter dem Kopf und legte die Beine auf den Stuhl daneben.

Amanuel unterbrach ihn. „Der griechische Metropolit blockiert die Entwicklung."

„... weil sie keine Ahnung haben", brüstete sich Melese. „Die Geldgeber müssen aus Übersee kommen und wer ist dann der geeignete Konstrukteur? Natürlich jemand aus dem Land mit der richtigen international anerkannten Qualifikation. Also ich!" Makonnen und Amanuel klopften ihm zur Bestätigung lachend auf die Schulter.

Als die Freunde sich verabschiedet hatten, kam Elise auf das Thema Studienabschluss zurück. Ihr Mann brummte missmutig. „Meine Arbeit kann ich nicht abgeben, die ist noch nicht getippt."

„Wenn es weiter nichts ist." Elise bestellte gleich für den Morgen eine befreundete Sekretärin.

„Steh auf, Veronica kommt gleich!", weckte sie Melese anderntags. „Die tippt deine Arbeit." Verdrießlich drehte er sich zur Wand und knurrte: „Das geht nicht!" Vor ihren Füßen tat sich ein Schlund auf. Es gab tatsächlich keine einzige Zeile, die Veronica hätte schreiben können! Ihn vor der Bekannten bloßzustellen kam nicht in Frage und außerdem musste Elise zur Arbeit.

Kopfscheu rannte sie zur Underground, merkte erst unterwegs, dass sie die erstbeste Jacke gegriffen hatte, die eigentlich zur Reinigung sollte, und der Regenschirm liegengeblieben war. Die Routine rettete sie über die Unterrichtsstunden, in denen sie meinte, unter Wasser gegen den Strom zu schwimmen. Betäubt hockte sie zur Pause im Lehrerzimmer.

Was soll ich nur tun, hallte es in einem fort in ihrem Gehirn. *So kann es nicht weitergehen. Warum hat er mir jahrelang etwas vorgespielt? Bei solchen Aussichten. Oder sind die auch nur Seifenblasen?*

„Ist irgendwas mit dir, Elise?", drang Mrs. Reynolds Stimme in ihr Bewusstsein. Das war die richtige Adresse: „Den Vogel Strauß zu spielen hat keinen Zweck. Verschaffe dir Gewissheit in seiner Schule!", riet die Ältere.

Wenn Elise Bescheid wusste, musste sie reagieren, womöglich drastisch, davor scheute sie zurück. Sie bekam Angst vor dem, was damit ins Rollen kommen könnte.

„Irgendjemand wird Auskunft geben und heute Abend weißt du mehr. Vielleicht hat er dir einen Bären aufgebunden und alles ist halb so wild."

Siebzehn Uhr, Bedford Square. Mit der Universität in Bonn, in der Elises Großvater Pedell gewesen war, hatte dieses Patchwork kleinkarierter Tradition keine Ähnlichkeit. *Unglaublich, diese Zeile aneinanderhängender Häuschen. Da haben sie sich was einfallen lassen, die Herren Architekten, nach Einigkeit sieht das nicht aus, eher nach einem Musterkatalog, jeder Stein ein Unikat*. Kopfschüttelnd wählte Elise einen der acht Eingänge und fragte sich zum Sekretariat durch. In den kilometerlangen Fluren hätte sie genauso herrlich schlittern können, stattdessen klackerten ihre Pumps einen unsicheren Takt.

Melese war der erste Student, den sie näher kannte. Es war ihr Fehler über die englische Sprache gestolpert zu sein. „to study" ist nicht gleichbedeutend mit dem deutschen Verb „studieren", sondern bezeichnet jegliches Lernen, selbst das im Kindergarten. Dass er sich so gut ausdrücken konnte, hatte sie geblendet.

Plötzlich erinnerte sie sich, wie erbost er reagiert hatte, als sie einmal in aller Unschuld ankündigte, ihn von der Uni abzuholen. Damals hatte sie irritiert den Versuch fallen lassen.

Ein grauer Mäuserich mit Ärmelschonern - Elli hätte sich ausgeschüttet vor Lachen - durchsuchte im Sekretariat die Teilnehmerlisten der Seminare und Übungen. „Dimtu, Dimtu.“ In den aktuellen Ordnern kein Vermerk.

Merkwürdig, eine Erscheinung wie seine sollte sich einprägen wie eine einzelne Bommel zwischen Schleifen.

Der hagere Angestellte quälte sich hinter seinem Schreibtisch in die Höhe und ging Elise hinkend voraus. „Kommen Sie mit ins Archiv.“ Eine halbe Stunde später war seiner Stimme die Erleichterung anzuhören, nicht auf eine Schlamperei gestoßen zu sein. „Seit drei Jahren ohne Schein, ist der überhaupt noch im Lande?“

Hups, sie schluckte und einen Moment war ihr flau. „Vermutlich habe ich ihn missverstanden“, stammelte sie und durchsuchte, was von den letzten Jahren haftengeblieben war: *Er ist jeden Tag aus dem Haus, oder nicht? Musste er für das Stipendium keine Unterschriften vorlegen? Wer hat ihm die gegeben? Hat er einen Professor erwähnt?*

13

Im Take-away eines Pakistaners kaufte Elise zwei Portionen Fish and Chips und quetschte sich an der Tottenham Court Road in die Northern Line. Die Menschenmasse der Rushhour verhinderte ein Umfallen im Mittelgang und schwankte im Takt der Schwellen und Weichen. Feuchtigkeit, der Geruch aus ihrer Fischtüte, Knoblauch und von Zigarettenqualm imprägnierte Oberbekleidung benebelten sie. Aufatmend lehnte sie sich einen Augenblick an die geflieste Wand der Station Leicester Square, bevor sie in die Piccadilly Line umstieg. “Mind the gap”, tönte die Ansage aus dem Lautsprecher. *Wie* wahr, dachte sie, *ich steh an einem ganz gewaltigen Gap*.

Kurz nach der Ausfahrt verlangsamte der Zug seine Fahrt und stoppte mit kreischenden Bremsen. Augenblicklich verwandelte sich Elises Herz in einen Dampfhammer. Kein Fenster war gekippt. Warum zum Teufel zitterte sie unkontrolliert? Sie versuchte es mit Selbsthypnose. Am liebsten hätte sie sich die Faust in den Mund gepresst, um den lauernden Schrei zu unterdrücken. Schweiß rann ihr zwischen den Brüsten, die Knie wurden ihr weich. Vergeblich konzentrierte sie sich auf die Kabel und Steinfugen der Tunnelwandung. Sie hätte geschworen, die Wände rückten zusammen, um sie zu erdrücken.

Mit einem nervösen Flackern fiel die Beleuchtung im Wageninneren aus. Dunkelheit, Hüsteln, Schnaufen überdeutlich von allen Seiten, Füßescharren, Rascheln von Papier. Leise Gespräche gingen unter im Gedröhn ihres Kopfes, waren das nicht Erschütterungen? Als sich der Boden des Zugs ihr entgegenhob, sank sie lautlos in sich zusammen.

Ein merkwürdiges Sirren hörte Elise. Kälte kroch ihr langsam die Beine hinauf, das innere Beben klapperte mit ihren Zähnen. Pfeifen und Krachen wummerte durch die Wände, als seien sie dünne Pappmachékulissen. Ihre Panik schmückte das Knistern einer Verpackung zu brüllendem Feuer mit Brandgeruch aus.

Ein Riechfläschchen brachte sie aus ihrer Ohnmacht zu sich. Sie atmete flach, zusammengepresst von einer unsichtbaren Schraubzwinge. Das Licht sprang an und der Zug ruckelte ein paar Meter vorwärts. Eingeklemmt zwischen einem Koffer und einer ausladenden Einkaufstasche, sah sie weit über sich die angewiderten Blicke der Umstehenden, Schenkel sprengten wie überdimensionierte Würste ein graues Strickkostüm.

Himmel un Ääd!, dachte sie.

Eine sommersprossige Engländerin kniete neben ihr. „Tief einatmen, my dear."

Keine zehn Pferde bringen mich wieder in die Tube, schwor sich Elise. *Als Nächstes muss ein Führerschein her.* Als sie sich aufzurichten versuchte, griff ihr die Frau geschickt unter die Achseln, hievte sie auf einen Klappsitz, von dem sie resolut einen Jugendlichen mit verfilztem Haar und ausgefransten Jeans verscheucht hatte, und klopfte ihre Jacke ab.

„Hier, nehmen Sie den Traubenzucker. Der bringt den Kreislauf in Schwung." Das Bonbon klebte an Elises Gaumen, ihre Bronchien klangen nach einem Asthmaanfall. „Ich bringe Sie heim, Kindchen."

„Danke, das ist nicht nötig. Ich brauche nur frische Luft." Der lästigen Aufmerksamkeit wollte Elise schnellstmöglich entfliehen.

„Kommt nicht in Frage", sagte die Unbekannte. „Übrigens ich bin Lucy Clutterbuck Tarter, sagen Sie Lucy. Ich habe Zeit, machen Sie sich da mal keine Gedanken. Für heute bin ich im Oxfamladen fertig." Von der Haltestelle West Brompton war es noch ein Stückchen zu laufen. Lucy fasste Elises Hand und hakte sie ein. „Ist es das erste Mal, dass es Ihnen flau geworden ist?"

Die neue Bekannte war in Elises Alter und gehörte zu den Frauen, die sich einen Teufel darum scheren, was andere von ihnen halten. Ihren braunen Mantel mit Samtumschlägen an Ärmel und Kragen, der gut und gerne aus der Gründungszeit des Empires stammen konnte, hielt ein verdrehter Gürtel in der Taille zusammen.

„Bis der Zug stehenblieb, habe ich mich ganz normal gefühlt." Rückblickend wurde Elise schwummrig, wenn auch die beklemmende Angst allmählich nachließ, der Puls sich normalisierte und die Lunge den ganzen Raum ihres Gehäuses füllte.

„Kommen Sie, wir trinken was Stärkeres." Lucy steuerte eine kleine Bar an und drängte die Willenlose auf einen Hocker an der Theke.

„Wahrscheinlich bin ich überarbeitet, es ist länger her, dass ich freigenommen habe." Im Stenogrammstil fasste sie das Pensum der letzten Jahre zusammen und Lucys Augen wurden rund. Vor ihr saß eine verwandte Seele, die bei Herausforderungen genauso die Ärmel hochkrempelte und das Naheliegende bei sich darüber vergaß.

Schmunzelnd fragte sie: „In freudigen Umständen?"

Schön wär's, leider nein. Noch eine Gemeinsamkeit. „Ich hätte geschworen, im Luftschutzkeller in Euskirchen verschüttet zu sein." Lucy war betroffen. Die Wochen, in denen sie während der Bombenangriffe auf London zu ungeliebten Verwandten nach Plymouth verschickt gewesen war - nur zu ihrem Besten - berührten einen wunden Punkt. Das nachträgliche Verstehen tilgte nicht die Gefühle des Ausgeliefertseins.

Ein feuriger Schluck reichte, um Elises Zunge endgültig zu lösen.

„Bis jetzt hat es noch nicht geklappt", knüpfte sie an die Frage an. „Ist vielleicht auch besser, der Beruf hatte Vorrang." Ihre aktuelle Sorge drängte sich in den Vordergrund.

Lucy betrachtete anderer Leute Kummer wie die Bußaufgabe, die man ihr im Beichtstuhl auferlegt hatte. „Kann sein, er hat Angst vor der Verantwortung. Solange er nicht fertig ist, muss er sich nicht entscheiden, wo und wie es weitergehen soll, und sich mit Konkurrenz messen."

Schwungvoll kippte Elise ihr Glas und orderte noch ein Wasser. „Der Ärmste hat ein bisschen Prüfungsangst. Manche Leute brauchen kräftigeren Rückenwind. Wofür hat er mich?"

„Bei Ihrer Überlastung ist es kein Wunder, wenn es mit einer Schwangerschaft nicht klappt", meinte Lucy mitfühlend.

Leidlich erfrischt zahlten die beiden Frauen und brachen auf. Die dunklen Wolken und die drückende Schwüle trieben sie zur beschleunigten Überquerung der Warwick Road. Beim Hotel „Garden View" bogen sie um die Ecke zum Nevern Square ab, einer von rotbraunen, ursprünglich für Veteranen gebauten, vierstöckigen Wohnblöcken umgebenen grünen Oase, auf deren Rasen zwei Eichhörnchen balgten. Elises Wohnung tauchte wie ein rettendes Ufer hinter dem fünften baldachinartigen Eingangsvorbau auf, wo sie das schmiedeeiserne Geländer zu einer Souterrainwohnung öffnete.

„Kann ich Ihnen wenigstens eine Tasse Tee anbieten?", fragte sie.

„Ein andermal, wenn Sie sich erholt haben. Das eilt nicht", verabschiedete sich Lucy. „Oder Sie kommen im Oxfamladen vorbei, dort haben wir eine bequeme Sitzecke zum Plauschen."

Hektisches Klackern von Krallen auf Linoleum wurde von Gekläff, Kratzen und sehnsüchtigem Winseln begleitet, kaum dass sich der Schlüssel im Schloss drehte. Durch den Spalt quetschte sich ein Rauhaardackelweibchen und sprang seinem Frauchen in die Arme. Nach einem begeisterten Nasenstüber entwand sich Gigi der Umklammerung und steckte schwanzwedelnd ihre Schnauze in den Korb, hingerissen von dem Geruch nach kaltem, ranzigem Fett.

Elise füllte den Hundenapf in der Küche. Wie eine Kriegsheimkehrerin erfreute sie sich an ihrer Zuflucht, mochte auch deren abgeschabte Einrichtung ihr Wohlgefühl nicht rechtfertigen. Im Unterschied zu ihren Unterkünften vorher fand sie das Heim um Klassen gemütlicher. Was machte es da, dass der leichte Geruch nach Moder auch durch Lüften nicht zu beheben war?

Durch das unter Straßenniveau liegende Fenster kam gedämpftes Licht. Die Zeitschrift „Country Houses" würde ihrem ersten eigenen Reich nicht einmal die saure Zitrone für die mieseste Mieterausbeutung verleihen, aber die Liebe, mit der sie eine Auswahl aus Charity- und Flohmarktbeständen getroffen hatte, kompensierte das. Den achteckigen viktorianischen Nähkasten, der wie eine mehrstöckige

Schokoladentorte mit Marzipanbekrönungen auf einem Dreierset von Beistelltischchen thronte, ergattert auf einer Auktion bei Sotheby's, hätte ihre Mutter noch gelten lassen, über die edwardianischen Polster, aus denen Rosshaar quoll, hätte sie die Nase gerümpft.

Elise ging ins Bad, sank neben einer Emailwanne mit Löwenfüßen auf die Toilettenschüssel und lehnte den Kopf zurück. Nachdem alles aus ihr herausgelaufen war, blieb sie noch eine Weile sitzen, dann raffte sie sich hoch, wusch sich das Gesicht und blickte in den Spiegel. In dem mit Zahnpastaspritzern gesprenkelten Glas, dessen Platz ein Rohrsystem aussparte, mit dem ein spleeniger Installateur das Freiformbiegen zur Kunst erhoben hatte, betrachtete sie sich wie eine Fremde.

Nosferatu war ein Waisenknabe im Vergleich zu mir, dachte sie. Ich sehe aus wie im Schleppnetz durch die Kanalisation gezogen.

Mit Vorwürfen kommt man nicht weit. Es ist pädagogisch sinnvoller, Positives zu verstärken. Vermutlich wäre ihr das auch gelungen, wenn sie sich mit Gigi gleich im Park von dem Zwischenfall in der U-Bahn erholt hätte. Da, im Wohnzimmer raschelte es! Die Zeitung!

Übergangslos und ganz unprofessionell brach es aus ihr heraus: „What for Pete's sake hast du die ganzen Jahre gemacht, wie bist du bloß damit durchgekommen?"

Sie fürchtete, sich damit alle Chancen verbaut zu haben, wenn sie seine zusammengepressten Lippen richtig interpretierte. Ihre Stimme schrillte überlaut, es hätte sie nicht gewundert, sie als Echo von den Wänden multipliziert zu hören. Ihr schlechtes Gewissen über den Rüffel beschwichtigte sie durch ihr Angebot, ihre Sachkenntnis im Organisieren in seinen Dienst zu stellen. Warum tat er sich dabei so schwer? Schlechtes Zeitmanagement war doch kein Beinbruch.

14

Nie im Leben hatte Melese damit gerechnet, dass seiner Frau dieses dämliche Häuschen in der Pampa so wichtig wäre, dass sie ihm derart beharrlich hinterherspionierte und sich dann noch in eine Furie verwandelte.

Akribisch faltete er die „Sun", strich sogar die Kanten mit dem

Fingernagel nach. Ihre schrille Stimme zerrte an seinen Nerven und bohrte sich durch seine Abwehr. *Komfortabel dümpele ich zwischen zwei Prüfungen*, so umschrieb er das vor sich selbst, *deren Abstand sich lediglich dehnt. Schließlich gibt es Interessanteres, Einheimische befragen, recherchieren, die Berechnungen fehlen, der Professor hat gewechselt, eine Handvoll Gründe außer Lustlosigkeit.*

„Hat der Kaiser keine Belege sehen wollen für sein Stipendium?", keifte Elise weiter, durch seine scheinbare Distanz erst recht angestachelt. Sie legte noch ein Dezibel zu, ihr Kopf hochrot. „Wie lange soll es so weitergehen? Ich komme nur mit dir nach Äthiopien, wenn du eine Qualifikation geschafft hast."

„Die brauch ich dort nicht!" Diese Erkenntnis hatte Melese sämtliche Motivation entzogen, laut genug hatte Amanuel mit seiner Aussicht geprahlt. „Sieh mal, in Äthiopien sind nur Idioten! Die können ein Zertifikat nicht mal lesen!", behauptete er arrogant und verschränkte die Arme. „Amanuel hat auch ohne Abschluss einen Job."

Er sah Elise ungerührt die Beherrschung verlieren, Tränen, dieses erbärmlichste aller weiblichen Druckmittel, rollten über ihre Wangen. Er stand auf und griff nach ihr, aber eine Umarmung lenkte sie nicht ab, vielmehr trommelte sie mit ihren Fäusten gegen seine Brust. „Du musst! Du musst das hinkriegen!"

Er verschränkte die Arme vor der Brust und ließ den Sermon über sich ergehen. *Europäer legen viel zu viel Wert auf Papier, was wichtig ist, habe ich längst gelernt, dachte er. Beziehungen, perfekte Aufmachung, Charisma und Visionen. Daran lohnt es sich zu feilen. Jetzt kommt die mit solchem Kleinkram!*

„Du machst nicht denselben Fehler wie ich und verplemperst deine Chancen! Ohne meine Faulheit als Kind wäre jetzt vieles einfacher."

Ihr Zeigefinger stieß wiederholt in seine Richtung. „Ich werde dir helfen, dich abhören oder was weiß ich. Hab keine Angst, du wirst es bewältigen. So schwierig kann es nicht sein. Die Seminare musst du besuchen, was du mitschreibst, arbeiten wir gemeinsam nach. Du berechnest die Statik, ich vervollständige deine Zeichnungen mit Bäumen, Bänken und dergleichen Environment."

Im ersten Moment lehnte er die starre Tagesordnung ab. *Sie soll mich nur einmal bloßstellen, dann wird sie mich kennen lernen*, kochte es in ihm.

Nach einmal Überschlafen hatte er die passende Sicht gezimmert. *Mir fällt kein Zacken aus der Krone. Ich bin immer bedient worden. Anderen die Arbeit zu überlassen und unangenehme Pflichten zu delegieren ist der Kern von Führungsqualität. Das ist Stoff im betriebswirtschaftlichen Grundkurs. Zuhause gründet die Männerherrschaft seit Menschengedenken auf diese Säule. Soll sie mir eben zuarbeiten.* Der permanente Antrieb brachte Melese nach Jahresfrist in die entscheidende Endphase. Eine neue Errungenschaft im verkehrsüberlasteten London wurde Inhalt seiner Prüfungsarbeit: Parkhäuser und ihre Einordnung ins Straßenbild unter denkmalpflegerischen Gesichtspunkten. Bestandteil der Arbeit war das Dokumentieren des Umfeldes und dabei stieß er auf das Schild eines Urologen.
Es war ein Fehler, so ganz blauäugig diesen Zankapfel auch noch beiseite räumen zu wollen, wenn auch - als Entschädigung - eine Woche lang die Atmosphäre daheim deutlich entspannter war. Mit den Fragen hatte er gerechnet, auf das Abtasten war er nicht gefasst gewesen und schon gar keine Gedanken hatte er daran verschwendet, auf welche Art und Weise Proben geliefert werden mussten.

Melese las das Ergebnis, von dem er sich eine bloße Bestätigung erhofft hatte, und sonnte sich ohne innere Beteiligung im guten Willen, bis es in sein Bewusstsein drang. Ungläubig überflog er das Schreiben ein zweites Mal, eine Ader schwoll an seinen Schläfen und die Kiefer malmten. Was er für eine Lappalie gehalten hatte, warf ihn aus der Bahn. Zerreißen war sein erster Impuls, den Entschluss rückgängig machen. Allein der Rattenschwanz, der auf ihn zukäme. Noch stand er festgenagelt mitten im Wohnzimmer, da hörte er Elises markanten Schritt auf dem Bürgersteig näher kommen. Jetzt musste es schnell gehen.

15

Die in fliederblaue Chiffonglyzinien gehüllte, von ihrer Schwangerschaft gedunsene Elli trocknete die feuchten Hände, mit denen sie die Weinflaschen geöffnet hatte, an einem Geschirrtuch und warf den Schal nach hinten. „Gib mir mal den kleinen Schreihals. Da hilft nur eine Ablenkung."

Der überstandene Schrecken über das kalte Wasser des Taufbeckens war an den geballten Fäustchen und dem rot angelaufenen Gesicht des Säuglings deutlich, dem dicke Tropfen in den rechteckig sperrenden zahnlosen Mund hinein- und ein Spuckefaden hinausliefen, beste Lehransicht für jeden Hals-Nasen-Ohren-Arzt.

Während sich die Mutter zum Stillen in die Küche zurückzog, war Elises Aufgabe als Patentante vorerst erledigt. Sie strich sich über die Schläfen. Diese vermaledeiten Kopfschmerzen! Lange vor dem Wecker peinigte sie der ewig gleiche Albtraum. An die Handlung erinnerte sie sich nie. Eine Tapete. Rosa Streifen und Blumenkörbchen ruckartig und verdeckt durch einen Schleier, der jedem Zurückziehen widerstand. Die entsetzliche Bangigkeit behob noch nicht mal Weihwasser.

Sie steuerte ihre anderen Freundinnen im Backyard des winzigen Reihenhäuschens an, Trudi, extra aus der Schweiz angereist, ihre liebenswert vertraute flachbrüstige Figur im Paradedirndl aus matt glänzendem altrosa Satin und weißer Schürze, ein Zerrbild der Hofbräuwirtin; Ruth, von weitem an der um den Hals baumelnden Lesebrille und der hochgesteckten Frisur als seriöse Bibliothekarin kenntlich, und Lucy, die sich trotz der Spitzenpracht aus ihrem Oxfamfundus wie aus der gleichen Form gegossen in den Kreis einfügte. Die Außentür als Spiegel nutzend betupfte sich Elise vorsichtig ihr Augen-Make-up, das von der durchgemachten Rührung verschmiert war.

Die winselnde Gigi, die es auf einen Bissen vom Tisch abgesehen hatte, war nicht die Einzige, deren Aufmerksamkeit auf ihr ruhte, auch Lucy musterte sie über den Rand ihres Sektglases. „Wann füllt sich denn bei dir endlich die Wiege?", fragte sie unenglisch direkt.

Mit Karacho stellte Trudi ihren Teller auf den Gartentisch, dass das Besteck tanzte, und schwenkte herum, Elises Bedrängnis Einhalt zu gebieten. „Derart die Wunde aufzureißen ...", bedeutete ihr aufgebrachter Blick. „Lass bitte erst mal Ruhe einkehren ...", setzte sie an.

Der Engländerin war der Ruck in Elises Rückgrat nicht entgangen, deshalb milderte sie den Affront: „Ich kenne die Polonaise durch die Londoner Gynäkologenpraxen unter der Diktatur der Temperaturkurve."

Resigniert winkte Elise ab. „Dr. Murphy bestätigt, dass mit mir alles in Ordnung ist. Massagen, Einreibungen, Trinkkuren, Diät. Ich hab mich mit Nadeln spicken lassen. Jede Mondphase negativ."

Lucy spießte eine Olive auf und fragte mit vollem Mund: „Yoga?"

Aus Trudis Richtung schnaubte es abfällig: „Dir fehlt ein bisschen Hausfrauenlangeweile und Nabelschau. Die Eierstöcke müssen merken, dass dein Gemüt ausschließlich auf Nestfüllung eingestellt ist."

Eine Amsel schlüpfte in den Fliederbusch und sofort ertönte gieriges Gezwitscher, die ganze Brut zerrte am selben Wurm.

„Da habt ihr euer Patenkind, wie man es am liebsten hat, sauber und satt." Dass Elli ihren Sprössling abgefüttert hatte, bewiesen nicht nur der zufrieden hinter dem mückendichten Vorhang in seinem Wagen dösende Säugling sondern ebenso der graugelbliche Spuckefleck auf ihrer Schulter.

Behutsam schaukelte Elise den Kinderwagen. „Komm mit ans Hofende, Trudi, da ist es ruhiger."

Für die Freundin war das Thema noch nicht erledigt. Die Rolle der fruchtbaren Tage, Stellungsvorteile und was Großmutters Rezepte mehr waren, konnte sie bei ihrer Kollegin voraussetzen. Diese beugte sich über den Wagen und flötete: „Für einen wie dich würde ich auch gerne Tag und Nacht alle zwei Stunden aufstehen, du kleiner Schnarchsack."

„Und wenn es nicht an dir liegt."

„Ich bin froh, Melese hat sich testen lassen, ohne Widerspruch."

„Ist ja wohl selbstverständlich. Und?"

Der leere Briefkasten zerrte genauso an Elises Nerven wie vorher der Kalender. „Ich weiß nicht, warum das Ergebnis so lange dauert. Über eine Woche ist das her. Heute ruf ich in der Praxis an."

Unbehaglich wich sie Trudis kritischem Blick aus. „Du wirkst erschöpft, dabei hast du erreicht, was du wolltest und die Schufterei müsste weniger geworden sein. Nimm endlich Urlaub ohne Programm." Wo der Hase im Pfeffer lag, mochte Elise weder diskutieren noch entschuldigen, und Vorwürfe wegen ihrer Nachgiebigkeit verdiente sie, weil sie ohne Gegenwehr die täglichen Besucher bekochte, danach übermüdet Streichhölzer unter die Lider klemmte und sich an die Schreibmaschine setzte. Dass sie immer öfter morgens Rückenschmerzen quälten, schob sie auf den Schreibtischstuhl.

„Bald habe ich mehr Urlaub, als mir lieb sein wird." All das anheimelnd Britische hinter sich zu lassen, bedauerte sie. „Sobald die Tinte der letzten Klausur trocken ist, will Melese nach Äthiopien.“

„Da kommt einiges auf dich zu. Ich habe es damals abgelehnt, als Krankenschwester nach Lambaréné zu gehen. Aber du bist ja immer schon unternehmungslustiger gewesen.“

„Außerdem bin ich nicht allein. Was kann da schief gehen, wenn man einen Einheimischen als Guide hat?"

An zahllosen Abschriften aus Büchern, Berechnungen und Skizzen sah sie, dass sein Studienende näher rückte und zwar ein gutes. Je kürzer die Frist, umso prahlerischer ließ sich Melese über seinen Berufsstart aus. Ein Bauplatz auf dem Mond war ein Kinkerlitzchen im Vergleich. *Wenn mich nicht alles täuscht, ist er erleichtert, jemandem die Zügel in die Hand gegeben zu haben*, resümierte Elise für sich.

„An deiner Stelle würde ich mir nicht erst Arbeit aufhalsen“, Trudi hatte darin immer die zweitbeste Alternative gesehen, „sondern ganz in Familie machen. Mit Nachwuchs bist du ausgelastet.“

Wind raschelte durch den Efeu an der Mauer. „Das wird zu kühl für den Kleinen. Die anderen gehen rein.“ Trudi schob den Kinderwagen zur Küchentreppe zurück und hob das schlafende Baby behutsam heraus.

„Leg ihn lieber in sein Bettchen, Elli.“

Seine Mutter griff das Bündel. „Ja, das wird in Äthiopien hoffentlich einfacher. Manu hat mir versichert, dass jeder ein Kindermädchen hat. Das passiert mir da nicht“, sie verwies auf einen ramponierten Fingernagel. „Ausreden gibt es keine mehr, da keine Komplikationen aufgetreten sind, wird es ernst.“ Damit begann sich die Clique aufzulösen, ohne allzu großes Bedauern, da alle vom jeweiligen Aufstieg überzeugt waren. Manchmal kann man erst im Rückblick einem Moment das rechte Gewicht zuordnen. So ging es Elise, die daheim die Schuhe von den schmerzenden Füßen gekickt und den Telefonhörer aufgelegt hatte. Zehn Minuten hatte sie dagesessen und vor sich hin gestarrt. *Das Ergebnis war vor Tagen abgeschickt worden. Wo war es geblieben?*

Schloss sie die Augen, bedrängte sie ein Klischee: eine junge Frau, von Kindern im blühenden Garten umsprungen, denen sie vom frischen Krustenbrot Scheiben abschnitt. Zu dieser Vision hätte Melese nur gelacht.

Einen Faden wieder aufnehmen

1

Alle in den acht Monaten vorher von diesem Strippenzieher im Himmel gezogenen Fäden hatten Elise nicht von ihrem Weg abgebracht, auch nicht dieser Knaller. Statt wie beabsichtigt mit einem schnellen Zwischenstopp überzähligen Hausrat und Gigi in Bonn abzuliefern und nach Afrika weiterzureisen, kostete sie der Umweg mehrere Monate Krankenhaus.

Um ein Organ erleichtert glaubte sie, das Schlimmste hinter sich zu haben, doch wurde ihr erst im Zug richtig bewusst, was sie an Liebgewordenem zurückließ. Während das Rheintal mit seinen Burgen vorüberzog, vergrößerte sich mit jedem Kilometer allein im Abteil die Traurigkeit. Wie nützlich selbst eine fehlende Niere noch sein kann, sah sie nicht ansatzweise voraus.

Angeschlagen, ausgepumpt, leergelaufen kam sie in Marseille mit dem bisschen Handgepäck an, darunter der Hutschachtel mit ihrem viktorianischen Nähkasten. Das Schiff sollte erst spät am Abend ablegen. In fittem Zustand hätte Elise sich die Hafenstadt angesehen, denn die Temperatur erlaubte, sich dem Müßiggang vor einem Café hinzugeben und die Passanten an sich vorbeiziehen zu lassen. Ihre Mattigkeit zog sie aber unwiderstehlich in die Waagerechte. Sich einfach irgendwo im Schatten einer Mauer auf den Boden zu lümmeln und ein Schläfchen in der Öffentlichkeit zu riskieren war undenkbar, selbst wenn ihr eine der Flower-Power-Studentinnen, die mit ihren Rucksäcken durch die Weltgeschichte gondelten, eine Liegematte abgetreten hätte.

Halb in Trance, betrat sie den schmiedeeisernen Jugendstilkiosk, in dem die Touristeninformation untergebracht war, und fragte am Tresen: „Wo kann ich bis zur Abfahrt meines Schiffes ungestört ausruhen?“

„Gehen Sie ins ‚Esplanade‘. Das ist nur zwei Straßen weit von hier und günstig“, riet ihr ein etwa gleichaltriger Angestellter.

Bis zwölf Uhr mittags ruhte sie dort, dann schreckte sie anhaltendes Klopfen aus traumloser Bewusstlosigkeit. „Sie haben das Zimmer für eine Nacht gemietet. Die zählt immer von zwölf Uhr bis zwölf Uhr Mittag. Sie müssten eine zweite Nacht bezahlen, wenn Sie länger bleiben wollen. Ansonsten gehen Sie bitte!“

Apathisch verließ Elise das Hotel und stolperte ziellos durch den immer noch warmen Spätsommermittag, unschlüssig, was sie bis zum Abend anfangen sollte. Zufällig lief ihr der Mann vom Touristenbüro wieder über den Weg. „Das tut mir leid“, sagte er mitfühlend, „dafür muss ich Sie entschädigen. Welche Meinung sollen Sie sonst von uns haben! Ich habe noch Zeit, wenn Sie möchten, zeige ich Ihnen etwas von Marseille.“

Die Erleichterung, unter die Fittiche genommen worden zu sein, hatte sich kaum breitgemacht, da bremste sein Auto in einem menschenleeren Park mit großen alten Bäumen auf weiten Grasflächen und innerhalb von Sekundenbruchteilen hing seine Hose unter den Knien.

Wie reagiert man auf eine so unmissverständliche Offerte, ohne den Zudringlichen in Wut zu versetzen? Schreiend aus dem Auto springen? Ich habe keine Ahnung, wo ich bin und wie weit die nächsten Häuser entfernt sind. Einen Dauerlauf halte ich nicht durch, schon gar nicht, wenn ein Fahrzeug die Verfolgung aufnimmt. Ich muss ihn ablenken.

„Das ist ja schön und gut, was Sie mir da, also dankenswerterweise bieten wollen. Nur Ihr Angebot ..., äh ..., wie könnte ich das nutzen?“, stotterte sie mit leichtem Krampf im Unterkiefer.

„Lass disch einfach gehen, mon bijou, isch zeig dir schon wo’s langgeht“, kündigte der Franzose an.

„Das weiß ich zu schätzen, Monsieur. Ganz bestimmt. Nur bin ich derzeit nicht in der richtigen Verfassung für Eskapaden.“

„Du wirst sehen“, erwiderte der Mann, „du kommst sofort in Stimmung.“

Er begann, Elises Rock hochzuschieben und am Schlüpfer zu fingern. „Zuerst bläst du mir einen, du wirst die Ange, wie sagt man, die Engel singen hören. Crois moi, deine Erinnerung an die Stadt wird überwältigend sein, Schätzchen.“ Um seinem Mundgeruch auszuweichen, der, zehn Zentimeter von ihren Riechzellen entfernt, einen Querschnitt durch die mediterrane Küche säuerlich in sich vereinigte, wäre sie gerne mit der Rückenlehne verschmolzen.

„Schau ihn dir an, er freut sich auf disch.“ Er fasste nach ihrer Hand

und presste sie gegen seinen überdimensionalen Auswuchs, der, blaurot geschwollen, aus dem Hoseneingriff zuckte.
Der Adrenalinschub mobilisierte alle Reserven. „Monsieur, ich bin frisch operiert.“ Sie zog ihre Bluse aus dem Bund, um ihm den Verband zu zeigen. „Sie werden sauer sein, wenn die Narbe wieder aufgeht und mein Blut Ihren schönen Citroën ...“ Mit einer fließenden Handbewegung strich sie über die Sitze.
Missmutig schnaubte der Chauffeur vor sich hin und fixierte seinen Fahrgast mit glasigem Blick, wobei er nun selbst Hand an sich legte.
Keine zehn Minuten später saß Elise in Hafennähe an einem Bistrotischchen und fragte sich, welcher Schutzengel gerade noch mal die Kurve gekriegt hatte. Die Trägheit durch die Nebenwirkung ihrer Medikamente lag wie ein Wattepanzer um ihr Bewusstsein und pufferte jegliche Bewertung der Gefahr.
Bei glutrotem Sonnenuntergang überquerte sie die Gangway der „MS Aurora“ mit Ziel Madagaskar. Obwohl die Hitze des Tages das Deck nicht mehr in voller Stärke aufheizte, saß der Bordoffizier mit seiner Passagierliste an einem kleinen Tisch im Schatten eines Sonnensegels. Er begrüßte Elise an Bord und rief nach einem Matrosen für ihr Gepäck. Während sie beide auf ihn warteten, musterte er verstohlen die kleine Madame im zerknitterten weißen Glockenrock und kurzärmeliger Matrosenbluse, die Sonnenbrille über der Stirn auffallend forsch ins schulterlange Haar gerammt.
„Ich habe Sie mit Amanda in eine Kabine gelegt“, der fragende Tonfall bat um Zustimmung, „eine Engländerin, die auch bis Addis Abeba will.“ *Hoffentlich keine Quasselstrippe*, wünschte sich Elise, sie war hundemüde und das Ziehen im Rücken war unerträglich.
Sie stolperte dem o-beinigen Seemann unter Deck über mehrere Treppen und schmale Gänge bis zu ihrer Kabine nach, in der sie auf die Liege sank.
„Ihre Kabinengenossin macht das Schiff unsicher.“ Wenn Elise seine Miene richtig deutete, meinte er einen Vamp auf Männerfang, und der zerflatterte Kondensstreifen aus Parfüm unterstrich seine Spekulation.
Sie schloss die Augen, als sie allein war. Sofort standen die Pinien vor ihr, deren Zapfen im leichten Seewind raschelten, sie roch den harzigen Duft der Nadelbäume und hörte die schrill sägenden Zikaden, als der Franzose sich stöhnend erleichtert hatte. Was für ein

Teufel hatte sie geritten, sein Angebot anzunehmen, wo sie sonst eher einen Fluchtreflex unterdrücken musste?

Wenn mich nicht die Heulerei die ganze Nacht wachgehalten hätte, wäre ich kein so leichtes Opfer gewesen. Was habe ich für einen vertrottelten Eindruck gemacht? Der hat mich für eine Landpomeranze gehalten, in der man schadlos den Schniedel kühlen kann.

Eine ganze Weile döste sie benommen in der Kabine, dann sah sie Amandas Reiselektüre auf dem Bett liegen und griff neugierig danach. Es war ein Roman von Evelyn Waugh: Remote People. Sie blätterte und keine fünf Minuten später hatte sie sich festgelesen.

Als Amanda atemlos hereinwirbelte, eine halbe Portion mit kurzem strähnigen Haar und ständig in Bewegung, deutete diese auf ihr Buch. „Lustig geschrieben, die Krönungsfeierlichkeiten des Kaisers von Äthiopien, unsere Mitreisenden sind glatt dem Buch entstiegen."

Augenblicklich schämte sich Elise ihrer Ahnungslosigkeit. *Warum verstummten die Freunde durch die Bank, wenn die Rede auf ihr Land kam? Was für eine Familie erwartet mich? Ob die Angehörigen sich mit mehr als dem nackten Überleben beschäftigen? Das ganze Afrika ein dunkles Loch, in dem ich einfach untergehen werde?*

Amanda setzte sich ungefragt auf die Bettkante und schwatzte drauflos: „Ich besuche zum zweiten Mal Verwandte in Äthiopien, und Sie?"

„Mein Mann ist der erste einheimische Architekt des Landes und ist vorausgeflogen, um Arbeit und eine Wohnung zu suchen. Ich wäre längst dort, wenn nicht ein Stein meine Niere gesprengt hätte. Bin noch reichlich angeschlagen." Sie goss sich aus der mitgebrachten Mineralwasserflasche ein Glas ein, stürzte es hinunter und kniff die Nasenflügel zusammen, als die Kohlensäure entweichen wollte.

„Solche Dramen überschläft man am besten. Wir haben noch genug Zeit zum Reden. Ich muss an Deck, hier ist es zu eng für meine Ballettübungen."

Meine Güte, die muss aus betuchtem Stall sein, schlussfolgerte Elise.

Das Gluckern der See vor dem offenen Bullauge schläferte sie ein, sie lehnte sich zurück. Dann sprossen die Häuser ihres Mannes aus einem Stadtpanorama wie Pilze aus einem weitverzweigten Myzel, ein Wolkenkratzer hier, ein Wohnblock da, Parkhäuser, Triumphbögen, Stadien und Brücken bis zum Horizont und mittendrin kreischende Kinder in einem englischen Garten. Ein kleiner Mann mit goldener Krone drehte sich in einer halbfertigen Jacke.

Für die Gewissheit, um sie herum sei freier Raum, nahm Elise gerne in Kauf, dass die Anreise mit Schiff länger dauerte als mit jedem anderen Verkehrsmittel, bei weitem die entspannteste Fortbewegungsart.

Viele Seemeilen weiter im Osten und Tage, in denen Elise nur erwachte, um ihre Tabletten zu schlucken, bedauerte ihre Reisegefährtin: „Die Delphine haben Sie verpasst. Kommen Sie an Deck, wir haben den Suezkanal erreicht und müssen den Gegenverkehr durchlassen."

„Wir sind auf Kai gelaufen!", erschrak Elise, und beugte sich über die Reling, da sah sie die Handbreit Wasser um den Kiel, in dem die Nussschalen arabischer Händler mit großem Lärm ihre Waren anpriesen: „Antiquitäten, Briefpapier, Gemüse, Fisch!"

„Ich will zehn Austern!", rief Amanda. Bei dem Glibberkram schüttelte es Elise, ihr trieben seit der Kindheit Orangen die Spucke in den Mund. Lachend machte sie es Amanda gleich. Ein Rätsel blieb, woher der einzelne Händler wusste, welche Order zu welchem Kunden gehörte.

Die Matrosen warfen ein Seil hinunter, schlangen es oben so ums Geländer, dass es doppelt herunterhing, und die Fischer befestigten die Behälter. Als Elise ihr Körbchen an Deck zog, rutschte ihre kurze Jacke hoch und für einen Augenblick wurde die Bandage sichtbar.

Entsetzt rief Amanda zwischen zwei Muscheln, die sie mit hörbarem Genuss schlürfte: „Damit fahren Sie nach Afrika? Ist das nicht ein bisschen leichtsinnig?"

„Ach was! Dort kriege ich mehr Ruhe, als mir lieb ist."

Die Orangen waren schlecht zu pellen und schmeckten faserig. Schwerfällig setzte sich das Schiff in Bewegung und glitt durch den Kanal.

An den Liegestühlen der Damen zogen rechts die horizontal geschichteten, zart rosigen Tafelgebirge Ägyptens, im Osten wild zerklüftete Hörner, Spitzen und Zacken des Sinai vorbei, davor einladend wie ein Urlaubsstrand die lichtgelben Wüstenstreifen.

„Ist es Ihnen nicht zu heiß?", fragte Amanda und verwendete die Reling wie eine Ballettstange für Dehnungsübungen.

„Geht schon."

Der Salzdunst über dem Wasser machte alle Oberflächen pappig und tilgte jede Entschlusskraft. Elises Vorsatz, die verbliebene Niere zu spülen, wurde durch die Hitze vereitelt, denn der Schweiß floss aus den Poren, ohne dem Bestimmungsort auch nur nahe zu kommen und versickerte im Mull.

„Verdunstungskälte wäre gut. Ich sollte meine Narbe mit einem nassen Handtuch kühlen", sagte Elise mehr zu sich.

Amanda sprang hoch. „Bleiben Sie sitzen, ich hole Ihnen eines."

„Wie will sie erst Äthiopien aushalten?", tuschelten Mitfahrer.

Die „Aurora" legte gegen elf Uhr morgens in Djibouti am Roten Meer, französischem Staatsgebiet, an. Das Deck qualmte im Brennglas der Sonnenstrahlen. Umwabert von aufgewirbelten Sandfahnen, torkelten auf den Kaianlagen rostige Ladekräne wie trunkene Roboter durch das ausgestorbene Hitzegeflimmer.

Voll gedankenschwerem Gespür kniff Elise die Augen zusammen und suchte das Ufer ab. *Habe ich dafür alles aufgegeben? Es muss ihm etwas passiert sein, einen solchen Termin vergisst keiner! Hat er mich versetzt? Diese Scham, womöglich den Mann in Addis Abeba suchen zu müssen, nur die nicht eingestehen! Grässlich. Was für eine Ernüchterung! Wie Treibgut am Strand zu vergammeln, ist das ein Neubeginn! Gestrandet in einer französischsprachigen Einöde, in der mich kein Mensch auf der Straße verstehen wird. Sind meine Briefe überhaupt im richtigen Postfach gelandet?*

Benebelt stocherte sie in ihren Schuhen. Mit einem gefrorenen Lächeln ging sie ohne Anlaufadresse oder Telefonnummer dem Matrosen voraus, der ihre Habseligkeiten auf der Sackkarre über die Gangway rollte.

Melese war überzeugt gewesen: *Spätestens in zwei Wochen sitze ich an einem Schreibtisch und empfange die Auftraggeber*. Mit dieser Gewissheit hatte sich Melese auf der Gangway noch einmal umgedreht und auf London zurückgeblickt. Seine Prognose verlängerte sich mit jedem Besuch bei einem, der die Hand ausstreckte, in der Erwartung, mehr als nur eine Hand hineingelegt zu bekommen.

2

Zehn Jahre in einer anderen Kultur gehen nicht spurlos an einem vorbei, und schon gar nicht, wenn sie außerdem Gewohntes auf den Kopf stellt. Erst soll man sich anpassen und dann die Veränderung wieder abschütteln. Unmöglich. Der europäische Firnis wirkt wie ein Leuchtanstrich im Dunkeln, zieht die Aufmerksamkeit auf dich, stößt andere ab und dich auf, sobald etwas Unverträgliches zu schlucken ist. Entweder kapituliert man vor der Aufgabe oder man verausgabt sich dabei, den neuen Standard in die alte Umgebung zu übertragen. Abstriche an Komfort sind unvermeidlich. Vorerst, schränkte Melese ein, der es sich leichter vorstellt hatte. *Wenn ich schon geschockt bin, wie soll es erst Elise gehen! So ganz ohne Vorbereitung wird das eine Katastrophe. Die hat ja keinen Schimmer, was auf sie zukommt. In meinem Land brauche ich keine Unterstützung, hier stehen für sie die Fettnäpfchen bereit. Wie kritisch urteilen ihre Augen über peinliche Selbstverständlichkeiten? Zahlt sie den Preis, nur um bei mir zu sein? Wie lange wird sie durchhalten, acht Wochen, vier Monate*?“ Er wusste selbst nicht, was er wollte.

Ich hätte schreiben sollen. Die Fortschritte ... lohnten, sie zu berichten? Zusagen, jemand, der weitervermittelt ... Mein Siegeszug. Sie wird das nicht verstehen, setzt voraus, es laufe so wie in England. Und dazu die Operation, als Krankenschwester wird sie die Hände zusammenschlagen. Wenn schon ich kaum den Dreck ertrage, wie soll das jemand, der gesundheitlich angeschlagen ist? Nichts hat sich verbessert in all den Jahren. Die englische Bruchbude, die Elise kaufen wollte, war ein Palast, verglichen mit dem Durchschnittshaus in Addis Abeba.

Mit einem reichlich konfusen Gefühlsgemenge stieg Melese in Djibouti aus dem Zug und klickte nervös mit seinem Kugelschreiber. Dem Taxifahrer nannte Melese die Residenz des äthiopischen Botschafters als Ziel und setzte sich in den Font. *Das Schiff war die richtige Wahl, sinnierte Melese, der Übergang von einer Welt in die andere ist nur Schritt für Schritt, wenn überhaupt, verdaulich.*

Das Auto hielt vor einem großen Gebäude, dessen halbvergitterte luftige Balustraden die Räume in der Mitte umschlossen. Melese hatte sich angekündigt und ging davon aus, genau wie im englischen Club als Mitglied der Elite empfangen zu werden. Sein Auftreten im sandfarbenen Leinenanzug signalisierte dem Gesprächspartner den künftigen Star am Himmel über Ostafrika.

Bevor er sich auf den angebotenen Sessel setzte, lobte er hochnäsig: „Bei dieser Hitze tut jedes Lüftchen gut. Wie ich sehe, brauchen Sie gar keinen Ventilator.“

Der Botschafter, ein beleibter, fettglänzender Mittvierziger lächelte. „Die Gänge kühlen mit ihrem Schatten den Wind, das ist das ganze Geheimnis.“ An diese Bemerkung knüpfte sich ein Exkurs über Studium, Europa, Technik und schließlich Politik und nahm entsprechend Zeit ein, die dem Repräsentanten anscheinend grenzenlos zur Verfügung stand. Keiner von beiden schaute auf die Uhr, ganz vertieft ins gegenseitige Abklopfen.

„Was kann ich für Sie tun?“, fragte Mr. Gezhegne erst, nachdem ein Diener Limonade für die trockenen Kehlen gebracht hatte.

„Meine Frau reist heute aus Europa an, sie wurde etwas aufgehalten. Können Sie mir ein Hotel empfehlen?“

„Hotel Continental. Ein traditionsreicher Kasten, immer noch die beste Adresse. In diesem Hotel haben sie alle geschlafen, die einen weißen Fleck auf den Karten der Royal Geographical Society gefüllt haben.“ Als sein Besucher nickte, schlug er vor: „Sie wird erschöpft sein von den Aufregungen. Kommen Sie heute Abend zum Dinner. Meine Frau wird sich freuen, mal ein anderes Gesicht als meines zu begrüßen.“ Er lachte kehlig und klatschte in die Hände. Dem Sekretär, der daraufhin erschien, trug er auf: „Sag Tewolde Bescheid, er soll den Mercedes vorfahren!“

„Sie nehmen den Dienstwagen!“, befahl er Melese. „Ihre Frau soll den besten Eindruck haben. Wenn Sie wollen, reserviere ich gleich im Hotel.“

Im besten Einvernehmen trennten sich die beiden Männer und der Botschafter sah zu, wie Melese hinter den getönten Scheiben der schwarzen Limousine unsichtbar wurde. Mit dem üblichen europäischen Schnickschnack war es schlechter bestellt, und als der Wagen um die Verwaltungsgebäude des Hafens bog, sah Melese etwas bang, dass nur eine einzige, einsame Gestalt vor dem an den Pollern vertäuten Ozeanriesen schmorte.

„Da ist sie!“ Der Chauffeur steuerte direkt auf sie zu und hatte das Auto noch nicht ganz zum Stehen gebracht, da öffnete Melese die Tür

und stieg aus.
Nur Sekundenbruchteile hielt er ihren Blick aus und sagte zu angedeuteten Wangenküssen über ihre Schulter in die Luft: „Elise, bist du endlich da.“ *Nur schnell weiterreden, um dem Vorwurf zuvorzukommen.* „Wartest du schon lange? Ich konnte nicht früher. Habe überall in der Stadt nach Blumen gesucht. Glaubst du, ich habe auch nur einen Stängel bekommen!“
Sie an seiner Stelle wäre die Nacht vorher schon eingetrudelt, um nur ja die Trennung um keine Minute zu verlängern. Faulig roch die bräunliche Hafenbrühe und deutlich sirrte ein Insekt zum leisen Glucksen der Wellen. Quälender Durst dörrte ihre Stimmbänder zum Reibeisen.
Mit Geschwätzigkeit überspielte Melese die trennenden Monate. Eine Prise Mitleid verflüchtigte sich schnell, da seine Frau auf den ersten Blick gesund wirkte. Ihre Musterung endete ebenso makellos: Schlank, groß und unverändert wie aus dem Katalog für Herrenmode,. Die Schultern – bemerkte sie zum ersten Mal – wie bei vielen zu schnell in die Höhe Geschossenen ein wenig gebeugt.
Eifrig schnappte sich Melese den sperrigen Hutkarton und den Koffer. „Heute erwartet uns der Botschafter.“
„Fahren wir denn nicht gleich nach Addis Abeba?“
„Nein, der hat uns seinen Dienstwagen mit Chauffeur zur Verfügung gestellt.“
„Ach daher, ich dachte schon, du hast dich gleich verschuldet, um dieses Auto zu kaufen.“
„Das wäre mir nicht eingefallen “, er lachte, „aber ein Haus haben wir. Wart nur, bis du alles siehst!“
„Ich war schon drauf und dran, mit dem nächsten Kutter nach Europa zurückzufahren.“
Melese fühlte sich beobachtet, sowohl von seinem Fahrer als auch von den Menschen an der Reling. „Du wirkst abweisend. Bist du okay?“
Da Elise ihm nicht vor versammelter Besatzung ihre Blessuren vorweisen wollte, nickte sie stumm.
„Morgen Abend sitzen wir im Zug, Darling. Hast du Hunger?“, fragte er. „Wir gehen ins beste Restaurant der Stadt.“
Das beste Restaurant war ein Plattenbau mit einer Reihe

staubgepuderter Palmenstrünke entlang der Eingangsfront. Außer ihnen waren Millionen dem Aufruf zu einer Massenveranstaltung in dem Saal gefolgt, denn sie hatten gerade bestellt, als ein Ober mit einer großen Aluminiumspritze an den Tisch trat und die Gäste bat: „Excusezmoi, Monsieur, Madame, lehnen Sie sich bitte zurück, achten Sie auf Ihr Gesicht."

Er besprühte den Tisch von rechts nach links, die Fliegen drehten sich augenblicklich auf den Rücken und streckten ihre Beine in die Luft. Die fragenden Blicke beantwortete er lapidar mit: „DDT. Gut gegen Malaria."

Ein anderer Kellner stand mit der Kehrschaufel und einem Tischfeger bereit und ersetzte die unappetitliche Belegung nach der Räumung durch das Besteck.

„Sag mal, ist das überall so?", fragte Elise, leicht pikiert.

„Nein, wo denkst du hin."

Die abschreckende Wirkung blieb bei den neu eintreffenden Völkerscharen so mangelhaft, dass die zwei Herren der Fliegen und Mücken in regelmäßigen Abständen ihr Ritual wiederholten.

Krampfhaft verbiss sich Melese einen Kommentar, als die Kundschafter der nächsten Kohorte seine Frau wie ein ausgesprochen leckeres Stück Aas umschwirrten. Hörbar atmete er tief durch. „Bist du geheilt oder musst du noch aufpassen?"

Das Wedeln mit der Serviette begleitete einen umfassenden Bericht, den er mit zahllosen „Oh Gott!" und „Du Ärmste!" würzte. Mit der noch nicht geschlossenen Wunde schlug sich Elise alleine rum. Verantwortlich fühlte sie sich, obwohl es Unsinn war, als ob ihre Bedenken dort eiterten.

Gefesselt von Vorahnungen, ruhten wenig später beide im Hotelzimmer, der eine so verunsichert wie der andere. Sie fremdelten auf einmal wie Kinder, die Freund und Feind noch nicht unterscheiden können. Die zurückgehaltenen Fragen kreisten ums Bauen: die von Elise bezogen sich auf den schwankenden Untergrund, die von Melese auf Ausbaumöglichkeiten und Einsturztermin seiner Gedankengebäude.

Noch ehe sich herausstellte, wer die erste Berührung wagen würde, fiel Elise in einen Schlaf, der einem künstlichen Koma nicht unähnlich war. *Dem Dud von der Schipp jesprunge, in Bonn durch de Dreck jetrocke, ne Ferkeskopp, dä sich an mir verjon wullt.* Nicht der passende

Gesprächsstoff, wenn man sich darauf freut, in den Arm genommen zu werden.

3

Obwohl das unübersichtliche Menschengewühle auf dem Bahnsteig Elises gegenteilige Befürchtungen schürte, landeten Koffer und Kasten vollzählig im Zug.

„Das wird jetzt dauern", klärte Melese auf. „Auf einem Schmalspurgleis grenzt Geschwindigkeit an Zauberei."

„Wie lange denn?"

„Einen ganzen Tag alles in allem, wir machen noch mal Station. Du musst dich langsam ans Land gewöhnen."

Gerührt über diesen Bodensatz an Fürsorglichkeit, den Elise aus seiner Aussage herausdestillierte, wollte sie ihrem Mann über den Arm streichen. Der wandte sich ab und lud mit Schwung ihre Fracht in ein kleines Abteil erster Klasse. „Hast du denn so lange Urlaub?" Getragen vom Salz- und Fischgeruch, schwebten blaue Wollmäuse über die rostrote Flugsandmarmorierung. Die Antwort ging im Quietschen der Räder unter.

Gemütlich zockelte die Bahn durch die baumlose Küstensteppe, die frühzeitige Schwärze über den Basaltwüsten durchbrachen noch nicht einmal Lagerfeuer. Eine Herde von Fettschwanzschafen lagerte im trüben Licht eines Bahnhofs, reglos wie zum Versand gebündelte Kapoksäcke.

In Duanle, der Grenzstation, hielt der Zug und alle Fahrgäste mussten aussteigen. Der äthiopische Grenzer studierte die Pässe.

„Madams Papiere sind unvollständig, das muss abgeklärt werden", erklärte er.

„Das ist die typisch äthiopische Art", moserte Melese leise, „um dem Neuling zu vermitteln: ‚Wir sind hier die Herren und du musst tun, was wir von dir verlangen.'" Nicht im Traum gedachte er, demütig zu betteln, sondern forderte herrisch: „Setzen Sie sich mit der Botschaft in Djibouti in Verbindung. Es hat alles seine Richtigkeit."

Wichtigtuerisch veranstalteten sie ein Hin und Her, gemächlich wurde lautstark verhandelt, angeklagt, kommandiert, als sei dieses

Büro, wo Melese für die Weiße einen Stuhl aufgetrieben hatte, der Nabel der Welt. Der Fernschreiber lief heiß, bis die roten Seitenstreifen das Ende der Papierrolle markierten.

Wieder zog der Ticker die Blicke auf sich. Im selben Moment schrillte die Pfeife des Zuges und er ruckte an. Entgeistert deutete das Ehepaar hinterher.

„Was soll das?"

„Keine Sorge, Sie werden mit dem nächsten Zug weiterreisen."

Zwar wusste Elise nicht, dass die direkte Verbindung nur dreimal wöchentlich verkehrte, platzte aber empört heraus: „Das ist unmöglich, ich werde keine Minute länger Zeit vertrödeln. Sehen Sie her!" Mit renitenten Patienten hatte sie nie lange Federlesen gemacht. Sie setzte auf Einsicht. Die Dringlichkeit unterstrich ein Ruck am Reißverschluss ihres nicht mehr taufrischen Kleides. Sie streifte das Oberteil über die Schultern und entblößte vor den Beamten die durchgeschwitzten Verbände: „Hier guckt euch das an, ich kann nicht mehr!"

Entsetzt sprang Melese herbei, um so schnell wie möglich die Hüllen über seine Frau zu werfen.

Die Grenzer, die endlich ihre Unentbehrlichkeit ausgiebig demonstriert hatten, hielten den Zug, der gerade im Schritttempo in die erste Kurve ging, noch einmal an, damit die Gemaßregelten noch zusteigen konnten.

Im Gang quetschten sie sich an Soldaten mit Gewehr über der Schulter vorbei.

„Werden hier Truppen verschoben?"

„Von wegen, sie dienen zur Beruhigung der Fahrgäste!", antwortete Melese. „Früher kam es vor, dass bewaffnete Danakil den Zug überfallen haben, die Schienen abmontierten und Schmuck für ihre Frauen daraus bastelten." Im Abteil brummte er noch: „Ab morgen trägst du nichts Schulterfreies mehr, das ist unanständig." Dann schloss er die Augen, um weiteren Fragen aus dem Weg zu gehen. Elise schälte sich aus ihrem Kleid und wickelte sich auf der Bank, mit einem letzten Blick auf diesen hochgewachsenen Mann, in eine Decke.

Ein Säugling, dem man die Brust entzogen hat, kann sich nicht verlorener fühlen als ich, dachte sie im Halbschlaf. *Für ihn bin ich nicht mehr als ein beschädigtes Spielzeug! Als ob wir auf unterschiedlichen Eisschollen stehen, die auseinanderdriften. Die Figuren auf unserem*

Beziehungsspielbrett stehen wieder am Anfang. Ein neues Spiel, ein neues Leben, alte Regeln und Gewissheiten null und nichtig. Habe ich nur fixe Ideen? Wäre kein Wunder, angeschlagen wie ich bin. Ein paarmal Überschlafen wird alles an seinen Platz rücken. Rudel von abfallgierigen Hyänen und dösende Löwen unter einem Baobab lösten die mahnenden Zeigefinger übermannshoher Kandelaberkakteen ab und verschwammen zur Prozession abgestellter Kerzenleuchter.

Schrilles Pfeifen schreckte die Schlafende hoch und alarmierte Menschen und Tiere, die unbekümmert die Schienen überquerten. Der Nachtexpress endete im Grabenbruch einer auf zwei Flussufern liegenden Stadt.

Abends bummelte das Paar zum Markt, vergleichbar zwei Kollegen, die sich zufällig auf der Kurpromenade getroffen hatten. Schrecken über die Bettler mit leergefressenen Augenhöhlen an jeder Ecke wechselten mit Überschwang. „Schau, mit welcher Grazie die Menschen die Tücher tragen und würdevoll ihre Geschäfte tätigen. Wie im alten Rom."

Hinter ihrem Rücken hörte Elise mit einem Mal Getrappel und Gelächter, sie wurde gestoßen und stolperte seitwärts zwischen säuberlich auf eine Decke gehäufte Kegel aus Getreidekörnern. Als sie sich umdrehte, stob eine Kinderbande auseinander, die sich einen Spaß daraus gemacht hatte, ihre strohfarbenen Haare zu berühren. Melese sah es als Übergriff in sein Revier, seine Augen blitzten, drohende Wortkaskaden stieß er hervor, im Tonfall unterstrichen von der Getreidehändlerin. „Bariya lidj, Sklavenkind", erklärte er und klopfte an seiner Hose herum. Von nun an gingen sie im Gänsemarsch, Elise und ihr Ritter.

Der Schmutz, die Lautstärke und der allgegenwärtige Gestank nach blutigem Fleisch berührten ihn genauso unerträglich wie die mittlerweile verschmutzten Ränder seiner Hosenbeine. „Das ist ein Aufenthaltsort für Dienstboten und Sklaven", womit Melese jeden mit aufgeworfenen Lippen und breiter Nase bezeichnete. „Als amharischer Mann, der auf sich hält, schickt man jemand anderen einkaufen. Ich war seit Jahren auf keinem Markt."

Eingekeilt von aufgeregt schimpfenden Leuten, deutete er seelenruhig auf einen ehrwürdigen Mann unter einem Wellblechdach. „Die beiden da haben sich wegen Schulden in den Haaren."

„Und die anderen da, sind das alles Familienangehörige?"

„Nein, wo denkst du hin! Einfache Passanten. Der Danya auf dem Schemel spricht das Urteil, wenn er alle gehört hat." In der Erregung warf der Kläger seine Shamma schwungvoll über die Schulter zurück. Die Gegner stürmten mit erhöhten Stimmen gegeneinander, sprangen drei Schritte vor, drohten sich mit ausgreifenden Gebärden und buhlten um die Gunst des Publikums, das zum Teil mit Hohn, zum Teil mit Gelächter reagierte.

Elises Nebenmann zuckte mit der Schulter und sprühte grüne Speicheltropfen aus einer ausgebeulten Backe. „Kirikiri", das erste amharische Wort, das die Ausländerin lernte, ausgerechnet für „Streit". „Man sollte sie wie früher an den Füßen zusammenketten, bis sie ihren Disput gelöst haben", radebrechte er in gebrochenem Englisch.

Ungehalten schnitt Melese dem Fremden das Wort ab. „Wer Geld hat, bekommt seine Entscheidung, davon kannst du ausgehen. Der Danya hat keinen Vorteil davon."

„Ist das der einzige Weg, zu seinem Recht zu kommen?", fragte Elise.

„Nein, das ist nur eine Art, den Gerichtshof von Bagatellkram zu entlasten."

Endlich rettete sich das Paar in eine ruhigere Nebengasse, in der Elise trotz undurchdringlicher Dunkelheit eine ruppige Abfuhr erntete, als sie vorsichtig nach Meleses Hand griff. „Lass mich! Das machen die Oromo und die Ausländer, wir nicht!" Intime Gesten in der Öffentlichkeit waren noch nie sein Fall gewesen, aber gerade jetzt hätte ihr ein Zeichen der Verbundenheit die Fremdheit genommen.

4

Je mehr sich der Nebel um ihn lichtete, den sie in London mit Fragen nicht durchdrungen hatte, umso rätselhafter wurde dieser Mann. Hatte sie ihn jemals gekannt? Bloß weil ihr ein Organ fehlte, konnte sie sich nicht so verändert haben, dass er sie nicht mehr an sich ran ließ und sich hinter der Rolle des Reiseleiters verschanzte.

Bis zum Zerreißen steigerte sich Meleses Hochspannung, abwechselnd sprang er auf den Gang oder trommelte mit den Fingern auf der Ablage, bis sich die einspurige Bahn verzweigte und unversehens singende Männer in abgetragenen Anzügen in Sicht kamen, die, Ameisen gleich das Vielfache ihrer Körpergröße an Baumwollballen zu offenen Güterwagen balancierten.

Elise strich den wadenlangen Rock ihres Kostüms glatt, schloss die Jacke und schlang einen breiten Schal über die Schultern. Das erste Zusammentreffen entscheidet, mit welchem Etikett ein Mensch versehen wird. Respektabel und sympathisch bevorzugte sie, aber die Wahl hatten andere.

„Da vorn ist Makeda. Geh weiter, beeil dich. Sie wird ungeduldig sein", befahl Melese aufgekratzt und folgte dem halbnackten Träger ihres Gepäcks.

Und da stand sie. Unübersehbar. Von der Menschenmenge umspült wie ein Wellenbrecher in der Brandung. Sperrig und abweisend. Ihr Gesicht glich Meleses wie ein Samenkorn dem anderen. Hellhäutiger und hagerer als ihr Bruder, wirkte sie mit fünfundzwanzig Jahren in ihrem halblangen dunklen Rock und dem nachlässig darüber geworfenen Umschlagtuch wie eine ältliche Jungfer. Der Familienzuwachs konnte ihr den Buckel herunterrutschen. Für die Ausländerin verschwendete sie weder Worte noch Berührungen, musterte Elise stattdessen kurz mit verächtlich geschürzten Lippen. Umso auffälliger war der Enthusiasmus, der Melese entgegenschlug.

Seine Hände berührten mal Makedas Ellbogen, mal strichen sie beiläufig über ihre Schulter oder schoben ihr eine widerspenstige Haarsträhne hinter das Ohr. Einen zusätzlichen Wortschatz für Feinheiten umspannte diese Körpersprache, das spürte Elise, auch wenn ihr zur Klärung nur ein Lückentext zur Verfügung stand. War das nicht der Kern ihres Miteinanders gewesen, was ihr da vorgeführt wurde? Die Benennung als Eifersucht ließ sie nicht zu, das änderte aber nichts daran, dass es sie herunterzog.

Vor dem Bahnhof drängten sich die Menschen durch die luftigen Arkaden zur Stadtseite hin, wo das Denkmal des gekrönten Löwen von Juda mit der Fahnenstange über der Schulter den Platz dominierte. Addis Abeba dehnte sich über zwölf Kilometer aus der Höhe des Entoto in die Ebene hinunter, ein blaugrüner Archipel im Häusermeer.

Zu dritt quetschten sie sich in eines der bereitstehenden Taxis, das sofort auf der linken Straßenseite losbrauste. „Bald hast du hier deutsche Verhältnisse. Die Umstellung auf Rechtsverkehr ist beschlossene

Sache“, erklärte Melese von hinten, neigte sich gurrend zu Makeda und steckte zärtlich seine Nase in ihre durch ein Stirnband mühsam gebändigte Haarmähne.

Auf diese Verflechtung von schnurgeraden Avenuen, protzigen Gebäuden mit vergoldeter Fassade und endlosen Wellblechzäunen, die erfolgreich vorenthielten, was sich dahinter verbarg, war Elise nicht gefasst. Viel eher bedienten die hauptstädtischen Hirten auf der Fahrbahn mit ihrer Herde verschreckter Schafe und die zweirädrigen Pferdekarren das exotische Klischee. In der Nähe eines Eselkadavers urinierte ein Passant in die Gosse. Ein barfüßiger Mann rannte mit einem aufgespannten Sonnenschirm neben einem Maultier her, auf dem ein Priester ritt. Elise stand sofort ihr gemeinsamer Ausflug zum Drachenfels vor Augen, als Melese sich auf das Langohr schwingen wollte, das Kindern vorbehalten war.

Warum das Auto am Fuße einer steilen Treppe stoppte, war weder an einem Straßenschild noch einer Hausnummer erklärlich. Die vierzig Stufen würden sie zehn Jahre ihres Lebens kosten, war sie überzeugt. Ihr blieb nichts anderes übrig, als den Geschwistern keuchend hinterherzuschlappen.

Die unebene Mauer einer einstöckigen Fachwerkhütte war das Erste, was sie sah, roh gezimmerte schiefe Fenster, deren Frühjahrsputz Jahrhunderte überfällig war, aufgeteilt in viele kleine Quadrate. Als sich knarrend die schräg in den Scharnieren hängende Tür öffnete, unterdrückte sie abstoßende Assoziationen, die der süßliche Gestank weckte.

Im größten der Zimmer – sie zählte drei – saß auf einer Bettstatt eine alte Frau neben einem Stapel von Decken und Matratzen und schaute ihnen gleichmütig entgegen: Meleses Mutter. Ihr bauschiger weißer Haarschopf krönte ein tiefgefurchtes Gesicht auf dem ausgemergelten Körper. „Sie begrüßt, dass ihr Sohn eine Weiße geheiratet hat“, übersetzte Melese. Ihre zu Schlitzen verengten Augen, mit denen die Witwe das unbekannte Familienmitglied studierte, entlarvten den Einstieg als haltlose Höflichkeitsfloskel. Elise unterdrückte ein altbekanntes Unbehagen und erkannte im gleichen Moment, auf welchen Lichtblick sie unberechtigterweise gehofft hatte.

„Darf ich deine Haare anfassen?“ Was gestattet man nicht alles, wenn es der Verständigung dient. Vorsichtig berührte die alte Frau mit den

Fingerspitzen die blonden Locken. „Ilamä, sieh mal, wie unwahrscheinlich! Das fühlt sich an wie Seide!“

Die kann, was Herzlichkeit betrifft, meiner Mutter die Hand reichen, schoss es Elise durch den Kopf. *Das ist keine Vertraute, Trösterin und Stütze für alle Lebenslagen.* Während sie der Übersetzung lauschte und hoffte, dass diese ihre geschäftliche Freundlichkeit wiedergeben würde, in die sie automatisch geschlüpft war, wanderte ihr Blick zum Taubengekoller nach oben.

„Mein Vater hat sie als junger Mann geraubt, weil sie eine Amharin der Dejen war“, sagte Melese. Die alte Dame nickte hochmütig, es reichte, dass sie zwei Worte aufschnappte. „Von der Ebene südwestlich des Tanasees Richtung Sudan stammen die reinsten Amharen. Er war in dieser Gegend als Richter eingesetzt, so einer, wie du auf dem Markt gesehen hast.“

Die Dachsparren der Unterkunft waren durch schwarz verfärbte Leinentücher verdeckt, zwischen deren Lücken die Unterseite der Dachdeckung zu sehen war. Mehrere Sessel und ein kleiner Tisch machten den Raum zum Möbellager. Der einzige Wandschmuck waren ein Kreuz und das ausgeblichene Foto einer Kirche.

„Wir stammen von südarabischen Einwanderern ab. Von der Königin von Saba wirst du gehört haben. Sie hat Salomon in Jerusalem verführt und bekam ein Kind von ihm. Unverrichteter Dinge zog sie in ihr Reich zurück. Ihr Sohn ist der Ursprung unserer Kaiserdynastie.“

Eine hübsche Legende, fand Elise*, mit einem Körnchen Wahrheit, denn die Ähnlichkeit mit sonnengegerbten Arabern ist nicht zu leugnen. Die Meerenge ist ja wirklich ein Katzensprung. Namen sind Schall und Rauch. Da haben es die Rheinländer leichter, Karl der Große, den viele als Familienmitglied betrachten, hat nachweislich gelebt.*

Die Alte tippte ihrem Sohn aufs Bein, um ihn zu unterbrechen, hielt vier Finger ihrer Hand empor und fuhr bogenförmig über ihren Leib. Vier Kinder: Makeda, Melese, Sehul und Worqu, der Lieblingssohn, bei dem sie seit ihrer Übersiedlung von Jijiga wohnte. Damit war das Wesentliche ausgetauscht. Alles Weitere, was jenseits ihres Gesichtsfeldes lag, interessierte sie nicht. Überall wurde mit Wasser gekocht.

Abends kam Schwager Worqu von der Arbeit bei der Telefongesellschaft und begrüßte die Frau des Bruders. Schüchternheit war es nicht, was jede Frage zum Verlauf ihrer Reise oder ihren Gesundheitszustand erübrigte, er behandelte jede Frau mit manierlich kaschierter Missachtung. Gelangweilt verabschiedete er sich bald und nahm die beiden Frauen mit. Die Europäerin war Sache des Bruders. Der musste die Laus in seinem Pelz jetzt erst einmal dressieren.

5

Ist es das Krachen eines Gewitters, das Getrommel der Tropfen, die sich unter dem lecken Dach in etlichen Blechschüsseln sammeln, oder das Starren von Makeda, was mich aus dem Erschöpfungsschlaf geweckt hat?, fragte sich Elise. Es war nicht nur ihr Neuigkeitswert, wie sich im Laufe der Zeit herausstellte, sondern Eigenart der Schwägerin, wortlos zum Fenster hereinzustieren, noch nachmittags in Nachthemd und Gabi, das typische Umhängetuch, gehüllt.

Sie reagierte nicht auf Ansprache, belauerte nur jede Bewegung. *Verkrümele dich*!, lag Elise auf der Zunge. *Unverschleiertes Glotzen tarnt man hinter einer Gardine, es sei denn, man ist geistig behindert.* Sie verwünschte ihre gute Erziehung und das Versäumnis, nicht früher mit Sprachunterricht begonnen zu haben, beides machte sie wehrlos.

Lustlos raffte sich Elise hoch, doch ihr Kreislauf zwang sie auf die Bettkante zurück. Als der Drehwurm nachließ, warf sie ein verwaschenes Trägerkleid über, beim Kämmen wurde ihr wieder übel, bis sie sich zu einem alten Stuhl in den Schatten hinter der Hütte schleppte, um sich zu übergeben.

Als sie ihren Kopf, der wie ein Dampfhammer dröhnte, auf die Unterarme stützte, stutzte sie: bis an die Ränder der Unterwäsche waren sie rot gesprenkelt! Insektenstiche! Mannomann, diese Betten waren mehr als fairly used.

Im Garten lehnte sie sich an den Zaun und schaute ins Tal. Die Zahl der Autos war nicht der Rede wert. Hauptverkehrsmittel waren mit Schwären bedeckte Esel, die, das sah sie sogar mit bloßem Auge, dahinwankten. Zurück im Zimmer, hob der Gestank wieder ihren Magen. *Woher kenne ich den bloß*?, fragte sie sich. *Flüchtlingstrecks.* Ächzend rückte sie einen Sessel nach dem anderen von der Wand, um die Quelle zu entdecken. Als der Fußboden aufhörte, sich ihr entgegenzuwölben, zerrte sie am Tisch.

Durch das Getöse war die Dienerin aufmerksam geworden und packte mit an, als Elise die zwei Betten ins Visier nahm. *Irgendetwas liegt da! Ein schwarzer Umriss. Da haben wir die Bescherung! Das sind keine Lappen.* Sie stupste mit einem Besenstiel. *Mausetot, und das nicht erst seit gestern! Leichenstarre Rattenmumien.*

„Was machst du da?“ Erschrocken fuhr Elise hoch. Melese stand in der Tür, sorgfältig in hellgrauem Tuch herausgeputzt. „Besrate!“, rief Melese aufgebracht. „Besrate, mach das gefälligst weg!“ Elises Entdeckung würdigte er keines Wortes. „Und dann mach mir einen Tee.“

Ihr parfümierter Businessman wappnete sich gegen Vorwürfe. Er hatte sie gewarnt, zwar allgemein, wenn sie jedoch ihren Willen unbedingt durchsetzen musste, lehnte er jede Verantwortung ab. Ihre Anwesenheit drückte ihn mit der Nase in den Schlamassel und konfrontierte ihn mit Dingen, von denen er sonst keine Notiz genommen hätte. Pflegen und Erhalten fielen nicht in die Zuständigkeit eines Mannes und darüber ein Wort zu verlieren, war unter seinem Niveau.

„Ich will gerade noch ... Da oben ist was. Hast du das denn nicht gerochen?“ Wackelig erklomm sie die Sessellehne, um von da aus die Decke zu inspizieren. Sie streckte sich und löste die Tücher von den Dachsparren. „Igitt, schau dir das an, Urin, der Stoff ist zersetzt davon! Da sind Rattennester.“ Ihre Finger stachen durch das mürbe Gewebe. „Es ist gut, dass ich das mit eigenen Augen gesehen habe“, murmelte Elise, „wie kann man so wohnen?“

Gleichmütig kehrte die junge Frau die Kadaver auf ein Stück Karton als handle es sich lediglich um abgebröckelten Lehm aus einem Stiefelprofil.

„Wie ist das Mädchen untergebracht?“, fragte Elise. „Ich habe gesehen, dass sie abends eine dünne Decke auf dem Boden ausrollt und sich hinlegt wie ein Wachhund. Schlafen wird sie doch bestimmt woanders.“

„Wo denkst du hin! Das ist hier üblich.“

„Wie bitte, sie hat noch nicht mal eine menschenwürdige Unterkunft? Das geht doch nicht! So behandelt man keinen Menschen!“

„Sie kennen es nicht anders. Die meisten von den jungen Dingern bleiben nur kurz in einer Stellung, sie sind Nomaden, von der Unruhe weitergetrieben. Deshalb braucht sich niemand ihre Namen zu merken.“

„Wieso, sie heißt Besrate.“

„Besrate heißt Dienstmädchen, das ist ihr Beruf, nicht ihr Name.“

„Wie kannst du nur! Die reinste Sklaverei! Kein Wunder, bei der Behandlung würde ich auch gehen.“

Leise wisperte das Mädchen, durch das Interesse der Herrin verstört, auf die Frage nach ihrem Namen: „Tschamusch.“

Melese grinste. „Das bedeutet, alle werden sich um sie streiten.“ Es kostete Elise Überwindung, Tschamusch mit Dingen zu beauftragen, die sie bis dato nebenbei erledigt hatte. Sie war überzeugt, für ein nichtsnutziges Luxusgeschöpf gehalten zu werden und schämte sich, in ihrem Alter zu schwach zu sein, um die Arme zu heben!

„Du brauchst zu denen nicht freundlich zu sein“, riet Melese. „Sie sind Leibeigene.“ Er hätte wissen müssen, dass er seine Frau mit dieser Bemerkung auf die Barrikaden brachte.

Ruhig Blut, redete sie sich zu, *ihr werdet schon sehen, dass es anders geht.* Elise wechselte das Thema. Da für eine Baustelle Meleses Aufmachung verfehlt war, schloss sie, dass er zu Verhandlungen mit Bauherren unterwegs war. „Wo arbeitest du?“

„Nicht weit von hier.“

„Hast du viele Mitarbeiter?“

Versunken schenkte er sich noch einen Tee ein. „Eine Handvoll.“

„Ist dein Chef annehmbar?“ Ohne Berufserfahrung wurde man nirgends gleich der Boss. „Geht.“

Das Hupen aus der Stadt, verpackt ins Geraschel des Windes in den Kronen der Eukalyptusbäume, trug mit sich eine Mischung aus Holzkohle, brandig faulem Gras, das auch in ihrem Herd landete, Dung und Weihrauch.

„Gut bezahlt?“

„Hm. Deine Koffer habe ich in den Lagerraum gestellt, falls du sie auspacken willst.“ Er verabschiedete sich übereilt mit dem letzten Schluck noch im Mund.

Nachdem Elise eine Zeitlang mit leerem Kopf vor sich hin sinniert hatte, gab sie sich einen Ruck. *Da steckt mich noch Makeda an,* allein der Vergleich machte ihr Beine. Tausenderlei sah sie um sich, was einer kompetenten Anleitung bedurfte, von lebenswert war dieses

Domizil noch so weit entfernt wie eine Brennnesselhalde von einem japanischen Garten.

Armut war keine Entschuldigung zu verkommen! Die Küche, dieses Eldorado für nachtaktive Kreaturen, entsprach noch nicht einmal Kriegsstandard mit dem alten Gasherd, einer Plastikschüssel für den Abwasch und Geschirr in Schachteln und Körben. Der Boden war roher Beton und die Wände ehemals weiß getünchter Verputz mit einem Fleckenmuster undefinierbarer Herkunft.

Elise bedeutete Tschamusch mit Zeichensprache, ihre Augen aufzusperren. Je eine Kerze klebte sie auf mehrere Teller, füllte diese bis zum Rand mit Wasser und stellte in jedem Raum einen auf den Boden. Aufmerksam verfolgte das Mädchen jede ihrer Bewegungen und klatschte vor Freude in die Hände, als es am Morgen den Fang abschöpfte, denn eine brennende Kerze lockt die Flöhe an und wenn die zum Licht springen, ertrinken sie.

6

Da weder Klingeln noch Glocken üblich waren, klopfte es ans Blechtor, jemand fragte: „Gētawi izīa newi?“ Ist der Herr da? Das Dienstmädchen antwortete entweder „Gētawi hēdwali“ - ist weg oder „ishi“ (ja). Elise hielt die dunklen Gestalten im Gegenlicht für benachbarte Dienstmädchen, die etwas borgen wollten, aber als sie ihren Irrtum erkannte, riss es sie vom Stuhl. Elli mit zwei Kindern!

Sie sprang zu schnell auf, taumelte leicht und fiel dem Symbol der unbeschwerten Jahre im St. Mary Abbots um den Hals. Elli, die das zweite Jahr in Äthiopien lebte, trug statt des Pferdeschwanzes eine hochtoupierte Frisur, aber das sorgfältige Make-up und das Kleid von Marks and Spencer waren altbekannt.

„Das ging mir ähnlich, meine Liebe, als ich hier ankam“, entlastete sie Elise, noch keine fünf Minuten in ihrem Dunstkreis. „Dein Blutkreislauf muss sich erst auf die Höhe einstellen. Tritt einfach kürzer, keiner erwartet Höchstleistung von dir. Ich freu mich so, dass du endlich da bist!“ Ihren strampelnden Jüngsten stellte sie der Freundin stolz als Ermyas vor.

Tschamusch trug zusätzliche Hocker heran und wartete auf

Anweisung. „Darf ich“, fragte Elli und plapperte amharisch drauflos, worauf das Dienstmädchen verschwand.

„Du sprichst das“, bewunderte sie Elise. „Da kannst du ihr gleich noch mehr verklickern. Sie muss mir beim Verbinden helfen.“

„Was denn verbinden, zeig her!“

Zwischen gewieften Krankenschwestern ersetzte ein Blick einen langen Zustandsbericht: „Lass mich das machen.“

Die Kranke holte ihre Binden, Pflaster und Desinfektionsmittel und während Elli die Wunde versorgte, erklärte sie gleichzeitig Tschamusch jeden Handgriff. „Bin ich wahrhaftig zur Prinzessin auf der Erbse verkommen? Gestern schrecke ich hoch, da funkelt der Mondschein in den Augen einer Maus, die auf meiner Brust sitzt. Das ist mir noch nicht mal im Krieg passiert.“

Die Freundin ging nicht darauf ein. „Hast du schon ausgepackt?“

„Woher soll ich die Energie nehmen?“ Elise schüttelte den Kopf. „Dem Erstbesten, der ‚Komm, wir gehen‘ zu mir sagt, würde ich folgen. Dass ich bleibe, hat nichts mit Durchhaltewillen zu tun. Niemand zwingt mich.“ Allein Ellis Gegenwart gab allem einen versöhnlicheren Anschein.

Elise zog Simon auf den Schoß, aber der kleine Junge mit dem schwarzen Lockenkopf fühlte sich erhaben über derart mütterliche Anwandlungen, machte sich steif und rutschte unwillig zu Boden, wo sein Bruder einen großen Mistkäfer auf den Rücken gedreht hatte.

Noch konnte sie ihre Niedergeschlagenheit nicht in Worte fassen, vermied lieber eine gründliche Analyse, nur das Offenkundige gestand sie sich ein. „Ich fühle mich überflüssig, Elli, alles wird mir nachgetragen. Du hast wenigstens die Kinder.“ Elise war ihrem Mann gefolgt, um das Versprochene einzufordern. Kinder hätten sie in dieser Situation aufgerichtet, daran hielt sie fest, sie vertrieben Depression und Schmerzen und alles Schwanken. Das in Frage zu stellen war verfrüht.

„Genieß es auszuruhen. Ich wette, du hast noch auf der Fähre den Matrosen die Knöpfe angenäht.“

Der Kleinere startete mit viereckig verzogenem Mund ein ohrenbetäubendes Protestgeschrei. Der Käfer nutzte den Moment der Ablenkung und flüchtete durch eine Ritze unter der Umzäunung hindurch. Elli schnappte sich den zappelnden Zweijährigen und versuchte, ihn mit einem Gummielefanten abzulenken, den sie aus ihrer Umhängetasche kramte.

„Warst du vorbereitet auf die Lage hier? Hat dir dein Mann von seiner Familie erzählt?"

„Nein, reine Geheimniskrämerei. Ob sie Angst hatten, wir würden uns sträuben mitzugehen, wenn wir wüssten, was auf uns zukommt?" Wie naiv waren sie beide hinausgeschlittert aus dem früheren Leben.

„Hättest du mir nicht schreiben können?"

„Ach, weißt du", druckste Elli herum. „Melese ist nicht Amanuel, jeder Fall ist anders. Ich dachte, du wirst es besser treffen, schließlich ist Manu ohne Examen zurück und du hast bei Melese drauf gedrungen."

Tschamusch servierte Tedj in Gläsern.

„Eigensinnig, wie du bist, hättest du eine Warnung gelten lassen? Sei ehrlich!"

„Wahrscheinlich nicht", räumte Elise ein.

Aus einiger Entfernung starrte Makeda bewegungslos wie ein Chamäleon und unzugänglich dem Wink, sich dazuzusetzen. „Das ist mein Sargnagel", murmelte Elise.

„Eine Helferin hast du auch. Würde mich nicht wundern, wenn du bald alles umgekrempelt hast. Du wirst sehen, es könnte hier schlimmer sein. Für Europäer ist das Leben passabel einzurichten, wer kann sich denn drüben schon Personal leisten? Hier ist es selbstverständlich." Sie ging mit der Freundin von Raum zu Raum. „Sieht so aus, als ob du noch einiges brauchst."

„Wir haben das meiste in London verkauft, der Transport hätte sich nicht gelohnt."

„Das ist nicht tragisch. Von Ausländern, die abreisen, kannst du das eine oder andere abkaufen. Schlimmstenfalls lassen wir über die Botschaft schicken, was es hier nicht gibt."

„Ich war noch nicht vor der Tür."

Liebevoll schaute Elli nach ihren Buben. „Wenn du erst schwanger bist ..."

Das Stichwort öffnete die Schleusen letzter Zurückhaltung und wie in London befreite die Seelenhygiene, wie sie beide das ausgiebige Geläster genannt hatten. „Er ist anders als früher, du würdest ihn nicht wiedererkennen. Wenn sich nichts ändert, muss ich auf den Heiligen Geist zurückgreifen."

„Das wundert mich! Ihr wart immer unzertrennlich!"

Tränen des Selbstmitleids rollten über Elises Wangen. „Wie soll ich mich pflegen lassen und in Familie aufgehen, wenn er mich behandelt, als wäre ich eine Aussätzige." Die Freundin lauschte skeptisch. „Er wünscht mich zum Teufel."

„Du übertreibst, das glaube ich nicht. Wahrscheinlich hat er noch nicht sein Gleichgewicht gefunden. Du kannst das nicht mit uns vergleichen. Im Unterschied zu Deutschland, wo alles kaputt war, war in England alles heil aber bekannt, es sah aus wie in der Vorkriegszeit. Für ihn ... Die vergangenen Jahre kann er nicht wie einen Mantel an der Garderobe abgeben und einfach so tun, als wäre nichts gewesen. Die haben alle den Stempel ‚Übersee' und das ist wie ein Alarmsignal für jeden kaiserlichen Speichellecker."

„Wird schon werden", seufzte Elise halbherzig. Alles verstehen hieße noch lange nicht alles ertragen.

„Die in England studiert haben, werden zwar hoch angesehen, zum Aufstieg gehört mehr als das. Wenn du übrigens unter Leute willst, kannst du jede Woche auf einen Empfang, zum englischen Theater, Schüleraufführungen der ausländischen Schulen gehen. Jede Botschaft feiert ihren Nationalfeiertag, es gibt Diavorträge im Goetheinstitut und ein Rot-Kreuz-Festival."

„Hör auf, schon beim Zuhören kriege ich weiche Knie! Zuerst muss ich die Treppe schaffen."

Tröstend griff Elli mit ihren tadellos manikürten Händen und lackierten Fingernägeln Elises Handgelenk. „Wir machen das Beste aus unserer Lage. Wenn Melese erst fest im Sattel sitzt, wird sich alles andere einrenken." Von ihrer gerade bestätigten dritten Schwangerschaft verriet sie der Freundin nichts, um sie nicht noch trauriger zu machen.

Eifrig griff sie Elises Frage nach den übrigen Bewohnern auf. Konkretes Wissen verringert die Angst, weil man einschätzen kann, worauf man sich gefasst machen muss. „Zur High Society gehören die kaiserliche Familie, die hohen Beamten der internationalen Organisationen, die Botschaften, die Mitarbeiter von Mercedes und Bayer. Die haben prächtige Häuser, für die ihnen der Kaiser das Land zugewiesen hat. Eine Handvoll Missionare. Zweitausend Köpfe."

Elli packte das Spielzeug ihrer Kinder ein und drängte zum Aufbruch. „Ich werde ein paar Leuten Bescheid sagen, du wirst sehen, die Welt sieht gleich anders aus. Geh morgen in die Privatklinik, von der ich dir die Adresse gegeben habe, da wirst du gut versorgt. Hausbesuche von Ärzten sind unbekannt. Frag nach Schwester Magdess, das ist die patenteste. Sie versteht Englisch."

Als Elise diesmal in ihr Jammertal schaute, registrierte sie die grünen Inseln, aus denen ungewohntes Geschnatter schallte.

7

Einen Adrenalinstoß, der Elise aus ihrem Tief riss, löste der unglaubliche Brief ihrer Mutter aus. Mitten in einen Empfang der Botschaft für Bundespräsident Lübke war sie hineingeplatzt und ausgerechnet seine Gattin Wilhelmine überbrachte ihr das Schreiben. „Sie werden sich wundern", plauderte die First Lady, „Ihre besorgte Mutter war bei mir, weil sie von Ihnen noch nichts gehört hat. Sie hat mich gebeten, ein Päckchen für Sie mitzunehmen."

Elise sah die kleine Hutmacherin mit den einfachen Umgangsformen dreist an die Pforte der Villa Hammerschmidt klopfen. *Dass sie sich bis dorthin vorgewagt hat! Woher die angebliche Verbundenheit?*

Wirkte die Zugabe der Präsidentengattin an gütigen Ermahnungen auf die achtunddreißigjährige Adressatin noch reichlich komisch, das i-Tüpfelchen für ihre Tränendrüsen waren die Schlussakkorde von Dvořáks „Aus der neuen Welt" gewesen. Genauso lädiert hatte sie sich nach der Operation gefühlt, als man ihr eröffnete, dass sie noch mal davongekommen war. *Heimwehschmalz!*, rügte sich Elise, packte die Mitbringsel in ihre Tasche und wartete auf einen günstigen Moment, um sich ohne Aufsehen aus dem Staub zu machen. War sie tatsächlich erst acht Wochen im Lande? Im Rückblick dehnten sie sich zu ihren „dark ages", grau, trüb und erdrückend.

Den Freigang außerhalb des Grundstücks bezahlte sie mit Atemnot und Herzrasen, als sie die endlose Treppe überwunden hatte und sich bis zur Bettkante stützte. *Ich bin am Durchdrehen*, grübelte sie, *werde von den Flöhen gepiesackt und vergrabe mich in Selbstmitleid. Der Brief*, erinnerte sie sich! Sie schaffte es noch, ihn aufzureißen, dann kapitulierte sie vor der Müdigkeit und das Kuvert rutschte ihr aus der Hand.

Eine reichliche Schlafdosis später raffte sie ihre Willenskraft zusammen und las: „Sicherlich hast du dich in deiner Strohhütte eingerichtet und wartest mit den Nebenfrauen auf den täglichen Elefanten, den dein Mann aus dem Busch schleppt. Falls du die Neuigkeiten getrommelt hast, muss ich dich enttäuschen. Der Klang reicht nicht bis hierher. Ist der Medizinmann wegen deiner Niere schon ums Feuer getanzt und hat die Knochen rasseln lassen? Hoffentlich gehen nicht alle nackt, mit Baströckchenflechten bist du kaum vollbeschäftigt. Du musstest ja wie dein Vater immer nur deinem Trieb folgen."

Mit jeder Zeile war Elises Zorn gewachsen, jetzt zerriss sie das Papier in Konfettigröße. *Unglaublich, dieses Geschwätz! So viel Dummheit sollte verboten werden. Wenn Mutter auf eine Antwort spekulierte, hatte sie sich geschnitten. Bis zum Sankt-NimmerleinsTag ... Hätte sie jetzt vor ihr gesessen ...* Ein Schwall wüster Beschimpfungen brach sich laut Bahn, dass Tschamusch verwirrt aus der Küche schaute. Doch etwas hatte das Schreiben in Bewegung gesetzt: *Nähen. Die Singer*, fiel Elise ein. *Wo ist die überhaupt? Hat Melese nicht einen Abstellraum erwähnt*?

Mit Zeichen machte sie sich der Dienerin verständlich und kurz darauf wuchtete diese einen Kasten auf den Tisch. Mit bedächtigen Bewegungen polierte Elise das Gerät, pinselte die Spulen und ölte die Mechanik. Mehrere Maschinen und Angestellte sah sie mit allen Einzelheiten vor sich.

Wie war es nach dem Krieg gewesen? In halben Bruchbuden haben wir angefangen, nach und nach vergrößert. Ich kann mit kleinstem Raum auskommen. Der Ausländerklüngel muss sich einkleiden, wenn es hier so viele offizielle Anlässe gibt. Mehr Kundschaft gibt es als eine Kleinstadt Einwohner hat, vorausgesetzt, die bringen sich nicht alles aus dem Heimaturlaub mit. Fange ich klein an oder gleich auf großem Fuß? Kriege ich hier alles, was ich brauche? Vor dieser erbärmlichen Kulisse allerdings Kundinnen Vertrauen einzuflößen, die der besseren Gesellschaft angehören, ist eine Herausforderung.

Elise suchte ein dunkelblaues Baumwollkleid aus ihrem Koffer - noch immer hatte sie sich nicht häuslich breitgemacht - und drückte es Tschamusch in die Hand. Seit der Verwesungsgeruch verschwunden war, stach die Übelkeit erregende Gestankmixtur aus Zwiebeln, Schweiß, Holzkohle und Blut, den die Barfüßige wie eingewebt in ihrem Kleid um sich her verbreitete, dem einzigen, das sie besaß, noch mehr in die Nase. Mit einem hölzernen Kochlöffel drückte Elise das Gewand in kochende Seifenlauge und schickte das Mädchen in den Hof zu dem Dreieck auf Wäscheleinen gehängter Decken, wo ein Wassereimer für die provisorische Dusche bereitstand.

Für sich selbst wählte sie ein efeugrünes Kleid, steckte die Haare hoch und schlüpfte in eine schwarze Jacke. Zufrieden begutachtete sie den genau kalkulierten geschäftsmäßigen Anstrich, steckte ihre eiserne Geldreserve in die Tasche und vertäute die aus dem gewöhnlichen Tagesablauf herausgerissene Tschamusch in ihrem Kielwasser. Vor der Fahrt nannte sie dem Fahrer des blauen „Fiat 600“, einem der billigen Sammeltaxis, in dem bereits zwei Fahrgäste auf die rechte Seite rückten, das Ziel und fragte geistesgegenwärtig „Siniti biri newi?“ Wie viel kostet es? Der Fahrer begutachtete mit vor Zorn blitzenden Augen das Dienstmädchen, als fürchtete er durch ihre Mitnahme eine Wertminderung seines Vehikels.

Aus Tschamuschs Miene schloss ihre Dienstherrin, dass der Preis nicht allzu sehr danebenlag. Einen Häuserblock weiter begann der Fahrer auf Englisch eine abfällige Tirade über eine Reihe Trägerinnen: „Es ist immer dasselbe mit den Gurageweibern, Mittwoch vor einem Feiertag schleppen sie aus den umliegenden Wäldern alles auf den Markt, was sie raffen können.“ Die gebeugten Gestalten unter weit überragenden riesigen Brennholzladungen waren zu jeder Arbeit zu gebrauchen, hörte Elise zwischen den Zeilen heraus, womöglich auch im Schneidergewerbe?

Als sie zahlen wollte, forderte der Chauffeur das Doppelte. Jedes Geldgeschäft zieht in diesem Land einen Streit nach sich. Seine Wut und Hass liefen ins Leere, sie blieb eisern.

In Addis Abeba gab es mehrere von Armeniern geführte Stoffgeschäfte. Von ihrer Hartnäckigkeit beflügelt, folgte Elise mit Tschamusch auf den Fersen den orientalischen Klängen und dem anheimelnden Duft nach frisch gebrühtem Kaffee in den Laden. Im Dämmer hockten Kunden, eingeschläfert vom fleißigen Surren der Nähmaschinen auf der Straße, und warteten in gelassener Lethargie auf die Anprobe.

„Womit kann ich den Damen dienen?“, fragte ein älterer gedrungener Herr mit angegrautem gepflegten Vollbart und gelverklebtem Haupthaar, das lockig seinen Hemdkragen bedeckte.
„Ich bin vor kurzem mit meinem äthiopischen Mann hierhergezogen, Mr. Eliazarian, nachdem ich in England Design studiert habe.
Was halten Sie davon, wenn ich ein kleines Atelier gründe?“
„Oh, ein vorzüglicher Gedanke, das fehlt uns seit langem. Bitte setzen Sie sich einen Moment! Lassen Sie uns alles in Ruhe besprechen.“
Die gemeinsamen ernsthaften Überlegungen wirkten schneller als der tägliche Löffel Lebertran in ihren Kindertagen. Mit jeder Minute saß Elise gerader, das Frösteln hörte auf und Lächeln zuckte in ihren Mundwinkeln.
Herr Eliazarian klagte: „Unser Herrscher kauft alles im Ausland. Das ist eine Schande.“
Elise reichte ihm den Katalog mit ihren Entwürfen, in denen kleine eingeklebte Stoffproben die gewünschte Qualität verdeutlichten. Sein Entzücken schmeichelte ihr so, dass sie gern noch auf einen zweiten Kaffee blieb.
Zu Fuß unterwegs zum nächsten Laden beobachtete sie eine Menschentraube um einen Lautsprecher. Zu den Hörern der neuesten Nachrichten, politischen Parolen oder Werbung gehörte eine Maurerkolonne auf der anderen Straßenseite, die zu einem lebenden Bild erstarrt war, solange der Chef sich weggedreht hatte. Erst als er buchstäblich die Peitsche über ihnen schwang, nahmen sie die Arbeit erneut auf.
Gedämpftes Geklapper lenkte Elises Aufmerksamkeit auf eine Kalebasse. Zuerst hielt sie es für einen Haufen Lumpen, bis sie erkannte, das war ein Mensch, der flehend den Vorbeigehenden seine Handstümpfe entgegenstreckte und einen monotonen Singsang von sich gab. Weder die Fußgänger im Burnus noch die im westlichen Aufzug schenkten ihm Beachtung sondern schlugen einen weiten Bogen um seine, zu unförmigen Klumpen deformierten Füße. Elise warf zwei Münzen in die Schale.
Noch aufgewühlt, flüchtete sie ein paar Häuser weiter ins Geschäft am Theodoros Square. Die Händler Yakob und Mikael Awakian versprachen Unterstützung. Da sie unsicher waren, ob ein Designersalon eine Vitaminspritze für ihr Geschäft werde oder vielmehr den

beschaulichen Trott störe, blieben sie zurückhaltend, später fand Elise, eine Kleinigkeit zu servil. Sicherheitshalber betonten sie die Unwägbarkeiten mit wiegenden Köpfen. „Sie brauchen Näherinnen, schwierig." Der dickere und jüngere der beiden widersprach mit glutvollem Blick: „Ach woher, ich kenne ein paar geschickte Frauen." Unablässig strich er sich mit Daumen und Zeigefinger über den Schnurbart. Er konnte nicht ahnen, wie hoch Elises Messlatte angesetzt war.

„Bitte zeigen Sie mir, welche Stoffe dem Geschmack der Kunden am nächsten kommen." Aus dem weitschweifigen Geschwafel des Geschäftsführers siebte Elise beruhigende Einzelheiten über die Vorlieben künftiger Auftraggeber. Einheimische kauften ihre Stoffe bei kleinen Zwischenhändlern, wo die Auswahl billig und grell in den Farben war. Yakobs in den blumigsten Tönen geleistetes Versprechen, sofort eine größere Bestellung in die Wege zu leiten, bestärkte ihre Zuversicht.

Beim Stöbern entdeckte sie, versteckt unter einem Regal, eine gebrauchte Nähmaschine und kaufte sie kurzerhand. Hochgestimmt schickte sie Tschamusch zum Markt und verließ den Laden gegen Mittag. In der Nähe der Post spähte sie nach einem der blau-weißen Taxis, als sie im Straßencafé eine Entdeckung machte.

8

„Muss denn alles so umständlich sein bei den Ministerien, das geht einfacher!", schimpfte nicht zum ersten Mal Melese.

Sein Gesprächspartner war Makonnen, der in der Budgetverwaltung des Ministeriums für Bodenreform arbeitete und mit ihm einig war, dass die alten Freunde, die das Land nie verlassen hatten, in ihrer Entwicklung überholt waren. „Du vergisst, dass bei den Banausen Architekten nicht mehr zählen als Handwerker."

Melese tat, als ob er es nicht gehört hatte. „Von mir verlangen sie Dankbarkeit, lassen mich schmoren, dabei müssten sie mir auf dem Weg zu den Baustellen Blumen streuen. Über das Vorzimmer komme ich nicht hinaus."

Den leichten Pullover über dem weißen Hemd zog Makonnen zurecht und strich sich über den Bart, der wie aufgemalt den Mund umrahmte.

„Wie geht es Elise?“
„Seinerzeit habe ich gar nicht überlegt, so sicher war ich, dass meine Frau sich überall einlebt.“
„Schafft sie es nicht? Das sollte mir leid tun.“
„Mir sind schon Zweifel gekommen, kaum dass ich hier war. Je schneller sie den Fehler einsieht, umso besser.“
„Komisch, sie schien mir sehr robust und hartnäckig. So jemand passt sich leicht an.“ Er schnickte mit dem Kopf, als habe er noch seine Rastalocken.
„Ich bin mir nicht mehr sicher, ob das gut wäre.“
Als Melese entspannt seinen Espresso kippte, hoben sich seine Augen Richtung Straße. Beschwingt trat Elise zwischen die kleinen Tische. Es dauerte Sekunden, bis ihr Anblick und dessen Bedeutung auf seinem Gesicht einen Schnelldurchlauf von Erschrecken über Schuldbewusstsein, zu Scham und Ärger widerspiegelten.
„Hallo, Elise“, grüßte Makonnen befangen, der sie seit London nicht mehr gesehen hatte. „Schaust du dich um? Hast du dich schon eingewöhnt? Wer langsam geht, kommt weit.“
„Du und deine Sprüche, immer noch der Alte bis auf die Locken! Anscheinend ist der Knoten geplatzt. Was treibst du? Bist du unter die Bauherren gegangen?“
Er warf Melese einen verunsicherten Blick zu. „Nein, das nicht. Wir haben uns zufällig getroffen.“
„Ist dein Büro in der Nähe?“, fragte sie arglos ihren Mann und rückte sich einen Stuhl zurecht. „Das könntest du mir bei der Gelegenheit zeigen.“ Den anderen Gästen sah man den Angestelltenstatus an Schlips und Bügelfalten an. „Hier gibt es wohl günstigen Mittagstisch?“
Makonnen erhob sich. „Wie gesagt, Geschäfte, entschuldigt mich. Einer Sache, die schnell auf einen zukommt, muss man schnell nachgehen. Wir sehen uns noch.“ Er hängte sich eine überdimensionierte Jacke am Zeigefinger über die Schulter und brach auf.
Was brachte das Versteckspiel länger, Melese wusste, wann ein Spiel verloren war. „Es gibt kein Büro, Elise. Ich habe noch keine Arbeit.“
Das Rauschen eines Tinnitus legte sich barmherzig über die unerwünschten Schallwellen. Einen Moment bekam sie ihren Mund nicht

zu.
„Ich strecke meine Fühler aus, damit ich rechtzeitig erfahre, wenn ein geeigneter Posten auftaucht. Glaube mir, bis jetzt war nichts Brauchbares dabei. Ich habe alle Kontaktmänner angezapft.“ „Jangk doch fott! Wovon sollen wir demnächst leben?“ Elises Empörung steuerte die Lautstärke, als sie fortfuhr: „Meine Reserven reichen nicht weit. Bevor man einen Fuß in der Tür hat, muss man sich mit kleineren Brötchen zufrieden geben, bis sich eine Chance ergibt.“ An den anderen Tischen drehte man sich nach der Ursache des Lärms um und Melese schaukelte nervös mit seinem Stuhl, denn zum Verständnis reichte der Tonfall.
Sich von einer Frau unter Zeugen zurechtstutzen zu lassen, konnte er als Amhare nicht dulden. Einmal hatte er sich gängeln lassen, was zum Glück niemand von den Pfeifen um ihn herum wusste, von denen er sich verächtlich distanzierte. Sie waren sich nicht zu fein, das alte Rezept aus Meneliks Zeiten anzuwenden, wenn man bei der Regierung Druck machen wollte: mit rauchendem Kuhmist auf dem Kopfe vor dem kaiserlichen Gibbi zu demonstrieren, um damit zu sagen: Mir liegt das Feuer auf dem Kopfe, so groß ist meine Not.
Elise dämpfte ihre Stimme. „Vom Rumsitzen hier bekommst du nichts! Du musst Kontakte knüpfen, am besten zu den Behörden und Botschaften!“ War ihr Mann so dumm oder tat er nur so hilflos? Er musste die hiesigen Verhältnisse viel besser kennen und die entsprechenden Fäden ziehen.
„Mach ich, da sitzen unfähige Marionetten, denen meine Zeugnisse unverständlich sind. Die reservieren jeden Posten für ihre nichtsnutzige Verwandtschaft.“
„Hast du deine alten Bekanntschaften aus England aufgewärmt? Weiß von denen keiner Rat oder hat Beziehungen?“ Manche hatten den Kontakt zur Kaiserfamilie abgebrochen und distanzierten sich, es gab genügend, die, wie Elli erzählte, gute Posten bekommen oder sogar eingeheiratet hatten.
„Was glaubst du, warum ich hier bin? Dieses Lokal ist der Treffpunkt der Intellektuellen.“
„Du schwätzt über Gott und die Welt und lässt deine Bildung raushängen. Pass auf, dass du dir nicht den Mund verbrennst.“ Für den kaiserlichen Geheimdienst war Humor ein Fremdwort, das wusste

sogar sie als Ausländerin.
Als sie über ihren Vormittag berichtete, kam ihr eine Idee. „Du bist besser im Rechnen als ich. Mir fehlt noch jemand für die Buchhaltung.“ Ungehalten schnitt Melese ihr das Wort ab. „Ich habe keine Lust, dein Handlanger zu sein.“ Elise schnappte ihre Tasche und verließ das Café.
Die Worte der Mutter, mit denen sie sich beim ersten Besuch in London kurz nach der Hochzeit verabschiedet hatte, stiegen ihr sauer die Kehle hoch: „Dein Mann ist kein Typ, der sich um dich kümmern wird. Er wird sich nie für dich einsetzen. Du wirst immer diejenige sein, die alles für ihn macht. Er ist zwar nett, aber bei dem wird es dir nicht gut gehen. Wenn du das nicht akzeptierst, darfst du ihm die Schuld nicht geben, nur dir selbst!“
Im Gegensatz zu ihrer Mutter, deren Paradies Faulenzerei und Bedientwerden verhieß, stellte sich Elise das Himmelreich eher als einen Ort vor, an dem sie ungehemmt tun konnte, was ihr Spaß und Anerkennung einbrachte.

Mit den fünf Näherinnen, die mir Awakian da geschickt hat, wird mir das schwerlich gelingen, wenigstens nicht aus dem kalten Stand. Elise seufzte bei der ersten Überprüfung. *Dat wor jeschluddert. Haute Couture haben die noch nie gesehen*!
Sie gab keine spezielle Anweisung, sondern beobachtete, wie Schlangenlinien als Nähte entstanden und kleine Fädchen zeigten, wo der Saum nicht akkurat umgeschlagen war und ausfranste. Die seitlichen Abnäher waren nicht auf gleicher Höhe, obwohl alles vorgezeichnet gewesen war. Außen hui und drinnen pfui, es reichte eben nicht, den Stoff irgendwie zusammenzusticheln. Allen Ernstes fragte Elise sich, ob Awakian sie noch vor der Eröffnung ruinieren wollte.
Da fange ich bei null an, denen was beizubringen! Die zwei Tische und Stühle im Wohnzimmer entsprechen als Werkstatt auch nicht den Zunftregeln. Die Verwandtschaft wird sich schwerlich als Werbeträger überreden lassen, die tragen nichts Westliches. Wenn es nur an Tschamusch und den Arbeiterinnen hängt, als Markschreier vom Metzger, zum Bäcker und zu anderen Dienstboten zu rennen, ist die Monarchie abgeschafft, bis sich das herumspricht,
Mangels Aufträgen widmete sich Elise der Schulung ihrer

Näherinnen mit mehr Muße als nötig. Das war auf keinen Fall verlorene Liebesmüh.

9

„Na, sind die Bestellbücher voll?“ Hämisch musterte Melese seine Frau, als sie noch zerzaust und im Nachthemd von der Toilette kam. Das Ehepaar hatte seit dem Eklat das Thema Arbeit aus dem Wortschatz gestrichen und sich auf belanglose Fragen beschränkt. Den Abend zuvor war Elise spät von ihrer Kärrnerarbeit gekommen, diesmal einem Konzert. Wie eine Katze vor dem Mäuseloch passte sie die kleinste Pause ab, bei der sie ihr Vorhaben ins Geplauder einstreute. Auf den Mund gefallen war sie nie und vor allem von sich überzeugt, dafür ertrug sie dieses oberflächliche Abhaken von Wetter, Essen und Klatsch mal belustigt, mal überdrüssig. Sobald sie sich vorstellte, eine Rolle in einem Theaterstück zu spielen, gelang ihr die lustige Sicht. „Nichts als Komplimente“, seufzte sie.

Ihr Gesellschaftskostüm, das sie als ihr eigenes Aushängeschild genäht hatte, hängte sie weg. Die normale Garderobe, die für die Pubs und Events in London gereicht hatte, war zu durchschnittlich für die Klasse, um deren Aufmerksamkeit sie buhlte.

Tschamusch brachte einen Teller mit einem Stück Injera, Soße und gekochtem Ei und schaute fragend von einem zum anderen.

„Iss, Melese. Ich bin noch pappsatt vom gestrigen Büffet.“ Elise schob ihm das Essen hin und dachte für sich: *Bald muss das Geschäft ins Rollen kommen. Mein Notgroschen schmilzt wie die Gletscher in Trudis Heimat.*

Sie kontrollierte die Besorgungen stets streng, fuhr die Dienerin im eigenen Auto zum Einkauf, obwohl sie dem Feilschen noch nicht recht folgen konnte. Ein Überblick über die Preise war durch daheim Rumzusitzen nicht zu bekommen, sie hatte das Gefühl, Tschamusch erreiche ohne ihre Begleitung niedrigere.

„Warum reden deine Leute nur das absolut Unerlässliche mit mir?“, fragte Elise und warf ein Hauskleid über.

Der Hausherr wischte sich den Mund ab, reichte seinen Teller Tschamusch zum Abräumen und tat, als ob er überlegte.

„Wahrscheinlich sind sie zu faul, mehrmals zu wiederholen, bis du sie verstanden hast."

Elise befestigte die Strümpfe an ihrem Strumpfhalter und wurde rot, als sie sich gemustert fühlte. „In einen Mund, der wenig spricht, können keine Fliegen kommen."

Er schmunzelte. „Der Spruch könnte von mir sein." Sanft strich er ihr über den Rücken und riet: „Geh ihnen aus dem Weg. Die haben andere Interessen."

„Wenn Tschamusch diese Sabbelschnüss aus der Nachbarschaft hereinführt, geht sofort das Geschnatter mit deiner Mutter und Makeda los", erwiderte Elise.

Mit jeder Fahrt in die Stadt vergrößert sich mein Bekanntenkreis, lag ihr auf der Zunge, *nur meine Leute schlucken keinen Köder. Wenn das Essen nicht durch den Magen geht, wie soll es dann die Liebe? Ob Soorbrode, Rievkoche oder Muuzemändelcher. Makeda rümpft die Nase, Worqu würgt wie eine polnische Mastgans, die gestoppelt wird und die Schwiegermutter murmelt Abwehrsprüche vor sich hin, wenn ich ihren Gesichtsausdruck richtig deute. Im Vergleich mit den äthiopischen Feuertöpfen, mit denen ein Schwertschlucker sich den Schlund vorwärmen kann, ist denen alles fade. Am hausfraulichen Stolz kann ich die Schwiegermutter nicht packen und sie um Rat fragen, weil ich nicht herauskriege, was sie kann, sie rührt im Haushalt keinen Finger. Mit den Zügeln in der Hand ernte ich nur Verachtung.*

Tschamusch huschte am Fenster vorbei und rief aufgeregt:

„Woizero, draußen steht eine Prinzessin. Kommen Sie schnell." Solche Leute dürfe man nicht wie die anderen auf die lange Bank schieben. „Führ sie in den Garten!" Ausgerechnet jetzt, wo Elise nicht gesellschaftsfähig angezogen war! Sie wusch sich rasch die Hände.

Der Hinterhof war von einer Augenweide noch weit entfernt, obwohl der Abfall um den Baum und die zertretenen Grasinseln weggeräumt worden waren. Wenn Elise ihn als Garten bezeichnete, nahm sie vorweg, in was er sich eines Tages entwickeln sollte. Mindestens belästigten einen dort nicht die blutsaugenden Mitbewohner, denen drinnen die Bohlenritzen des Fußbodens trotz Besen und Drahtbürsten unbegrenzte Beherbergungskapazität boten.

„Seble, ich werd verrückt! Du, eine Prinzessin? Das kann nicht wahr sein!" Fassungslos starrte Elise von ihr zum Dienstmädchen und

zurück. Sie hauchten sich die üblichen drei Küsse auf die Wangen.
„In London spielte das auch keine Rolle.“ *Na sieh mal an, war es also nicht so mutig von ihr gewesen, im englischen Club den Kronprinzen mit seinem Pech im Spielcasino zu necken.*
„Melese, hast du das in London gewusst?“ Elises Mann war seiner Frau gefolgt.
„Klar. Der Vater Imru Haile Selassie ist ein Cousin des Kaisers.“ Seble ignorierte seine Einsilbigkeit und umarmte ihn genauso. Zwei Männer aus dem achtköpfigen Gefolge der Prinzessin rückten die rohen Bänke in den Schatten.
„Wann bist du gekommen? Mein Servant erzählte mir von einer neuen Schneiderin. Das hat mich neugierig gemacht.“
Tschamusch, die den Gästen Gläser und einige Berille, die kleinen Kugelflaschen mit langem Hals, in den Garten brachte, versank vor Hochachtung.
Die Bezeichnung Schneiderin ging Elise gegen den Strich, viel lieber sah sie sich als Modeschöpferin. „Ich werde einen Laden einrichten und nur Spitzenmaterial verarbeiten.“
Nachsichtig lächelte Melese: „Ich muss noch etwas erledigen. Ihr wollt sicher ungestört sein, Dann tauscht euch mal aus.“
Seble, diese menschgewordene Elfe, klatschte in die Hände. „Wie herrlich, dass du entschlossen bist, dich um unsere Schönheit zu kümmern. Ich werde alle meine Freundinnen zu dir schicken! Wissen Masante und Rahel, dass du hier bist? Nein? Du musst uns unbedingt besuchen!“, rief sie. „Wie wäre es gleich heute Nachmittag?“
Elise entgingen nicht die Blicke, mit denen sie das Anwesen begutachtete. „Wie gefällt es dir in Äthiopien?“ Die Selbstgefälligkeit in ihrer Stimme war unverkennbar.
Eine Hitzewelle übergoss Elise. *Was sage ich? Wenn Melese ein typischer Vertreter seines Volkes ist, verbergen die anderen ihre Arroganz nur besser. Vorsicht war geboten.* Ihr Umgangston verlor die Unbeschwertheit. Auf keinen Fall wollte sie als undankbare Querulantin wirken. „Erst war ich viel zu schwach auszugehen und dann sind die Ideen über mir zusammengeschlagen.“ Die häuslichen Mängel schienen ihr nicht erwähnenswert, die bekäme sie schon wie Elli in den Griff. Das vertraute Beisammensein verkleinerte die Misere zu verzichtbaren Belanglosigkeiten und lenkte Elise auf unbeschwerte

Bahnen.
Wie sich herausstellte, stand Seble vor der Hochzeit und hatte nichts anderes im Kopf als ihren Brautschatz, den sie dem Erben des alten Königreichs Leqa Qallam, Kassa Haile Mariam, einbringen würde.
Als Elise in aufgekratzter Laune Melese von der Einladung erzählte, reagierte er patzig: „Dorthin gehen wir nicht! Das ist nicht unsere Klasse."
„In England hattest du keine Einwände."
„Das war etwas anderes. Im Ausland rückt man zusammen."
In der Fremde bevorzugt man die Nähe von Bekanntem, weil sie Platzhalter für Heimat sind. Das schließt häufig auch Leute ein, deren Gesellschaft man sonst nie gesucht hätte. Aus Elises Sicht war die Lage anders: „Ich habe mich mit völlig Fremden angefreundet. Genauso fremd, wie du mir warst. Warum sollte ich die aufgeben, nur weil sie anders leben als ich? Ich schau mir das mal an."
Mutters Einstellung hat sich bestätigt, nur habe ich das Gleiche auf unvorhersehbare Weise erreicht. Nicht der Besuch des Gymnasiums bewirkt meinen gesellschaftlichen Umgang und auch nicht die Position meines Mannes. Viel wesentlicher sind doch meine eigenen Fähigkeiten.

Am Nachmittag stand sie vor einem weitläufigen Compound, Masantes sogenannter Residenz. Ein Hausdiener geleitete sie und erzählte ihr, dass hier elf Personen wohnten, wenn man die Dienstmädchen mit ihren Kindern dazuzählte. Umwerfend, der Speiseraum, denn der entsprach wie ein Abziehbild ihrem Kindheitsgemälde.
Hochlehnige Stühle und ein langer Tisch, um den sich eine große Familie nach allen Regeln kultivierter Gastlichkeit vergnügte. Sie war in ihrem Element.
In der Mitte der Langseite residierten die Eltern, vis-à-vis den Gästen, flankiert von den drei Kindern, einigen Cousins und drei Dienern unten am Tafelende. Ein Lakai mit einem Handtuch über dem Arm reichte in gemessener Bedeutsamkeit eine Wasserkanne und eine Schüssel zum Händewaschen herum, in der eine rosa Hibiskusblüte schwamm. Rituale werten eine Handlung auf, sie zwingen zur Besinnung aller, bis dem Letzten die Hände gespült sind.
Wie bezaubernd! Da saß keiner mit den Ellbogen auf der Tischplatte

und schaufelte in den direkt über den Teller hängenden Mund! Als ein Brotstück herunterfiel, wurde es aufgehoben, dreimal geküsst, angepustet und gewaschen. „Das war als Geste der Verzeihung an den Herrgott gedacht“, erklärte ihr Tischnachbar zur Rechten, Masantes Bruder Mikael.

Stille trat ein, als das Familienoberhaupt Ras Imru den Butler an den Tisch rief und ihm eigenhändig Fladen mit Soße in den Mund schob. „Da staunst du, das ist Gursha“, sagte Rahel, während sich der Butler für das „Geschenk“ verbeugte und Imrus Frau die Geste für die weiblichen Dienstboten wiederholte.

Von diesen Besonderheiten abgesehen, musste für die adligen Freundinnen die Ankunft im Ausland nicht sonderbarer gewesen sein, als wenn sie aus einem Eifeldorf nach Paris versetzt worden wären, erkannte Elise. Durch ihre deutschsprachigen Kindermädchen kannten sie Weihnachtsbräuche und durch die österreichische Köchin des Kaisers Vanillekipferln. Für sie waren weder Wassermangel, Donnerbalken im Freien oder Stromausfall Alltäglichkeiten wie für den größten Teil des Volkes.

Zu keinem Zeitpunkt des Essens überlegte Elise, welchen Eindruck sie hier hinterließ, deshalb empfand sie es als größte Anerkennung, als die älteste Tochter des Kaisers und Mutter von Seble, Tenagne Work, vorschlug: „Möchten Sie demnächst zu einem Tee kommen, Mrs. Dimtu! Ich würde mich freuen.“ Über ihrer goldenen Brosche in Form eines Pfauenpaares füllte ihr Doppelkinn den Ausschnitt des dunkelblauen Jacketts.

„Huch!“ Elise zuckte zurück und lachte über die feuchte Nase unter dem Tischtuch und die treuherzig bettelnden Augen eines von mehreren langhaarigen Afghanen, die nach der Mahlzeit hereingelassen worden waren.

„Magst du Hunde, Elise?“, fragte Mikael.

„Ich habe zeitlebens Hunde gehabt. Meinen Dackel musste ich in Bonn zurücklassen. In schlaflosen Nächten verfolgt mich deswegen seine vorwurfsvolle Miene.“

„Möchtest du einen aus unserem Wurf?“, fragte Mikael. „Wir hatten sechs. Ein Weibchen ist noch übrig.“

„Ach, wäre das herrlich!“, jubelte Elise undamenhaft.

„Bring bitte nachher den Welpen her“, beauftragte Mikael einen

Bediensteten.
„Lass die Racker zu ihrem Krocketspiel laufen." Masante hängte sich bei ihrer alten Bekannten ein und Rahel zog die beiden den Flur entlang. „Wir haben einen Anschlag auf dich vor!" Sie betraten einen Ankleideraum und Rahel öffnete theatralisch den Kleiderschrank.
„Du musst uns sanieren! Ich kann das Zeug nicht mehr sehen. Die Queen kommt nächsten Monat." Sie kramte in einer Schublade. „Wo hat Mutter nur diesen Brokat von einem indischen Maharadsha verpackt? Ah, hier. Schau, der steht von selbst, so dick ist er."
Erregt befühlte Elise den cremefarbenen Glitzerstoff mit Daumen und Zeigefinger. Das traumhafte Gewebe, das durchzogen war von zarten Pflanzenranken, sah sie in tausendfachem Kerzenschimmer, umhüllt von Düften und Klängen von langhalsigen Saiteninstrumenten. „Korsage und schlichter bodenlanger Rock. Man könnte ihn dicht an dicht besticken mit Perlen und Edelsteinen, dazu Ballerinas, ebenfalls bestickt, was haltet ihr davon?"
„Phantastisch wird das funkeln! Jeder wird fragen, woher ich dieses wunderbare Kleid habe."
„Die Amsel im Busch hat dir's in einer Nussschale gebracht, sagst du."
„Bin doch nicht Aschenputtel und Ethiopian Fashion glaubt mir niemand."
„Von Dior, wird sie sagen", neckte Rahel und begutachtete die Kehrseite ihrer Verwandten.
Dieses Rabenaas!
An dem Elan, den der Auftrag anfeuerte, prallte Meleses knurrige Bemerkung „Je kleiner die Eidechse, umso größer ist ihre Hoffnung, ein Krokodil zu werden" ab.
Bald sieht sie, glaubte er, *von selbst die Aussichtslosigkeit ihres Aufenthalts ein. Ihre Freundinnen sind in unternehmerischer Hinsicht als Sackgasse zu betrachten. Ein normaler Europäer kauft von der Stange und die ganze Aktion zögert das Ende nur hinaus. Keinen Pfifferling gebe ich darauf. Elise ist nicht mehr als ein blindes Huhn, dem der Betrieb in den Schoß fällt. Ich bin an der Reihe! Warum kriege ich einfach keinen Fuß auf den Boden? Andererseits garantiert mir eine fleißige Frau ungetrübte Männergeschäfte.*
Es reizte ihn sie zu entmutigen.

10

„Ich habe diese herrlichen Stoffe Jahre daliegen und keine Schneiderin gefunden, der ich sie anvertrauen konnte“, sagte Frau Katsutakis und hatte keinen Hehl daraus gemacht, wer sie geschickt hatte. Allein ihr Leidensdruck reichte nicht, um sie in dieses kärgliche Studio zu schwemmen. Dazu bedurfte es noch des Prince of Wales auf Freiersfüßen. Der thailändische Blumenstoff gab den seidenen Schicksalsfaden her für das griechische Botschaftstöchterlein.

Zum Glück hatte sie sich das Kaiserin-Sissi-Gerüsche ausreden lassen. Elise übertrug ihre Entwürfe auf Seidenpapier, befestigte das Schnittmuster mit Stecknadeln auf den Stoff und schnitt mit etwas Nahtzugabe. Die Routine der mechanischen Handgriffe setzte Gedanken frei, die, bis dahin durch die Hektik der Umwälzungen ins Hintertreffen geraten, nur auf eine Pause gelauert hatten.

Was war aus dem Befund der Ärzte geworden? Gibt es Dinge im Leben, die man einfach aushalten muss, wie Rahel sagt? Sie ist schwanger von einem Mann, überlegte Elise, *den Kaiser und Eltern für sie ausgesucht haben. Ergreift sie deshalb die Flucht? Die ist in einer anderen Situation. Einen Superjob und ein Cottage habe ich für die vage Hoffnung sausen lassen, weil ich das überall haben kann.*

Im Krankenhaus haben sie keine Erklärung für meine ziehenden Schmerzen gefunden. Schmerz ist eine Kommunikationart, keine Laune der Natur, hat Magdess gesagt. Jedes Mal fängt sie wieder davon an, dass Melese unfruchtbar sein könnte. Eine Kinderkrankheit steckt dahinter oder ein Unfall. Gehe ich, wenn das wahr ist?

Leise knarrte die Tür und die Schwiegermutter steckte auf nächtlichem Kontrollgang den Kopf herein. Wortlos trat sie an den Tisch, ihre spröden Hände kratzten über den hauchdünnen Georgette, sie seufzte, murmelte einen Nachtgruß und verschwand. Minuten später klappte die Haustür ins Schloss.

Nur diese dumme Harmoniesucht verhütet, dass ich meinem Ärger Luft verschaffe und ihn aus den Klauen der Schwester befreie. Es ist untragbar, wie die beiden sich genügen und mich auf die Reservebank setzen. Verführen. Andere Frauen sind Naturtalente.

Wie im Pop-up-Bilderbuch klappten Schnappschüsse aus dem Gedächtnis hoch: ein anzügliches Grinsen, stachelige Beine mit Sockenhaltern, altrosa Längsstreifen. Elise fing an zu schwitzen, es nutzte

nichts, den Rücken durchzudrücken, die Lendenwirbel protestierten schmerzhaft, der Faden verschwamm vor ihren Augen. Ihr Stuhl schien rhythmisch zu wackeln.
Schmierig die Haut, zugeschnürt ihr Hals. Falls ich mich dazu hergebe, er wird über mich lachen, alles Spontane gehört der Vergangenheit an und je länger der Abstand ist, umso mehr an Haaren herbeigezogen wird es wirken, befürchtete sie.
Elise stand auf und stellte sich vor den großen Anprobespiegel. Linkisch und unbeholfen drehte sie sich, schnitt Grimassen, probte den betörenden Augenaufschlag, setzte provokant ein Bein auf den Hocker und rollte langsam den Strumpf herunter, während sie mit der Zunge ihre Lippen befeuchtete.
Die kleine Windhündin Lilibet saß an ein Stuhlbein gelehnt und ihre unnachahmlich hochmütige Miene brachte Elise trotz ihres Trübsinns zum Lachen. Sofort schleppte die Hündin eifrig ein vollgesabbertes Bällchen an und begann, als das unbeachtet blieb, Elises Pantoffel hingebungsvoll zu benagen.
Beim Knarren des Hoftors jiffte der Hund, die Uhr kurz vor zwölf, als Melese ins Zimmer polterte, angeheitert, wie Elise ihn noch nicht erlebt hatte. Als sie die Stoffteile sorgfältig für die Näherinnen zurechtlegte, verfolgte er jede ihrer Bewegungen mit geweiteten Pupillen. Konnte das die Wirkung von Khat sein? Aus der Nähe roch sie eine Fahne. „Was hast du?"
Statt einer Antwort zog er sie heran und nestelte an ihrem Büstenhalter. Sofort stellten sich die Haare auf ihrem Unterarm zur Bürste, wie sie im Gegenlicht sah. *Darauf habe ich lange gewartet!*, rief sie sich zur Ordnung. *Ich steh es durch.*
Sie musste nur die Aggression herausfiltern, dann versprach alles Harte für einen Moment auch Nähe. Ihre Brustwarzen richteten sich trotz der groben Berührungen auf, die Nerven durchrieselte Strom, ihr Bewusstsein zog sich zurück. Übersehen, überfühlen, überspülen lassen. Verraten von ihrem eigenen Körper, trat sie aus ihm heraus. Als Melese in sie eindrang, sah sie das Geschehen wie aus weiter Entfernung und verstand sein Gestammel nicht, reduziert auf den Schmerz, der sie durchzuckte.
Während sie die Konsequenzen herbeisehnte, für die sie auch durch die Hölle gegangen wäre, wiederholte er zum Takt der Paarung

gepresst: „Da hast du ..., da ... und da ...“ Nachdem sich sein Atem normalisiert hatte, stützte er sich auf seine Ellbogen, musterte seine Frau eine Weile triumphierend und verkündete übergangslos:

„Ich habe meinen Führerschein.“

„Gratuliere“, presste Elise hervor.

„Ab morgen brauche ich das Auto.“ Ein schmatzendes Geräusch begleitete das Ende des Übergriffs, er säuberte sich und reichte ihr das Handtuch.

„Wann hast du denn gelernt?“

„Makonnen hat mich ein paar Runden drehen lassen. Ich wollte dich damit überraschen. Ich habe den Taxifahrern genug in den Rachen geworfen!“

Ruhig liegenbleiben, mahnte sich Elise, *das verbessert die Bedingungen für eine Empfängnis.* Sie konzentrierte sich auf ihren Bauch, tastete in Gedanken die ganze Strecke ab, die ihr Ei zurückzulegen hatte, versuchte es mental mit Liebe einzuhüllen, hörte nicht mehr zu, wurde Eins mit ihrer Gebärmutter und vergaß den Arztbrief, nachdem Melese mit offenem Mund eingeschlafen war. *Alles wird gut, wenn ich nur richtig funktioniere.*

11

Am Feiertag des heiligen Georg könne sie in der Asmarastraße von ihren Nierenschmerzen befreit werden, war die Überzeugung von Maryams Mutter gewesen. Für einen Besuch in Lourdes fehlte der Glaube, hier jedoch würde sie mit dem Mut der Verzweiflung zum Animismus übertreten, wenn er ihr zu ihrem Glück verhalf. Seit November bereicherte Maryam Fellegetsch Elises Atelier, eine agile Frau, wenig jünger als Elise, deren rotbrauner Kittel eine zierliche Figur verbarg. Ihr Probestück entsprach auf Anhieb den strengsten Anforderungen. Nicht nur das, sie dachte von der ersten Stunde an mit: „Darf ich etwas vorschlagen? Wenn die Näherinnen sich spezialisieren auf einzelne Arbeitsschritte, erhöht sich ihre Geschwindigkeit.“

„Gut, Maryam.“ Elise erinnerte sich an ihre Ärmelzeit bei Meier-

Mertens in Bonn. „Die Händler legen die gewünschten Stoffarten auf Lager, damit wir sofort loslegen können. Wir sind nicht darauf angewiesen, was die Damen selbst aus Paris mitbringen."

Maryam hatte Elises Anliegen mit natürlicher Autorität zu ihrem eigenen gemacht und im Sauseschritt ihre Freundschaft gewonnen, vor allem nachdem Elise zufällig einen Wortwechsel belauscht hatte.

„Du bist mir unbegreiflich, Makeda. Wenn ich eine Schwägerin hätte wie Frau Dimtu, was würde ich da alles lernen! Du blödes Frauenzimmer, du lungerst nur in der Gegend rum und gaffst Löcher in die Luft!"

Ergebnis war, dass Makeda, der schon Maryams kritischer Blick unbehaglich war, den Arbeiterinnen aus dem Weg ging,

Meine Näherinnen leben wie die Maden im Speck, überlegte Elise, *sie bekommen eine Mittagsmahlzeit, sie fühlen sich anerkannt, weil wir gemeinsam essen. Und ich verbessere meine Umgangssprache.*

Es kostete ein waghalsiges Wendemanöver, um einen Parkplatz hangab zu finden. Elise stellte das Auto in einem Feldweg ab und spazierte die Landstraße zurück. Zahlreiche Frauen waren unterwegs, die einen Richtung Markt, viele zum Wallfahrtsort. Auf der anderen Straßenseite ritt ein stolzer Mann zu Pferde. Seiner Haltung nach zu urteilen und wegen der langhaarigen Teile einer Pavianmähne auf seinem Kopf musste es sich um einen reichen Mann handeln, obwohl ein tunikaartiges Hemd die Löcher in seinen Surri, den nach unten verengten Beinkleidern, kaum verdeckte.

Als er Elise sah, zügelte er sein Reittier, stieg ab und näherte sich mit selbstherrlichem Schritt. Anmaßend starrte er der Europäerin ins Gesicht und überflog mit Kennermiene ihre weibliche Ausstattung. Sein herrischer Ton imponierte ihr nicht, zumal in Sekundenschnelle unzählige Frauen zusammenliefen und den Mann mit schrillen Rufen überhäuften: „Was willst du? Scher dich weg!" Er solle die Weiße in Frieden lassen. Der Geräuschpegel wuchs ohrenbetäubend. „Wir kratzen dir die Augen aus, wenn du nicht sofort verschwindest!"

Kleinlaut und mit zwischen die Schultern gezogenem Kopf bestieg er sein Transportmittel, warf der Fremden noch einen letzten Blick zu und zog von dannen.

Die Frauen lachten. „Warum bist du hier zu Fuß unterwegs? Das bringt jeden hergelaufenen Strolch auf dumme Gedanken. Die Sorte wie der eben sucht in Addis Abeba, der ‚neuen Blume', nach speziellen Gewächsen. Eine blonde Blüte fehlt ihm gewiss noch in seiner Sammlung."

„Gott sei Dank seid ihr gekommen und habt mir geholfen." Einige klopften ihr wie einem einfältigen Kind auf die Schulter, andere hefteten sich an ihre Fersen, um zu sehen, wohin die Weiße wolle, und verstreuten sich erst, als ihre Neugier befriedigt war. Geschäftig wandelten Priester auf einem Pfad hin und her, der in der Nähe seinen Ausgang nahm. An der Wallfahrtsstätte grüßte sie die Pilgerinnen, die sich am Rand eines gelben Teppichs aus Maskal-Blumen drängelten.

„Warum kommst du hierher?", fragte misstrauisch eine dicke, schielende alte Oromo-Frau, in eine schwindelerregende Farbkombination aus blau-, grün-, rot- und lilagemusterten Kleidungsstücken gehüllt. Andere verhärmte Frauen, jüngere mit kleinen Kindern und leeren Flaschen, Halbwüchsige gafften sie an.

„Ich habe gehört, dass es hier Hilfe für kaputte Nieren gibt." Elise fasste sich demonstrativ ins Kreuz.

„Du brauchst eine Flasche." Sie nickten beruhigt. „Das heilige Wasser soll man länger trinken." Eine andere Patientin kramte eine zweite Flasche aus ihrem Korb und reichte sie Elise. „Setz dich her. Hier bist du gut aufgehoben. Gleich holt uns Vater Mikael. Woher kommst du, was machst du?"

Als Elise an der Reihe war, nahmen sie drei Frauen in ihre Mitte und begleiteten sie bergauf. Der beleibte Priester mit dunklem Umhang und weißem Turban reagierte unwirsch. „Glaubst du an den Allmächtigen?", fragte er sie streng mit bohrendem Blick.

„Ich möchte geheilt werden. Käme ich, wenn ich nicht glauben würde?"

„Ishi, Ferendji!"

Hinter einem Tuch, das ihre Begleiterin und der Priester hielten, zog sich Elise aus. In ein kleines gepflastertes Becken mit Sitzstufe setzen? Puh, eisigkalte Nadeln stachen ihre Haut. Unmissverständlich drückten Elise hilfreiche Hände hinein und hielten sie eine Viertelstunde darin fest. Die Qual milderte auch das inbrünstige Gemurmel der Umstehenden nicht.

Zitternd fragte sie sich. *Was mache ich hier? Das widerspricht jeder Vernunft. Wenn ich mir noch zusätzlich zur geschrumpelten Niere die*

Blase verkühle, bin ich endgültig schachmatt. Auskühlen ist Gift, haben mir die Ärzte eingetrichtert.

Ohne Handtuch klebte die Kleidung unangenehm auf der Haut, bis die Sonne die Feuchtigkeit verdunstet hatte. Gegen eine Münze erhielt Elise die Flasche gefüllt zurück und setzte sich zu den Frauen in schweigender Ergebenheit.

Das irritierende Ergebnis dieser Wallfahrt war, dass alle Nierenbeschwerden rückstandsfrei für immer verschwanden.

12

Es war ein Freitagnachmittag, als Melese dieses Telegramm in Empfang nahm.

„Um was geht es?", fragte Elise beiläufig.

„Nicht wichtig." Seinen merkwürdigen Blick ließ sie auf sich beruhen. Hinter geschlossenen Türen hörte sie Getuschel mit Mutter und Schwester, die sich früher als an anderen Tagen zu Worqu verzogen.

Am nächsten Morgen verkündete Melese ohne jede Einleitung:

„Das war gestern eine schlechte Nachricht, Elise. Deine Mutter ist vorgestern gestorben."

In Äthiopien überbringt man eine Todesnachricht niemals in der zweiten Tageshälfte, damit der Betroffene stets den ganzen Tag vor sich hat und nicht die Nacht im Schock verbringt. Wie zu einer ägyptischen Grabfigur versteinert saß Elise, unfähig sich zu bewegen.

Ich seh dich nie wieder. Geh da nicht hin! Da wirst du arm sein! Du wirst elendiglich untergehen! Wenn Heinz nicht wäre, würde ich mitgehen, jetzt bist du ganz allein. Das waren die Abschiedsworte in endloser Wiederholung.

Hat Mutter doch richtig gelegen! Was habe ich auch auf die passende Gelegenheit gewartet, um noch ein klärendes Gespräch mit ihr zu führen? Nach der Fahrt zum Internationalen Arbeitsamt hätte ich es tun sollen, als sie mich auf der Treppe an sich drückte, kaum dass ich auf Höhe ihres Brustlatzes war. Wann hat sie das jemals gemacht! Und ich stand nur da mit hängenden Armen. Minuten später strich sie zerstreut über die Schürze und verschwand am Herd.

„Lulululululu..." quoll es monoton aus Maryams Mund. Sie und die

Arbeiterinnen rissen für das Löcksö, wie die Trauerfeier heißt, die Führung an sich. Als sich Elise erhob, verhinderten Tschamusch und Maryam, dass die verwaiste Tochter sich grübelnd zurückzog und im Schmerz vergrub. Dies war eine Trauerzeremonie für eine Mutter, mochte die Ausländerin andere Sitten haben, sie war Teil dieser Gesellschaft. Hier war es undenkbar, sich in eine Ecke zu verkriechen und die Wunden zu lecken, nein, sehen wollte es die Öffentlichkeit, und zwar rund um die Uhr. Damit der Betroffene keine Ausgaben hat, bringt jeder eine Kleinigkeit mit, Kaffee, Zucker und Injera oder ein Töpfchen Soße. Das Geträller war gerade verklungen, da klopfte es wieder. Magdess rief: „Meine Freundin Elise hat ihre Mutter verloren. Weh! Weh! Weh!" Das Mitgefühl rüttelte an Elises Grundfesten und rührte sie mehr zu Tränen als der eigentliche Anlass, denn zum ersten Mal in ihrem Leben war sie eingebettet in eine Gemeinschaft. Ganz unmittelbar fühlte sie sich aufgehoben. Ihre Trauer wurde ohne Fragen geteilt, es ging hier um den Verlust einer Mutter im Allgemeinen, nicht um diese eine besondere, ihre Funktion und nicht die Qualität. Die Gemeinschaft animierte sie nicht zum Reden über die Verstorbene, es war keine Abrechnung und das lag keineswegs, wie ihr erklärt wurde, an ihren schlechten Amharisch-Kenntnissen. Ob die Verstorbene ihre Rolle anders als gewünscht ausgefüllt hatte, war unwichtig.

Die Schlange an Trauergästen riss nicht ab, sie kamen auf die von Mund zu Mund verbreitete Nachricht zu Hunderten, bekannte Gesichter reihten sich an unbekannte. „Bleib sitzen, ich hole dir etwas zu trinken", sagte Magdess. „Du brauchst viel Flüssigkeit."

Nach einiger Zeit der Beruhigung trockneten die Tränen, es wurde gegessen und getrunken. Sowie jemand neu ins Zimmer kam und „Meine Freundin Elise hat ihre Mutter verloren! Weh! Weh!" rief, begann das Klagen und Jammern von vorn.

Wo fanden sie nur alle Platz? Trauernde hockten auf Betten, Stühlen, Hockern, Bänken im Hof und auf der Veranda, auf umgedrehten Körben und dem Boden, umhüllt mit Decken. Die Inzucht der häuslichen blutsaugenden Störenfriede war hiermit beendet.

Alle bedienten sich an dem Mitgebrachten und dem äthiopischen Bier aus Eimern. „Da nimm. Das ist gut. Wenigstens einen kleinen Bissen", baten die Frauen Elise, der ein Hungergefühl abhandengekommen war. Besondere Leckereien bot eine Frau, Hadja mit Namen. „Möchtest du lieber davon? Die Schärfe vertreibt die bösen Geister. Ich bin eine ehemalige Mitschülerin Meleses", hörte Elise sie, deren umfangreiche Figur an eine steinzeitliche Muttergottheit erinnerte, sagen. Diese Auskunft hätte den Nebel ihres Gefühlszustandes nicht durchdrungen, wenn nicht ein Wort den Vorhang der Finsternis für einen Moment zerschnitten hätte. Adoption. Sie war in einem Ministerium für Adoptionen zuständig.

Ungeordnet überschwemmten Elise Vergangenheitsfetzen, die um die Verstorbene kreisten, eine Mutter, die ihr lebenslang die kalte Schulter gezeigt hatte, der sie es nie recht machen konnte. Sie war gegangen und kein Wort könnte noch irgendwas ins Reine bringen. Wie sollte sie zu einer versöhnlichen Betrachtung ihrer eigenen Geschichte gelangen, wenn eine Haftung für ihre Behandlung nicht mehr einzuklagen war?

Geh nicht in dieses Land, Elise. Was willst du dort? Du wirst untergehen, allein zwischen all den Schwarzen, hast du gesagt. Mutter, auf deine Lebensklugheit habe ich genauso wenig gehört wie Schneewittchen auf die Ratschläge der sieben Zwerge. Du hast nicht den Bruchteil all dessen vorausgesehen, was ich in diesem Land schon erlebt habe, und wer weiß, was mich noch erwartet!

Nach drei Tagen endete die äthiopische Zeremonie, der allgemeine Tränenstrom versiegte und der Kloß im Hals löste sich auf.

13

„Wie schön, dass du kommst, Adunja. Ich bin so unglücklich hier. Lieber heute als morgen möchte ich den Bettel hinwerfen." Elise musterte den alten Trauzeugen, den vom Himmel gesandten Ratgeber.

„Bin auf Heimaturlaub. In Kanada geht es mir gut. Habe mich auf Chirurgie des Brustkorbs spezialisiert", hatte sie zuvor erfahren.

Viele, vor allem Ausländer, hätten gesagt „Das wird nichts mehr, gib auf!" Die fragte Elise nicht. Das äthiopische Verständnis von Trauzeugen machte diesen zum passenden Ansprechpartner. War es nicht Adunjas Aufgabe, zwischen den Eheleuten im Falle eines Konflikts zu vermitteln?

Ohne viele Worte wird er meine Last verstehen, hoffte Elise, *wenn er in seinem Kopf das Vorher mit der Gegenwart vergleicht. Addis Abeba erübrigt jede Gegenüberstellung mit Kensington.*

Sie war noch ganz erschüttert von einer Notiz, die sie wenige Stunden zuvor entdeckt hatte, als sie einen Anprobetermin eintrug.

Wie viele rote Teppiche hatte Mrs. Rheynolds ihr, der Musterschülerin, im College ausgerollt: angefangen von den Stoffen, die von Schulgeldern bezahlt wurden, bis zu dem Job als Designerin in der Blusenfabrik Silverman, der besser bezahlt war als die Hilfsschwester. Der für Elise bis jetzt am College freigehaltene Platz war futsch.

London wäre einschätzbar gewesen, meinte sie, und verstellte die Lampe, die als kleine Lichtinsel ihre Hände aus der Dämmerung schnitt. *Sie mochten mich im kleineren Rahmen, hier bin ich die Chefdesignerin der High Society ohne Konkurrenz. Wäre ich in England als Ausländerin jemals Royal Warrant geworden? Ein Kraftakt ohnegleichen. In Afrika brauche ich weder Modeschauen, noch schlechte Presse oder irgendwelche Nachahmer fürchten.*

Trotzdem fahrlässig, eine Chance endgültig verspielt zu haben, Und jetzt ist es definitiv zu spät.

Makonnen hatte getratscht, das merkte sie an Adunjas Fragen, die auf Meleses Sicht der Situation basierten. Adunja machte sich ein eigenes Bild, ihm gegenüber war jede Notlüge überflüssig. Einen Moment hielt der Damm aus Selbstbeherrschung noch, dann schwappte das lang Aufgestaute über.

Adunja legte erschüttert die Fingerspitzen über dem gerundeten Hemd zusammen. Man sah ihm an, dass er sich in seiner Haut wohlfühlte und Sorgen seiner Freunde zu den lösbaren Konflikten zählte. „Ihr seid jetzt wie lange verheiratet? Mehr als zehn Jahre? Das wirft man nicht einfach über Bord!"

In Selbstgesprächen hatte Elise die Lage so oft kommentiert, trotzdem scheute sie vor einer Operation am offenen Herzen zurück. Sie hängte sich an äußerlichen Marginalien auf. „Was ich auch sage, ist verkehrt", schniefte sie, „ich will nicht, dass Melese sein Ansehen verliert und vor den anderen hier als Pantoffelheld dasteht. Schließlich ist er hier verwurzelt und ich bin eine Zugereiste. Wenn es nur nicht so schwer wäre."

Zu einer gründlichen Anamnese gehört die Ursachenforschung,

Adunja beugte sich vor, nahm Elises Hände in seine und versetzte seine Patientin mit seiner Zuversicht in heilende Trance: „Was gibt es auszusetzen? Äußerlichkeiten kann man ändern. Eine verbiesterte Schwiegerfamilie, die einem das Leben zur Hölle macht, hält man auf Abstand."

„Wenn Melese arbeiten würde, könnte ich die faule Haut der anderen leichter ertragen. Alles hängt an mir, ich bin ihr Kuli, der für sie schuftet. Was unterscheidet mich von Tschamusch? Am liebsten würde ich das Dienstmädchen entlassen, damit die Sippschaft endlich etwas Sinnvolles zu tun hat."

Der kurzgewachsene Mediziner wischte sich mit dem Taschentuch über die durch eine Haarinsel getrennten Geheimratsecken. „Das lass lieber, ohne Personal werdet ihr als asozial angesehen. Du musst auf das hören, Elise, was dein Mann sagt. In Europa hast du die Führung übernommen, hier musst du sie ihm überlassen." Erregt knetete er seine Finger. „Er weiß in unserem Land Bescheid, was das Richtige ist. Du musst dich leiten lassen."

„Ha, der und leiten ... Dä Fuulenzer!" Elise sprang auf, trat ans Fenster und drehte nervös eine Haarlocke.

„Ja, um Himmels willen, man verlässt seinen Partner nicht, nur weil der keinen Respekt mehr verdient."

Und was macht man mit abgestorbenen Gefühlen? Schneidet man die heraus, zusammen mit den wuchernden bösen Gedanken? Meine Durststrecke durch die eheliche Steppe ist offenbar kein Thema der Männerunterhaltung. Anstatt ordentlich Druck zu machen, verfluchte sie ihre Hemmung. „Der Getotch sonnt sich in meinem Glanz und der Sicherheit, die er durch mich hat."

Wie sollte jemand verstehen, wenn der Anstand sie hinderte, das Schweigen über die Lieblosigkeit, das verwaiste Beilager und ihre Eifersucht auf die geschwisterliche Nähe zu brechen?

„Du musst ihm Zeit geben. In Afrika mahlen die Mühlen langsamer." Adunjas Worte verstärkten ihr Handicap: einmal von der Pflicht aufs Gleis gesetzt, lief sie wie eine Eisenbahn, die nur den Weichen folgt.

Wie viele Chancen gibt man einem Partner und wann ist das letzte Ultimatum abgelaufen? Nach äthiopischer Ehevorstellung war die Befristung rückstandsfrei zu kündigen. Früher habe ich nie Angst vor einem Neuanfang gehabt, warum also jetzt, rätselte sie. *Die*

Entfernung zu Europa ist nebensächlich. Mit einer Trennung begrabe ich die letzte Hoffnung auf ein Kind.

Kampflos ließ sie ihre Klagen von Adunja wegwischen, die ihr selbst wie dumme Nörgelei vorkamen, und begnügte sich mit einer lächerlichen Bedingung. „Diese alte, dreckige Bude. Ich schäme mich vor jeder Kundin, die zur Anprobe kommt."

Es war ihr unerklärlich, warum trotz ihres Rückziehers das Elend weniger drückte, als habe Adunja beim Abschied ihren Ballast mitgenommen.

Elises Freude über das neue Heim, in dessen Garten sie in einem der kleinen Dienstbotenhäuser ein separates Atelier eingerichtet hatte, endete schneller als ein Rosenkranz mit sämtlichen zwanzig Geheimnissen. „Ich zahle das Haus in monatlichen Raten ab", hatte Melese seiner Frau versichert, „darum brauchst du dich nicht zu kümmern."

Der richtige Moment für ein Wechselläuten sämtlicher Alarmglocken war das Klopfen Makedas ans Hoftor der neuen Unterkunft. „Ah, du kommst uns besuchen. Melese ist nicht da."

Die Schwägerin fiel mit der Tür ins Haus: „Ab heute wohne ich bei euch. Gestern hat Melese gesagt, ich soll meine Sachen gleich herbringen."

Erst da bemerkte Elise die zwei Träger in Makedas Windschatten. Der tägliche Krach war vorprogrammiert. Völlig nutzlos, Melese zur Rede zu stellen. „Ich habe etwas Größeres gesucht", erklärte er nebenbei. „Du hast eine Werkstatt, sie hat ihr eigenes Zimmer. Meine Mutter bleibt bei Worqu."

Ihr Mann konnte nicht ernsthaft geglaubt haben, dass seine Schwester in ihrem Zimmer blieb. „Learning by looking!" Ha! Wenn Elise das Gleiche bei einer Freundin beobachtet hätte, geschüttelt hätte sie diejenige, um sie zur Besinnung zu bringen. Elise knirschte mit den Zähnen.

Steinmauern ohne Keller und Dielenboden bieten keinen Unterschlupf für Ungeziefer, was feiern die Flöhe also enthusiastisch?" schrieb sie in ihr Tagebuch. *„Weshalb soll es mir auch besser gehen als den höchsten Kreisen? Vor den Flöhen sind alle gleich. Beim Dinner kommen sie die Stuhlbeine hinaufgekrabbelt. Meistens spürt man sie dort, wo der Rock endet. Wenn eine der Tischnachbarinnen dezent* *einen Finger befeuchtet, zerquetscht sie gleich ebenso dezent einen Floh. Mit geschärftem Ohr hört man sogar das leise Knacken. Das unauffällig zu beherrschen, gehört in Äthiopien zur Etikette. Mittlerweile erkenne ich die Bewegungen der anderen Damen bei Tisch und gegen die großen allergischen Flecken, wenn erfolgreich angezapft wurde, bin ich inzwischen immun. An die Wanzen werde ich mich nie gewöhnen, ihre Langsamkeit erinnert zu sehr an meine Schwägerin.*

14

Vermutlich steckten die Prinzessinnen hinter der größten Änderung, denn es hatte vor zwei Monaten weder eine Ausschreibung noch andere Interessenten gegeben, als Melese eines Abends geprotzt hatte: „Der Handelsverkehr nach Kenia soll gefördert werden. Ich habe den Auftrag, in Moyale an der Grenze einen Ort zu planen. Viertausend äthiopische Dollar mitsamt der Infrastruktur hat man mir geboten. Ich muss zur Überwachung der Baustellen nach Süden reisen."

„Wunderbar!" Ihre Ausdauer hatte sich ausgezahlt, singend schwebte Elise durch den Tag. Der Flunsch ihrer Schwägerin, der ein Ansprechpartner fehlte, versüßte die Trennung zusätzlich. Außerdem hatte sie einen Freiraum durchgesetzt, gegen den kein einigermaßen heller Kopf etwas einwenden konnte,

Für Tippen, Telefonauskunft und andere Dinge, die man als Sekretärin brauchen kann, wird Makedas Hirn reichen. Nichts überlasse ich dem Zufall. Um sicherzugehen, dass die junge Dame das Gebäude auch betritt, fahre ich sie mit dem alten Opel morgens eigenhändig zur Commercial School.

Wie erschrocken war sie, als Melese verstaubt und fluchend auf der Veranda stand. „Das Projekt ist geplatzt. Irgendeiner hat sich in die Taschen gewirtschaftet. Jedenfalls ist kein Geld mehr da." Dieser Rückschlag vergiftete noch die Stimmung, da wurde er erneut in den Palast gerufen. Offenbar war das Ende in Moyale tatsächlich nicht seine Schuld gewesen.

Während Elise ein fertiges Ballkleid auf die Schneiderpuppe stülpte und die Schleppe dekorativ drapierte, ging ihr das Bewerbungsgespräch durch den Sinn. Wenn es eine Kraftübertragung durch

Telepathie gab, wäre das der Augenblick für einen Beweis gewesen. Spät waren seine Schritte auf dem Kies und das Kläffen Lilibets zu hören und Elise ging ihm entgegen. Das Glühen seiner Zigarette verriet den Standort.

„Was ist es diesmal?“

„Assistent des Ministers für öffentliche Arbeiten und Verkehr.“

„Das wird dir Freude machen.“

Erst als Melese in den Lichtkreis der Tür trat, erkannte Elise, dass seine Haltung davon weit entfernt war. Er kannte den Minister vom Hörensagen. „Meinst du, ich will Assistent werden von einem Grazmatch, der seinen Daumen nimmt, wenn er unterschreiben soll?“

„Das hast du hoffentlich nicht ‚His Imperial Majesty‘ gesagt!“

„Dem HIM, doch, mit anderen Worten.“

„Was soll das heißen? Neunundneunzig Prozent aller Äthiopier können ihren Namen nicht schreiben!“ Sie beschwor ihn: „Gerade der wird auf dich angewiesen sein. Sobald der weggeht, kriegst du seinen Posten.“

„Ich will keiner von den Lakaien sein, die sich vom Pinscher des Kaisers an die Schuhe pinkeln lassen und ihm dafür noch die Hände küssen!“, brauste Melese auf. Es half kein Zureden, keine Warnung, kein Pro und Kontra. Das war das Ende, aus.

Statt zu explodieren, schnappte Elise den Autoschlüssel. Nur raus aus dieser heimischen Isolierstation! Luft. Erst am Absturz des Rift Valleys blies der Wind die Sturmwolken weg und machte Platz für neue Initiative.

Die Fäden in der Hand halten

1

„Kommt nicht in Frage, dass ich ein fremdes Balg aufziehe!“, schrie Melese. Sein Wutausbruch als Reaktion auf Elises Besuch in einem der zwei Waisenhäuser, die die Women’s Welfare Organisation in Addis Abeba unterhielt, entlarvte seine englische Zusicherung als belangloses Lippenbekenntnis. „Amharen tun das nicht. Da hättest du einen Oromo heiraten sollen.“

Die vagen Zusagen reichten nicht mehr, es erboste ihn, dass er gezwungen wurde, Farbe bekennen. An der Art ihrer euphorischen Beschreibung spürte er, dass die fällige Entscheidung immer näher rückte. Nur die Notbremse, die ihr einen dauerhaften Dämpfer verpassen und zeitweise seinen Komfort mindern würde, verhinderte Schlimmeres.

Seine Frau stürzte in Verzweiflung, schluchzend rettete sich Elise ins St. Pauls Hospital zu Magdess. Ein Gespräch von Frau zu Frau, und zwar mit einer, die Mutter war und diese Sehnsucht nachempfinden konnte, war dringend nötig. Eine leise Hoffnung spielte mit, dass die Angehörige seines Volkes einen geeigneten Trick parat hätte, mit dem sie ihren Mann auf richtigen Kurs bringen könnte.

„Er hat mich nur hingehalten! Warum hat er nicht gleich gesagt, dass er mit mir nichts mehr im Sinn hat? Ich wäre in England geblieben! Er hat mich um meine Zukunft betrogen!“ Tränen der Wut und Mutlosigkeit mischten sich mit Selbstanklage.

Magdess brühte Elise einen Tee, zog sie an ihre hellblaue gestärkte Tracht und hörte den Ausbruch an. „Ich weiß zwar keine Lösung für deinen Kummer, aber vielleicht eine Erleichterung.“ Die Schwester streichelte ihr nachdenklich über die Hand. „Der Kaiser will, dass ich zur Ausbildung nach Übersee gehe. Wenn ich fertig bin, soll ich Lehrerinnen von draußen auswählen und herbringen. Mit denen wird in Addis Abeba eine Krankenschwesternschule aufgebaut.“

„Was hat das mit mir zu tun?“ Verwirrt hob Elise die rotgeweinten Augen vom Taschentuch.

„Dafür genehmigt er mir ein Stipendium.“

„Das freut mich für dich. Da habe ich gar nichts von, noch nicht mal mehr jemanden zum Quatschen!“

„Lass mich ausreden. Wie du weißt, ist meine Tochter Kukuna erst elf Wochen alt. Ich möchte sie ungern meinem Dienstmädchen überlassen und Esseye, mein Mann, muss arbeiten. Hättest du Lust, dich in der Zeit um sie zu kümmern? Du könntest testen, ob das überhaupt etwas für dich ist.“

Augenblicklich klammerte sich Elise an diesen Strohhalm, während sie mit der Freundin alle Für und Wider und zuletzt durchsprach, welche Ausrüstung sie auftreiben und welche die Mutter mitgeben würde. Auf dem Heimweg kaufte sich Elise ein Buch von Benjamin Spock über Kindererziehung und las es, noch in der Küche stehend, in einem Rutsch durch.

Misstrauisch beäugte Melese den Titel. „Magdess braucht unsere Hilfe für ein Jahr oder so“, erklärte Elise und studierte ängstlich seine Miene. Um jeglichem Widerstand zuvorzukommen, sprach sie schnell weiter: „Ins Personal hat sie kein Vertrauen und ihr Mann, du kennst ihn ja, ist ein bisschen verschusselt.“ Melese hing nur an ihren Lippen. „Ich hab es nicht fertiggebracht, ihr die Bitte abzuschlagen.“ Erst jetzt wagte sie zu atmen. *So hab ich Jaan en de Nol enjefäddemb,* dachte sie.

Kukuna entpuppte sich als ein Geschenk des Himmels. Seit der Ankunft des kleinen Menschleins hing Melese seiner Frau ständig am Schürzenbändel und wimmelte seine Freunde ab, die sich über diese Änderung das Maul zerrissen. Es fehlte nicht viel und das Ehepaar hätte einen Wettbewerb eingeführt, wer von beiden Kukunas kleinen warmen Körper in den Armen wippen durfte und bei wem sie mehr strampelte. Anfangs lag Kukuna in ihrem Körbchen vom Mercato, dem alten Markt von Addis Abeba, das Elise ständig von einem Arbeitsplatz zum anderen schleppte, von Meleses gerührtem Blick verfolgt. Er fütterte, wusch und trocknete das Baby sehr geschickt.

Elise fühlte Meleses behutsame Massage ihres Nackens, bis sie sich unter seinen Händen entspannte. „Die Kleine ...“

„Pst, sie wird nicht aufwachen. Diese Nacht versuchen wir es ohne Herumtragen, die Koliken sind vorbei.“

Melese zog seine Frau auf die Beine und in innige Umarmung. Die paar Meter ins Schlafzimmer verkürzte er streichelnd und besäte sie mit Kleidungsstücken. Mit sachten Berührungen entfachte er die

verschüttete Glut.
Manche Frauen, die lange vergeblich auf ein eigenes Kind hoffen, werden nach einer Adoption schwanger, dachte Elise. *Schaffe ich es jetzt auch?*
Seine Finger ertasteten Gereiftes, hie und da ein Polsterchen. Er prüfte das schwere Volle ihrer Brüste und richtete die Warzen mit kreisenden Bewegungen auf, um sie mit seinen Lippen nacheinander zu umschließen. Zuerst verkrampfte sich Elise, das Gefühl seines Mundes auf ihren Augen, den Wangen, der Halsgrube und schließlich auf ihrer Brust transformierte sie in zarte Berührungen eines kleinen Mundes.
Warme Wellen breiteten sich über Bauch und Schenkel, als Melese seine Hand dazwischenschob. Langsam reagierte er erst mit Bewegungen auf ihren keuchenden Atem, als ihr Becken seinen Händen entgegenkam. Sie spielte nicht länger die Beobachterin – für einen höheren Zweck, schob sie vor.
Kukuna wurde von dem unterdrückten Stöhnen unruhig, mit dem sich Elise dem Raus und Rein anpasste und sich fragte, warum sie sich früher gesperrt hatte! Seine beharrliche Stimulation förderte Wellen der Lust aus unerschlossenen Tiefen und spülte damit jede Zurückhaltung weg. Das sonst von Bitterkeit angetriebene Karussell ihrer Bedenken drehte sich leer. Frieden umhüllte beide trotz des ungnädigen Babygeschreis, als wären ihre Körper und Seelen endlich in Fließrichtung des Stroms gespült.
Das geliehene Glück währte einen Jahreslauf, einmal in der Woche schauten Esseye oder andere Verwandte vorbei und überzeugten sich vom Wohlergehen der Kleinen. „Du behältst das Kind!“ war ihre einhellige Meinung. „Magdess hat ja noch drei andere. Die kann darauf verzichten. Die Kleine fühlt sich hier wohl! Ist es nicht so?“
Wie harmonisch ausgefüllt der Alltag auf einmal bei Familie Dimtu war, konnte kein Blinder übersehen. Zufrieden hatten sie all die Monate die Fortschritte der Kleinen quittiert und wider besseres Wissen lauschte Elise diesem Honigseim. Kukunas Ärmchen um Elises Hals hatten die magische Wirkung, Unangenehmes aus dem Blickfeld zu rücken. Jeder zusätzliche Monat bestärkte ihre Sicherheit, dass es auf ewig so bleiben werde.

2

Elise wusste den Ankunftstermin und zog den Kopf schon vorsorglich vor dem Schicksalsschlag ein. Die zweite Nacht ging vorbei, ohne dass ihr Verhängnis vor der Tür stand, noch ein Tag, Elise bewegte sich wie im Fieber, war mit den Gedanken abwesend, als lausche sie auf Nachrichten aus einer anderen Welt. Die Arbeit fiel ihr schwer, sie schaute durch ihre Arbeiterinnen hindurch und konnte sich mit jeder Stunde, die verstrich, weniger konzentrieren. Magdess stürmte nicht herbei, um mit wehenden Fahnen ihren Besitz heimzuholen, hielt Esseye sie zurück? Als die Anspannung Elises Muskeln verkrampfte, der Ischias ihren Rücken marterte, hörte sie von einer Verwandten, wann es so weit sein würde.

Jetzt hing die unausweichliche Konfrontation wie das Damoklesschwert über ihr. Kein Zauberwort würde ihr helfen, das Blatt für sich zu wenden.

Das strahlende Winterwetter sprach der Stimmung beider Frauen Hohn. Äußerlich zu europäischer Schlankheit geschrumpft, versuchte Magdess, einen Anschein von Kompetenz und Entschlusskraft zu verbreiten, ihr schwerer Tritt bezeugte dagegen, dass ihr letztere in diesem Fall abhandengekommen war.

Ein Profi schafft es, sich hinter einer Fassade antrainierter Verbindlichkeit zu verbergen, und zwar ganz ohne nachzudenken. Einen Kunden ließ man nicht merken, wie es in einem tief drinnen aussah, und in dem Moment war die alte Freundschaft weit weggerückt.

Erstaunt über ihre eigene Gefasstheit, brach Elise das Schweigen nach dem förmlichen Wangenkuss mit gekünstelter Munterkeit:

„Komm in die Sitzecke. Der leichte Wind aus dem Gebirge ist heute ganz erträglich.“ Sie warf der freudig an ihr hochspringenden Lilibet das Bällchen. Diesmal wirkte das Ablenkungsrezept für brüchige Lebenslagen jedoch nicht.

Hölzern stakste sie voraus. „Wie hat es dir in England gefallen?“, fragte sie über die Schulter. *Ich werde ihr schildern, wie unser Alltag im vergangenen Jahr war,* nahm sich Elise vor, *zählen selbst Tausende solcher Argumente für ein Mutterherz*? Der kaukasische Kreidekreis aus einer Londoner Inszenierung stand ihr so plastisch vor Augen, als zerrten sie beide bereits an dem Kind.

„Du hast gar keine Ahnung, was für ein Schätzchen Kukuna ist!“

Elise vermied es, der Mutter in die Augen zu sehen, und vergrub stattdessen ihr Gesicht im Haar des Mädchens, bevor sie es auf ihren Schoß zog.

„Vor ein paar Tagen bin ich vom Zahnarzt gekommen. Meine Behandlung hat über die Mittagszeit gedauert. Ich rechnete mit Hungergeschrei und Chaos in der Küche. Und dann kam auch noch ein Wolkenbruch, dass die Hauptstraße unter Wasser stand. Das hättest du sehen müssen!

Was bin ich für eine Sabbelschnüss, schämte sich Elise, *und alles, nur um den Moment hinauszuzögern.*

Ihre Platte lief ab ohne Unterbrechung: „Du hast nur aus dem Nebengebäude die Nähmaschinen surren hören und aus der Küche kam leises Geschirrklirren, sonst alles still. Das war komisch, weil Kukuna nämlich gerne Töpfe und Deckel sortiert und das macht einen Heidenkrach. Ich schiebe also vorsichtig die Wohnzimmertür auf und was sehe ich? Vor den Terrassenfenstern einen Schattenriss, an einem großen Brett stand Melese ganz vertieft. Zu seinen Füßen schlief Kukuna, fast schon zu groß für das Körbchen. Sie will nirgendwoanders ihr Mittagschläfchen machen. Und Lilibet ..."

Die Hündin wedelte aufgeregt heran, als sie ihren Namen hörte, und stupste ihr Frauchen mit der Nase. Das kraulte sie hinter den Ohren und sagte: „Sie hat unsere Beste immer gut bewacht, nicht wahr?" Zufrieden schnaufte die Afghanin und legte sich Elise zu Füßen.

„Melese hat immer eine Schnur, die am Korb befestigt ist, um sein Handgelenk geschlungen und wenn er zieht, schaukelt der Korb. Das mag Kukuna."

Die Mutter erwiderte nichts auf den langen Monolog und schaute mit wachsender Niedergeschlagenheit und zusammengepressten Lippen auf ihre Hände. Elise spulte die Erzählung ab wie Scheherazade, die ihre Hinrichtung hinauszögert, solange sie nur redet.

„Ich bin leise näher und habe über seine Schulter gelugt. Du wirst es nicht glauben, ein Grundriss! Damit hätte ich mein Lebtag nicht gerechnet. Ist das nicht herrlich!" Sie ergänzte: „Er war ganz schön erschrocken, als er mich bemerkte, und legte den Finger auf die Lippen. Da hatte Kukuna ausgerechnet an diesem Vormittag die ersten Schritte gemacht. Natürlich habe ich ihn gefragt, was er da zeichnet. Ein Haus für uns!"

Mühsam bewahrte Elise die Fassung, als ihr die Puste ausging, und strich Kukunas Locken zur Seite, sah deshalb nicht, dass Magdess um Beherrschung rang.
Ein Richter hätte Elise das Kind genommen. Kukuna klemmte sich zutraulich zwischen Elises Knie und schaukelte vergnügt auf und ab. Bereitwillig schäkerte sie aus der sicheren Deckung heraus mit der fremd gewordenen Mutter und Lilibet hielt geduldig still, als die Kleine ihr das Fell zerzauste. Sollte Magdess vorgehabt haben, ihre Tochter abzuholen, brachte sie es diesmal nicht fertig, sondern verabschiedete sich hastig, ohne ihre Tochter zu berühren.

Zwei Monate Zittern und Bangen verlängerten die Galgenfrist, dann tauchte eines Tages unangekündigt Esseye auf.
„Willkommen!" Der gute Freund behielt seine bekümmerte Miene trotz der drei Wangenküsse rechts und links. „Magdess hat mir befohlen, das Kind zu holen. Tut mir leid." Elises Mund war trocken.
„Kommst du zu Papi?", lockte er Kukuna, die sich an Meleses Hosenbein klammerte. Esseye hob die erschreckt Schreiende auf den Arm und hielt es für das Beste, ohne Verzug die Wohnung zu verlassen.
Melese, der entgeistert das Schauspiel verfolgt hatte, wankte nach draußen. Lilibet setzte die Verzweiflung in Töne um und Elise blieb zurück, hockte sich an den Zaun und schaukelte sich vor und zurück, bis die Nachtkühle sie hineinscheuchte. Rasende Kopfschmerzen trieben sie ins Badezimmer und angesichts der Wickelutensilien brach sie weinend vor der Badewanne zusammen.
Spät abends kehrte Melese zurück. Obwohl er sich an ihre Schulter klammerte, hatte sie den Eindruck, im Ehebett läge nur noch die abgestreifte Haut einer Schlange. Sein Herz schlug woanders.

3

Mit einer Wagenladung neuer Stoffballen befand sich Elise mit ihrem Auto auf dem Weg zum Mercato, als sie ihren Mann in Makonnens Begleitung am Straßenrand entlangeilen sah. Von seinem Anzug war ein Ärmel halb abgerissen, die Hose schmutzig und über der Augenbraue klaffte eine Platzwunde. Makonnen dagegen wirkte, als ob er forsch von der Mittagspause seinem Beamtenschreibtisch zustrebe.

Sie bremste ab und rief aus dem Auto: „Von welchem Lastwagen bist du denn überrollt worden? Wollt ihr einsteigen?“

Dankbar quetschten sich beide auf den Rücksitz. „Wir kommen von der Universität. Dort ist Randale.“ Mit einem Taschentuch wischte sich Melese die Stirn. „Ich bin zwischen die Fronten geraten. Studenten verwüsten das amerikanische Kulturzentrum.“ Aus der Richtung, aus der die beiden gekommen waren, wälzte sich eine Wolke dunkler Gestalten heran, in unheimlicher Lautlosigkeit und zäh, weil der Wind den Lärm in eine andere Richtung trug.

Der Hinweis auf die Militärjeeps, die gerade die nächste Kreuzung sperrten, reichte: „Fahr schnell los, die kommen hier entlang.“ Elise würgte nervös den Motor ab. Der Anlasser quälte sich in wimmernden Umdrehungen, der Vergaser verweigerte den Dienst und fühlte sich auch durch den Polizisten in Khaki-Uniform und unter weißem Helm, der aufmunternd auf die Motorhaube klopfte, keineswegs angespornt. Ihm wäre es lieber gewesen, keine weißen Beobachter in der Nähe zu wissen. Der Motor stotterte.

Inzwischen waren die Demonstranten herangeflutet. Jetzt war kein Fortkommen mehr möglich. Zitternd senkte Elise die Arme und für den bedeckten Himmel völlig unangemessene Hitzewellen klebten den Stoff ihres Kleides an den Rücken. In der heranbrandenden Kette einander untergehakter junger Männer brüllte einer besonders verbissen und machte einem Megaphon Konkurrenz.

„Gazew. Tilahun, der Rote, ist der mit der wüsten Mähne“, sagte Makonnen. „Der hat zu oft ausländische Zeitungen gelesen.“

Die ersten Steine trafen den Wagen. Die Heckscheibe splitterte mit einem Knall. Melese und Makonnen legten sich die Arme um den Kopf und drückten sich vor die Rücksitzbank. Jugendliche krallten sich an der Dachtraufe fest und begannen, das Auto hin und her zu schaukeln.

„Die wollen uns umkippen!“

Zwei Polizisten droschen auf die Randalierer ein und drängten sie vom Wagen weg. „Worum geht es denen?“

„Die Studenten demonstrieren gegen die Deportation der Bettler. Ist dir nicht aufgefallen, dass keine mehr in den Straßen herumhängen? Der Alte hat sie für die Dauer der Konferenz der afrikanischen Staaten von den Straßen geholt und in Lager stecken lassen. In der Innenstadt haben sie die üblichen frisch getünchten Wellblechzäune aufgestellt, damit die Besucher keinen Blick auf die Slums werfen können. Wenn die tausend Gäste zum Aderatsch-Festmahl vorfahren, soll kein Schmutzfleck den Eindruck stören. Er will mit einer makellosen Metropole glänzen."

„Recht haben sie. HIM soll den Leuten Arbeit geben", moserte Makonnen gedämpft zwischen seinen Knien, „dann brauchen sie nicht mehr zu betteln. Alles für den schönen Schein. Ein großer Stuhl macht eben noch keinen König."

„Wirst du deine Klappe halten!", fuhr ihn Elise an. „Die Geheimpolizei hat ihre Ohren überall." Die Studenten hatten sich von einer Baustelle Steine und Stöcke gegriffen und lieferten sich Zweikämpfe mit den Ordnungshütern. Einige bluteten am Kopf, ein paar lagen am Boden, über die weitere nachdrängten. Wieder traf ein Schlag ihr Heck.

„Kommt raus, ihr Kapitalisten!", schrie eine wutverzerrte Fratze, die zu einer drohend erhobenen Eisenstange gehörte. Am liebsten hätten sich die Insassen unsichtbar gemacht, aber jetzt auszusteigen wäre lebensgefährlich gewesen. Wer ein Auto besaß, gehörte nach Ansicht dieser Rabauken zur verhassten Clique der Blutsauger. Woher sollten sie wissen, dass die Insassen ganz ihrer Meinung waren?

Aus Richtung Innenstadt marschierte ein kleiner Trupp Soldaten mit martialisch umgehängtem Maschinengewehr an, kreiste eine ganze Gruppe Rebellierender ein und schoss gezielt auf die in Panik über Bauzäune und niedrige Mäuerchen Flüchtenden. Ein Schrei. Auf einem Wellblechdach sank ein Jugendlicher, von der Salve getroffen, in sich zusammen und rutschte halb vom Dach. Die kreischende Menge stob auseinander. Vereinzelt flogen noch Steine. Der Boden war übersät von Steinbrocken, Papierfetzen, einzelnen Schuhen, zerbrochenen Ästen und zwei Toten.

Betäubt starrten die drei aus dem Fenster. Nach einer Pause beschimpfte Makonnen seinen Freund: „Würdest du arbeiten, kämst du nicht in solche Situationen. Elise, sorg dafür, dass Mel sich endlich etwas sucht! Als erwachsener Mann so rumzugammeln! Wär ich nur im Ministerium geblieben. Der Dumme sucht dort nach Dung, wo niemals Kühe gegrast haben."

Die Polizisten hatten vor ihrem Auto ein paar junge Männer

zusammengeknüppelt, die sich blutend und betäubt aufzurichten versuchten, und die kreischende Menge in Seitengassen auseinandergetrieben.

„Wir haben noch nicht mal einen Erste-Hilfe-Kasten dabei, um die Verletzten zu versorgen“, bedauerte Elise.

„Lass die Typen. Unkraut vergeht nicht. Die werden sich auch wieder aufrappeln.“

„Und wenn nicht?“ Mit blutverschmiertem Gesicht taumelte ein junger Mann auf das Fahrzeug zu, als hinter ihm ein Kommilitone mit einem Aufschrei durch eine weitere Salve zu Fall gebracht wurde. Ohne nachzudenken, rief Elise aus dem heruntergekurbelten Seitenfenster: „Hallo, kommen Sie. Schnell!“

Bevor jemand Einspruch erheben konnte, stieß sie die Beifahrertür auf und zerrte den Überraschten quer über die Gangschaltung.

„Bist du wahnsinnig? Du bringst uns in Teufels Küche. Die Geheimpolizei kennt unsere Autonummer“, stotterte Makonnen und raufte sich die Haare.

Elise überhörte die Einwürfe. „Duck dich!“ Schwer keuchend presste sich der Student als Paket vor das Handschuhfach, die Tür schlug zu. Es sah aus, als habe keiner sein Verschwinden bemerkt. „Sind Sie okay?“, fragte sie, als die Soldaten lachend ihre Treffer diskutierten und abzogen. Die stöhnenden und sich windenden Verletzten ließen sie achtlos im Dreck liegen.

Langsam rappelte sich der Unbekannte hoch und musterte seine Retter. Er entschied, dass ein weißes Gesicht keinem Regierungsspitzel gehören konnte, und nahm kein Blatt vor den Mund: „Sieht so aus, Scheißbullen, Handlanger der Hölle, das! Danke übrigens. Ich heiße Tilahun. Wenigstens haben wir den Typen ordentlich eingeheizt.“

„Lass uns verschwinden von hier, Elise“, drängte Melese. Besser man war weg, bevor die Anwohner sich aus den Häusern wagten.

Seine Frau sandte ein stummes Gebet aufs Geratewohl, irgendein Gott würde sich schon angesprochen fühlen. Sie drehte den Zündschlüssel ohne Gas zu geben, und nach einigen Umdrehungen war das überschüssige Benzin ausgespuckt. Staub hatte sich ins Innere des Wagens verteilt, der Schweiß der ausgestandenen Aufregung verklebte ihre Haare an der Stirn. „Ich versorge Sie“, fügte sie mit einem Seitenblick auf den Beifahrer hinzu. „Es ist nicht weit.“

Er zuckte die Schultern.
Niemandem in der Straße schien ihre Ankunft aufzufallen. „Tschamusch, bring bitte eine Kleinigkeit zur Stärkung und den Erste-Hilfe-Kasten“, rief Elise über die Veranda. „Wir setzen uns hinten in den Garten.“ Jemand, der durchs Tor eintrat, musste nicht gleich alles mitbekommen. In der Nähe zwitscherte ein Vogel, ansonsten umfing die Gruppe eine unwirkliche Ruhe, die vom Stühle Scharren und Tische Rücken noch verstärkt wurde.

Tschamusch brachte Jodtinktur, Watte, Pflaster und eine kleine Plastikschüssel mit Wasser und Elise machte sich fachfraulich an die Arbeit. Noch halb unter Schock, beobachteten die drei Männer schweigsam ihre Handgriffe.

„Warum der Aufruhr?“, fragte sie, um abzulenken.

„Dieses ständige Gefasel von Entwicklung ist unerträglich! Bis zum Hals stecken wir in der Scheiße! Die Minister schert es einen Dreck, ob die Leute hier wenigstens ein Paar Schuhe besitzen. So kann es nicht weitergehen! Überall, wo man hinschaut, nur Rückständigkeit. Sie müssen mal aufs Land fahren, da werden Sie kaum jemanden finden, der lesen und schreiben kann. Wenn der Kaiser wüsste, was in den Tukuls vorgeht!“

„Ich dachte, während seiner Regentschaft hat sich das Land mehr gewandelt als in den drei Jahrhunderten vorher. Ist er nicht 1935 vom ‚Time‘ Magazine zum Mann des Jahres gekürt worden?“ Elise hatte mittlerweile einiges aufgeschnappt, was zum Smalltalk der Diplomaten gehörte.

Ihr Patient hatte nicht zugehört, redete sich in Rage und animierte damit Melese, seinen Senf beizusteuern. „Es ist uferlos, wo wollt ihr anfangen, das fängt schon mit den Straßen an und was produzieren wir? Ausquetschen kann man den kleinen Bauern, das war immer so. Die Großen sacken alles ein, da kann der Kaiser noch so viel Entwicklung anstoßen.“ Er stieß mit dem Ellbogen Makonnen in die Seite. „Ist es nicht so, alter Junge?“ Der wand sich: „Der Kaiser will nicht delegieren, sondern alles selbst entscheiden, er hat keine Eile, solange noch Frauen das Korn zu Schnaps brennen.“ Ganz bequem ließ es sich aussitzen und die Bleistifte hin und her schieben.

Makonnen, der seine Krawatte zurechtzog und das Jackett ausklopfte, blies ins selbe Horn. „Der Hungertod ist seit Ewigkeiten ein natürliches Ereignis, kein Anlass für Geschrei. Erst kommt die Trockenheit, dann sterben die Rinder und am Schluss die Bauern. Hätte das früher jemand aufgezeichnet, wären die Chroniken voll davon. Mit solchen Selbstverständlichkeiten belästigen sie den Kaiser nicht."

Mein Gott, diese Menschenverachtung, ärgerte sich Elise. *Woher stammt das Geld für meine Kleider? Vom Volk abgepresst, letztendlich. Wenn die abgesetzt würden, gäbe es für mich noch Verwendung? Mit meiner Schneiderei profitiere ich direkt von verlogener Gloria.*

Ihre Überlegungen unterbrach Tilahun: „Die Bauern brauchen Land! Wisst ihr, dass die Großgrundbesitzer drei Viertel der Erträge einstecken? Wie soll ein Farmer investieren können, wenn er gerade mal seinen Mund füllen kann? Und warum muss die Kirche sich den Wanst vollschlagen? Die ganze Mischpoke im Palast gehört auf dem Feuer geröstet, wenn ihr mich fragt. Die sacken unseren Aufruf an den Kaiser ein."

Unbeeindruckt versicherte Melese großsprecherisch: „Ihr glaubt doch nicht im Ernst, der Kaiser wüsste das nicht. Auf den hören nur noch seine zahmen Löwen."

Solches Gerede habe ich erst gestern gehört. Zu Kriegsende, my goodness. Der Führer weiß nicht, was läuft!, überlief es Elise kalt. *In einem Magazin, das in der Botschaft rumgelegen hat, stand es doch schwarz auf weiß! Der Kaiser ist allen Ernstes überzeugt, Arme und Reiche habe es immer gegeben und werde es immer geben, weil es Menschen gebe, die arbeiten, und solche, die nicht arbeiten. Wer arbeite, sei nicht arm. Der Schwache müsse eingehen, damit ein anderer weiterleben kann und der Nachschub an Menschen gehe nicht aus. Der Journalist hatte dem Kaiser zugutegehalten, sie hätten ihm im englischen Exil zu oft Macchiavelli zu lesen gegeben.*

„Ras Imru war auf dem richtigen Weg, der hat sein Land verteilt, das er nicht bebaute. Als Belohnung haben ihn die anderen angeschwärzt. Der Kaiser hat die Notbremse gezogen und ihn in die Verbannung geschickt. Nieder mit dem Kronrat! Beseitigt die Speichellecker!", rief er und hob die geballte Faust.

Makonnen warf ein: „Fahr nach Debre Zeyit, da siehst du Fabriken."

Verächtlich schnalzte Tilahun durch die Zähne. „Fliegendreck! Augenwischerei! Ich möchte wissen, wohin das Geld ging, das der Gouverneur angeblich für eine Ausstellung gesammelt hat. Ich habe gehört, sein Fuhrpark soll um zwei Limousinen angewachsen sein. Rechenschaft muss er ablegen. Öffentlich!“

Beim nächsten Tee mit Rahel und Masante kämpfte Elise mit sich. *Verrate ich die Besorgten, indem ich schweige? Masante ist die Einzige, die jemals über die Sitten im Palast Unmut verlautbart hat, Ein Hauch von Kritik an der Nachweisgrenze. Den Vater zu necken oder in seiner Abwesenheit seine Handlungsweise zu zerpflücken, noch dazu vor fremden Ohren, undenkbar! Politik war nie unser Thema, das war in England schon so und hier erst recht.*

Es klopfte an der Tür, Ras Imru betrat den gemütlichen Raum. „Papa, du kommst gerade richtig, kann ich dir decken lassen?“ Masante ging ihm geschmeidig entgegen, der enge Rock ihres dunkelblauen Hemdblusenkleides offenbarte den leichten Fettansatz auf den Hüften. Ihr Vater winkte ab. „Keine Zeit. In der Stadt rumort es. Ich muss ins Amt.“

„Was ist passiert? Die Diener sprechen von Demonstrationen.“

„Acht Studenten sind tot. Gazew ist unter mysteriösen Umständen erschossen worden, ein paar getarnte Polizisten hat es erwischt. Wir müssen auf jeden Fall verhindern, dass es bei der Beerdigung zu Ausschreitungen kommt.“

4

Wer vom Geheimdienst ungeschoren war, gaukelte sich vor, der Deckel sei auf dem Topf, denn Äthiopien bekam noch eine Atempause und die Lage beruhigte sich oberflächlich. Familie Dimtu erhielt Besuch von Sehul, dem älteren Schwager aus der Gegend des Tanasees. Mehrmals im Jahr klapperte der Teilzeit-Playboy, ein bäurischer, schwerfälliger Mann, in Addis Abeba die Kneipen ab, die sich durch eine Blechbüchse auf einem Stock vor der Tür als TallaBrauhaus mit Rotlichtangebot zu erkennen gaben.

Mit einer Fahne, die einem auf Meter im Umkreis den Magen umdrehte, torkelte er gegen Morgen an den Frühstückstisch auf der Veranda, rutschte auf die Stufen und legte stöhnend seinen Kopf gegen den Stützbalken. Melese musterte ihn angeekelt. „Meine Frau ist abgehauen“, sagte sein Bruder mit geschlossenen Augen. „Hol sie der

Teufel!"
Keiner fragte nach Einzelheiten.
„Jetzt hängt mir das Kind am Hals. Was soll ich mit dem Wurm machen? Zu nichts nutze. Wenn es wenigstens ein Junge wäre!"
Die Bemerkung riss mit einem Ruck den dünnen Schorf von Elises Seelenwunde, schaudernd zog sie ein Wolltuch über die Schultern. Sie nahm einen Schluck Kaffee, damit der Bissen, der die Speiseröhre blockierte, endlich rutschte. „Wie alt ist sie?", fragte sie mitleidig. Ihr Mann rief Tschamusch zum Tischabräumen.
Sehul puhlte zwischen seinen dreckverkrusteten Zehen und ließ sich Zeit mit der Antwort. „Ein halbes Jahr." Er witterte die Unruhe seiner Schwägerin, obwohl die den Blick gesenkt hielt. Sie stellte sich Kukuna vor, in ihrer Schutzlosigkeit diesem ungeschlachten Menschen ausgeliefert. Mit fast geschlossenen Lidern beobachtete er teilnahmslos die Frau seines Bruders. Zu einem abschließenden Urteil gekommen, warf er den Köder aus, ohne sie aus den Augen zu lassen: „Wollt ihr sie nicht haben?"
Melese wirbelte herum. „Nur über meine Leiche!" Er stippte dem Bruder bei jedem Wort mit dem Zeigefinger auf die Brust. Elise schluckte, hinter ihrer Stirn spulten die Argumente und blieben am schlagkräftigsten hängen: „Das Kind gehört zur Familie, da wäre noch nicht mal eine Adoption nötig."
Ihr Mann kochte, unterdrückter Zorn in jeder Bewegung, klopfte sich die Krümel von der Hose und schnappte sich den Autoschlüssel. Jedes Gelübde hätte Gott Elise in diesem Moment abringen können. Sie sprang auf und hielt ihn am Ärmel. „Du hast mir ein Kind versprochen, dieses ist jetzt nicht fremd. Ich will es unbedingt, oder ich gehe." Unwirsch schüttelte er sie ab. „Geh doch! Wer hält dich zurück?" Der Schlag ließ sie taumeln. Sehul beobachtete, wie sich eine Träne nach der anderen aus ihren Wimpern löste. Schlucken, die Einsicht wegpacken, rasch zur Tagesordnung übergehen, taub und blind stellen. das Pflänzchen Zuversicht päppeln gegen jede Klugheit, oh ja, darin war sie Weltmeisterin.
Sehul reiste ab und Elise verharrte in einem seltsamen Schwebezustand, bis zu einem Samstag im April, als Ato Sehul überraschend draußen stand. Die aufgerissenen Augen Tschamuschs beachtete er nicht. Zielstrebig trat er auf Elise zu. „Er gebe euch Gesundheit um

meinetwillen."
Automatisch erwiderte sie mit dem gängigen Willkommensgruß:
„Ich freue mich, dass du gut eingetreten bist." Hinter ihm versteckt, klammerte sich jemand an seinen Umhang, wie unschwer an dem zusätzlichen Paar Füße zu erkennen war. Sprachlos betrachtete Elise, was da vorsichtig nach vorne geschoben wurde. „Wie heißt du?", fragte sie das Mädchen, das reglos aufblickte, eine dreckige Hand bis zu den Knöcheln im Mund verschwunden. Sein Kleidchen reichte bis auf den Boden und verdeckte notdürftig nackte, mit Narben übersäte Füße.
„Wir nennen sie Tsehainesh."
Der längliche überdimensionierte Kopf dieses Hemdenmatzes war geschoren bis auf eine kleine Haarinsel über der Stirn. Man erzählte sich, die lasse man stehen, damit der Erzengel Michael einen Haltegriff habe, an dem er das Kind in den Himmel heben könne. Ein Auge in dem schmalen Gesicht war verklebt, in der anderen Augenhöhle befand sich nur ein weißer Augapfel ohne Pupille. Der Bauch hing der Kleinen bis auf die Knie, wodurch sie wie eine Ente watschelte, aus der Nase lief Eiter. Die zahlreichen Amulette gegen den bösen Blick und Krankheiten, mit denen sie behängt war, hatten offensichtlich ihren Zweck verfehlt.
Lilibet verkroch sich unter den Tisch, nachdem sie nur aus sicherer Distanz eine Nase voll inhaliert hatte. Die Kleine konnte man höchstens mit Einweghandschuhen anfassen.
Um Gottes Willen, erregte sich Elise innerlich, *in welche Lage bin ich da nur gekommen? Ich konnte ja nicht ahnen ..., wenn ich nur überlegt hätte, dann wäre mir klar gewesen, dass nicht alle Kinder wie kleine pausbäckige Engel dahertrippeln! Dieses Exemplar übersteigt die schlimmste Phantasie. Hat Melese deshalb so vehement protestiert, weil er es vorausgesehen hat?*
„Was schleppst du eine derartige Zumutung hier an?", schimpfte ihr Mann mit seinem Bruder. „Du denkst, einer Ausländerin kannst du alles andrehen?"

Von der äthiopischen Auffassung, Kinder seien Gottesgeschenke, fand Elise weder bei Makeda noch ihrer Schwiegermutter die kleinste Bestätigung. Im Gegenteil, die Patriarchin würdigte ihre Nichte keines Blickes, und vertrieb die Enkelin mit schrecklichen Schimpfworten bei der geringsten Annäherung. Ihren Sohn schrie sie an:
„Diese Missgeburt nimmst du wieder mit! Das kannst du uns nicht antun. Das ist kein Mensch mehr, was du da gebracht hast! Unverschämt!“
Elise saß in der Falle, denn sie sah keine Rückzugsmöglichkeit aus diesem Albtraum, der ihr den Schlaf raubte. Lag sie auf der rechten Seite, war sie überzeugt, dass das Kind nie und nimmer in ihrer Ehe eine Zukunft haben könnte, ruhte sie auf der linken, drückte sie die Verantwortung für ein Menschenleben.

Wenn ich das Kind zurückschicke, gleicht das einem Todesurteil, da sich niemand darum kümmern wird. Die ganze Familie verbündet sich gegen dieses Mädchen. Ich muss sie wenigstens kurieren lassen. Mehr nicht. Der Einfachheit halber nannte sie die Kleine Judy.

So leicht ließ sich ihr Gewissen nicht übertölpeln.

Melese beharrte auf seinem Veto und kam überhaupt nicht mehr nach Hause. Die ganze Familie vereinte dasselbe Dilemma, keiner wollte sich die Schuld einer Unterlassungssünde aufladen und genauso wenig begrüßte einer, dass Sehul sich allein verabschiedete.

5

„Ob das Kind normal ist?“, fragte Elli, als sie Ende August auf dem Weg von Schule und Kindergarten, mit dem vierten Sprössling in einem Gurtsystem auf den Bauch geschnallt, auf einen Sprung hereinschaute. Trotz Elises einladender Handbewegung blieb sie stehen und pendelte sachte.

Wegen Judys Spuckefaden aus ihrem offenstehenden Mund und den stumpfen Augen, mit denen sie den Teller Kekse auf dem Gartentisch fixierte, war Ellis Frage naheliegend.

„Auf jeden Fall hatte sie bisher keinerlei Ansprache. Egal, welches Spielzeug ich ihr gebe, sie kann damit nichts anfangen. Wenn ich mich zu ihr setze, fasst sie nichts an. Ich versuche es mit allen Anreizen. Ihr reicht die pure räumliche Nähe von Lebewesen. Ständig muss man aufpassen, nicht über sie zu fallen, weil sie leise wie eine Katze hinter einem herschleicht. Komm, Judy, sag Guten Tag.“

Begrüßen wollte das Kind diese Frau nicht, merkte Elise und betrachtete ihre Freundin, die ihrer Aufmachung große Sorgfalt widmete. Vor zweihundert Jahren hätten sie die blutroten langen Fingernägel und hennageröteten Haare in Europa auf den Scheiterhaufen gebracht, so tief hatte sie diesmal in den Farbtopf gegriffen. Ihr Anstrich passte mehr zur chinesischen Oper als zu einer bekennenden Glucke. Ob das ein Zeichen für einen Missklang in der Ehe war? „Nun setz dich endlich, Elli. Das ist ja richtig ungemütlich“, sagte Elise und kitzelte die Speckfalten des Säuglings, der mit entspanntem Gesichtsausdruck schlief. „Nein, das Schaukeln beruhigt den Strampler. Das ist er schon die ganze Schwangerschaft hindurch gewöhnt.

Kannst du nicht ein bisschen Mozart spielen, das tut ihm gut.“

Jäh stürzte sich Judy auf den Teller, raffte mehrere Gebäckteile an sich, kauerte sich außer Reichweite der Erwachsenen nieder, schob beidhändig die Nahrung in den Mund und kaute mit vollen Backen.

„Sie hat Angst“, sagte Elli, „dass ihr jemand das Essen wegnimmt.“

„Ein zähes kleines Mädel. Setz dich zu uns“, lockte Elise, „zwei Kekse darfst du dir noch nehmen.“ Sie hielt zwei Finger hoch. „Die Kleine ist nie satt“, erklärte sie der Freundin. „In den ersten Tagen hat sie nur Fleisch angenommen. Wenn ich keine Grenze setze, stopft sie, bis ihr schlecht wird.“

„Sieht man ihr nicht an, so spindeldürr wie sie ist.“ Elli wedelte mit einem Taschentuch. „Puh, etwas strenger Geruch. Nicht nach Windelpaket, so faulig.“

„Den kriegen wir nicht weg. Ihr Zimmer und ihre Kleidung, alles hat diese Ausdünstung. Kein Wunder, dass jeder auf Abstand geht. Außerdem ist sie die Läusefalle des ganzen Compounds, auch wenn ich sie zehnmal am Tag in die Wanne stecke.“

Ein durchdringendes Gekreisch ließ Elli herumfahren. Die hektische Bewegung weckte den Säugling, der erschrocken greinte.

„Darf ich vorstellen: Emmi, Trude und Klothilde. Bei weitem pflegeleichter und stubenrein.“ Elise kicherte über die prächtigen Truthennen, eine grau, eine weiß und eine schwarz.

„Lässt du sie etwa ins Haus? Du bist verrückt“, ereiferte sich Elli.
„Ich musste sie vor einem Händler retten, der ihnen wegen Thanksgiving die Gurgel herumgedreht hätte. Im Schlafzimmer ist mehr Platz, als mir lieb ist. Morgens gehen sie mit erhobenem Kopf in den Garten an Lilibet vorbei. Ihr beleidigtes Gesicht solltest du sehen. Zum Schießen, wenn sie sich vor den Scheiben der Veranda das Gefieder putzen.“
„Pfuidaifi.“ Die Freundin schüttelte den Kopf über den neuen Spleen. „Musst du jeden unter deine Fittiche nehmen?“ Sie kraulte Lilibets Kopf, die einen scheelen Blick zum Geflügel warf und sich beruhigt mit einem Schnaufen unter den Tisch legte, nachdem sie sich vom Wohlwollen der Anwesenden überzeugt hatte. „Judys Augen haben nicht mehr den eitrigen Ausfluss, oder? Der Bauch sieht auch besser aus.“
„Weil wir die Würmer weggekriegt haben. Ich war mit ihr im Gandhi Hospital bei Frau Dr. Dekker.“
„Ah, der Holländerin.“
„Ja. Sie meint, die Mutter hat das Kind vernachlässigt, weil sie gesehen hat, dass es todkrank ist.“
„Das zahlst alles du?“
„Täglich den halben Monatslohn eines Arbeiters, aber das spielt keine Rolle. Viel schlimmer, dass ich mich kaum überwinden kann, sie anzufassen. Besrate will ich nicht unter meinem Privatvergnügen leiden lassen, ich seh ihre Abscheu.“
Aus ihrer Handtasche kramte Elli einen Handspiegel und zog sich die Lippen nach. „Hat uns das früher was ausgemacht? Dabei gab es alle möglichen offenen Wunden!“
„Es ist ein Unterschied, ob es der Patient von Zimmer dreiundzwanzig ist oder jemand in der Familie. Anscheinend verlernt man es, sich abzuschotten“, bedauerte Elise. „Nach jedem Stuhlgang muss ich das untere Darmende, das sich wie ein Röschen nach außen stülpt und blutet, wieder reindrücken. Widerlich. Ich zwing mich jedes Mal zur berufsmäßigen Disziplin.“ Elli wischte über einen Flecken verschütteter Limonade auf ihrer Jeans. „Sei froh, dass du nicht Ärztin geworden bist.“
Anspielungen auf alte Unterlassungssünden liebte Elise nicht. Sie hätte gerne Paroli geboten und mit gleicher Münze heimgezahlt. Wie

sie jetzt erst merkte, wusste sie nichts über Ellis Leben vor der Londoner Zeit. Nie hatte die Kollegin Kindheitsanekdoten beigesteuert und abgelenkt, sobald das Gespräch auf Krieg und Nachkriegszeit kam.

„In Äthiopien gilt noch das Überleben der Kräftigsten“, wiederholte Elise die Erklärung der Kinderärztin. „Die Natur lässt die Hälfte eines Jahrgangs sterben, sagt Frau Dekker. Wenn nur der Stärkste durchkommt, dann soll das kein Mädchen sein. Judy wurde mit Bohnen und Kaffee ernährt, ihre Chancen stehen eher schlecht.“

„Warum, was du bisher aufgezählt hast, zeugt nur von Nachlässigkeit. Was ist denn noch?“

„Tuberkulose.“

„Großer Gott, das ganze Programm. Willst du sie behalten oder schickst du sie dem Vater, wenn sie gesund wird?“

Heftiges Gekoller lenkte die Antwort ab. „Ja, da legst di nieda, einen Puter hast du auch?“

„Ich weiß, die brauchen für Nachwuchs nicht unbedingt einen, ich glaube, die Hühner waren depressiv. Jetzt fangen sie an zu brüten.“ Der Schlag kräftiger Flügel wirbelte ihre Frisur durcheinander. Der beleibte Puter kämpfte auf einem heftig wippenden Ast um Gleichgewicht, als die Damenriege auf den Nachbarzweigen landete. Jeden Moment würde es unter den verfetteten Vögeln, die sich anscheinend für Spatzen hielten, splittern und knacken.

„Mit so einem Designeratelier schießt du den Vogel ab“, lästerte Elli.

„Hör mal, gestern pickten sie eine Schlange zu Tode, die sich unter der Verandatreppe verkrochen hatte!“

„Knapsen sie nicht auch mal nach Judy, die sind mit ihr auf Augenhöhe? Ich glaube, meine drei hätten Angst.“

Judy kannte keine Furcht und wankte noch nicht einmal, als die Truthennen vorwitzig nach den Krümeln in ihrer Hand pickten.

„Gestern habe ich Melese in der Stadt gesehen“, erwähnte Elli und hörte einen Moment mit Wippen auf, um die Wirkung ihrer Neuigkeit zu ergründen. „Weißt du eigentlich, wo er sich den ganzen Tag herumtreibt?“

„Cafés, Ministerien, was weiß ich, Müßiggang“, seufzte Elise und goss Judy ein Glas Milch ein, das diese gierig an die Lippen setzte.

Elli räusperte sich: „Hast du keine Bedenken, dass er ... mit Frauen, du weißt schon ...“
„Rück schon raus, du hast doch was“, ermunterte Elise ihre Freundin. „Wird dir die Arbeit im Hospital zu viel?“
Vor einem Jahr hatte Elli ihren Dienst wieder aufgenommen, mehr um dem heimischen Trott zu entfliehen als aus finanzieller Notwendigkeit. Amanuel verdiente für äthiopische Verhältnisse ausreichend.
„Ich habe ..., Amanuel hat ... Elise, ich ertrag es nicht mehr!“, druckste sie und schlug die Hände vors Gesicht. „Er hat mich mit Syphilis angesteckt. Und nicht das erste Mal“, schluchzte sie.
In London so wenig ein Kostverächter wie hier, dachte Elise. *Da liebe ich meine Friedhofsruhe im stillen Kämmerlein.* Ihr lag auf der Zunge: *Geh, schick ihn zum Teufel, danach kann es nur besser sein,* dennoch verbiss sie sich den Rat. Ihr Blick suchte beunruhigt ihre Mitbewohner, die Stille ließ Übles ahnen.
Als Elli sich verabschiedete, sah Elise die Bescherung. Judy hatte sich inmitten der Puten eine Kuhle gescharrt und lag darin. Ratlos stand Elise vor dieser Ansammlung an Bakterien, Parasiten und Gestank. Wo versteckte das kleine Ding ein Fünkchen Charme, das ihre Mutterliebe aktiviert hätte? Kinder sollten etwas zum Knuddeln sein, sich vertrauensvoll anschmiegen und Liebe dankbar zurückstrahlen, die ihnen entgegengebracht wurde. Aber jegliche Motivation ging zum Teufel bei diesem erbärmlichen Exemplar.
Elise schöpfte ihr Selbstbewusstsein aus dem Erfolg, der sie sättigte und das Bedürfnis nach Sicherheit stillte, nur in Punkto Zugehörigkeit und Liebe trieb sie das Defizit mehr und mehr um, je länger sie in diesem Land lebte.

6

Die Explosion von Elises Dampfkessel gesammelter Empörung war nicht der einzige Aufhänger, warum sich dieser Enkutatash, der Beginn des neuen Jahres in Äthiopien, bis ans Ende ihrer Tage ins Gedächtnis einätzen sollte.
Am Vorabend rauschte der Regen an der Veranda vorbei und trommelte gegen die Scheiben, das Gejaule der Nachbarshunde

signalisierte die Nähe der Hyänen, die triefend, mit hängenden Köpfen auf den umliegenden Hügeln eine Wolkenlücke erwarteten. Konzentration bis in die Puppen fiel Elise immer schwerer, die Beine schwollen an und der Faden flimmerte vor ihrer Lesebrille, die sie neuerdings brauchte.

Gerade hatte ihre Schwiegermutter den Kopf zur Tür hineingestreckt, wie immer wortlos. Zwei Tage zuvor hatte Elise die alte Frau zufällig zu einer Bekannten sprechen hören: „Solange sie da ist, haben wir keine Sorgen. Sie ist so tüchtig, sie könnte einen Aeroplan bauen!“ Das war das höchste Lob, das ein Äthiopier zu spenden hat, aber in der Behandlung bewies nichts einen Fortschritt.

Seit Stunden fühlte sich Elise aufgedreht, ihr Puls klopfte wie früher, bevor der Nikolaus kam. Das Ende des Fadens flutschte aus der Spule, die sich scheppernd leer weiterdrehte.

Niemanden habe ich ins Vertrauen gezogen. Wie es hinter der Fassade aussieht, geht keinen etwas an“, murmelte sie. *„Wenn ich es nicht mehr aushalte, hilft mir Laufen, Laufen mit Hund, ohne Ziel. Alles im Stich zu lassen geht nicht, aus dem Joch komme ich nicht raus, doch der Kopf klärt sich wenigstens für ein paar Stunden.*

Neuerdings überwand sie sich sogar, lange Hosen anzuziehen, mochten sie bei ihren kurzen Beinen auch unkleidsam sein, sie schützten die nackten Waden vor Dornen. Ihr schien, die Geister der Vergangenheit und Gegenwart schrumpften vor den kristallklaren, bläulich grünen Bergzügen und rotbraunen Hügeln zur Bedeutungslosigkeit. Beneidenswert einfach erschien ihr das Leben in den Tukuls, nach ihrem Maßstab.

Nie im Leben hätte sie vermutet, ausgerechnet am Stausee Koka mit ihrem Jammer konfrontiert zu werden. ‚Ich an Ihrer Stelle würde mich scheiden lassen‘, hatte die Frau eines deutschen Ingenieurs ihr glatt ins Gesicht gesagt, Elise verschluckte sich an ihrem Saft und ihr Lächeln verhärtete sich. Jedes Wort war Elise noch gegenwärtig: „Sonst wird es so weit kommen - entschuldigen Sie, dass ich so offen bin -, wenn Sie das Trauerspiel hinziehen und Ihnen später der Kragen platzt, werden Sie ohne einen Pfennig Geld nach Deutschland zurückkehren und dort in Armut leben.“

Zittrig vor Ungeduld legte Elise eine volle Spule in den Näharm ein. *Höflich, wie ich bin, habe ich mich auch noch bedankt, obwohl ich ihr lieber den Saftkrug aus der Hand geschlagen hätte*! *Die soll lieber vor ihrer eigenen Tür kehren, anstatt mich bloßzustellen. Meine Ehe ist Gegenstand des Partygeschwätzes zwischen Longdrink und Häppchen geworden, die Annahme ist nicht auf ihrem Mist gewachsen*!

Im Rampenlicht herablassender Aufmerksamkeit feierte das Getuschel ihrer Schulzeit als Rückenschmerz Wiederauferstehung. Wie ein Karussell hämmerten die Sätze in ihrem Bewusstsein: „Lassen Sie sich scheiden, dann wird alles geregelt. Ich weiß, wovon ich spreche. Mir wäre es beinahe ebenso ergangen."

Unter vier Augen hätte Elise die Blamage noch geschluckt, Ein weiterer Gast, Angestellter der Botschaft, der in einem Liegestuhl auf der Terrasse lümmelte, schwang sich zur Rolle des väterlichen Ratgebers auf. „Sie sind kein Einzelfall, Frau Dimtu", näselte er von oben herab. „An manchen Tagen reißt die Schlange weinender Frauen in meinem Büro nicht ab. In Europa haben sie mit ihren angepassten Männern jahrelang eine normale Ehe geführt, dann kommen sie hierher und auf einmal ist ihr Partner wie verwandelt. Ja, meine Güte, der verhält sich seiner Kultur entsprechend!" Daraus könne man ihm keinen Vorwurf machen.

Autsch! In den Finger gestochen. Do kanns mer der Puckel eroprötsche. Auf meinen Fall trifft das nicht zu, erstens hätte ich die Faulheit meines Mannes schon vorher sehen können, wenn ich mir nicht selber was vorgemacht hätte, zweitens hat nicht jeder eine Schwester dieser Art. Mit der Naht wuchs ihr Ärger über die eigene Dummheit.

Erschreckt fuhr sie hoch, als ihr Melese einen ungebügelten Lappen reichte. „Hier, Makeda hat ihren Saum heruntergetreten. Das musst du noch reparieren."

Elise schnaubte wütend. „Ich hatte nicht vor, sie mitzunehmen. Keiner kann mit ihr etwas anfangen, so wie sie rumsitzt, als könne sie nicht bis drei zählen."

„Natürlich geht sie mit."

„Ach, warum macht das die Dame nicht selber? Kann mich nicht erinnern, dass ihre Finger amputiert sind."

„Zier dich nicht, diese Kleinigkeit ist ein Klacks für dich. Sie schläft schon, ich geh auch mal. Morgen wird es spät."

Was für einen Ruf hätte ihr Geschäft davongetragen, wenn ausgerechnet ein Mitglied ihrer Familie mit ungepflegter Ausstattung aufgekreuzt wäre! So ratterte Elise ihre Wut in die Maschine. Lilibet rieb sich mit eingezogenem Schwanz winselnd an ihrem Knie und machte Anstalten, ihr auf den Schoß zu springen. Das Bellen der Hunde der Stadt stockte, als hätte ihnen jemand das Maul gestopft. Lady Marjorie, ein Bulldoggenweibchen, das Angestellte der englischen Botschaft zurückgelassen hatten, knurrte in Bettvorlegerhaltung unter dem Fenster.

Elise schaute auf und glaubte, das ganze Zimmer bewege sich ächzend hin und her. Das Wellblech schabte, rüttelte an ihrem Stuhl, der Raum schwankte auf und nieder, es schepperte und klirrte in den Schränken, der Tisch rutschte um wenige Zentimeter Richtung Fenster und Bücher kippten aus dem Regal.

Wie passend, ein Erdbeben! Soll sich der Boden auftun und alles in einer Spalte verschlingen! Auf kurzes Schaben folgte ein Splittern, oh nein, da lag ihre englische Nähantiquität in zahlreiche Stücke zerbrochen und ihr Inhalt kollerte über die Dielen. Lilibet setzte sich jiffend zwischen die Trümmer. Elise kauerte sich nieder, um die Garnrollen, Fingerhüte und Knöpfe wieder aufzulesen, bevor die Hündin etwas verschluckte, und stutzte. Was klemmte denn da? Ein Zettel.

Elise zog an der weißen Ecke. Ein Brief! Über zehn Jahre alt. Beim Lesen wurden ihre Augen immer größer und ihr Blut schien zu stocken. Verstand sie richtig? Noch mal las sie murmelnd den Text. Die Diagnose! Melese war zeugungsunfähig in Folge einer Orchitis. Ziegenpeter.

Den Brief vor mir zu verstecken, und auch noch da, wo ich am wenigsten suchen würde, empörte sie sich, *Verrat, niemals hatte ich auch nur den Hauch einer Chance! Jedes Wort könnte ich wiederholen, wie er den Finger unablässig über die Oberlippe strich und da im Sessel gefläzt und behauptet hat, es sei mit ihm alles in Ordnung, der Brief sei unauffindbar, womöglich versehentlich in seine Prüfungsunterlagen gerutscht. Der tauche wieder auf.*

Bohrender Schmerz schraubte sich in die Stirn über der linken Augenbraue. Es fühlte sich an, als wolle sich der Kopf vom Hals lösen, sobald Elise ihn drehte. Migräne, dieses Zipperlein nutzloser Gesellschaftsdamen, die Aufmerksamkeit erzwingen wollten. Mit denen hatte sie, heaven knows, nichts gemeinsam.

Mechanisch legte sie die Arbeit beiseite, leerte ein Röhrchen

Koffeintabletten in ein Wasserglas und legte sich mit einem nassen Tuch über der Stirn aufs Sofa.

7

Der Diener, der auf der Neujahrsparty im Goethe-Institut ihr Glas nachfüllte, gab die Sicht auf Makeda frei, der man wie einer Kleiderstaffage einen Wegweiser zur Toilette in die Hand hätte drücken können. Ihre Zombiemiene verstärkte bei Elise den Druck in Richtung Ausbruch. *Es reicht*, wirbelte es ihr gebetsmühlenartig im Kopf. Die verstohlenen Blicke ihrer Landsleute bestätigten ihre Schlussfolgerung aus dem Gespräch in Koka, nämlich zu einem Objekt des Mitleids geworden zu sein. An diesem Abend sollten sie noch ihr blaues Wunder erleben. Sie war lange genug Opfer gewesen und zog andere Saiten auf! Ihr Entschluss stand fest. Sie hatte nicht größtmögliche Zeugenbesetzung angestrebt, aber ein Hindernis war sie auch nicht, Alkohol senkt die Hemmschwelle und dieser Tag eignete sich so gut wie jeder andere.

Schwager Worqus Rat war noch präsent: „Ihr müsst streng sein mit der Makeda. Elise, du machst alles falsch. Sei nicht so nett. Du gibst zu viel. Das gehört sich nicht. Makeda soll eine Gegenleistung erbringen. Hau ihr ruhig eine runter, wenn sie rumhängt. Wenn du so weitermachst, bekommst du bald handfeste Schwierigkeiten."

Über die Aussichten dieser Erziehungsmethode könnte ich streiten, dachte Elise. *Wenn ich ihn beim Wort nehme, dann anders, als er gemeint hat.*

„Wir haben es nicht nötig, uns die Finger schmutzig zu machen", war Meleses Meinung. „Wir besuchen Schulen und erhalten die hohen Posten." Weder für sich zog er eine Arbeit in Erwägung, für die kein Studium nötig gewesen wäre, noch für seine Schwester, nach abgeschlossenem Sekretärinnenkurs irgendwo ernsthaft anzupacken.

Die Pflege ihres Stammesdünkels war eine Vollzeittätigkeit.

Noch nicht einmal Leistung lieferte in Elises Augen einen Freibrief für Überheblichkeit, deshalb passte sie nur mit Knirschen in den Rahmen dieser Familie. Sie fand es zum Schreien, dass sich anderenorts Diskriminierte im Heimatland ihrerseits an eine Hackordnung klammerten.

Melese musste gemerkt haben, in welche Verfassung sich Elise hineinsteigerte, denn er war es, der ihren heimlichen Rückzug von der Party lautstark an die Öffentlichkeit zerrte. „Bist du von allen guten Geistern verlassen! Zu Fuß durch die Nacht als weiße Frau!“, zischte er mit wütend rollenden Augen. Er hatte den Autoschlüssel.

„Wie lange lebst du hier! Benimmst dich wie eine Gans.“ Eine Hyäne wäre von allen Heimsuchungen noch die belangloseste Begegnung gewesen, verglichen mit dem Gelichter, das im Stadtinneren unterwegs war. Der Drang wegzukommen überstieg ihre Urteilskraft.

„Ich kann die Visage deiner Schwester nicht mehr ertragen. Noch eine Minute und ich vergesse mich.“

Ihr Mann zwängte ihr ein Glas Wasser in die Hand, um den Schein zu wahren. Einige Gäste beäugten sie verstohlen. „Elise, reiß dich zusammen. Das ist nicht der Ort, um deine Launen auszutoben.“

„Ich und Launen!“ Das Glas war leer, sonst hätte Elise es ihm jetzt ins Gesicht gekippt. „Ihr habt mich die längste Zeit ausgebeutet. Damit ist Schluss“, presste sie zwischen den zu einem Lächeln gefletschten Zähnen hervor. „Seht zu, wie ihr ohne mich klarkommt!“ Der letzte Satz war ihr herausgerutscht, ein Fehler, denn er forderte seine Abwehr heraus.

„Das werden wir erst noch sehen.“ Melese packte ihren Ellenbogen schraubstockartig, schob sie in den Saal zurück und drückte sie in eine Sitzecke. Bockig verweigerte sie eine weitere Beteiligung an welcher Szene auch immer. Die vielsagenden Blicke anderer Gäste verleideten endlich auch Melese den weiteren Aufenthalt und wer es hören wollte, dem dienten Magenbeschwerden als offizielle Entschuldigung ihres Abgangs.

Mit hocherhobenem Kopf verschwand der Stein des Anstoßes ohne Verzug in sein Zimmer. Makeda tat gut daran, sich aus der Schusslinie zu ziehen, denn die Unterbrechung hatte die Stimmung in keiner Weise abgekühlt, im Gegenteil. Wie ein Hund, der endlich von der Leine darf, stürzte sich Elise ins Wohnzimmer und riss wie von Sinnen die Vorhänge herunter. Mit einer Axt in Reichweite hätte sie aus der Einrichtung ein ähnliches Ruinenfeld gemacht, wie sie es in sich spürte.

Noch nie war sie derartig entgleist. Als Melese die Hand zum Schlag erhob, trat sie ihm gegen das Schienbein. Stühle fielen um, sie fegte ins Schlafzimmer, warf ihr pelzbesetztes Cape aufs Bett und begann, ihre Sachen aus den Schränken zu reißen.

„Du bleibst hier!“, rief er und warf Elise auf die Liege, klemmte sie kniend zwischen seine Schenkel und hielt sie an den Handgelenken fest. Und da kam es über sie. Im Mittelalter nannten sie es Besessenheit. Sie bäumte sich auf, zerrte und keuchte in ihrem Schraubstock. Prompt stach ihr der Geruch von Schwammflecken in die Nase, ausgeblühten Eisenrohren und klammen Schimmeltapeten. Längs gestreift, schmal grün und breit altrosafarben mit kleinen Blumenkörben. Der fischige Geruch weißen Sekrets aus ihrem Sinnesspeicher verkrampfte ihre Muskeln. Sie trat um sich, als sie die Machtlosigkeit wiedererkannte, nicht das erste Mal war ihre Bewegungsfreiheit derart beschnitten.

In all der ziellosen Wut überrollte sie die Erkenntnis: *Warum bin ich nur so blind gewesen? Schauplatz und Zweck sind vergleichbar. Männliche Gewalt. Schnelldurchlauf aus Erinnerungssplittern. Wehende Gardinen, die schlenkernden Genitalien, rhythmisch in Wellen zuckende bleiche Pobacken. Vater ... Oh dear! ...* Und die Angst, die ohnmächtige Angst, dass ihr der Körper nicht gehorcht, dass sie für immer gezeichnet ist. Schlagartig passen die Bilder aus ihren Schreckensvisionen aufeinander wie Abzüge vom selben Negativ. Nur das Letzte verbirgt sich hinter einer undurchdringlichen Masse des Entsetzens.

Während Melese sie festhielt, wollte sie schreien. So wie damals brachte sie keinen Ton außer einem heiseren Krächzen zustande. Sein Gesicht verschmolz mit dem ihres Vaters zu einer widerlichen Grimasse, der Mund verzerrt. Schwer drückte sein Körper auf ihre Beine, heiser hervorgestoßene Schweinereien. Zum Rhythmus der knarrenden Bettfedern nickten die Blumenkörbchen. „Rosen blühen hier auf Erden, aber ohne Dornen nicht“, hatte Großmutter rezitiert. Elise überkam Ekel vor sich selber, vor ihrer Verdorbenheit und Erniedrigung. So wie momentan musste sie auch früher ihren Teil dazu beigetragen haben, dass es zum Übergriff gekommen war.

Eine Naht ihres Kleides krachte bedenklich, der linke Träger rutschte von der Schulter, die Satinschleife unter ihrer Brust zerknitterte unter Meleses Knien. Böse fixierte sich das Paar. „Du Nichtsnutz, noch nicht mal für eine Familie kannst du sorgen und gebärdest dich wie die Krone der Schöpfung“, warf sie ihm an den Kopf. Reden musste sie, um das Tun hinauszuschieben, das sie als unausweichlich ansah.

Der Sack voller Vorwürfe hatte die Grenze seines Fassungsvermögens erreicht und riss an einem Ende. Selbst wenn sie lieber weiter geschwiegen hätte, der Sog ans Licht war selbsttätig wie von einer bei Unterdruck geplatzten Scheibe, durch die alles hinauswirbelt, was nicht niet- und nagelfest ist.

„Was willst du, wir haben, was wir brauchen. Wozu soll ich mich verbiegen, es reicht, wenn einer etwas tut.“

Was er sich sonst an Philosophie über das zweifelhafte Glück, Geld zu verdienen, zurechtgezimmert hatte, behielt er für sich: *Ich werde beneidet um meine Freiheit! Bei den Verhältnissen im Land, dieser Zeit, meinem Alter, ich bin kein Arschkriecher wie die meisten. Ich bin der Mann, der Insider, kann die Sprache, habe die richtige Hautfarbe, das Wissen und Beziehungen, warum nicht ich? Ihr Erfolg ist mein Erfolg. Wenn sie geht, ist es aus mit dem Höhenflug aber ich muss diese Madonna nicht mehr um jeden Betrag bitten. Wen dann?*

Er wusste nicht mehr, wann seine Bewunderung in Ablehnung umgeschlagen und sie zum wandelnden Vorwurf geworden war. Noch nicht einmal das, womit jeder Mann mühelos die Welt beglückte, konnte er ihr bieten. Mit der Unterschlagung des deprimierenden Analyseergebnisses hatte er den Kopf in den Sand gesteckt.

Die weit aufgerissenen Augen seiner Frau spiegelten nicht wider, welchem versteckten Schrecken sie folgten. Elise sah sich dem Blick der Mutter frisch ausgesetzt, der ihren Mund versiegelt hatte, als sie sich mit dreizehn weigerte, den Vater weiterhin besuchen zu müssen. Punkt für Punkt durchkämmte sie ihre Erinnerungen nach Bestätigung ihrer Erkenntnis und wurde überreich fündig.

Hoffnungslos, ihr zu berichten, sie hatte Recht, uns in einen Topf zu werfen, dachte Elise. *Ein leichteres Opfer war nicht zu finden gewesen. Die Streifen und Blumenkörbe! In jedem Albtraum! Das war die Tapete im Schlafzimmer meines Vaters.*

In ihrem Magen setzte sich ein Fahrstuhl in Bewegung, als Vorbote füllte sich ihr Mund mit Bittersaurem, sie schluckte und schluchzte abwechselnd, doch die Wahrheit ließ sich nicht länger hinunterdrücken. Ähnlich einem Geysir brodelte der Brei aus Verletzungen,

Niederlagen und Scham mit Druck in mehreren Schüben auf das Bett, den Teppich davor und Meleses Hemd. Alles sprudelte aus ihr heraus, was sie bis zum Bersten niederdrückte. Mit jedem Schwall leichter.
Angeekelt gab ihr Mann sie frei und wischte sich unter Verwünschungen ab. Elise stützte sich mit dem Unterarm auf dem Nachtkästchen ab und legte ihren Kopf darauf, trockenes Würgen erschöpfte sie.
Unterdessen zog Melese das Bett ab, rieb mit dem Laken über den Boden und schmiss alles auf einen Haufen. Dann rutschte er auf den Sessel, streckte die Beine aus und legte den Kopf nach hinten.
Den längeren Atem habe ich, schwor sich Elise. *In einer Hinsicht habe ich die richtige Wahl getroffen, Melese ist anders als mein Vater, das ist auch alles, was für ihn spricht. Sie erinnerte sich an eine Frau damals in Bad Godesberg, so wissend hatte sie am anderen Morgen das Kind willkommen geheißen, dem es unter dem schwarzen Dreieck seiner Scham brannte bis ins Mark. Melese soll von mir aus den Hausherrn herauskehren, damit hält er mich nicht auf.*
Minute um Minute drehte Elise die Fransen des Bettüberwurfs um ihre Finger, strich sie glatt, drehte wieder und überlegte, was sie von dem Plunder wirklich brauche. Nach etlichen Stunden war die Menge des Unerlässlichen geschrumpft auf Nachthemd und Zahnbürste, mehr verkomplizierte den Absprung.
Fünf Uhr früh entledigte sich Elise beim gedämpften Schnarchen ihres Mannes ihrer Festgarderobe. Dabei gab sie sich keine Mühe, besonders leise zu sein, denn falls er wach geworden wäre, hätte sie sich natürlich fürs Schlafen ausgezogen. Bis dahin hatte er außer seinem Brustkorb nichts bewegt. Immer ihn im Blick, stieg sie geräuschlos in eine Hose.
Meleses Hand rutschte herunter und Elise wartete mehrere Minuten, ohne mehr als mit den Lidern zu zucken. Leise griff sie den erstbesten Pulli und schlüpfte in Sandalen mit weicher Sohle.
Meleses Kopf glitt von der Sessellehne zum Glück auf die höhere Kante der Kommode, wodurch die Haltung noch einigermaßen bequem war. Vor allem war der Mund jetzt geschlossen, sonst wäre Melese wegen Austrocknung eventuell aufgewacht. Nun musste Elise ohne Rascheln oder Klappern das Schlachtfeld durchqueren, ganz nah an ihrem Mann vorbei. Wie über Schrittsteine stakste sie auf Zehenspitzen von einem freien Plätzchen zum anderen.

In einem Horrorfilm würde eine kalte Klaue meinen Knöchel krallen, dachte sie und hielt Ausschau nach dem Autoschlüssel. In Meleses Hosentasche sah sie die Ausbeulung. Keine Chance, da dranzukommen. Sie ließ das Licht brennen und drückte vier Jahre nach ihrer Ankunft die Tür der ehelichen Wohnung sanft ins Schloss. *Wecke ich Judy,* überlegte sie kurz. *Ach was, erst einmal muss ich alleine Land gewinnen, später finden sich Mittel und Wege.*

Auf den zwanzig Metern zum Tor blockierte ein massiger Schatten ihren Weg und nur an den Konturen und dem erdigen Geruch identifizierte sie den Nachtwächter. Lilibet und die stummelschwänzige Lady Marjorie steigerten sich nach kurzem Schnüffeln in eine zappelige Vorfreude, deren Enttäuschung nur lautstarken Protest befürchten ließ. Sörfu verstand deren Körpersprache vollkommen richtig und fiel auf die Knie. „Bleiben Sie um Gottes willen. Der Getotch wird seine Laune an uns auslassen, wenn er Sie nicht vorfindet!“

„Sei unbesorgt, der kühlt auch wieder ab. Hunde, die bellen, beißen nicht.“

Kleinlaut appellierte er: „Sie haben viel Verantwortung für uns alle! Was sollen wir ohne Sie machen?“

Aufgeregt sprang die Afghanin hin und her, während Elises vollgesabberte Füße der Gradmesser für das Entzücken der Lady waren.

„Das hat keinen Sinn mehr, Sahle. Ich gehe. Ich habe viel zu lange gewartet. Dir kann Melese keinen Vorwurf machen.“

Das Toben der Hunde hätte Schwägerin und Mann alarmiert, wenn auch nur ein Hauch Bewusstsein versäumter Pflicht ihren Schlaf zu einem leichten gemacht hätte.

Den Faden verlieren und wiederfinden

1

Unter normalen Bedingungen hätte Elise innegehalten und einen Blick zurückgeworfen. Das Resümee unter fast zwanzig Jahre Gemeinsamkeit mit diesem Mann war gezogen. Niemals zuvor hatte sie sich so entsetzlich ausgelaugt gefühlt und gleichzeitig innerlich tot und isoliert. Ihre seelische Widerstandskraft war aufgebraucht.

Auf dem unfruchtbaren Boden dieses Stararchitekten wächst kein Lorbeer, dachte sie, *auf dem ich mich ausruhen könnte. Was mir heute aufgegangen ist, kann ich keiner Menschenseele anvertrauen, schon gar nicht Elli. So eine Nachricht ist zu sensationell, als dass ausgerechnet sie den Mund halten könnte. Dann habe ich die gleiche Situation wie als Kind in Bonn und werde geächtet. Damit muss ich allein zurechtkommen.*

Der Fußweg zu einer italienischen Privatpension war ausgestorben. Die Inhaberin spitzte die Lippen, verkniff sich aber jede Frage, als die Deutsche mit ihrer kleinen Tasche vor ihr stand. Welche Umstände ihr den Gast vor die Theke gespült hatten, brauchte sie nicht zu interessieren. Geschäft war Geschäft. Mit einem Augenzwinkern legte sie zum Zimmerschlüssel die bestellten zwei Schlaftabletten, die Elise zwei Tage und Nächte außer Gefecht setzten und die Barrikaden ihres Selbstschutzes weiter auflösten.

Immer mehr Details bröckelten aus dem festgetretenen Untergrund. Am achten Geburtstag hatte Mutter sie zur Haltestelle der Straßenbahn am Kaiserplatz gebracht. *Es ist schließlich dein Geld. Dann hast du auch Sorge zu tragen, dass du es bekommst, war ihre Begleitbotschaft. Noch nicht mal Tante Käte habe ich etwas verraten,* erinnerte sich Elise, *womöglich hätte die mich verstoßen, verdorben, wie ich war.*

Sie krümmte sich zusammen, als ein weiteres Puzzlesteinchen den Rückblick ergänzte. *Vom weißen Mond hinter dem Fenster habe ich im Krankenhaus in Bonn jede Nacht geträumt.* Als hätte jemand den gerissenen Filmstreifen geklebt, ging ihr auf, dass es das ausdruckslose Gesicht ihrer Mutter gewesen war. Wie konnte das sein? Sie rief sich den Grundriss der Wohnung ins Gedächtnis, L-förmig war der gewesen.

Mutter musste sich auf dem Toilettendeckel stehend den Kopf verrenkt haben. Nur dann hatte sie Einblick durch dieses andere Fenster ins Schlafzimmer. Warum hat sie das gemacht? Sie muss einen Verdacht gehabt haben. Onkel Willi sagte, er wolle mir etwas zeigen. Da hat sie ***mich*** *für verurteilt, als ich darüber redete. Sobald ich halbwegs wach bin, mache ich Kassensturz mit all dem Dress.*

Das war leichter gesagt als getan. Das Aufwachen dauerte länger als gewohnt. Ihr Kopf brummte von achtundvierzig Stunden Schlaf. Als sich der Dämmerzustand nicht mehr aufrechterhalten ließ, brütete sie mit hochgezogenen Beinen, den Kopf auf den Armen und wiegte sich stundenlang hin und her. Sie war wieder sechs Jahre alt in den Filmfragmenten, die sie überfluteten.

Ich möchte schreien, diesem Mondgesicht einen Stein entgegenschleudern, irgendwas zertreten, diese Ohnmacht und das Über-sich-ergehen-Lassen, nur niemanden gegen sich aufbringen, dieses klebrige Netz, in das sie mich eingesponnen haben, dachte Elise voller Zorn. *Wie kann ich überhaupt noch jemandem in die Augen schauen. Bisher hat es mir niemand angemerkt, oder haben sie längst durchschaut, was mit mir los ist? Die eigene Familie kann ich endgültig abschreiben.*

Mit dem Kapitel Afrika war sie keineswegs fertig. Noch nicht einmal als einen Schritt in die Richtung betrachtete sie ihren Auszug. Sie legte Wert darauf, reinen Tisch zu machen, ohne verbrannte Felder zurückzulassen und falsche Rücksichten abzuschütteln, das war ihr wichtig.

Die Tränen, die in den Halsausschnitt ihres Nachthemds rannen, geißelte sie voller Hohn. Mit schlaffen Bewegungen raffte sie sich auf, duschte lange und grübelte dann, während sie an einem Sandwich knabberte, wie es weitergehen sollte.

Seit kurzem war ihr Trauzeuge Adunja ins Land seiner Väter zurückgekehrt. Sie beschloss, als Erstes seine Praxis aufzusuchen. Als er das altbekannte Lied anstimmte, unterbrach sie ihn: „Adunja, es ist vorbei. Du brauchst dich nicht mit mir zu belasten. Für mich findet sich eine Möglichkeit. Kümmere dich lieber um ihn.“ Die kurzen
Arme des glatzköpfigen Chirurgen reichten nicht mehr über den Bauch, er wurde einem gedrechselten Engelchen aus dem Erzgebirge immer ähnlicher. Nur um dem Brauch Genüge zu tun, überfrachtete

sie pro forma seine Versöhnungsvorschläge mit konkreteren Forderungen: Arbeit und Renovierung.
Anschließend fuhr sie auf den Entoto, wo eine Frau namens Mimi ein passendes Haus zu vermieten haben sollte. Vor dem fraglichen Besitz, den eine ganze Gruppe Bettler umlagerte, verkündete ein Sabanya würdevoll: „Wir feiern Namenstag, Woizero. Gleich kommt die Herrin."
Da trat auch schon eine kleine weißhaarige Dame aus dem Hof, grüßte freundlich die Menge, hockte sich vor Elise und aß ein Stückchen von dem herbeigeschleppten Brot und Kuchen. Diesen Beweis, dass nichts vergiftet war, verfolgte die Meute mit gierigen Augen, bis jeder aus ihren Händen einen kleinen Anteil empfing.
Sie erhob sich und winkte Elise, die neugierig fragte: „Woher wissen so viele von deinem Ehrentag?"
„Mein Sabanya erzählt es morgens überall rum. Er sonnt sich in dem Glanz, zu einem reichen Arbeitgeber zu gehören. Meine Besrate hat deswegen die halbe Nacht Brot gebacken." Die Dame führte die Interessentin durch das Anwesen. „Der Besitz gehört meinem Neffen, der ist viel unterwegs, deshalb kümmere ich mich um Mieter."
Ein Gebäude unterschied sich, oberflächlich betrachtet, nicht vom üblichen Standard. Die spezielle Tristesse, die Elise während der Führung überkam, schob sie auf die Spinnweben, den Dreck und die abblätternde Farbe, was sich eben einstellt, wenn eine Wohnung schon längere Zeit leer steht. Wenn sie das alte Ehepaar und den Halbwüchsigen bemerkt hätte, die sie vom Zaun auf der anderen Straßenseite aus bewegungslos wie Gartenplastiken beobachteten, hätte sie den Einzug schwerlich mit der Eroberung des gelobten Landes verglichen. Das „Uup, uup, uup!" der Rudelführerin der Hyänen und das dünne „Hihihi"-Husten als Antwort ihrer Gruppe, abends auf ihrem Weg in die Stadt, brachte die Fensterscheiben zum Klirren. Sie wusste auch so, dass sie einen fahrbaren Untersatz brauchte.
Aus welcher Quelle der Sabanya seine Wissen bezog, war unerfindlich, denn die Tinte unter dem Mietvertrag war kaum getrocknet, da schneite er herein und überbrachte die Hunde. Diese zwei Rangen vertrieben ihr mit ihrem unterschiedlichen Temperament die Einsamkeit.

2

Mit der Gewissheit, dass sie bei einem Benefizkonzert in den Räumen der neuen deutschen Schule kein Mitglied der Familie treffen würde, folgte sie der Einladung, um Judys Lehrerin zu sprechen. Im Laubengang vor den Klassenräumen lokalisierte sie zwischen den drängelnden Musikbegeisterten die gertenschlanke Lehrerin.

Welche privaten Sorgen diese Mutter einer Schülerin umtrieben, passierte den Abstand von einem Ohr Frau Herchenröthers zum anderen im Eilzugtempo, ein deutliches Indiz dafür, dass die Ausländergemeinde ihren Teil zur Verbreitung vorweggenommen hatte. Der Konferenzbeschluss, der keinerlei Bezug zum eben Gehörten hatte, lag abrufbereit auf ihrer Zunge: „Ihre Judy gehört nicht zu uns. Nehmen Sie sie besser von der Schule. Von ihr kommt kein Beitrag zum Unterricht, sie fühlt sich weder angesprochen, noch begreift sie Arbeitsanweisungen."

„Ihre Arbeitshefte waren immer gut gefüllt. Hat ihr dabei etwa jemand geholfen?", fragte Elise.

Der Rat der Lehrerin brachte die Kapitulation auf den Punkt. „Versuchen Sie es lieber auf einer äthiopischen Schule." Für sie waren damit die Signale gestellt, sie winkte jemandem in der Menge und ließ Elise einfach stehen.

Während der Konzertpause hatte Elise gerade die Hunde aus dem Wagen geholt, da bemerkte sie ihre Freundin in Geplauder mit einem Unbekannten. Elli winkte hinüber und rief: „Magst du mitkommen? Ein bisschen die Beine vertreten." Die beiden setzten sich in Bewegung.

„Das ist Gérard", stellte Elli ihn vor. „Ein Belgier, neu in Addis Abeba." Sein tailliertes Hemd und die Jeans schimmerten in bläulichem Weiß, das jede Persil-Werbung übertraf. Die Länge der Haare trennte ihn vom Ideal durchschnittlicher Schwiegermütter und outete ihn als etwas überreifen Anhänger dieser Liverpooler Musikergruppe.

„Warum hast du nichts gesagt? Du hättest bei uns wohnen können", nörgelte Elli, als sie von der neuen Adresse erfuhr. „Was hast du vor, willst du Äthiopien verlassen?" Elises Konsequenz versetzte sie in Angst, es untergrub ihren eigenen Durchhaltewillen.

„Nein, vorläufig nicht. Ich werde eine provisorische Nähstube im Garten hinter dem Häuschen einrichten, wenn ich mich erholt habe.

Vorläufig ist mir alles zu viel. Werfe ich alles hin, stehen meine Arbeiterinnen vor meinem Scherbenhaufen. Das haben sie nicht verdient. Maryam hält mir ohne viele Worte den Rücken frei, die Gute, ich liefere denen Entwürfe und Schnittmuster."

Grundsätzliche Zweifel am Sinn des Lebens trieben sie neuerdings um. Der Eitelkeit der oberen paar Tausend zu ihrem Auftritt zu verhelfen erschien ihr entsetzlich hohl. „Etwas, was für die Menschheit von mehr Nutzen ist, schwebt mir vor."

„Willst du einen Stand im Mercato aufmachen und für die Bettler flicken?"

„Blödsinn. Mir fehlt eine Verbindung von früher und jetzt. Auf der Straße liegen genug Herausforderungen, die nach Hilfe schreien."

Fragend schaute Elli ihren belgischen Begleiter an, der mehrmals den Mund geöffnet und dann doch nichts gesagt hatte.

„Und Judy?"

„Bis ich weiß, wohin es mich treibt, ist sie da besser aufgehoben, wo sie ist. Lilibet und Lady Marjorie hat der Sabanya vorbeigebracht", erwiderte Elise. *Gut, dass die Hunde mich ablenken, sonst steigere ich mich noch in eine Panik*, tröstete sie sich. *Manchmal krampft sich hinter dem Brustbein etwas zusammen, dass es den Atem aus der Lunge presst. Gestern hat der Magen rebelliert, heute sitzt der Schmerz zwischen den Schulterblättern. Das bringt der Müßiggang mit sich. Wenn das so weitergeht, muss ich mal zum Arzt.*

Aus der Ferne sahen die drei den hageren Pastor Matthes mit sorgenvollem Gesicht entgegenkommen. In seinem Schlepptau liefen, mit etlichen Paketen beladen, seine zwei ältesten Söhne. „Ich könnte mich zehnteilen. Zwei Frauen von der evangelischen Kirche sind in ihre Heimat abberufen worden", klagte er. „Jetzt stehen wir da. Hätten Sie nicht Lust, bei uns mitzuarbeiten, Frau Dimtu?"

„Ich bin kein Messdiener. Soll ich etwa die Kirche dekorieren oder die Fürbitten vorlesen, andere Stellen gibt es in der Kirche nicht für Frauen."

„Wo denken Sie hin, Hygieneunterricht im Nachbarschaftsprogramm, ehrenamtlich."

„Eine neue Mission suche ich zwar, aber da sollte ich schon von leben können."

„Na also“, platzte Gérard heraus, nachdem der Pfarrer sein Bedauern mit gemessenen Schritten weitergetragen hatte. „Du wärst die geeignete Person. Ich suche jemanden für ein Lepraprogramm.“
Im Zenebework Hospital in einem Vorort von Addis Abeba, gab es zweihundertfünfzig Betten im All Africa Leprosy and Rehabilitation Training Center, in das aus ganz Afrika Ärzte zur Weiterbildung kamen. Zusätzliche Einzelheiten warf er als Köder aus: „Jeder dritte Kranke traut sich nicht in die Klinik, weil die Behandlung zu teuer ist. Eine Ambulanz wäre auf jeden Fall näher am Volk. Geldgeber habe ich schon gefunden.“
„Wozu brauchst du mich?“ Elise überlegte: *Mit dem, was ich als Hilfsschwester gelernt habe, darf ich höchstens die Hausapotheke auffüllen, aber doch nicht eine biblische Plage eindämmen. An jeder Straßenecke sieht man die schlimmsten Verstümmelungen bei den Aussätzigen. Kein Taxi nimmt sie mit.*
Die rhetorisch gemeinte Frage stachelte Gérard an. „Für den Lepracompound hat uns ein Dejazmach Gelände in der Nähe der deutschen Botschaft geschenkt“, berichtete er und wich einer Pfütze aus. „Mit den vielen Eukalyptusbäumen drauf können wir eine ganze Weile kochen.“
„Wie bitte, Sie wollen doch nicht etwa in einer Ambulanz kochen?“
„Doch Medizin ist nicht alles. Ich würde die Menschen gern von der Straße holen, irgendwie, damit sie nicht weiterbetteln müssen.“
„Beim Konzert saß der Professor vor mir in der dritten Reihe. Hast du mit ihm schon gesprochen?“ Er verneinte.
Als die drei wieder das Auto erreicht hatten und Elise den Hunden die hintere Autotür öffnete, sprang Lilibet munter auf den Sitz und die fette Lady wurde vom Frauchen hineingehoben.
Von den Melodien des zweiten Konzertteils ging ihr der größte Teil durch Ungeduld verloren, denn zapplig ersehnte sie den Schlussapplaus, um den Professor anzusprechen.
Die medizinische Betreuung hatte Gérard detailliert durchdacht. „Wir brauchen eine Ambulanz und mehrere Unterkünfte. Die leichteren Fälle könnten wir in Werkstätten einsetzen, die schweren überweisen wir in die Klinik.“ In seinem Engagement, dessen Wucht Elise mitriss, weil es ihrem eigenen so ähnlich war, wurzelte der Keim für sein unvorhersehbares Finale.

„Einverstanden“, stimmte Professor Dietz zu, dessen Frisur durch ein Grillfeuer gelitten haben musste. In unhörbarem Takt schlug er sein Programmheft in seine Handfläche. „Die Aussicht auf eine vollständige Heilung ist günstig, je früher die Lepra erkannt und behandelt wird. Die ganz schlimmen Defekte verhinderst du damit.“

Frau Dietz nahm ihrem Mann das Heft aus der Hand, worauf er sich ein Stöckchen vom nächsten Strauch abknickte. „Sobald der Laden läuft, schicke ich junge Ärzte im Praktikum zu euch. Wir würden uns auf die weit fortgeschrittenen Fälle konzentrieren. Alle drei Monate stellen wir die Medizin der Patienten neu ein. Die Hygienemaßnahmen und die Medikamentenverteilung könnt ihr ohne weiteres selbstständig überwachen.“

Zufrieden verabschiedete sich Gérard, wandte sich Elise zu und trocknete sich die Stirn mit einem Taschentuch. „Könnte man die Kranken an Nähmaschinen setzen?“

„Nähen kriegen die auf keinen Fall hin. Mit solchen Klauen geht noch nicht mal Einfädeln“, antwortete sie. „Der Muskelschwund kostet die Kranken die komplette Feinmotorik. Höchstens grobe Werkzeuge können sie halten. Natürlich ... andere Handarbeiten ... “, jubelte sie, hingerissen von ihren Einfällen. „Beim Teppichknüpfen ist die Nadel gut zu greifen, Weben ginge vielleicht. Ob die permanente Feuchtigkeit beim Töpfern für die Haut erträglich wäre?“

„Das käme auf einen Versuch an.“ Jovial drückte Gérard ihre Hand und legte ein Treffen fest.

Auf dem Heimweg entspann sich in Nullkommanichts ein ganzes Geflecht von Einzelheiten, alle um den Kern Lepra und Lebensinhalt. Elise stand in Flammen. Fast daheim, bremsten das Auto mehrere Hyänen, die vor ihren Scheinwerfern vorbeihumpelten, weiter entfernt leuchteten grüne Augen aus der Finsternis und die Schnauzen der beiden Hunde sabberten ihr zwischen den Rückenlehnen auf die Schulter.

„Alles Weitere morgen!“, hatte er gesagt. Wenn das kein Anreiz war!

3

Wenn Elise am Ende ihrer Kraft in den Seilen hing, sprudelte Gérard das Programm für die nächsten vierundzwanzig Stunden heraus. Dabei fingerte er unablässig in seiner Hose, bis Elise ärgerlich herausplatzte: „Kannst du damit nicht warten, bis du allein bist?"

Sein verdutztes Gesicht trieb ihr die Röte bis in die Haarwurzeln. Er zog ganz unschuldig einen asiatischen Handschmeichler aus der Tasche. „Hab ich von meinem Einsatz in Thailand übrig. Beruhigt. Solltest du auch mal probieren." Elise begutachtete die fein gearbeitete schlafende Ente aus Jade und genierte sich für ihre Unterstellung! „Was hast du denn gedacht?", fragte er grinsend.

Trotz des gemeinsamen Ziels war ihre Wahrnehmung keineswegs getrübt, Gérard sah gut aus, das gab sie gerne zu. Nur so kurz nach ihrer Flucht aus jeder männlichen, ja was eigentlich? Bevormundung war der falsche Begriff, Knechtschaft traf es auch nicht hundertprozentig. Ach, es war so ein diffuser Brei von Abhängigkeiten. Ihrem Kollegen entsprach am besten das Etikett „guter Kumpel" und sie gab sich alle Mühe, dass es auch seinerseits dabei blieb.

Seine Stärke waren die Verhandlungen mit Behörden und der Schreibkram, gerade Dinge, die Elise Überwindung gekostet hätten. Sie dagegen kniete sich in den künstlerischen und praktischen Teil. Dazu zählten auch die Hütten. Beim Abmessen des Fundaments legte sie Hand an, beim Verschmieren der Wände vertraute sie auf die Erfahrung der Einheimischen und überwachte bloß den Fortgang.

Nun sollten im Bürogebäude die Fenster eingepasst werden. Die Reihe Helfer mit je einem Wellblechteil auf dem Kopf balancierte an ihr vorbei und türmte einen Stapel Bleche neben der nächsten Hütte aufeinander. Gérard rief vom Auto: „Die Niederlassung von Hoechst verspricht die Lieferung der Farbstoffe."

„Prima, die Muster für die Teppiche habe ich jetzt zusammen. Die Kirchen waren eine Fundgrube." Sie blätterte zum Beweis einen Ordner mit Zeichnungen auf. Bewundernd rief Gérard: „Pah, klasse, da hast du dir was einfallen lassen!" Aufmunternd strich er ihr über den Arm. „Müde siehst du aus, bist wohl früh raus." Sein Gespür für Stimmungen seiner Mitmenschen war genauso fein justiert wie das in Geschmacksfragen.

Elise holte Luft für die Antwort, da ertönte ein Schaben, Krachen, ein verquetschter Schrei und zwischen den gerade in die Rahmen eingehängten Fensterflügeln quoll eine Staubwolke aus dem Rohbau. Ihr Schrecken hatte den beiden Europäern noch keinen Bewegungsbefehl in die Beine geschickt, als mehrere Arbeiter, vor Entsetzen brüllend, um die Ecke stürzten. Ihre Gesichter waren unbewegt wie immer, sie stammelten, riefen und gestikulierten durcheinander. Sie griffen Gérard am Arm, einer sprang in einer merkwürdig hoppelnden Gangart zum Ambulanzzelt, aus dem ihm, durch die Schreie angelockt, Sanitäter entgegeneilten.

Aus dem wirbelnden Staub ragte ein Bündel brauner Stangen unter einer schrägen Metallplatte hervor, nein, es waren Beine. Elise zerrte an der Platte, erfolglos, erst mit Gérards Hilfe gelang es ihr, sie hochkant gegen die Wand zu wuchten. Neben dem Kopf breitete sich eine rote Flüssigkeit aus, über der die erste Fliege kreiste. Elise kniete sich in den Schmutz und fühlte nach dem Puls des Mannes.

Etwas schien unter ihren Fingerspitzen zu flattern, sie schob ihre Finger in eine bessere Position, da drängten sie die Sanitäter weg. Einen Augenblick hielten alle Umstehenden die Luft an, irgendwo wimmerte ein Säugling und als der Sanitäter eindringlich nickte, brach das Entsetzensgetöse los, dass es wertvolle Minuten dauerte, bis sich die Träger mit dem Verunglückten durch die Menge der Beobachtenden einen Weg hin zum Ambulanzzelt bahnten.

Jetzt schaute Elise nach oben. An dem Dachende, an dem gerade gearbeitet worden war, hatte die Platte Teile der Dachlatten mitgerissen.

„Er muss sich gebückt haben“, sagte Gérard, „das Ding ist ihm direkt mit der Kante auf die Schulter gesaust. Paar Zentimeter weiter und es hätte ihn geköpft.“

„Wie konnte das passieren? Anscheinend war erst eine Seite befestigt.“ Er bückte sich nach dem Holzstück. „Wie gebrochen sieht das nicht aus, eher wie angesägt.“ Entsetzt schauten sie sich an. „Am besten alle Halterungen werden noch mal überprüft.“

„Diese Sparerei. Wir hätten besser statt drei eine Querlatte mehr darunter anbringen sollen, dann würde jede Seite von vier Nägeln gehalten.“

„Bei der ersten Hütte haben drei gereicht. Ich versteh das nicht.“

„Jetzt mach dir keine Vorwürfe. Et is jot jejange - sagt ihr nicht so? Komm mal mit!“

Elise folgte hinaus in die Morgensonne und streckte sich. Die fernen Gebirgszüge verschleierte ein bläulicher Dunst, den unzählige Kochfeuer aus den Tukuls der Hauptstadt speisten.

Aus dem Ambulanzzelt drang gedämpftes Gemurmel, als sie auf dem unbefestigten Pfad am nächsten Rohbau vorbeikamen. Zwei Arbeiter sorgten für eine primitive Schallisolierung, indem sie die Überlappungen der Wellbleche mit Lehm verschmierten, ohne die man während eines tüchtigen Wolkenbruchs vor lauter Lärm sein eigenes Wort nicht verstand.

Gérard lief weiter und öffnete die Tür zu einem mittelgroßen hellen Raum, in dessen einer Hälfte zehn Knüpfstühle nebeneinander standen und verschiedenfarbige Wolle aus einer Anzahl großer Kisten und Schachteln lugte. Auf einer breiten Holztafel an der Wand hingen in Reihen Werkzeuge geordnet an Haken. „Das ist wunderbar, Gérard! Da kann es endlich losgehen!"

Die Aufklärung des Unfalls wurde von der Pionierstimmung verdrängt und geriet in Vergessenheit, es gab ja auch keine Haftpflichtversicherung, die nachgefragt hätte.

Die beiden Ausländer gingen zum Zelt. Unter den herausströmenden Patienten pickte sich Elise als Versuchskaninchen einen hochgewachsenen, in fadenscheinige Lumpen gehüllten, dünnen Mann heraus, der gehemmt seine Mütze in den Händen knetete. Sein Ausdruck war leidend, trostlos, die Haut fahlgelb. Die Beklemmung über das maskenhafte Gesicht, dem ein Lidmuskel fehlte, war schwer auszuhalten.

„Ich möchte Ihnen etwas zeigen, Ato Yostos."

Lediglich am belustigten Aufleuchten seiner Augen und Gérards Feixen merkte Elise ihren sprachlichen Missgriff, denn der Mann verzog keine Miene. Einen Landstreicher als ‚Herr' zu titulieren konnte nur einer Ausländerin passieren.

„Setzen Sie sich bitte und beobachten Sie genau, was ich mache", forderte Elise den Mann auf. „Haben Sie schon einmal gesehen, wie geknüpft wird? Nein? Es ist simpel." Er kratzte sich an einem verdickten Ohr, neben dem sich dunklere Flecken von der braunen Haut abgrenzten. Sie setzte sich neben ihn und führte den Faden übertrieben langsam durch die Kettfäden. „Jetzt probieren Sie." Gleich der erste Versuch gelang passabel.

Nachdem die ersten dreißig Leprakranken die Unterkünfte, die ohne weiteren Zwischenfall fertig wurden, bezogen hatten, sorgte ein Vorarbeiter dafür, dass sie gewissenhaft ihre Gesichter über ihre Abzählmuster beugten.

Draußen hupte es und mit kühnem Schwung bog Gérard mit einer neuen Ladung Rohstoffe im Pickup auf den Parkplatz ein.

Wo alles so beruhigend lief, konnte Elise ohne Bedenken zu ihrem regelmäßigen Besuch von Judy aufbrechen.

Flüchtig spielte sie mit dem Gedanken, da Makeda und Melese unterwegs waren, das Mädchen zu entführen. Ihr Mann bildete sich tatsächlich ein, das Kind sei Pfand für ihre Heimkehr, das er nie aus der Hand geben würde. Ihr Unvermögen, das Kind in den Arm zu nehmen, überspielte Elise mit Kameradschaftlichkeit. Für eine gute Leistung strich sie ihm schon mal über den Arm oder klopfte ihm anerkennend die Schulter, aber ihre Schuldgefühle wurmten weiter. Sie redete sich ein, die Kleine sei nie anschmiegsam gewesen und könne daher Zärtlichkeiten nicht vermissen. Sehnte sich nicht jeder Gesunde nach Berührung, auch wenn er vielleicht nicht benennen konnte, wonach?

Die Neuigkeiten, die ihr die Kleine noch in der rosa Schulkleidung unterbreitete, dämpften ihre Selbstvorwürfe. „Seit ich auf die äthiopische Schule gehe, lernt Onkel Melese jeden Tag unheimlich streng mit mir. Heute habe ich ein ganz gutes Zeugnis bekommen."

Endlich hat er seine Verantwortung akzeptiert, stellte Elise befriedigt fest, *und ist zu irgendetwas nütze. Dass ich nicht alle Hebel in Bewegung gesetzt habe, um das Kind aus dieser Familie zu reißen, zahlt sich für beide aus.*

Auf dem Heimweg wanderten ihre Gedanken zu Gérard. Wenn sie mal nicht über die Leprastation sprachen, regte er sich über Missstände auf. Sie waren einer Meinung, statt ewig nur zu kritisieren half höchstens Handeln, so wie sie es anfingen. Dem Belgier genügten die kleinen Fortschritte jedoch nicht, schneller wollte er Größeres erreichen, immer fixierte er nur den Berg vor sich, der höher wurde mit jeder zurückgelegten Stufe.

Die Kosten ihrer Arbeit durften sie gar nicht berücksichtigen, denn der Aufbau fraß Zeit ohne Ende. Fertig gefärbte Wolle aufzukaufen hatte sich als Fehler erwiesen. Erstens war die Menge zu klein, zweitens waren die Fäden nicht gleichmäßig und sauber genug. Kurzum, sie kauften die gewaschenen Vliese direkt von den Züchtern und mussten dafür das Kardieren, Spinnen und Färben selbst organisieren. Der Aufbau der Vertriebswege lag noch ganz im Argen, das hieß keine Einnahmen bisher und das Lager quoll über.

„Du hast gute Kontakte zur Kaiserfamilie und nach so vielen Jahren müssten sie ein offenes Ohr haben für dich. Kannst du nicht die Töchter anspitzen, sie sollen dem Alten Reformen unterjubeln?"

Der Kaiser verbreitet um sich eine Sphäre von Erhabenheit, das bestätigt jeder Besuch im Palast. Ihn mit alltäglichen Unannehmlichkeiten zu belästigen, knallharte Missstände aufzutischen, selbst für die beste Sache der Welt, ist ganz undenkbar. Es ist davon auszugehen, dass er von dem Lepraprojekt gehört hat, aber selbst darüber verliert er nie ein Wort. Trotz aller Vorsätze, sich aus den sozialen Unruhen herauszuhalten, konnte sich Elise der Entwicklung nicht entziehen.

4

„Du, ich habe einen süßen kleinen Jungen. Der wird dein Sohn werden." Der Mix aus Versagen und Mitleid verfolgte Magdess, seit Esseye Kukuna abgeholt hatte, und die ehemaligen Freundinnen trafen sich deshalb nur bei öffentlichen Anlässen. Die Hoffnung auf Vergebung war ihrer Stimme am Telefon anzuhören. Elises Puls legte an Geschwindigkeit zu.

„Die eritreische Mutter ist gestorben, war noch blutjung. Die Familie lehnt das Kind ab. Das dürfen jetzt Ausländer adoptieren, haben die ausdrücklich verfügt. Eine Schwedin läuft mir schon die Tür ein, ich habe sie vertröstet und gesagt, meine Freundin möchte auch ein Kind haben."

Wer hat mir von einem Fehltritt in den höchsten Kreisen erzählt, überlegte Elise und das hereinbrechende Gefühlschaos löste bei ihr einen Wust an Widerhall aus.

Ihre Sprachlosigkeit animierte Magdess, noch einen Anreiz draufzulegen: „Unter Umständen soll es eine monatliche Zahlung geben." *Was ich nicht weiß, macht mich nicht heiß,* dachte Elise.

„In den offiziellen Dokumenten steht ‚Vater unbekannt', der wird sich dann nicht einmischen wollen, woher die Zahlung kommt ..." *Was ich nicht weiß, macht mich nicht heiß*, dachte Elise und schnaubte:

„Was kümmert mich Geld“,

„Eine Bedenkwoche hast du. Wir machen noch Tests.“

An dem Widerstreit lag es, dass Elise keinen Ton herausbrachte. Ihr Herz schrie „Ja!“, der Verstand „Moment!“. *Wenn einem eine einzigartige Gelegenheit in den Schoß fällt, muss man nicht bedenkenlos zugreifen? Der Zeitpunkt ist alles andere als ideal, aber würde er das jemals sein? Ich weiß manchmal nicht, wo mir der Kopf steht, und könnte mich zehnteilen, um die Einarbeitung und die Herstellung gleichzeitig zu beaufsichtigen. Ist es nicht fahrlässig, so ein Würmchen in die Nähe einer so grässlichen Krankheit zu bringen? Ich muss ihn zur Arbeit mitbringen.*

Die Stille unterbrach Magdess enttäuschte Frage: „Oder willst du nicht mehr?“

Dass kein Mann mehr im Haushalt war, störte weder Magdess, noch gab es diesbezügliche behördliche Vorschriften, Männer spielten bei der Kindererziehung keine Rolle und Betreuung garantierte das Personal.

„Zumindest ansehen muss ich mir das Kind vorher. Auf die Katze im Sack falle ich nicht zweimal rein.“

Obwohl Magdess wusste, worauf Elise anspielte, war sie auf dem Ohr taub. „Hättest du das Kind etwa gesehen, wenn es in deinem Bauch gewesen wäre?“

„Dafür hätte ich andere Kenntnis und ich hab nichts.“

„Ich finde, das ist eine Gottesfügung, nimm dein Schicksal an. Morgen kannst du es abholen.“ Als habe sie die Hoffnung, von höherer Stelle einen Rat zu bekommen, stand Elise lange mit dem tutenden Hörer in der Hand.

Wie eine Schlafwandlerin trat sie zu einer Gruppe von fünf Kranken, die um Gérard herumstanden. „... wollten wir mit euch besprechen. Es ist an der Zeit, dass ihr einen Teil der Verantwortung selbst übernehmt.“

Überrumpelt fielen ihm die Männer ins Wort: „Wie sollen wir das schaffen?“

„Das ist ganz einfach. Für den Anfang wählt ihr aus euren Reihen einen Ältestenrat von zehn Leuten. Die müssen den Überblick über die Essensausteilung und Bettenzuweisung behalten. Sie kontrollieren das tägliche Waschen von Füßen und Händen und sollten die Untersuchungstermine alle drei Monate einhalten."

Unerhört, dass jemand ihnen etwas zutraute. Entsprechend aufgeregt überschlugen sich ihre Stimmen. Die ganze Welt war in Umwälzung und ihre Insel nun auch.

„Überlegt bis morgen!", rief Gérard den Verstörten hinterher und schob sich etwas in den Mund. „Wenn die selber einen Teil der Organisation übernehmen, kann ich mich darum kümmern, unsere Waren an den Mann zu bringen", erklärte er seiner Kollegin. „Wie soll jemand davon erfahren, wenn wir sie nur hier horten? Hast du keine Idee, wie wir das ankurbeln könnten?"

„Eine Ausstellung ..., Musterbeispiele ..., Bestellungen", stotterte sie und zuckte mit unsicherem Blick. Wenn nicht bald Einnahmen hereinkamen, würden sie vor den Kranken ihr Gesicht verlieren. Die Spenden gingen zur Neige.

„Was hast du?", fragte ihr Kollege alarmiert. „Du bist ganz bleich."

„Ich ..., kannst du …, muss mal weg. Kann sein, heute passiert es ...", stammelte Elise geistesabwesend.

Verwundert mühte sich Gérard, in ihrem Gesicht zu lesen.

„Ich erklär dir später alles." Hadja! Ein Rettungsanker!

Nach dem Löcksö für ihre Mutter hatte Elise die Abteilung für Adoptionen im Ministerium vergessen. *Ich muss mit jemandem reden, Frauen, Mütter, je mehr, umso besser, wie schaffe ich das sonst,* durchforstete Elise ihre grauen Zellen.

Ein Wachmann salutierte am Tor in der hohen Mauer, die den Garten abschirmte, und ein barfüßiger Amtsdiener in Amharen-Hose führte Elise durch das eingeschossige, bunt gestrichene Laubenganghaus mit Wellblechdach in ein Wartezimmer und ließ sie zwei Stunden auf unbequemem Sitzmöbel schmoren.

„Willst du das Kind haben?", fragte die ausufernde Bekannte. Aus deren knapp geschneidertem Kostüm quollen Fettrollen wie aufgegangener Hefeteig, den gleich die Schwerkraft über den Rand einer zu kleinen Schüssel zieht. Sie entkräftete alle Zweifel. Alter, Vermögen oder Erziehungserfahrung waren uninteressant, das Etikett ‚ausländisch' Gütesiegel genug. Sie waren froh, ein Waisenkind weniger aufpäppeln zu müssen.

„Woher bekomme ich auf die Schnelle Kleidung, Zubehör und was man so an Kleinigkeiten zur Babyversorgung braucht?“, überlegte Elise.

In blindem Aktionismus schnitt sie einen Pullover auf, stopfte damit eine Matratze und nähte ein Jäckchen, doch bald sah sie die Unergiebigkeit dieser Beschäftigungstherapie ein. Auf die Art würde der Kleine schon laufen, bis er seine Blöße bedecken könnte. Sie brauchte sofort eine komplette Ausstattung. Wegen solcher Banalität durfte ein Unternehmen nicht scheitern, mit dem sie ihren Freundinnen jahrelang die Ohren vollgejammert hatte.

Die Übergabe fand so beiläufig wie ein konspiratives Treffen statt. Elise wartete mit schweißnassen Händen im Auto auf dem Parkplatz des Krankenhauses. Jäh wurde die Beifahrertür aufgerissen und eine unbekannte Frau in Schwesterntracht legte ein Bündel auf den Beifahrersitz. „Good luck, you two!“, sagte sie und Elise war Mutter. Minutenlang beäugte sie das Paket, holte tief Luft und schob das Tuch zur Seite. Das kleine schlafende Gesicht, dem eine große Nummer auf der Stirn stand, krönte schwarzer Flaum.

„Well, das ist unser Schicksal“, flüsterte sie. „Jetzt gehören wir zusammen, mein Süßer. Wenn wir uns lieben können, ist es wunderbar, und wenn nicht, hast du zumindest eine Aussicht auf ein besseres Leben. Von mir wirst du ein Heim, Erziehung und eine Zukunft bekommen.“

Daheim packte sie den Säugling aus und betrachtete ihn. Perfekt, atmete sie erleichtert auf, schwarze Haare, riesige Augen, hellhäutiger als ein karottenverwöhntes europäisches Kind. Sie schaukelte ihn probeweise in ihren Armen, presste ihn an sich. „Du gehörst jetzt mir, ist das nicht unglaublich?“ Die Rührung löste sich in Freudentränen, Elise wippte mit dem Bündel Mensch im Arm und summte „Ade zur guten Nacht“. Die Einwände hatten sich in Luft aufgelöst. Das reine Glück durchströmte sie.

Himmel, was gebe ich dem Würmchen zum Essen, erschrak sie. Konfus stürzte sie zum Auto und hetzte in ihre Apotheke. „Ich brauche ein Fläschchen und was man sonst noch benötigt für einen Säugling.“

„Was für einen Nuckel?“

„Hilfe, da gibt es verschiedene?“ Solche Feinheiten hatte sie glatt in ihrer Bedienungsanleitung für Kinder überlesen und Kukuna war mit kompletter Ausrüstung übergeben worden. Zwei Tage zur

Vorbereitung der Mutterschaft reichten einfach nicht.
Die Apothekerin wunderte sich: „Warum bist du denn so aufgeregt?"
„Ich habe ein Kind", antwortete Elise, „es schläft draußen im Wagen."
Erfreut klatschte die Apothekerin in die Hände. „Da gratuliere ich. Darf ich es mir ansehen?" Als sie sich über den Sitz beugte, flüsterte sie: „Bist du ein Hübscher." Und an Elise gewandt, sagte sie: „Ist die Zeit so schnell vergangen, seit du das letzte Mal da warst? Ich wusste gar nichts von deiner Schwangerschaft."
„Konntest du nicht, ich habe das Kind heute adoptiert."
Der Drogenkundigen blitzte es in den Augenwinkeln. Sie kraulte den Kleinen unter dem Kinn, woraufhin er den Mund unschlüssig verzog, mit den Armen ruderte und blicklos in den Himmel starrte. Sie stellte Büchsenmilch, Sauger, Milchpulver, Aufbaunahrung, Puder und Cremes für alle Lebenslagen zusammen und vervollständigte den Packen mit Segenswünschen.
Im Büro angekommen, füllte Elise das Fläschchen und sprach dabei mit dem Kleinen. „Zum Glück hast du nie kennengelernt, was die Mutter Natur an Futterquellen vorgesehen hat. Lass dich überraschen." Ganz ohne Protest billigte er die Fütterung. Sie versank derart in den großen Augen, während der kleine Mund kräftig um den Sauger sog, dass sie nicht merkte, wie ein Kopf nach dem anderen neugierig durch den Türspalt schielte.
Die gepolsterte Margarinekiste, in der ihr satter Kronprinz schlummerte, war der Anziehungsmagnet des ganzen Compounds.
Gérard strich dem kleinen Mann andächtig über die winzigen Finger.
„Wir bauen ihm ein Zelt gegen die Fliegen."

5

Elises größte Sorge zerstreute Professor Dietz: „Du kannst ihn bedenkenlos mitnehmen, obwohl der Übertragungsweg für Lepra noch ungeklärt ist. Wir wissen nur so viel, dass es nicht von Gott geschickte Strafe für Geschlechtsverkehr im Freien oder Folge des bösen Blicks ist, wie die meisten Äthiopier glauben. Vererbung, Immunschwäche oder Ungeziefer können wir ebenso ausschließen. Der direkte Kontakt zu Kranken ist, soweit wir wissen, nur gefährlich, wenn außerdem Schmutz dazukommt“

„Ich will die Versorgung des Säuglings niemand anderem anvertrauen.“

„Such dir eine Frau, die über Kinderpflege Bescheid weiß.“

Warum nicht zwei Flöhe mit derselben Untertasse fangen und Kranke beschäftigen? Das Provisorium meines Haushalts muss ein Ende haben, beschloss Elise für sich.

Vor der Ambulanz warteten ein paar in Shamma gehüllte Frauen im Schatten einiger Rizinusbäume, einen Zipfel des Tuches zum Zeichen der Ehrfurcht über die linke Schulter zurückgeworfen. Elise hockte sich zu ihnen. „Woher kommt ihr?“

Welega, die eine, Wollo, die andere, in der Hoffnung auf ein besseres Auskommen waren sie in die Hauptstadt gewandert.

„Ich habe zwei Posten zu vergeben, für einen Nachtwächter und ein Dienstmädchen. Unterkunft ist vorhanden.“

Fünf der Anwärter zeigten ihr Interesse und priesen ihre Einsatzbereitschaft. Eine junge Frau mit Kleinkind auf der Hüfte, Yibaralem war ihr Name, schien als Hausgehilfin die beste Wahl. Sie befand sich im Anfangsstadium der Krankheit und klagte über eisige Kälte und gefühllose Hautpartien an den Armen und Beinen, eine günstige Prognose. Der neue Nachtwächter Sörfu dagegen hatte ausgeprägte fressende Geschwüre zwischen braunen Flecken im Gesicht. Bald würde die Lähmung der Gesichtsmuskeln seine Miene in die typische starre Löwenmaske verwandeln. Er versuchte, sein Handicap durch lebhaftes Gestikulieren wettzumachen.

Beide Angestellten bekamen eine eigene Unterkunft in den Nachbarhütten auf Elises Land.

„Na, wie läuft es bei euch?“ Gérard hockte sich vor die Margarinekiste und reichte dem Jungen seine Zeigefinger zum Festklammern. Die dunklen Augenringe um die stecknadelgroßen Augen der Wunschmutter waren nicht zu übersehen.

„Zehn Tage habe ich versucht, mit dem Säugling auf dem Bauch zu schlafen. Alles, was außer dem Gebären möglich ist, soll er bekommen.“

Die Frau des Handelsattachés, Frau Masur, hockte sich daneben. „Sie haben vermutlich auch in einem Ratgeber gelesen, ein Kind brauche Körperkontakt, um eine Mutterbindung zu entwickeln."

„Ja und Mimi sagt, ich soll das Kind an die Brust legen, Intensiveres gibt es nicht! Kommt nicht in Frage, das wäre ja, als ob man einem Durstigen leere Flaschen vor die Nase stellt. Der Nachteil ist, ich habe meine Kräfte überschätzt. Vor Müdigkeit kippe ich aus den Latschen."

„Wenn die Fürsorgerin zusammenbricht, ist niemandem gedient", sagte Frau Masur. „Zehn Tage Schlafentzug, das ist eine Foltermethode. Ein eigenes Bett ist kein Zeichen von fehlender Nähe. Kann ich Ihnen irgendwie helfen?"

„Ich habe noch keine Kleidung für ihn."

Im selben Augenblick betrat Pastor Matthes das Büro. Den letzten Satz hatte er mitbekommen. „Was braucht ihr da, Elise, ich habe gehört, es gibt Neuigkeiten bei dir." Augenzwinkernd zupfte er an der Gardine, die den Karton schützte.

Am folgenden Sonntag sprach er von der Kanzel: „Liebe Gemeinde, wenn man ein Kind bekommt, hat man üblicherweise neun Monate Zeit zu häkeln, zu stricken und sich auf die Ankunft des Kindes vorzubereiten. Frau Dimtu hat jedoch ihr Kind in drei Tagen gekriegt und hatte keine Zeit für Nadelarbeiten. Wenn von Ihnen jemand Babywäsche übrighat – die Farbe spielt keine Rolle – wären wir glücklich, wenn Sie uns damit helfen könnten."

Die Wirkung war umwerfend! Der Pastor brachte alles, absolut alles! Es blieb kein Wunsch offen! Die Community freute sich mit und das Glück strahlte auch auf die Geschäfte aus! Der Teppich, den Frau Masur für ihre Schwester in Deutschland gekauft hatte, brachte endlich den Stein ins Rollen, und zwar durch ein Treffen maßgeblicher Wohltätigkeitsorganisatoren.

Verzückt sprang Gérard aus dem Auto und wirbelte seine Kollegin herum. „Wir dürfen in den Schaufenstern des Touristenbüros ausstellen, die Kirchen sind interessiert, die deutsche Botschaft und das Hilton."

Der Jubel rief die Arbeiter an Türen und Fenster. Allgemeine Fröhlichkeit machte sich breit.

6

Genau wie Elise angenommen hatte, erfuhr ihr Mann durch die ‚Stille Post' von den Veränderungen. Sie hatte sich - anders als äthiopische Ehefrauen - das Recht genommen, etwas zu entscheiden, und verließ sich darauf, dass ohne einen potenten Kläger die Behördengriffel in der Schatulle blieben.

Keine Sekunde zweifelte er an der Richtigkeit des Geredes, es passte zu vortrefflich zum Charakter seiner Frau. *Die Hormone schränken ihre Urteilsfähigkeit ein,* war seine Überzeugung. *Beweis ist die Nichte, die mir jetzt an den Sohlen klebt. Wenn der Schachzug stimmt, verliert mein Druckmittel an Wert. Das schaue ich mir an.*

Yibaralem erschrak, als ein fremder Mann direkt in die Küche marschierte und ihr einen großen Karton mit zwölf Büchsen Babymilch in die Hand drückte. Er habe erfreulich gelassen und eine Weile schweigend das Kind betrachtet, berichtete sie später. Wäre sein Resultat schlecht ausgefallen, wäre er nicht regelmäßig unangemeldet, wenn Elise bei der Arbeit war, gekommen, um den Kleinen zu baden und zu füttern, so wie er es bei Kukuna getan hatte.

Über all dem eigenen Abenteuer war es Elises Aufmerksamkeit entgangen, dass Gérard immer bedrückter und nervöser wurde. Sie verstanden sich beruflich ohne große Worte, nach Feierabend gingen sie getrennte Wege. Am Fortgang der Leprastation konnte sein Stimmungstief nicht liegen, die kleine Kolonie bekam keine Gelegenheit mehr, einen Vorrat anzulegen, weil ihre Erzeugnisse von Dritte-Welt-Läden und kirchlichen Geschäften in Europa verkauft waren, sobald der letzte Faden vernäht war.

Eines Abends stand Gérard in Elises Garten und trat von einem Fuß auf den anderen. „Was ist los mit dir?“, fragte sie rundheraus.

„Könnte ich eine Zeitlang bei dir wohnen?“

„Natürlich, ich habe genug Platz.“ Um ihren Ruf brauchte sie nicht zu fürchten, Melese wäre es gleichgültig.

Aus dem Auto holte ihr Kollege eine Tasche voller Habseligkeiten. Elise zeigte auf die sonnengelbe Sitzecke aus weichen Kissen und ein Feldbett im Gästezimmer. „Hier kannst du dich breitmachen, solange du willst. Sag mir endlich, was dich umtreibt.“

Noch nicht einmal ein kühles Bier und die Aussicht auf ein Abendessen linderten seine Unruhe. Überreizt sprang er ständig auf, rieb seine

Finger und rannte im Zimmer hin und her.
„Ich habe das Gefühl, ein paar Schatten zu haben."
„Du wirst bespitzelt?", fragte die Hausherrin. „Wie kommst du darauf? Haben die dir einen Teppich verwanzt?" *Über die Allgegenwart des kaiserlichen Geheimdienstes wird gemunkelt. Welches Interesse soll der an ein paar weißen Spinnern wie uns haben? Nach deren Sichtweise holen wir nur das Lumpenpack von der Straße, das ohnehin die Stadt verschandelt. Gewiss phantasiert er nur.*
Seine ausgebeulte Wange zeigte deutlich, dass sie mit Khat gefüllt war. „Du hast mich nie gefragt, was ich nach der Arbeit mache."
Korrekt, Elises Bedarf an Gefühlsschlamassel war gedeckt gewesen und seit sie den Kleinen jederzeit in den Arm nehmen konnte, war die Versuchung gebannt, entwicklungsverzögerte Möchtegernknaben mütterlich an die Brust zu drücken. Weder Frauengeschichten interessierten sie, noch fand sie Männergeschichten appetitlicher. Die ersten Sätze entlarvten ihre Unterstellungen als haltlos.
„Erst wenn diese Bonzen und Kapitalisten weg sind, können wir uns richtig für die Armen einsetzen! Was wir machen, ist nur ein Tropfen auf den heißen Stein. Der Kaiser allein kann von mir aus als Pappkamerad noch nützlich sein wie im englischen System, aber seine Clique verhindert jede Verbesserung."
„Was kann jemand dagegen haben, dass es mehr Menschen besser geht?"
„Sie verlieren ihre Macht, den Kaiser zu manipulieren, was weiß ich. Wer schreiben kann, lässt sich nicht so leicht etwas vormachen." Im Laufe seines Ausbruchs stellte sich heraus, dass Gérard seit Monaten fleißig den im Volk rumorenden Unmut schürte, Demonstranten mit Papier und Nahrungsmitteln und die ausländische Presse mit Berichten versorgte. Den Spürhunden des Kaisers juckte es gehörig in der Nase.
„Bist du dir im Klaren darüber, dass du damit unser ganzes Projekt gefährdest? Sollte es zu einem Bürgerkrieg kommen, werden die Rebellen mit den Kranken kurzen Prozess machen, schließlich sind sie eine Belastung für die Gesellschaft. Schon in normalen Zeiten haben die kein Mitleid mit ihren eigenen Leuten. Die harmloseste Reaktion wäre noch, dass sie uns auflaufen lassen. Ihrer Willkür überlassen, sind die Kranken verloren."

Gérard spuckte sein durchgekautes Blätterknäuel in einen Aschenbecher und verdrehte die Augen. „Wenn du wüsstest, was auf dem Land läuft! In Wollo ist die Hölle los. Sie haben Studenten aus Addis Abeba, die helfen wollten, bedroht, verjagt und verhaftet.“ In den zwei Tagen, in denen Elise geglaubt hatte, er klappere potentielle Abnehmer in anderen Städten ab, war er in den Fängen des Geheimdienstes gewesen. Schuldbewusst erinnerte sie sich, dass sie bei einem der letzten Empfänge im Hilton ein Gespräch mitgehört hatte, in dem es um die anhaltende Dürre gegangen war. Das dritte Jahr in Folge lag die Ernte von herkömmlicher Hirse und Teff bei nur zehn Prozent der üblichen Mengen. Das Vieh hatte kein Futter, ein lebender Ochse brachte beim Verkauf den Gegenwert von zwanzig Kilogramm Getreide ein, weit weniger als die Haut eines verendeten Tieres.

„Sei vorsichtiger, Gérard.“

Elise trug nach der Dusche ihren Morgenrock. Nachdem Yibaralem das Essen auf den Messob, den geflochtenen runden Abstelltisch, gestellt hatte, ermunterte Elise zuzugreifen. Das köstliche Alicha, ein kräftig gewürztes Lammragout in einer gelben Soße, schob der Gast lustlos mit dem Brotfladen hin und her. „Zermürbend, diese Mentalität, die Äthiopier sind die Champions im Abwimmeln. Jeder Fortschritt wird bekämpft! Ob das jetzt von außen kommt oder von innen, ist ihnen einerlei.“ Elise dachte an die durchgebrochene Dachlatte. Es hatte sich nie klären lassen, ob es Sabotage gewesen war oder Versehen.

„Entschuldige, ich bin vollkommen fertig. Ich sollte mich gleich hinlegen.“ Gérard bestand darauf, sich im kleinen Zimmerchen auf die Erde zu legen, ohne sich auszuziehen. Mit einer Decke war es ihm zu heiß. „Mach bitte alles dunkel. Ich kann kein Licht ertragen“, bat er.

Am nächsten Morgen fuhren sie gemeinsam zur Leprastation und Gérard belud den Pickup mit Knüpfware für das Kulturministerium. Als Elise ihm noch nachschaute, startete ein schwarzer Jeep am Eingang zum Compound und folgte ihm. Ihre Unruhe wuchs mit jeder Stunde, denn ihr Mitbewohner kehrte nicht, wie verabredet, am Nachmittag, sondern erst mitten in der Nacht zurück.

Verschwitzt, verstört, mit blutunterlaufenen Augen und schachmatt stammelte er: „Ich bin verhaftet ... und verhört ...verdammtes Land.“ Auf seinen Handrücken trug er schwarze kreisrunde Male, die er beim

Frühstück noch nicht gehabt hatte. Einen durchdringenden Geruch nach Verzweiflung verströmte jede Faser an ihm. Als er den Kaffee entgegennahm, klirrte der Löffel in der Tasse.

„Du bist krank, Gérard. Nimm ein Bad! Yibaralem wird es dir richten. Du kannst mir morgen erzählen.“ Sörfu, der unbemerkt im Türrahmen stehengeblieben war, wisperte: „Das ist das Fieber der Zurückkommenden.“

Zusehends verschlechterte sich Gérards Zustand, um Mitternacht lag er in Fieberträumen lallend auf dem Boden, sein Brustkorb hob und senkte sich keuchend. „Sörfu! Lauf schnell zu dem ausländischen Arzt in der Haile Melekot Street und bring ihn her.“

Der Doktor, seinen Namen verstand Elise nicht, ließ alles stehen und liegen und wies Elises Entschuldigung über die späte Störung seiner Klavierübung zurück: „Ich spiele aus Pflichtgefühl meiner verstorbenen Mutter gegenüber, es vertreibt die Einsamkeit und klingt nach Heimat. Ihr Ruf, liebe Frau, ist willkommene Unterbrechung.“

„Wie kommt es“, fragte Elise, „dass wir uns bisher nicht vorgestellt wurden?“

„Ich bin ein Partymuffel. Das Gelaber zum Sherry ödet mich an und wenn man keinen Alkohol trinkt, das mitleidige Interesse. Ich bin es leid, jedes Mal eine Märchenstunde daraus zu machen.“

„Nun, es gibt auch andere Veranstaltungen.“

„Als Junggeselle kommt man sich bei paarweisen Unternehmungen überzählig vor.“

Also gut, wenn er nicht mit der Sprache herausrückt, dachte Elise, *ich habe dafür keine Begleitung gebraucht*.

Die Diagnose war niederschmetternd: „Da können Sie nur Temperatur senkende Mittel geben, alles andere ist vergebliche Liebesmüh.“

„Was hat er denn?“ Wieder nuschelte der Doktor etwas Unverständliches. Sie zeigte ihm das Bad und beauftragte die Dienerin, einen Tee aufzugießen. „Möchten Sie einen Rest vom Alicha?“

Der Mediziner nahm beide Angebote erfreut an, er wusch sich die Hände, strich sich mit feuchten Fingern erst über die tonsurartige Stelle auf der Kopfmitte und dann den Vollbart, den er sich Sigmund Freud abgeschaut haben musste, und setzte sich so genüsslich, als richte er sich für einen längeren Aufenthalt ein. „Sind Sie eine

Verwandte?“

„Nein, Gérard hat niemanden hier, der ihm näher steht.“

„Unser Freund ist ganz daneben. Das Fieber ist noch die geringste Sorge, glauben Sie mir. Wenn Sie etwas tun wollen, machen Sie ihm Wadenwickel, das lindert wenigstens.“

Elise veranlasste das Nötige bei ihrer Dienerin, überzeugte sich, dass der Kleine ordentlich zugedeckt schlief und setzte sich zu dem Doktor.

„Ich habe lange im Krankenhaus gearbeitet, kann mich aber nicht an ähnliche Symptome erinnern. Entschuldigen Sie bitte, ich habe Ihren Namen immer noch nicht verstanden.“

„Ach, sind Sie eine Kollegin?“, fragte er. „Ich bin seit einem halben Jahr in Äthiopien, von der Aussätzigenambulanz habe ich gehört“, erklärte er.

Aus seinen Zwischenfragen schloss Elise, dass der Doktor erstens ein aufmerksamer Zuhörer und zweitens, was ihre Familiensituation anging, ahnungslos war. Das nahm sie für ihn ein, sie schlug die Beine übereinander und taute auf.

Nach dem Essen stopfte er sich eine Pfeife. „Ich tippe auf Entzug“, sagte er und schaute den Rauchschwaden, die er auspaffte, hinterher. „Er weiß, wo und wer er ist. Aber die abenteuerlichen Räuberpistolen, die er sich einbildet – das sieht mir nach Paranoia aus! Das Vernünftigste wäre, wenn er sofort zurück nach Europa und dort in Therapie ginge.“

Der Abend dehnte sich aus, der Arzt verwandelte sich in einen Gast. Als er sein Rezept unterschrieb, hätte Elise sich beinahe verschluckt: Leopold Musculus. „Lachen Sie nur, das bin ich gewohnt. Es kommt noch besser: Musculus austriacus, denn ich komme aus Salzburg.“

Elise prustete ungebremst. „Der ‚Österreichmuskel‘! Ist der nicht in der Hüftgegend?“

„Das ist ganz richtig, die Muskeln, eigentlich drei, sind an der Außenrotation des Oberschenkels beteiligt und heißen deshalb so, weil die Abfolge von Muskel- und Sehnengewebe farblich an die österreichische Flagge erinnert. Der Namengeber muss mehr als einen Obstler gekippt haben. Bei dem Familiennamen hatte ich jedenfalls nur zwei berufliche Alternativen, entweder Fleischhauer oder Fleischheiler.“ Ein Metzgersbub außerdem! „Mir wäre es lieber, wenn wir uns auf Leo einigen könnten“, bat er.

Der Duft nach Majoran aus der Wurstküche hatte ihm genauso den Appetit auf Schlachtplatte verleidet wie Elise, die die ersten Jahre ihrer Kindheit über der Metzgerei ihrer Großeltern gewohnt hatte. Da sich bei ihr mit den Gerüchen aber die Liebe ihrer Großmutter untrennbar verknüpfte, weckten sie wohlige Dankbarkeit. Als Leo ging, war sie vom Lachen erschöpft und locker wie lange nicht mehr. Wie anheimelnd war es doch, aus dem Fundus vergleichbarer Vorgeschichten und ähnlicher Bewertungen zu schöpfen.

Am frühen Morgen waren Gérards Augen trüb und lagen in dunklen Höhlen, seine Bewegungen waren verlangsamt, das Fieber allerdings gesunken. Elise hätte ihn lieber geschüttelt, um ihn zur Vernunft zu bringen, stattdessen setzte sie sich auf die Liege, tauchte Tücher in kaltes Wasser und wickelte sie um seine Waden. „Bei jeder Hilfe musst du auch an dich denken. Das dankt dir keiner, dass du dich aufopferst. Man muss stetig seinen Akku aufladen, sich mal Gutes tun lassen und an was anderes denken, nicht noch zusätzlich im Müll wühlen!“

Das Lächeln des Kranken zeigte Elise, wie wenig überzeugend ihr Vortrag über Umgang mit den eigenen Kräften ausgerechnet aus ihrem Munde klang. „Selbst der Retter der Menschheit braucht mal eine Pause. Das ist schließlich keine Schande. Leo meinte, du solltest dich in Belgien untersuchen lassen. Betrachte es als längeren Urlaub. Keine Sorge, ich käme schon so lange zurecht.“ Sie sah die braunen Augen des Arztes und sein verschmitztes Lächeln vor sich, als er den Namen gestanden hatte, und die Kombination mit seiner Unerschütterlichkeit weckte Vertrauen.

„Wer ist Leo?“ Der Kranke erinnerte sich nebelhaft an ein Gesicht und hatte es für eine Traumerscheinung gehalten. „Wenn ich erst in Europa bin, lassen sie mich nicht mehr weg.“

„Woher willst du das wissen? Du bist jung genug. In dem Zustand wie jetzt kannst du doch nichts ausrichten.“

„Das wird schon wieder, solange sie mich in Frieden lassen.“ Wen Gérard im Einzelnen meinte, ließ er im Unklaren. Nach einer Tasse Fleischbrühe, die Elise ihm löffelweise und mit Überredung einflößte, fielen ihm die Augen zu.

Gegen Mittag quälte ihn wieder Unrast. „Ich muss weg. Frag nicht,

Elise." Reichlich verknittert wankte er aus der Wohnung, einem Penner ähnlicher als dem Erlöser.

Acht Uhr abends klopften der Pastor mit einer Begleiterin. Die beiden traten zögernd durch den Flur, wollten sich aber nicht setzen. Mit gespielter Munterkeit reagierte Elise auf die betretenen Mienen.

Sein Mund verhärtete sich zu einem Strich und der Adamsapfel sprang im Hals auf und ab. Das Räuspern seiner Begleitung gab ihm den letzten Anstoß, sich einer traurigen Pflicht zu entledigen. „Elise, ich habe eine schlechte Nachricht. Gérard ist ... Mein Sekretär sagte, Gérard habe nach mir gefragt und da ich unterwegs war, sei er wieder gegangen. Es ist so furchtbar."

„Was ist denn um Himmels willen?"

„Mittags schaute jemand ins Nachbarbüro und fand ihn."

„Ja und?"

„Er hat sich in meinem Büro am Fensterkreuz aufgehängt."

„Allmächtiger, nicht bei mir", war Elises erster Gedanke, „das ist grauenvoll! Das Verhör war für seine Depression lediglich der Tropfen gewesen, der seine Gumbo zum Überlaufen brachte."

Als ihre Knie nachgaben, fing Yibaralem, die an der Tür gelauscht hatte, ihre Herrin auf. Sie brach in Klagetriller aus. Jaulend drehten sich die Hunde im Kreise. Elise schlug die Hände vors Gesicht und weinte hemmungslos.

Wie allein jeder kämpft an allen Fronten und direkt neben dir passiert das größte Unglück, dachte sie, *ohne dass du eingreifen kannst. Was bewirkt die ganze Mühe, noch nicht einmal für einen selbst besteht Hoffnung.*

Der Pastor versuchte, mit seinem Zuspruch durchzudringen, überrascht, dass diese beiden enger verbunden gewesen waren als gedacht. Wie schon des Öfteren hegte er den Verdacht, ob die Trauer sich verselbstständigte und die Grenzen zu Selbstmitleid verschwammen.

Schniefend und schnäuzend fragte Elise: „Wohin soll ich jetzt mit seinen Sachen? Wissen Sie, ob er noch Angehörige hat?"

„In seiner Personalakte müsste etwas verzeichnet sein. Die Polizei war da, es gibt gar keinen Zweifel. Haben Sie vielleicht einen Abschiedsbrief gefunden?"

Fragend schauten sich Yibaralem und Elise an. „Nein, womöglich in

seiner Tasche."
Nach erfolgloser Suche sagte der Pastor: „Wir müssen ihm ein würdiges Begräbnis bereiten."
Das war ja wohl das mindeste! Elise hätte dem Pastor den Kopf gewaschen, wenn er jetzt auf das Recht der Kirche gepocht hätte, Selbstmörder vor der Friedhofsmauer zu verscharren. „Wir sollten nichts übereilen. Unter Umständen muss er überführt werden. Wo ist er jetzt?"
„Im Zenebework Hospital. Kühlfach."
Zur Trauerfeier war die ganze Leprastation vollzählig erschienen. Sechshundert Arbeiter mit ihren Familien!
Wie soll es weitergehen?, grübelte Elise während der Predigt. *Gérard ist der Katalysator für mich gewesen. Um die Richtung für die nächsten Jahre beizubehalten, reicht das nicht. Wenn das auch nur halbwegs klappen soll, brauche ich verlässliche Mitarbeiter.*

7

„Steh auf, du weißt, dass wir früh losmüssen", keifte Meleses Mutter und rüttelte an der Schulter ihres Sohnes, der nur wenige Stunden im Bett verbracht hatte. Es war das erste Mal, dass sie auf ihn angewiesen war, denn solange Elise greifbar gewesen war, hatte die sich bereiterklärt. „Ich möchte nach Debre Lebanos."
Viele Witwen nahmen den zylinderförmigen Hut, den Emahoi, Kennzeichen der Nonnen. Am liebsten hätte es die Alte ihnen gleichgetan und im Kloster gelebt, nicht weil sie besonders religiös gewesen wäre, sondern weil sie von der Welt und vor allem Männern die Nase voll hatte. Das Geschrei ihrer Kinder prallte an ihr ab: „Du bist eher Hexe! Liebes bisschen, Mutter! Wie kannst ausgerechnet du Nonne werden wollen!" An der jährlichen Messe für verwitwete und geschiedene Frauen zu Ehren des heiligen Michael hielt sie zäh fest.
Um ins Kloster zu gelangen, mussten sie mit erstem Tageslicht aufbrechen, denn erst am Ende einer langen Fahrt sah man die Anlage, die auf einer Terrasse am Steilabfall einer wilden Schlucht thronte.
„Wenn du nicht bald aufstehst, fahre ich mit dem Taxi zu Elise." Mutter Dimtu war erpicht darauf, wie alle anderen Pilger aus der heiligen

Quelle zu trinken und sich darin zu waschen.
Melese drehte sich noch einmal herum. „Du schaffst gar nicht mehr, zwei Stunden lang zu stehen, Mutter.“ Wenn er die Verrückte umstimmte, müsste er sie nicht so weit chauffieren.
Diese sah sich in einem der Türeingänge der Kirche kauern und ins Innere schauen, wo bärtige Mönche unter Singen der Psalmen mit langen Stangen und schwarzen Umhängen selbstversunken zu Handtrommeln und Rasselmusik Körper und Arme wanden und schwangen, ihre Gesichter in verzückter Ekstase. „Spielend schaffe ich das“, fauchte sie und zerrte schimpfend an der Bettdecke, bis ihr Sohn endlich die Beine auf den Boden schwang und nach seinen Latschen angelte. „Jetzt mach schon.“ Mit schwächlichen Boxhieben traktierte sie seinen Rücken.
„Ohne Dusche und Rasieren geht gar nichts, Weib. In dem Zustand zeige ich mich nicht öffentlich, das müsstest du wissen.“ Um seine Mutter zu ärgern, verrichtete Melese jeden Handgriff quälend langsam, während sie ihn wie eine wütende Wespe umkreiste.
Inzwischen war auch Makeda von dem Krach aufgewacht und schlappte über die Veranda. Die Stimme der Weißhaarigen ging in Gejammer über: „Es ist fast zehn Uhr, wir werden uns kaputtschwitzen und die Messe ist vorbei, wenn wir ankommen.“
Endlich startete Melese aufgebracht den Volkswagen, den er vor kurzem erstanden hatte, und fuhr los. „Ist das Auto wenigstens in Ordnung?“, unterbrach seine Mutter ihr lautloses Gebet und krallte sich mit der Linken am Sitz und mit der Rechten am Handgriff über der Tür fest.
„Der Wagen ist gut in Schuss“, entgegnete Melese ungehalten.
Die Mutter ächzte, wenn der Schotter zur Seite spritzte, ein Passant sich in Sicherheit brachte oder das Heck in der Kurve wegrutschte. Landschaftliche Schönheit spielte für die beiden Insassen keine Rolle und so gönnten sie den grauen Kegeln der Tukuldächer, die sich zwischen die knorrig-roten Stämme der Kossobäume und das satte Dunkelgrün des Wacholders schmiegten, keinen Blick.
Schlingernd preschte Melese um eine Kurve und sah sich unvermittelt vor einem Erdrutsch, der die Hälfte der Straße auf mehrere Meter abgerissen hatte. Gerade noch hatte er sich als der Bezwinger jeglicher Situation gefühlt, nun bewegten sich seine Gliedmaßen instinktiv. Nur

vorbei, war der Impuls, aber wie?
Seine Geschwindigkeit war hoch, der Bremsweg auf Schotter lang, zum Ausweichen reichte der Platz nicht. Er verriss das Steuer, das Auto schleuderte über die Abbruchkante und die Beifahrertür öffnete sich. Während die ohnmächtige Mutter hinausgeschleudert wurde, prallte Meleses Kopf mit Wucht gegen die Frontscheibe. Der Wagen kippte über die Böschung, überschlug sich zweimal und blieb in einem Gestrüpp hängen. Kurz drehten sich die Räder, aus dem Motorraum kräuselte sich ein Rauchfaden, den keiner der beiden Ausflügler sah.

Als Melese zu sich kam, erfüllte die Luft nur der Gesang der Vögel, das Quaken der Frösche aus der Schlucht und Insektengesumm. *Wie bin ich hierhergekommen? Warum? Das Stöhnen kommt von mir, also lebe ich noch,* war sein einziger Gedanke. Durch das zerbrochene Glas sah er in ein paar Metern Entfernung die Silhouette eines großen Vogels. Das Gekreisch seiner Mutter gellte nach. Ein Halm schabte am Blech. Die Sonne stand im Zenit, als der Verunglückte zuerst einen Motor und dann Schritte hörte, die sein Auto umrundeten.

„Hilfe!"

Ein Mann beugte sich ins Auto und schaute Melese mit entsetzten Augen an. „Alles wird gut, Allmächtiger." Quälend lange Minuten überlegte der Fremde, dann zog er den Hilflosen am Gürtel seitlich über den Sitz, packte ihn unter den Armen und schleifte ihn wie einen nassen Sack bis zum nahen Baum. Ihn dort in sitzender Position an den Stamm zu lehnen schaffte er nicht. Der Verletzte fiel immer wieder zur Seite. „Rühr mich nicht an", wehrte er den Helfer ab, während eine fürchterliche Angst in ihm hochstieg.

Der Mann ließ augenblicklich los und starrte ungläubig. „Ich muss Sie nach Addis Abeba bringen. Dort ist das nächste Krankenhaus, näher ist nichts. In Debre Lebanos gibt es nur die letzte Ölung."

Melese sah an sich entlang. *Wenn mich der Trottel herumschleift, geht noch mehr kaputt.*

Resigniert blieb er auf der Seite liegen, keineswegs dankbar für die Hilfe, während der Mann verschwand. Er konzentrierte sich mit allen Sinnen auf seine Zehen, war jedoch nicht in der Lage, einen Blick darauf zu werfen, um sich davon zu überzeugen, dass sie sich bewegt hatten. Vor lauter Anstrengung nickte er immer wieder ein. Er flehte still zu allen Heiligen, das Schlimmste verhütet zu haben.

Kurz darauf trug der Unbekannte keuchend eine Frau heran und legte sie neben Melese ins Gras. Schweiß rann ihm über die Stirn.

„Meine Mutter“, sagte Melese. „Ist sie tot?“

„Nein, bewusstlos.“ Weißlich schimmerte der Schädelknochen der oberen Kopfhälfte, von der die Haare mitsamt Skalp, ähnlich einer verrutschten Perücke, herunterhingen. Sie kam auch nicht zu sich, als der Fremde ein weiteres Auto angehalten hatte und sie auf dessen Rücksitzbank verfrachten durfte.

„Also was ist jetzt mit Ihnen, ich kann Sie nicht hier liegenlassen. Bis ich einen Lastwagen auftreibe, kann ein Tag vergehen, da wetzen die Geier ihre Schnäbel.“

Widerstrebend gab Melese ihm Recht.

8

Ruhig Blut, erst durchatmen, ermahnte sich Elise. *Kein Mensch kann mich zu einer Rückkehr zwingen. Ich bin getrennt von diesem Mann. Die Verpflichtung ‚In guten wie in schlechten Zeiten‘ ist schon lange ungültig, die Scheidung lediglich die letzte Formalität, die noch fehlt.*

Eben noch feierte sie den ersten Geburtstag ihres Sonnenscheinchens mit all denen, die das Auf und Ab der Familienvergrößerung teilnahmsvoll begleitet hatten: Pastor Matthes, Elli, Seble, Masante, Bekannte von der Botschaft mit Kind und Kegel. Sie empfand den Tag als Ende der Probezeit.

Iyasu, wie Elise den Kleinen endlich getauft hatte, war prächtig gewachsen, zahnte, wie es sich gehörte, und nahm auf wackeligen Beinchen seine Glückwünsche entgegen! Es kratzte kein bisschen am Stolz der Mutter, dass er das Gleichgewicht verlor und auf allen vieren das Geschenk Meleses entgegennahm, das Tschamusch in seinem Auftrag einen Tag vorher abgegeben hatte: ein Paar rote Schuhe, diese niedlichen Dinger, die man an den Innenspiegel des Autos hängt, weil sie nach ein paar Monaten schon zu klein geworden sind. Tschamuschs Geklopfe riss Iyasu aus dem Mittagsschlaf und sein Protestgeschrei die Gesellschaft aus der Hochstimmung.

„Der Gētawi ist schwer verunglückt", stammelte verstört die Dienerin, „auf dem Weg nach Debre Lebanos. Er liegt jetzt im Krankenhaus. Seine Schwester hat mir gesagt, ich darf Ihnen ... Sie sollen nichts davon wissen. Das geht doch nicht."

Nach Feiern war nun niemand mehr zumute. Sobald der letzte Gast mit allen Segenswünschen über die Schwelle war, fuhr Elise in die Klinik.

Freunde und Verwandte bildeten eine Mauer vor dem Krankenzimmer vor ihr, der Abtrünnigen, der sie unterstellten, sich am Unglück weiden zu wollen. Selbstverständlich wäre sie für jeden Bruder ebenso gekommen und etwas anderes war ihr Mann nur noch auf dem Papier, seit sie vor einem Jahr und neun Monaten ausgezogen war. Dem Arzt konnte sie nicht verdenken, dass er sie für eine Außenstehende hielt und ihr den Zutritt zu dem Verunglückten zunächst verwehrte.

Melese lag mit unruhigem Gesicht da, der restliche Körper war zum größten Teil verbunden. In den dunkel umringten Augen glommen Wut und Hoffnungslosigkeit.

„Hallo, wie geht's dir?"

„Ach, weißt du, ich will nicht gerade behaupten, es sei mir schon schlechter gegangen, den Umständen entsprechend ... Schmerzen habe ich keine." Es gelang ihm nicht, den coolen Helden zu markieren.

„Du bist vollgepumpt mit Schmerzmitteln."

„Mir wäre es lieber, ich würde meine Zehen spüren."

Einer ehemaligen Krankenschwester macht so schnell keiner was vor, auch ohne ihren Kommentar sah Elise ihm an, dass er Bescheid wusste. Querschnittsgelähmt. Ab dem vierten oder fünften Wirbel.

„Na ja", entgegnete sie. „Ich werde natürlich für dich da sein. Wenn du irgendetwas brauchst, sag mir Bescheid." Sie wollte nicht in die Mitleidsfalle tappen, gegen die sie ein innerliches Gefecht führte. Nun konnte er ohne Hilfe noch nicht mal im Café sitzen. Ein derartiges Schicksal wünschte sie ihrem schlimmsten Feind nicht.

„Nein", entgegnete er. „Daran kannst du auch nichts ändern."
Als Elise im Begriff war, das Zimmer zu verlassen, bat er: „Guck nach, wie es meiner Mutter geht."
Der Haartracht nach lag im zweiten Bett eine Frau. Ihr Kopf war zu einem unförmigen Fußball angeschwollen, in dem breitgezogene Schlitze an die Kürbisköpfe von Halloween erinnerten.
„Ich finde deine Mutter nicht", flüsterte Elise. „Die muss da sein!", versicherte er.
„Nein, die ist nicht hier."
Der herbeigerufene Arzt deutete zum Nachbarbett. „Dort! Diese Frau ist seine Mutter! Retrograde Amnesie. Sie steht noch unter Beruhigungsmitteln."
Draußen empfing Elise der diskutierende Freundes- und Familienkreis. „Wenn die Ärzte hier mit ihm fertig sind, soll er nach England zu einer Reha!"
„Wie wollt ihr das denn bezahlen?"
„Wir sammeln, das kriegen wir hin. Bloß die Lufthansa will ihn nicht ohne Begleitung fliegen."
In früheren Zeiten wäre Elise die geeignete Person für alle Verhandlungen gewesen, doch dieser Vorschlag wurde nicht an sie herangetragen und zeigte ihr, dass ihr Absprung wenigstens akzeptiert worden war.
Meleses Freund Adunja und dem Geschick der Spezialisten für Rückenverletzungen in Stoke-on-Trent in Staffordshire übertrugen sie die Verantwortung für die weitere Pflege.

Obwohl Elise über ein halbes Jahr später von Meleses Rückkehr aus England erfuhr, ließ sie einige Zeit vergehen, um ihre Unabhängigkeit zu unterstreichen.
Meine Schulter steht nur noch Iyasu zur Verfügung, schärfte sie sich ein. *Die Anfangsjahre mit Melese habe ich selbst rosa eingefärbt und die Ärmel hochgekrempelt, aber was hat er eigentlich dazu beigetragen außer seinem Heiratsantrag, der mir das Studium ermöglichte? Dafür habe ich ihn wahrhaftig entschädigt. Die Kinder waren leere Versprechungen. Wenn es mir schlecht ging, habe ich allein klarkommen müssen, wie es meine Mutter vorausgesagt hat. In Europa wäre ich seine einzige Stütze, hier zählt der afrikanische Klüngel, warum*

soll der nicht auch mal mir nützen?

Seinen Gedankengang hatte Elise zutreffend eingeschätzt. „Warum kommst du erst jetzt?“, war sein erster Satz.

„Och, ich hatte viel zu tun“, erwiderte sie, was wahrhaftig nicht gelogen war.

In seinem großen Bett ermöglichte eine Eisenstange am Kopfende, sich mit den Armen hochzuziehen. Zum aufrechten Sitzen wurde er festgeschnallt. Melese klagte, es sei schrecklich, wenn man nur Kopf und Arme bewegen könne. Das stand außer Frage, aber weder Bemitleiden noch Beschönigen würden ihm helfen. Elises offensive Methoden hatten am Krankenbett immer die schnellste Wirkung gezeigt.

„Es ist unerträglich, ausgerechnet von den zwei Weibern abhängig zu sein“, jammerte Melese vor sich hin.

„Willst du dich umbringen? Brauchst du Tabletten?“ Sein Adamsapfel hüpfte förmlich am Hals auf und ab.

„Nein, meine Pistole.“ Falls er mit einem Schrei der Entrüstung ihrerseits gerechnet hatte, sah er sich getäuscht. Zufällig war sie eines Tages auf die Waffe gestoßen und hatte sie gelassen, wo sie war. Ungerührt holte Elise sie aus der Kommode, lud sie und legte sie in sein Nachttischschränkchen, an das er gut herankam.

„Da liegt sie. Ich tue das, weil ich in deiner Situation gerne diese Entscheidungsmöglichkeit hätte.“

Sollte die Familie protestieren wegen dieser Art der Unterstützung! Wenn er schon die Bewegungsfreiheit verloren hatte, dann brauchte er die Gewissheit seiner Selbstbestimmung.

Zum abendlichen Toilettenritual ließ Melese seine Bedienung mit wechselnden üblen Launen für sich rennen.

„Wozu scheuchst du Makeda und Judy hin und her?“, fragte Elise. „Dir haben die Reha-Ärzte alles beigebracht, damit du bis zu einem gewissen Grade wunderbar ohne Hilfe zurechtkommst.“

Ließ sich seine Mutter sehen, spuckte er Gift und Galle! Die Ungerechtigkeit, dass sie, mit Schwindelanfällen, Gedächtnisaussetzern und Phasen rasender Kopfschmerzen glimpflich davonkommen, ein normales Leben weiterführen durfte, während er behindert war, gärte fruchtlos in ihm.

9

Ein neuer Partner für die Leprastation war nicht in Sicht, so dringend Elise ihn benötigte. Über ihr schlug der Berg an Verwaltungsarbeit zusammen, die Zahlen der Abrechnungen verfolgten sie bis in den Schlaf.

Nach stundenlangem Drehen und Wenden schreckte sie mitten in der Nacht hoch. Ängstlich lauschte sie, aus welcher Ecke das rhythmische Keuchen kam, und erinnerte sich an ihren qualvollen Versuch, nach Hilfe zu schreien, das Mondgesicht aus der Reserve zu locken. Traumschnipsel. Ihre Arme fühlten sich an wie eingebunden in eine Zwangsjacke.

Der erste Anschein von Morgendämmerung tauchte die Schränke in tintenschwarzes Dunkel.

Wenn ich bis zehn zähle und bis dahin keine Hyäne zu hören war, dann darf ich noch liegenbleiben. Ihr Wille schaffte es erst den Arm auszustrecken und nach dem Wecker zu tasten, als die Helligkeit reichte, um das Karomuster ihres Bettbezugs zu sehen. Dann langte sie unter der Decke hervor. Gegen vier Uhr.

Was war das? Sie zwinkerte, weil ihre Lider klebten. Es verschwand nicht durch Blinzeln, also keine Ablagerung auf der Linse. *Schimmerte das Handgelenk nicht dunkler als der Arm? Wieder kniff sie die Augen zusammen und öffnete sie weit. Ein Fleck. Sag, dass das nicht wahr ist.* Sie knipste ihre Nachttischlampe an, feuerrot! Ein Schreck wie ein Stromstoß! *Das Anfangsstadium! Habe ich eine offene Wunde gehabt,* überlegte sie, *als ich in letzter Zeit Kranke angefasst habe? Einmal das Desinfizieren vergessen? Seit wann habe ich das? Gestern beim Waschen wäre es mir doch aufgefallen, wenn da was gewesen wäre. Oder nicht? War ich so in Gedanken?* Sie wankte ins Bad und drehte den Wasserhahn auf, nahm eine Handbürste und rubbelte die Stelle bis sie brannte. Eine Höllenangst beschleunigte ihren Puls, sie leckte über die trockenen Lippen, zitternd setzte sie sich auf die Bettkante, knetete ihre Finger, raufte ihre Haare und suchte nach den landläufigsten Formeln, die beruhigen konnten. Gefühllos war der Fleck nicht, vielmehr tat er jetzt weh, also Entwarnung.

Nackt zwang sie sich vor den Spiegel und rümpfte die Nase über die deutlich sichtbaren Hinweise nahen Alters, die Knie wurden dick, die Konturen ebneten sich ein. Sie sinnierte über ihren Bauch.

Gebärfreudig!, hatte sie mal gedacht. Bilder von Lepraverwüstungen schoben sich über das Spiegelbild, sie trat näher, griff nach einem Handspiegel, um auch noch die letzte Ecke ihres Körpers nach weiteren Auffälligkeiten abzusuchen.

Ist das nur ein Pickel, habe ich mich dort nur gestoßen? An den Gelenken keine Verdickungen oder taube Stellen? Nichts. Ich bin zu leichtfertig mit der Ansteckungsgefahr umgegangen. Und wenn Iyasu ... Nicht auszudenken.

Kopflos stürzte Elise ans Gitterbettchen. Was würde aus Iyasu werden ohne sie? Panisch stand sie am Bett des Kleinkindes, hob es hoch, ohne dass es aufwachte und trug es in ihr Bett. Vorsichtig packte sie den warmen kleinen Körper aus und inspizierte sorgfältig jeden Quadratzentimeter. Gott sei Dank, nichts. Bedrückt zog sie sich an, sobald die Stadt erwachte, und fuhr nach Akaki in die Klinik.

Professor Dietz empfing Elise so früh am Tage etwas ungehalten und betrachtete stirnrunzelnd ihre Handgelenke. „Ah, interessant. Für was hältst du es denn?“

„Angesteckt“, stotterte sie kreidebleich, „wann muss ich damit rechnen?“

Er zog die Brauen hoch. „Ein Testament zu machen ist immer sinnvoll.“ *Na klasse, sehr beruhigend.* Der Akademiker war zwar für seinen schwarzen Humor bekannt, bloß im Moment war ihr alles andere als witzig zumute.

„Hast du einen Moment Zeit, ich rufe meine Studenten zusammen.“ Väterlich klopfte er ihr auf die Schulter. Sollten andere wenigstens noch aus diesem Fall lernen, das Letzte, was Elise tun konnte. Die Studenten eilten herein, zogen sich teilweise noch ihre Kittel über, der eine und andere wirkte übernächtigt.

„Meine Herren, ich bitte um Ihre Meinung zu Frau Dimtus Handgelenk.“

Aufmunternd wippte er auf den Fersen und wartete auf das Resultat ihrer Anamnese. Einer kratzte sich hinter dem Ohr, ein kleiner Brillenträger schüttelte zweifelnd den Kopf, der Rest beschränkte sich auf Nachdenklichkeit.

Ihr Chef ließ nicht locker. „Haben wir es hier mit Lepra zu tun?“ Gönnerhaft grinste er Elise an. „Das ist ein klassisches Symptom der Psoriasis oder auch Krätze. Wir verschreiben ihr eine Teersalbe.

Damit dürfte das Leiden in zwei Wochen behoben sein." Ein ganzes Gebirge fiel Elise von den Schultern.

Nach der grundlosen Aufregung beschloss sie, einen ausgiebigen Spaziergang zu machen, etwas Wind um die Nase würde den Rest des Unbehagens davonblasen. Sie leinte ihre beiden Kläffer an, Lilibet außer Rand und Band, und schlug den Weg zum Waldrand ein.

Noch keine fünfzig Meter entfernt - Lady Marjorie schnüffelte gerade mit vorwurfsvollem Augenaufschlag an einer Staude -, da rief jemand: „So früh schon unterwegs, Elise?"

Dr. Musculus in munterem Trab mit Handtuch um den Hals stoppte schnaufend, seine leichten O-Beine trampelten auf der Stelle und Lilibet sprang an ihm hoch. Er bückte sich, um der Afghanin über den Kopf zu kraulen. Die Bulldogge runzelte kummervoll die Stirn und hockte sich bei gespannter Leine hin.

„Ich feiere Wiederauferstehung. In der Nachkriegszeit hätte ich nicht geglaubt, dass ich mich über eine Krätze eines Tages so freuen würde."

„Warum sind Sie nicht zu mir gekommen?"

„Näher wäre es gewesen. In der Klinik muss immer irgendwer in der Notaufnahme sitzen. Ich wollte keine Zeit verlieren. Bei Ihnen hätte ich wahrscheinlich erst Murmeltiere wecken müssen."

„Mache ich so einen verschlafenen Eindruck?"

„Sie sind wahrscheinlich auch froh, wenn Sie mal abschalten können." Ihre übertriebene Reaktion auf den Ausschlag zeigte, dass ihr dickes Fell Haarausfall hatte. „Ich erwische mich immer öfter, dass ich an Deutschland denke. Ich bin schon zu lange hier. Seit mein Kollege tot ist, fühle ich mich ausgebrannt."

„Wie lange ist das jetzt her?"

„Acht Monate. Als Angestellte hat man seine geregelte Arbeitszeit, seinen Urlaub. In letzter Zeit träume ich ständig von rauschenden Buchenwäldern und Fachwerkhäusern mit Ziegeldächern. Die Vorstellung, am Rhein auf einer Bank zu sitzen und die Straßenreinigung zu beobachten, hat so was Beruhigendes."

„Ich sehe, Sie brauchen mal eine Abwechslung. Immer nur derselbe Trott, das ist nichts. Sie sind schlicht urlaubsreif."

„Lieber heute als morgen wäre ich die Verantwortung für die

Aussätzigen gern los, glauben Sie mir. Materialbeschaffung, Herstellung und Vertrieb wachsen mir über den Kopf."

„Kommen Sie mit, wir schlagen einfach mal über die Stränge. Das wird Ihnen guttun. Ich muss mich nur erst duschen."

„Und Ihre Patienten?"

„Die Praxis bleibt geschlossen." Er lachte und rubbelte mit dem Handtuch über seinen Nacken, wobei Elise die dunkel behaarten Unterarme wie durch den Fadenzähler registrierte. Sie bremste sich, die Hand danach auszustrecken und darüberzustreichen.

Ihre kleine Alltagsflucht feierten sie am See von Bishoftu mit einem Picknick. „Ich fühl mich wie beim Schule Schwänzen", stellte Elise fest, teilte eine Papaya zum Nachtisch und lehnte sich gegen einen Felsen. Die weidende Herde klapperdürrer Buckelrinder erinnerte sie an früher. „Beinahe wäre ich vor zwei Jahren unter den Farmern gelandet."

„Mit allem Drum und Dran? Mist, Milch und Käse?"

„So schlimm nicht. Siehst du den Schrein von Malka Arsad?" Elise erschrak innerlich. *Oh Gott, das ‚Du' ist mir einfach rausgerutscht, was denkt er jetzt von mir*? Sie erzählte rasch weiter. „An dem Baum mit den bunten Stoffstreifen an den Ästen und der Schar Webervögel hat mich ein Bauer angesprochen und wollte mir sein Land verkaufen. Fünf mal zehn Kilometer Zitruspflanzung, spottbillig."

„Ach, du grüne Neune, ginge das nicht einfacher?" Für einen Augenblick verstimmt, er wusste nicht, weshalb, klopfte der Arzt seine Pfeife aus, stopfte eine andere, die er aus einem Etui nahm, und sog kräftig, während er ein Streichholz daranhielt.

„Frage ich mich heute auch. Unausgegorener Quatsch."

„Wie hättest du das bewirtschaften wollen?", fragte Leo kopfschüttelnd. Aha, er hatte ihren Lapsus bemerkt und mit keiner Wimper gezuckt.

„Gott sei Dank hat meine Vernunft die Reißleine gezogen. Mir ging es um sozialere Erntebeteiligung."

Leo hatte keinen blassen Schimmer, welche Wucheranteile die hiesigen Grundeigentümer ihren Pächtern abpressten: „Da brauchen sie sich nicht zu wundern, dass sie keinen Anreiz haben, mehr als das Nötige zu tun."

„Selbst wenn sie wollten, sie erwirtschaften keine Überschüsse! Wäre bloß illusorisch gewesen, die verpachtete Farm durch Ausflüge regelmäßig zu überwachen.“ Es entspann sich ein lebhafter Disput, denn der Arzt hatte bislang wenig Gedanken an die Politik außerhalb des Gesundheitswesens verschwendet. Lange Zeit verstummten beide, das trockene Gras raschelte nahe der Piste.

Als er sich entkleidete, errötete Leo unter Elises Blicken und betonte, seine Badehose habe noch seine Mutter gestrickt. Sie schluckte, teils fand sie es rührend, teils ein bisschen wunderlich, bei Alpenbewohnern galten womöglich andere Maßstäbe.

„Vom Baden rate ich ab, das Wasser ist nicht frei von Bilharziose“, die schreckliche Wurmkrankheit brauchte sie einem Arzt nicht zu schildern, „und im Langanosee sind schon Leute ertrunken.“ Elise kannte eine deutsche Krankenschwester, die einfach von der Wasseroberfläche verschwunden und erst nach Tagen geborgen worden war.

„Schade, dann tanke ich eben nur ein bisschen Vitamin D.“ Leo wälzte sich auf den Rücken und knüpfte mit geschlossenen Augen an ihre Traumschilderung an, als er fragte: „Warum tust du es nicht?“ So einfach. Erst im Rückblick ging Elise auf, dass die Unterhaltung ihr den nötigen Ruck aus der Tretmühle gegeben hatte.

Sie beschlossen den Tag in seiner Wohnung. Locker und leicht perlten Leos Finger über die Tasten des Klaviers, probierten etwas Jazz, kapriolten um Heurigenmusik und variierten schließlich über Beethovens „Elise“.

„Der Sonate habe ich meinen Namen zu verdanken.“

„Deine Mutter hat Geschmack, alle Achtung.“

„Eher Verlegenheit. Wo nimmt man holterdiepolter einen Mädchennamen her, wenn man ganz auf einen Jungen fixiert ist? Während der Entbindung lief das Radio. Es hätte auch das Nibelungenlied sein können.“

„Sei froh, wenigstens wurde nicht das Rumpelstilzchen vorgelesen.“

Vom Sofa aus zog ein Kasten an der Wand Elises Aufmerksamkeit an sich. Sie trat näher und schauderte. Drei Reihen Kakerlaken auf Nadeln gepiekt. „Die bisher in meiner Behausung erlegte Strecke“, erklärte Leo, ohne aufzublicken. „Ich weiß nur nicht, was ich adäquat dem Gamsbart dafür an den Hut stecken soll. Bei der Ausfuhr könnte ich Ärger kriegen. Welcher Veterinär stellt mir dafür ein Zeugnis aus?“ Aus seinem nahtlosen Potpourri hörte Elise eine Melodie aus dem Freischütz heraus.

„Du wirst die nicht ernsthaft mitnehmen.“

„Warum nicht? Ohne Beweise denken alle, ich erzähle Jägerlatein. Von außerhalb und unbehandelt darf Großwild nur von speziell dafür zugelassenen Präparatoren nach Europa eingeführt werden.“ Ein Zucken im Mundwinkel verriet ihn.

„Du nimmst mich auf den Arm!“

„Noch nicht. So steht es im Washingtoner Artenschutzübereinkommen.“

„In England wärst du in guter Gesellschaft“, *ein bisschen skurril, der Herr Doktor,* dachte Elise vergnügt.

Ergebnis dieses überaus erholsamen Tages war der Entschluss, das Leprazentrum bei nächstbietender Gelegenheit abzugeben.

Dieser Augenblick bot sich, als eine Gruppe von Angestellten der niederländischen Botschaft auf einer Führung durch die Werkstätten bestanden, ausgerechnet mitten in den Vorbereitungen für einen Wohltätigkeitsbazar.

„Frau Dimtu, das ist außerordentlich, was sie da erreicht haben.“

Bescheiden winkte Elise ab und strich sich die verschwitzten Haare hinter das Ohr. Man ließ ihr keine Zeit, um Luft zu holen. „Meine Herren“, sagte der Holländer zu seinen Kollegen, „ich glaube, Sie sind einverstanden, wenn ich der Dame ein Angebot mache. Bei den Absatzzahlen bin ich optimistisch, einen Financier zu interessieren. Ich hätte nur noch eine Frage, Frau Dimtu: Wären Sie bereit, jemanden einzuarbeiten?“

„So viele Sie wollen, natürlich. Solange ich noch hier bin, liefere ich auch weiter Entwürfe.“

Den Kranken, die ihr zum Abschied die Tür einrannten, versicherte Elise: „Ich kann nichts mehr für euch tun. Ihr müsst jetzt sehen, dass ihr das, was wir euch beigebracht haben, weiterführt. Ihr schafft das.“

Beim unvermeidlichen Abschiedsgottesdienst hielt einer der Leprösen eine Rede: „Unsere liebe Mutter, Frau Dimtu, die uns zuerst das Leben gerettet hat, wird uns verlassen. Der liebe Gérard ist gegangen, die Mutter hätten wir gerne behalten. Wir lieben sie und sind ihr dankbar. Sie hat uns unsere Würde zurückgegeben. Jetzt können wir unsere Familien ernähren, statt auf der Straße zu sitzen. Gott möge sie beschützen. Amen.“

Mit einem Gebet endete dieses Kapitel ihres Lebens.

10

Kaum liege ich im Bett, zittere ich jeden Abend in einem eiskalten Wind, ärgerte sich Elise. *Die Kerzenflamme flackert nach einer Seite und die Nase des Kleinen ist ständig verstopft. In der Botschaft lachen sie, wenn ich mit Diplomatenpost Dichtstreifen für Fenster und Türen liefern lasse. Es kommt noch so weit, dass ich eine neue Tür einbaue.*

Aus Richtung Klinke ertönte ein kaum hörbares Quietschen. *Wie gut, dass ich abgeschlossen habe. Da! Schritte im Wohnzimmer. Ob der Nachtwächter eine Runde dreht?*

Unruhig stand sie auf und nahm jedes Zimmer unter die Lupe.

Lilibet tappte hinter ihrem Frauchen her, sich keiner Verletzung ihrer Aufsichtspflicht bewusst, während die übergewichtige Lady es ausreichend fand, von ihrer Decke aus ein leises Knurren mitzuschicken.

„Niemand zu sehen. Wie kann das sein? Sörfu braucht ein paar auf die Fußsohlen“, schimpfte Elise vor sich hin, „wenn er hier nachts herumschleicht. Ach was, morgen klärt sich alles auf, ich werde ein Gruppenverhör machen und jede Ritze dieser Mauern verstopfen.“

Im Flur verwunderte sie ein seltsam vertrauter schwacher Hauch von Plätzchengeruch und Sandelholz. Leise knirschten Schuhe im frisch gefallenen Schnee. Hatte sie Halluzinationen?

Ihre Nase lenkte sie in einen Winkel der Küche. Dort neben der Spüle auf dem Fußboden stand eine Tasse mit einer dunklen Flüssigkeit und in den Ritzen der Bodenbretter steckten zwei glimmende Räucherstäbchen.

In der nächsten Nacht war sie überzeugt, eine der Näherinnen hole etwas Liegengebliebenes. Beim Frühstück brachte Elise das Gespräch darauf: „Ach wisst ihr, ich bin jetzt nachts ein paarmal aufgestanden euretwegen, weil ihr was vergessen habt. Seht besser zu, dass ihr eure Sachen gleich alle mitnehmt, damit ihr nicht so spät noch einmal kommen müsst. Da denke ich immer, ein Einbrecher schleicht von Zimmer

zu Zimmer."
Die Arbeiterinnen schauten sich betreten an. „Ja, da kommt auch einer. Wir sind es nicht."

„Was meint ihr damit?" Das Hoftor ächzte, kurz darauf sahen sie Sörfu draußen vorbeigehen.

Yibaralem druckste: „Na ja, das ist ein Geist, der da kommt."

„Nein, ich bin's nur", winkte Leo im gleichen Moment durchs Fenster.

„Dann besteht ja kein Anlass zur Sorge", Elise lachte, „mit solchen Gespenstern kann ich umgehen."

„Ich bin auf dem Weg zu einer Besprechung und wollte nur mal schauen, wie es euch geht."

„Wir haben ein spiritistisches Problem", erklärte Elise dem Doktor todernst. „Bei meinen Au Pair-Eltern lebte auch ein Geist, der mich nie bedroht hat, meine Schrecken waren immer handgreiflicher Natur. Meine Mädchen sind in Unruhe."

„Doch, das ist ein Geist", versicherten sie eifrig. „Dem haben wir Kaffee gekocht."

Elise sah zu Leo und zuckte mit den Schultern. „Von dieser äthiopischen Sitte habe ich schon gehört."

„Warum habt ihr das für euch behalten?", fragte der Arzt.

Die Jüngste fasste sich: „Wir wollten die Herrin nicht ängstigen."

„Wisst ihr was", schlug Elise den Näherinnen vor, die ihre Töchter hätten sein können, „wir erkundigen uns, wer hier vorher gelebt hat. Ihr dürft niemandem verraten, warum! Das lässt mir jetzt keine Ruhe."

„Wenn du willst, kann ich eine Zeitlang auf dem Sofa schlafen", bot sich Leo an. „Nur für den Fall, dass etwas ganz Reales dahintersteckt."

„Übertreiben wir mal nicht. Das Hohngelächter, wenn das rauskäme, kann ich mir vorstellen." Um des lieben Friedens willen beschloss Elise, auf die Ängste ihrer Schutzbefohlenen einzugehen wie auf Kindergeschichten, die man mitspielt, um den Spaß nicht zu verderben.
„Der Eigentümer des Anwesens war ein gut situierter Geschäftsmann namens Ato Kifle, hat mir Mimi erzählt. Dessen Partner hat ihm vor ein paar Jahren die Kehle durchgeschnitten. Er sitzt noch im Gefängnis." Gleichmütig stippte Elise zum Mittagessen ein Injerastückchen in die scharfe Soße und fütterte Iyasu. „Wir leben also seit geraumer

Zeit mit Ato Kifle, der keine Ruhe findet."

Mitten in das gedämpfte Schmatzen knarrte die Zimmertür, sie schwang leicht im Scharnier und ganz deutlich waren Schritte auf dem Parkett zu hören. Wenn sie allein gewesen wäre, hätte Elise den Spuk abgetan als Morbus Menopause, so jedoch folgten die Köpfe der ganzen Mittagsgesellschaft dem Geräusch entlang dem Rande des Teppichs.

„Ato Kifle, sag uns, was du willst", nuschelte Yibaralem mit vollem Mund. Als Antwort ertönten Schritte um den Teppich herum bis zur Tür, die schwang hin und her, die Außentür klappte zu und Ruhe kehrte ein. Da alle Bewohner um den Tisch versammelt standen und das Hoftor verschlossen war, konnte kein Fremder ins Gebäude eingedrungen sein. Die Zeugen sahen einander an.

Maryams halbwüchsige kräftige Freundin Tsahai, die eine Nachricht von Masante gebracht hatte, schüttelte ihre ungezählten Zöpfchen. „Wie komisch, dass er nicht über den Teppich läuft."

„Seltsam." Elise betrachtete den Bodenbelag genauer. „Ich weiß, warum. Schaut, das Mittelmuster ist ein Kreuz! Ein Äthiopier tritt niemals darauf."

Alle zuckten zusammen, als es klopfte.

Das blutdruckgerötete Gesicht des Pastors Matthes schob sich durch den Spalt. „Gesegnete Mahlzeit und Gott zum Gruß, liebe Töchter, Herr Doktor."

Er akzeptierte ein Glas Talla. „Morgen kommt ein Freund aus Großbritannien. Wir suchen eine Bleibe für ihn. Könnte er für die Dauer seines Aufenthalts bei dir wohnen, Elise?" Das kam der Hausherrin in dieser Situation wie gerufen. „Natürlich. Die Liege ist frei." Ein heiliger Mann im Haus war gegen nervöse Mordopfer bestimmt so gut wie ein Knoblauchkranz gegen Vampire.

Abends plauderte Elise mit Vater McPherson entspannt bei einem Glas Wein über die Veränderungen in England und allgemein ihre Jahre in Afrika.

Am nächsten Morgen erkundigte sich der Priester, ob Elise gut geschlafen habe.

„Ja, ich hoffe Sie auch?" Die Gegenwart des geistlichen Schutzes in Kombination mit dem ungewohnten Alkohol hatte Elise zu einem

Bärenschlaf verholfen.
Er musterte sie merkwürdig aus schläfrigen Augen, als hätte er die ganze Nacht mit einem Angriff auf seine Tugend gerechnet.
„Hatten Sie Besuch von Ato Kifle?“, fragte Elise und unterdrückte einen Heiterkeitsausbruch, denn sein Gesichtsausdruck zeigte einen Moment lang eher Enttäuschung als Entrüstung.
Der englische Pastor hatte sich umgehend wieder im Griff. „Frau Dimtu, Sie leben mit einem Geist? Was für eine wunderbare Sache! Ich schreibe sofort meinem Bischof nach England, wenn Sie nichts dagegen haben! Dieser Bischof hat übrigens Churchill die Sterbesakramente gegeben, das nur nebenbei. Er ist Hobby-Geisterforscher.“ Eines so hohen geistlichen Zuspruchs sollte erst einmal einer für würdig gehalten werden!
Allmählich machte Elise die Sache Spaß.
„Frau Dimtu, es ist ungewöhnlich, dass ein Geist einer anderen Kultur zu Ihnen kommt. Soviel wir von Geistern wissen, bleiben sie immer unter den eigenen Leuten. Es könnte einem Europäer kein Eskimo erscheinen. Da gibt es Regeln.“ Ein Verhaltenskodex für Geister! Nur Engländern konnte so etwas einfallen.
„Ich habe keine Angst. Dieser Ato Kifle ist bedrückt. Seine Schritte wirken schwerfällig und traurig und er scheint uns um irgendetwas zu bitten.“
Selbst der mit übersinnlichen Phänomenen Vertraute musste passen. Der Bischof schrieb, dass er gerne den Geist exorzieren würde, ob Elise damit einverstanden sei. Er könne im Falle der Zustimmung gleich seinem Abgesandten den Auftrag für die Durchführung geben.
„Ja, im Hinblick auf die Nachbarn und Angestellten ist es mir den Aufwand wert.“
Woizero Sarah, die Nachbarin zur Linken, die gerne über den Zaun schwätzte, hatte sie erst gestern abgefangen. „Sie haben mich neulich nach dem Vorbesitzer gefragt. Sein Mörder ist aus dem Gefängnis entlassen, habe ich gehört.“
Diese Vorstellung war weniger angenehm und verstärkte den Handlungsbedarf. Man konnte sich nur wünschen, dass der Mörder, sollte er vorbeikommen, nicht gleich blindwütig die Tür einrannte, sondern sich erst vergewisserte, wer hier wohnte.

Pastor McPherson verkündete von der Kanzel: „Bei einem unserer Mitglieder lebt ein Geist, für den wir eine Exorzismus-Messe zelebrieren. Die Betroffene muss in Begleitung sein. Wer möchte daran teilnehmen? Wenn jemand für uns Zeit hätte, melden Sie sich bei mir."

Sechs Beteiligte inklusive deren Diener erschienen am Spätnachmittag auf dem „begeisterten" Gelände. Auf Anordnung des Bischofs hatte Yibaralem einen kleinen Altar mit Kerzen aufgebaut, der Pastor verlas am Esstisch den von der Kirche vorgeschriebenen Text.

Am Ende beteten alle nach dem Vaterunser einen schönen Sermon für Ato Kifles Seele:

„Ato Kifle, dein Unglück ist in jedem Munde,
es tut uns leid zu jeder Stunde.
Vertrauen ward mit Mord vergolten,
wofür der Täter hart gescholten.
Noch immer sollt er dafür büßen
in dunklem Kerker, bloßen Füßen.
Doch deiner Seele hilft kein Rechten,
sie irrt – ein Spielball von bösen Mächten.
Der Platz der üblen Tat, geweiht allein,
könnt Lösung dieses Fluches sein.
Verlass dein Haus von heute an,
damit Frau Dimtu ruhen kann.
Nimm an von uns den Räucherstab,
Gebet und Kerzen auf dem Grab."

Der Priester setzte allein den Singsang fort, schwang ein letztes Mal sein Räucherfass und beschloss seine Litanei: „Jetzt wird es vorbei sein mit dem Umherirren. Wir danken Frau Dimtu, dass sie das für Sie möglich gemacht hat. Ato Kifle, wir bitten um Fürbitte für sie, sollte sie mal in Schwierigkeiten sein."

Anschließend folgte das Häuflein betend dem Pastor, der sich von Raum zu Raum vorwärtssegnete und jeden Spiegel auf bischöfliche Anordnung mit einem aufgemalten Kreuzzeichen zertifizierte.

„Zwei bleiben hier bei dir", bot die Gruppe Elise an, „wenn du bange bist."

„Nein, keine Sorge. Ich bin an Ato Kifle gewöhnt und fürchte mich nicht."

War es denn zu glauben, dass ansonsten vernünftige Menschen solch kindliche Phantasien ernst nahmen? Jeden Augenblick rechnete Elise mit dem Ausruf „April! April!“

11

Sie traute ihren Ohren nicht, zur nächsten Mahlzeit mit den Angestellten konnte man die Fußstapfen von der Tür herüber verfolgen.

„Ato Kifle, wir hoffen, dass es jetzt vorbei ist“, krähte Iyasu. Sörfu murmelte mit vollem Mund: „Ato Kifle, wir hoffen, dass du Ruhe findest.“

Ein wenig wehte der Vorhang, dann raschelte es draußen im Papyrus.

Abends heizte Yibaralem das Badezimmer ein. Entgegen ihrer sonstigen Gewohnheit schloss Elise ab, bevor sie sich in die Wanne setzte. „Jetzt ist alles gut“, dachte sie aufatmend. Sie hatte gerade begonnen, ihre Beine zu schruppen, da strich ihr ein lausig kalter Luftzug über den Rücken. „Who in the hell opened that door?“, knurrte sie ärgerlich und drehte sich über die Schulter.

Es sah aus, wie es sollte. Die Tür war zu! Triefend stieg sie dennoch aus der Wanne und überprüfte das Schloss. Abgeschlossen! Im letzten Augenblick zuckte sie vor dem Spiegel zurück. Der Bischof hatte ihr eingeschärft, sie dürfe nicht in den Spiegel schauen, sonst würde sie einen grauenhaften Blick in die Geisterwelt tun.

Meine Güte, total hysterisch, sprach sie zu sich und stieg wieder in die Fluten. Von nun an war der Spuk vorbei.

Erst beim Auszug erinnerte sie sich an die Geschichte. Die Umzugsleute hatten alles abgeholt, was vom Verkauf übriggeblieben war, da trat, ohne anzuklopfen, selbstherrlich ein Mann durchs Tor.

„Ich bin der Eigentümer und wollte nach dem Besitz sehen. Sie ziehen aus?“

Bis dahin war er nie in Erscheinung getreten. Er war Mitte dreißig und seine Lippen waren griesgrämig verkniffen. Mit den letzten, nicht eingepackten Tassen saß Elise draußen auf Kisten. „Wollen Sie einen Tee mittrinken? Ich möchte Ihnen gerne etwas erzählen.“

„Okay, fine.“ Yibaralem schenkte ihm ein.

„Ato Kifle war Ihr Vater?“

„Ja, woher kennen Sie seinen Namen?“ Auf die Geistergeschichte reagierte er abweisend: „Sie können nicht von mir verlangen, dass ich das glaube.“

„Darauf kommt es nicht an. Auf jeden Fall ist dieses Haus jetzt geweiht wie eine Kirche. Das wollte ich Ihnen sagen.“

„Meine Mutter ist früh gestorben, mit der zweiten Frau meines Vaters kam ich nicht zurecht und bin bald ausgezogen. Dieser Stiefmutter teilte mein Vater im Traum mit, ich solle ihm eine Kapelle errichten. Er fände keine Ruhe.“

„Da sehen Sie! Das Gebäude ist seine Kapelle, in der er von nun an wohnt.“

„Quatsch, habe ich ihr geantwortet. Mit solchem Aberglauben bleib mir vom Hals! Alle paar Wochen erschien ihr der Vater im Traum und forderte: ‚Sag Johannes, er soll mir eine Kapelle errichten.‘ Ich habe an ihrem Verstand gezweifelt. Das ist reine Geldverschwendung! Vor zwei Jahren hat mir meine Stiefmutter eine Botschaft geschickt. Auf welchem Weg sie die herausgeschmuggelt hat, keine Ahnung.“

„Herausgeschmuggelt? Was meinen Sie?“

„Sie lebt als Nonne auf dem Inselchen im Tanasee. Eines Morgens hat eine Oberschwester gefragt, ob jemand unter ihnen sei, der einen Johannes kenne? Ihr sei im Traum ein Mann erschienen und habe gefordert, Johannes solle seinem Vater eine Kapelle errichten! Meine Stiefmutter meldete sich!“ Der Eigentümer seufzte. „Sie können mir glauben, ich habe überlegt, warum mich die Frau nicht endlich mit ihrem verrückten Gewäsch in Frieden lässt? Und jetzt kommt er zu Ihnen. Warum geht er zu Menschen, zu denen ich keine Verbindung habe? Das ist schrecklich für mich. Ich bin richtig wütend auf meinen Vater. Ich bin sein rechtmäßiger Sohn.“

„Das verstehe ich. In einer Gemeinschaftsaktion haben wir die Geisterkrise gelöst: Ich bin Katholikin, Ihre Familie Miaphysiten und den Exorzismus machte ein Anglikaner. Die Seele Ihres Vaters ist beruhigt. Er hat seinen Platz gefunden, wo immer das auch für uns Seelen ist.“

Elise betrachtete die Episode als ihr Gesellenstück, mit dem sie zeigte, dass sie mit Bravour dieser Gesellschaft gewachsen war.

12

Leos Impuls war sie nicht einfach blindlings gefolgt. Das Internationale Arbeitsamt in Frankfurt stärkte ihre Zuversicht. Eine Stelle als Zuschneiderin und Designerin sei bei einer Firma mit Betriebskindergarten im Schwarzwald ausgeschrieben. Die Bezahlung für solche Stellen reiche auch für die Versorgung zweier Kinder, denn Elises Plan war, Judy mitzunehmen.

Melese musste einsehen, dass sein Druckmittel versagt hatte und sie dem Kind viel bessere Aussichten bieten konnte. Da sie ihre Freunde vor vollendete Tatsachen gestellt hatte, wagte auch niemand einen Einwand.

Leo ging es ums Prinzip. Ein bisschen überrascht war er allenfalls, dass seine rhetorische, so belanglos ins Unreine fallengelassene Bemerkung aufgegriffen worden war. Inzwischen hatte er ausführlicher nachgedacht. „Hast du keine Bedenken, mit schwarzen Kindern in die deutsche Provinz zu gehen?"

Verblüfft unterbrach Elise das Verschnüren eines Kartons. „Seit dem Zweiten Weltkrieg hat sich die Welt, verändert, auch Deutschland."

„Wann warst du das letzte Mal dort?"

Sie musste rechnen. „Acht Jahre ist das her."

„Du solltest nicht zu viel voraussetzen. In der Stadt fallt ihr unter Umständen nicht auf, aber auf dem Land."

„Willst du mir Angst machen?" Ihr kam der Gedanke, es sei ihm doch nicht so unwichtig, sie gehen zu lassen. Ihr Verhältnis war keine Liebesbeziehung, sie waren gern beieinander, irgendwelche Erwartungen waren nie in Worte gefasst worden und durften Zukunftspläne schon gar nicht umschmeißen.

„Wo denkst du hin! Ab wann muss ich auf dich verzichten?"

„Eine bloße Kleinigkeit fehlt noch! Der Nachmieter steht fest, die Möbel hat Makeda bekommen, das Übergepäck nimmt der OmaBomber der Lufthansa mit, wenn der Nikolaus und der Weihnachtsmann nach der Bescherung zurückfliegen. Für die kurze Zeit bis zur Ausreise wohnen wir im Ghion Hotel in einem kleinen Junggesellen-Appartement."

Gut, dass Elise der Brief erst vom Nachtwächter ausgehändigt wurde, sonst wäre die Laune für den ganzen Tag verhagelt gewesen. Das

Arbeitsamt verlangte eine Anlaufadresse in Deutschland. Elise hatte ihrem Stiefvater geschrieben und ihn offiziell gebeten, seine Adresse beim Arbeitsamt angeben zu dürfen. Eine reine Formsache. Die neue Stelle könne sie ohne Wartezeit in der Nähe von Freiburg antreten, würde ihm also in keiner Weise zur Last fallen. Da sie keine Schwierigkeiten durch die Klimaänderung befürchtete, hielt sie Eingewöhnungsurlaub für überflüssig. Das Arbeitsamt wolle lediglich sichergehen, dass sie im Falle eines Scheiterns einen Unterschlupf habe, reine Vorsorge also. Seine Rentnerbeschaulichkeit werde sie nicht durcheinanderbringen.

„Ich möchte auf keinen Fall, dass du hier absteigst", antwortete Heinz. Er war der Meinung, er habe genug für Elise gesorgt, obgleich er sie nie adoptiert habe und nicht dazu verpflichtet gewesen sei. „Dass du ausgerechnet einen schwarzen Mann geheiratet hast, war noch Geschmackssache und außerdem lange her. Ich dachte, es sei ein Ergebnis deiner vernünftigen Entscheidung, dass du wenigstens keine Kinder mit ihm hast. Nun willst du mit schwarzen Kindern hierherkommen, was sollen meine Nachbarn sagen? Es ist untragbar.

Den Kindern kann man schließlich kein Schild „Ich bin adoptiert" umhängen. Jeder würde denken, dass es deine richtigen Kinder sind, dass du mit so einem im Bett warst. Für diese Bankerte bleibt meine Tür verschlossen. Beziehe das gefälligst in deine Entscheidung mit ein. Lass auch deinen Halbbruder in Frieden, der ist meiner Meinung."

Jedes Wort als Entgegnung ist pure Verschwendung, zürnte Elise, und sah ihn vor sich, den Kopf mit Pomade verklebt, damit kein Haar aus der Reihe tanzte. *Von meinen alten Freundinnen Ruth und Judith weiß ich noch nicht einmal, wo die jetzt wohnen, da sitze ich auf meinen letzten Kisten mit persönlichen Habseligkeiten. Andere Leute bauen Häuser, pflanzen Bäume, setzen Kinder in die Welt und leiten Flüsse um. Vor kurzem habe ich mich noch gebrüstet, mit wie wenig unnötigem Ballast mein Leben behängt ist, statt Silberbestecken, goldgerahmten Ölschinken und elektrischen Küchengeräten nur ein viktorianisches Nähkästchen. Jetzt bin ich armselig wie eine Auferstehungspflanze, die, vertrocknet und vom Wüstenwind nach Belieben umhergetrieben, nur wurzelt, wenn sie zufällig auf Wasser trifft.*

Sollte sie einfach ins Blaue fahren? In der Botschaft mochte sie niemandem in die Quere kommen und Elli zog sie nicht ins Vertrauen.

Etwas vergleichbar Beschämendes war nie Gegenstand ihres Geplauders gewesen. Müde wie ein altes Schlachtross war Elise und ihre Durchsetzungskraft verpufft wie die Luft aus einem angestochenen Luftballon.

Nach England zurück wäre sie schon gern und eine Stelle zu finden nur eine Frage der Zeit, aber sie war für Kinder verantwortlich. Für sich allein hätte sie mit einem Unterschlupf bei der Heilsarmee vorliebgenommen. Tausend Bedenken lähmten sie.

„Wenn irgendetwas psychosomatisch ist, dann das. Dafür brauche ich keine psychiatrische Fortbildung", sagte Leo. Elise glühte fiebrig und redete irre, als Yibaralem den Arzt alarmierte. Der Zauderer erwies sich in der Not als alltagstauglich, er ergriff die Zügel, brachte Elise ins Hospital an den Tropf, Iyasu zu Magdess, die Hunde zu Melese und leerte den Kühlschrank während das Dienstmädchen verdattert die Hände rang.

„Ruh dich aus und mach dir keine Sorgen, ich komme wieder", sprach er ihr Mut zu. Während die Kranke döste, überwucherte ein schwarz-rotes Paisleymuster den Raum und bewegte sich wie die Ventile einer Trompete. Wie mochte das bei Sonnenlicht aussehen? Zum Fenster herein schaute eine schwarzgekleidete große Gestalt. „Wo hast du deine Sense?", raunte Elise. *Ob er die an die Wand gelehnt hatte?* „Hör mal, ich habe hier ein Waisenkind. Wenn ich mit dir gehe, ist es wieder allein. Ich verspreche dir, wenn du das nächste Mal kommst, bin ich bereit."

Nach dem Morgenlauf saß Leo an ihrem Bett und versuchte, Elise mit lustigen Sprüchen kleine Häppchen einzuflößen, die den letzten Rest Spucke in der Speiseröhre aufsaugten.

Aus der Ferne drang Türenschlagen an ihr Ohr, Rufe pflanzten sich fort, Unruhe auf dem Flur. Aus dem Stimmengewirr der Pfleger filterte sie den Satz: „Die kommt hierher!" Herein stürmte ein Leibwächter der kaiserlichen Familie, öffnete den Schrank und schaute sogar unter ihr Bett.

Elise spähte unter den Lidern durch und reckte den Hals. „Was ist los?"

„Gleich kriegst du den Orden als kaiserliche Hoflieferantin ans Nachthemd gesteckt", prophezeite ihr Freund.

Ungläubig und mit beträchtlicher Mühe richtete sich Elise in den Kissen hoch, die tressenbesetzte Gestalt entsprang sicher derselben Vision wie die zimtfarben gewandete, stattliche Kronprinzessin Medferiash, die mitsamt ihrem Stab hereinrauschte. „Wie geht es Ihnen, meine Liebe?"

Aus liegender Position wird es schwierig, Ehrerbietung zu demonstrieren. Entsprechend kläglich lächelte Elise und ersparte ihr lange Erklärungen.

„Hier sind Sie in guten Händen. Lassen Sie sich richtig verwöhnen!", sagte die Dame aufmunternd. „Unsere Aufgabe muss sowieso verschoben werden." Ihr Parfüm versagte im Kampf um die Vorherrschaft mit den durchdringenden Desinfektionsdämpfen, die die Illusion von Sauberkeit aufrechterhalten sollten.

Was war noch vorgesehen für mich, grübelte Elise. *Ach ja, diese Hauswirtschaftsschule einrichten für Mädchen zwischen Schulabschluss und Verheiratung.*

Die Ungerührtheit der Kranken verriet der Adligen, dass diese vor lauter eigenem Unglück nicht begriffen hatte, was seit ihrer Einlieferung außerhalb der Klinikmauern passiert war. „Ich bin hier, um Ihnen alles Gute zu wünschen und mich zu verabschieden. Nach Ihrer Entlassung hier kommen Sie zur Erholung in unsere Residenz, die Servants werden Sie gut pflegen. Mein Mann hatte einen Schlaganfall, ich werde ihn in die Schweiz zur Kur begleiten. Den Aufbau unserer Schule müssen wir leider verschieben, bis ich zurück bin."

Alle gemeinsamen Pläne waren auf absehbare Zeit hinfällig und die letzte Perspektive geschwunden. Die Neuigkeit tropfte an Elises Teilnahmslosigkeit ab, aus der sie auch Leo nicht herausreißen konnte.

„Volltreffer, Malaria tropica und Typhus, das lohnt sich, Frau Dimtu." Zittrig setzte ihr der missmutige Oberarzt die Spritze und zapfte ihr Blut ab für die Kontrolle. „Wir brauchen das Bett. Haben Sie jemanden, der Sie daheim pflegen kann?"

„Schon gut." Elise zog sich die Jacke über die Arme, ihr Kopf fühlte sich an wie mit Wackersteinen einseitig beladen und in ihrem Gedärm schienen Horden von Bakterien gegeneinander Fußball zu spielen. „Ich habe noch Resochin."

„Das können Sie nehmen. Kommen Sie übermorgen zur Kontrolle. Ampicillin gibt Ihnen Schwester Elli. Und viel trinken", ermahnte er

Leo, der die Abgemagerte abholte.
„Du kommst fürs Erste zu mir, ich habe Yibaralem freigegeben, das heißt, im Hotel wärst du allein."
„Mir ist alles egal: Ehe am Ende, keine Aufgabe mehr, Zukunft, vergiss sie!"
Ihr Freund musterte sie aus zusammengekniffenen Augen. „Jemand, der solchen Schmäh von sich gibt, darf sich nicht selbst überlassen bleiben. Besser, wenn du unter Aufsicht stehst."
Untrennbar mit seiner Therapie zur Stimmungsaufhellung verbunden war die Musik. „Leg dich in den Kissenpfuhl, so, die Decke über die Beine. Ich sing dir jetzt das Lieblingslied meiner Mutter. Schubert. Um dem zu entgehen, bin ich immer schnellstmöglich gesund geworden." Mit theatralischen Gebärden griff er in die Klaviatur, das Heidenröslein hätte sie noch mitsingen können, doch sein Bariton lullte sie ein: „Vorüber! Ach vorüber! Geh, wilder Knochenmann! Der Tod und das Mädchen – ich bin noch jung, geh lieber! Und rühre mich nicht an."
Wer hätte da schon ernst bleiben können? Befriedigt vom Anschlagen seiner Behandlung flogen die Finger molto vivace. „Kennt die Hofdesignerin eigentlich das Gemälde ‚Der Tod und das Mädchen' von Baldung? Nein? Da hast du was verpasst. 1517!"
„Was ist so Besonderes daran?"
„Das ist die älteste Darstellung von Schamhaar in der europäischen Kunst." Mit einem gewaltigen Staccato wechselte er von Moll nach Dur und kam damit einem Kommentar ihrerseits zuvor. Elise glaubte, für einen Augenblick ein Motiv aus den „Bildern einer Ausstellung" wiederzuerkennen, und im nächsten plätscherte schon die Schubert'sche Forelle durchs Zimmer.
Elise war kurz eingenickt und träumte von Schamhaar, lang und rötlich wand es sich im Zopf um Blumenkörbe. Als sie erwachte, war Leo zu seiner Sprechstunde gegangen. Jetzt hing der ganze Himmel voller Wolken und mittags erreichte der Sturm vom Roten Meer, der sich dort über der Salzwüste gebildet hatte, die Hauptstadt. Sandschwer. Die Luft knisterte. Der Regen erreichte den Boden gewöhnlich über einem Bergrücken.
Zwei Wochen Auszeit gönne ich mir, beschloss Elise. Trotz der Bemerkung - war sie anzüglich oder informativ gemeint gewesen? –

fühlte sie sich bei dem fünfzehn Jahre Jüngeren wie in Abrahams Schoß.

Als die Pflicht Elise in die eigenen vier Wände zurücktrieb, behielt sie eine neue Gewohnheit bei. Abends, wenn Iyasu in der Obhut der Dienerin schlief, spazierte sie in die Haile Melekot Street und lauschte Leos Klavierspiel.

Dem Arbeitsamt in Frankfurt teilte sie mit, es täte ihr leid, ihr Vater verweigere ihr seine Adresse, sie könne deshalb nicht nach Deutschland kommen.

Die von Tausenden somalischen Rindern leer gefressenen Grasflächen der Stadt, ewiger Streitpunkt zwischen Somalis und Äthiopiern, schienen ihr ein Sinnbild für die vor ihr liegende Zeit.

Sie verkroch sich mit dem Jungen und Lilibet, Lady Marjorie war an Herzverfettung gestorben, und schnitt sich die Haare ab. Am liebsten wäre sie zu einer anderen Person mutiert. Ein letzter Brief mit geprägter Krone aus London und das Kapitel Schulentwicklung lag ad acta.

Jeder versuchte, Elises Lebensgeister zu wecken. Elli brachte ihr Erdbeeren, für die ihre Freundin früher alles gegeben hätte. Maryam versuchte es mit Appellen an ihre Berufsehre und Seble mit dem Palastklatsch. Ihr überschäumendes Geplauder strengte Elise an.

„Meine Schwester Aida im Norden steckt in Schwierigkeiten." Bei diesem ernsten Thema merkte Elise auf. *Welche Schwierigkeiten kann eine Prinzessin haben? Hat sie ihr Reisenecessaire verlegt oder ist sie unschlüssig, was sie zum Charityball anziehen soll?*

Die gerade schwangere Freundin mit der hochtoupierten Haarpracht redete ungebremst weiter: „Sie wollte gerne einen Betrieb aufbauen und die Managerin ist abhandengekommen."

Was kümmert mich die Portokasse von Aida? Halte mit Müh und Not meinen Kopf über dem eigenen Sumpf, reduziert in jeder Hinsicht, diagnostizierte sie sich selbst, als sie allein war. *Hier bleibt mir nur eine neue Selbstständigkeit und was das bedeutet, muss mir keiner ausmalen. Wo ich die Energie hernehmen soll, ist mir schleierhaft.*

In Afrika fügt sich jedoch alles ohne fruchtloses Planen. Eine passable Unterkunft ohne Flöhe war bald gefunden, von Makeda holte Elise sich einige Möbel zurück und Yibaralem zog wieder zu ihr.

13

Nach einer Visite in der Botschaft hielt sie der Handelsattaché am Zaun auf.

„Ich habe einen Engpass, Frau Dimtu, bei dem Sie mir helfen könnten. Eine Gruppe deutsche Unternehmer hat sich angemeldet für nächsten Montag. Die brauchen das ganze Programm: Audienz beim Kaiser und Führung durchs Land. Ihr Amharisch ist doch passabel." Etwa dreißig Teilnehmer, wenn alle Industriellen, die in Äthiopien nach Investitionsmöglichkeiten suchten, ihre Gattinnen mitbrächten, erfuhr Elise noch. Anspruchsvoll und mit Klunkern behängt, stellte sie sich die Damen vor. Von solchen Leuten versprach sich der Kaiser Modernität, Arbeitsplätze für eine Handvoll Hofschranzen und Ansehen in der Welt.

„Ich versuch es. Das kann so schwer nicht sein." Die wesentlichen Sehenswürdigkeiten kannte sie. In Aksum würde sie bei dieser Gelegenheit den einheimischen Führer über die Kirchenreste aus dem vierten Jahrhundert ausquetschen. Je näher der Termin jedoch kam, umso mehr glich ihre Aufregung dem ersten Tag vor einer neuen Schulklasse.

Entsprechend beklommen, kam Elise after Tea Time am Hilton an. Der Busfahrer, ein gleichaltriger netter Oromo, nickte ihr zu. Entschlossen griff sie nach dem Mikrofon. „Morjn! Isch hoffe, Sie hatten 'ne jute Flug bis nach Addis Abeba!"

„Och, dat is e Mädsche von Kölle! Dat is ja wunderbar!"

„Nä, ich kumm üss Bonn!"

Nun konnte nichts mehr schiefgehen, die Raubtiere fraßen ihr aus der Hand. Was der gleiche Stallgeruch doch ausmachte! Als erstes stand die Audienz bei Hofe auf der Agenda. Wenn Tenagne Worq zum Tee geladen hatte, war es in der Vergangenheit passiert, dass sich der Major für Etikette, ein Mensch mit der Figur eines Kleiderschranks, bei der Prinzessin erkundigte: „Ist für den Kaiser alles bereit?"

„Alles ist in Ordnung. Der Papa kann kommen."

Mit dem Major als Schutz vor sich betrat der Kaiser, umringt von einer Schar unscheinbarer Trabanten, den Salon. Vor den geschlossenen Türen blieben zwei Wachen zurück.

Dieser schmächtige Mann strahlte eine unglaubliche Majestät aus. Wie viele kleine Männer, die keinen Zentimeter an Länge zu verschenken haben, hielt er sich gerade wie ein Fahnenstock. Die Prinzessin hatte Elise als ‚die deutsche Freundin meiner Tochter Seble' vorgestellt. Einmal reagierte Elise schnell genug auf Amharisch: „Jan Hoy, wir sind alle froh, dass Sie wohlbehalten von Ihrer Reise zurückgekommen sind." Geschmeichelt bedankte sich der Kaiser. Nach einem Hofknicks durfte sich Elise in einen benachbarten Salon zurückziehen und bekam dort serviert.

Eine öffentliche Audienz war ungleich bombastischer. Für andere die Hand ins Feuer zu legen konnte heikel werden, wenn sich die Schützlinge nicht würdevoll genug benahmen. Von Elise hingen deren günstige Aufnahme und das Gelingen aller Vorhaben ab. Sollten sich die Industriellen vor dem versammelten Hof lächerlich machen, brauchte Elise sich nicht mehr dort blicken zu lassen.

Unter den ansässigen Ausländern war die einhellige Meinung, dass der Kaiser die Macht längst in die Hände eines Nachfolgers legen müsse. Mit der Starrsinnigkeit seiner über achtzig Jahre bringe er dem Land kein Glück und drücke sich misstrauisch vor Entscheidungen, damit er ein etwaiges Scheitern einem Minister anlasten könne. Womöglich schwammen die Unternehmer immer noch auf der alten Einschätzung des Landes, es wäre doch arg blauäugig gewesen, die Unruhen einfach zu ignorieren, oder vertrauten sie auf die Stabilität der Regierung auch nach einem Machtwechsel? Der Handelsattaché hatte Elise darüber im Unklaren gelassen und von sich aus fragte sie nicht.

Weil Elise mehrfach ihre Garderobenauswahl über den Haufen geworfen hatte, verspätete sie sich. In ihrem dunkelbraunen Kostüm mit Leopardenimitation auf dem Kragen eilte sie an einer Kolonne von Autos vorbei und knickte mit ihren hochhackigen Schuhen am barocken, mit steinernen Laternen und Löwen verzierten Tor um. Zum Glück brach der Absatz nicht ab, das hätte das Out bedeutet! Die zwei berittenen Wachmänner in grünen Hosen, weißen Jacken und unter weißem Tropenhelm verzogen ihre Miene genauso wenig wie die Horse Guards in London.

Blöder enger Rock! Elise quetschte sich durch das Gedränge anderer Delegationen in den Gängen, von Menschen, die irgendwelche Petitionen überreichen wollten, und die Beamten des Hofzeremoniells wieselten hin und her. Der Zeremonien-Major empfing Elise mit einer Rüge: „Wo kommst du her? Das ist furchtbar. Jetzt bist du zu spät."

Er rang die Hände. „Was machen wir?“
Keins ihrer Schäfchen war zu sehen. Angst packte Elise, dass sich einer zu einer ähnlichen Ungehörigkeit versteigen könnte wie ein Teilnehmer der ersten Reise von Rotel-Tours. Die ganze Ausländergemeinde erregte sich darüber, wie der aus der Menge heraus auf den Kaiser zugestürzt war, um ihm die Hand zu drücken! Überrumpelt murmelte der Kaiser garantiert keinen Segensspruch. „Die sind schon drin.“
„Die Gruppe kann unmöglich ohne mich irgendwas erreichen.“ Elise schnappte an der hohen Doppeltür nach Luft. Widerwillig drückte der Major einen Flügel auf. Meilenweit entfernt vom Eingang sah sie einen japanischen Paravent, handgestickt in royalblauer Seide mit Pfauen, und den Thron. Der Negus saß auf dem riesigen, für den weit größeren Vorgänger Menelik geschnitzten Herrschersitz mit einem Polster unter den Füßen, damit er nicht würdelos mit den Beinen schlenkern musste.
„Okay“, sagte der Zeremonienmeister, „mal sehen, welches Signal der Kaiser gibt, ob er empfängt oder ob es bereits zu spät ist.“
Ein Bediensteter in europäischer Kleidung rief laut „Dimtu!“ Schweigen und leises Rascheln umfing Elise. Alle Köpfe drehten sich ihr zu, als sie mit weichen Knien über die Kante stakste und ihren Spießrutenlauf zwischen wer weiß wie vielen Offizieren antrat. Der Kaiser verharrte in totalem Silentium und hatte die Hände auf die typische Art gefaltet. Nicht mal ein Räuspern unterbrach die Inszenierung der Macht, bei der jeder seine Rolle zu spielen hatte.
Die zwei kaiserlichen Chihuahuas, Lulu und Titi, stellten ihre Ohren auf, Lulu sprang vom Schoß des Kaisers. Wenn die beiden bellten oder Abneigung zeigten, kostete das den Neuankömmling wertvolle Sympathiepunkte beim Kaiser. Die Hunde liefen direkt auf Elise zu und sie murmelte halblaut: „Ja, ist ja alles gut. Ich bin ja zu spät. Tut mir furchtbar leid. Nun lasst mich mal durch!“
Beide wedelten mit dem Schwänzchen. Der eine kam näher, schnüffelte an der ausgestreckten Hand und ließ sich streicheln, der andere rannte zu seinem Herrn zurück. Elise zuckte durch den Kopf, was der rebellische Tilahun in ihrem Auto nach der Demonstration gesagt hatte: „Die Hunde essen und schlafen besser als die meisten Untertanen.“ Augenblicklich verdrängte sie den Gedanken, sonst wäre sie

womöglich gestrauchelt.
In Stille wanderte sie an einer Seite des Saals entlang des Teppichmusters, endlos scheinende Kilometer, und kreuzte wie eine Jolle bei der Kieler Woche im rechten Winkel auf die andere Seite, wo ihre Gruppe vor lauter Aufregung mit den Füßen scharrte, und immer darauf bedacht, dem Herrscher nur ja nicht den Rücken zu zeigen.
Der Monarch winkte wohlwollend und als Elise vor ihm knickste, neigte er sich zum Dolmetscher und bedeutete ihm: „Sie kann das selber." Er hatte sie demnach wiedererkannt und wusste genau, wen er vor sich hatte. Sie fixierte das Thronpolster. War da nicht eine abgewetzte Stelle?
„Ich bin glücklich, Majestät, dass Ihr Eure Erkältung überstanden habt. Der Herr möge Euch noch lange erhalten", sagte sie in ihrer Anrede, auf die sie sich sorgfältig vorbereitet hatte.
Das ist das gleiche wie beim Theaterspiel der englischen Schule, dämpfte Elise ihre Anspannung. *Rituale blähen schwache Konstruktionen auf und bilden das passende Korsett. Ohne Glitter bleibt von der Macht solcher Ämter nur die Verantwortung.*
Wir können froh sein, zum Beweis unserer Unterwerfung keine ekligen Sachen essen zu müssen wie mancher Forschungsreisende. Je mehr Schrecken der Mächtige um sich verbreitet, umso fester glaubt er im Sattel zu sitzen und immer finden sich Mitläufer. Wer meint, auf diese Art etwas vom Kuchen abzubekommen, der lacht auch nicht über die Anmaßung.
Für mich als Geschäftsfrau ist jeder Kunde König und wird, ohne mit der Wimper zu zucken, so behandelt. Ein bisschen geniere ich mich, weil ich für den Glanz auch empfänglich bin.
Elise riss sich aus dem despektierlichen Sinnieren, knickste noch einmal und gab ihren Schutzbefohlenen das Zeichen zum Vortreten.
Einzeln stellten sich die Geschäftsreisenden dem Herrscher vor. Die von den Herren verlangte tiefe Verbeugung und den Knicks der Damen pflegte der Kaiser gütig durch Neigen des Kopfes zu belohnen. Diejenigen, die sich zu fein waren, den Kopf vor einem Menschen zu beugen und stocksteif stehenblieben, würdigte der Kaiser keines Blickes.
Als Letztes trat Elise zusammen mit einem alten Mann vor und bat den Dolmetscher um Hilfe, weil sie nun doch überfordert war: „Bitte

übersetzen Sie, dass dieser Herr alle Palastmöbel angefertigt hat und dass es der Wunsch seines Lebens war, den Kaiser zu sehen. Nun ist sein Lebenswerk vollendet und er ist glücklich, dass sein Verlangen in Erfüllung gegangen ist.“

Der Landesvater rief ihn näher und äußerte sich befriedigt über seine gute Arbeit. Er lebe komfortabel mit seiner deutschen Wertarbeit.

Etwas aus dem Ärmel schütteln

1

„Der alte Handwerker strahlte übers ganze Gesicht“, schilderte Elise ihrer Freundin Seble, der sie mit flinken Händen den Rockbund weiter machte. „Jetzt könne er sterben! Ich bin froh, dass alles gut über die Bühne gegangen ist.“

Amüsiert legte Seble den Kopf schräg. „Hat es keinen Spaß gemacht, mit Touristen rumzuziehen?“

„Ich komme mir vor wie auf dem Abstellgleis, von dem ich noch nicht den Rückweg zur letzten Weiche gefunden habe.“

Die Frau von Dejazmatch Kassa Wolde Mariam, Gouverneur von Wollega, hatte fünf Kinder in die Welt gesetzt und darüber ihre grazile Erscheinung eingebüßt, aber nicht ihr Mitgefühl. Sie ließ nicht locker mit dem alten Thema: „Fahr zu Aida und schau dir ihren Plan an. Es wäre schade, wenn das alles im Sande verlaufen würde, nur weil die Frau weggezogen ist.“

„Welche Frau?“, fragte Elise zerstreut, denn Iyasu quiekte hinter der Hausecke, Lilibet rannte mit eingekniffenem Schwanz hinter Sebles Sessel und verkroch sich dort. Mit hocherhobenem Stock und einem Steckenpferd kam der Kleine ihr hinterhergehopst, um eine Attacke zu reiten.

„Ich hab es dir erzählt, Elise. Eine Amerikanerin hat in Mekele eine Textilfabrik aufgezogen, oder wollte es wenigstens. Steckte alles noch in den Anfängen. Jetzt will sie mit ihrer Tochter das Land verlassen, jemand muss es fortsetzen!“

„Och“, sagte Elise und wehrte den Stock ab. „Iyasu, nicht nach dem Hund schlagen, das tut weh. Macht lieber einen Wettlauf oder wirf ihm das Bällchen.“ Der Dreijährige galoppierte bis zur Grundstücksgrenze, wo ihn eine Libelle über dem Papyrus ablenkte und er von Lilibet abließ.

In diese ausgedörrte Gegend da oben, schauderte Elise. *Außerdem müsste ich fliegen. Ich kann unmöglich fliegen! Von meiner Klaustrophobie weiß noch nicht einmal Melese. Mir blieb nichts anderes übrig, als mit dem Schiff übers Mittelmeer zu kommen. Jetzt müsste ich mit einem großen Flugzeug bis Asmara und dort in einen der innerstaatlichen Hüpfer umsteigen, die alle zwei Tage dorthin pendeln und so klein sind, dass sie um die Berge herumfliegen müssen. Hätte Seble dem Kaiser nur nicht erzählt, ich sei die richtige Person.*

Sie wird mir nicht glauben, es sei denn, ich gestehe ihr meine Schwäche. Klemme ich mich in einen Überlandbus zwischen Hühnerkäfige, Tomatenkörbe und schreiende Kleinkinder?

Einen Tag später kämpfte Elise noch immer mit ihrer Beichte, als ein Abgesandter aus dem Palast einen Brief mit dem Ticket brachte. *Wenn ich mich einem derartigen Wink entziehe, kann ich meine Berufsehre als ernst zu nehmende Geschäftsfrau abschreiben.*

Für das abendliche Ohrvergnügen hatte Leo Tschaikowsky versprochen, Klavierbearbeitungen der großen Ballettwerke. Nach jedem Satz holte Elise Luft, um ihr Geheimnis möglichst beiläufig auszuplaudern. Aber es wollte ihr nicht über die Lippen. Zwischen Tür und Angel gab es dann keine Aufschubmöglichkeit mehr.

„Warum hast du das nicht gleich gesagt? Das ist keine Schande", sagte der Arzt. „Keiner muss sich von seiner Vergangenheit das Leben vergällen lassen."

„Der bloße Gedanke an die Flugkabine dreht mir den Magen um."

„Ach, das ist verrückt, dafür gibt es Wunderpillen. Die nimmst du vor und nach der Reise und gehst früh ins Bett. Du wirst sehen, du bist ein anderer Mensch. Ich drück dir die Daumen."

Elise brachte anderntags Iyasu bei Magdess unter, warf den Tranquilizer ein und fuhr zum Flughafen. Im Abflugbereich zitterte sie unkontrolliert, die Durchsagen klangen überlaut. Bis sie an die Tablette dachte: *So wirkt die also. Höchste Zeit.* Sie zählte unhörbar bis zehn und klappte gleichzeitig mit den Luken die Augen zu.

Neben ihr faltete ein Mann im gleichen Alter mit Müh und Not seine langen Beine in den ausgebeulten Röhrenjeans hinter dem Vordersitz zusammen. Als sich die Schlieren vor ihren Augen verflüchtigten, fühlte sie sich matt und gebrechlich. Weil Elise Medikamenten misstraute und diesem Teufelszeug erst recht, hatte sie nur eine halbe Pille genommen, die ihr Vertrauen in die Technik nicht steigerte, sondern ihre Angst abstumpfte. Gespenstisch. Der Motorenlärm hörte sich an, als wäre die Welt in Watte gepackt.

Ins Gepäckfach pferchte ihr Nebenmann diverse Fotoapparate, den letzten drückte er ans Auge und lugte damit aus dem Fenster, drehte am Objektiv und quetschte mit verzerrtem Mund zwischen seinen Fingern hindurch: „Gestatten, Dimbleby. Sagen Sie Jonathan."

Aus einer der zahlreichen Taschen seiner khakifarbenen Weste zog er Notizblock und Kugelschreiber und kritzelte hinein.

„Nein so was, welcher Zufall! Ich habe früher Ihre Berichte über den Kaiser verfolgt." Kam es Elise nur so vor oder wälzte sie tatsächlich die Worte im Mund, schwerfällig wie eine Betrunkene?

„Gut recherchiert, Sie haben das Geschick, die richtigen Leute zum Reden zu bringen und Infos zwischen die Zeilen zu packen. Das gelingt nicht vielen Ausländern, weil die Leute extrem verschlossen sind. Zurzeit sieht man wenig Journalisten."

„Kein Wunder bei der Gewitterstimmung."

„Sind Sie auf dem Weg zu einer spannenden Sache?"

„Wir werden sehen. Wollo ist eine interessante Provinz. Diesmal habe ich mich nicht von Gebre-Egzy abwimmeln lassen."

Die Medikamente verstopften Elises Schweißdrüsen, in ihrer Brust schlug es kraftlos und ein Geschmack wie eingeschlafene Füße kämpfte mit dem Pfefferminzbonbon. Elise ertappte die braunen samtenen Augen ihres Sitznachbarn bei der Inspektion ihrer Oberweite.

„Ach, wollte er das?", fragte sie, belustigt von der distanzierten Bewunderung, die unerklärlicherweise Euphorie bewirkte.

„Der Informationsminister kommt mir jedes Mal mit den Räubern und Banditen auf der Straße. Das Flugzeugwerk in Debre Zeyit, das er mir zum fünften Mal angedient hat, kann er sich an den Hut stecken, das ist so brisant wie die Neujahrsansprache der Queen vom vergangenen Jahr."

„Das kann trotzdem stimmen. Ich habe auch von bewaffneten Überfällen gehört."

Neugierig fragte er über die Schulter: „Landsmännin? Ach, Deutsche? Was treibt Sie nach Norden? Die Sehenswürdigkeiten vom Tanasee oder Aksum?"

„Keins von beidem, ich will mir in Mekele eine Fabrik ansehen. Mal sehen, was sich da machen lässt."

„Oh, Sie sind Unternehmerin." Ächzend verschob er seine sperrigen Oberschenkel in eine andere Position.

„Um genau zu sein, Designerin. Die Prinzessin hat ein soziales Werk angefangen."

„Mengesha Seyoums Gattin, nehme ich an."

„Ja. In Addis Abeba habe ich eine Leprastation gegründet. Darüber hätten Sie berichten sollen. Was das im Norden werden soll, weiß noch keiner. Obwohl, es wäre mein Fachgebiet."

„Wird es Ihnen langweilig, wenn Routine aufkommt?", wollte Jonathan wissen.

Ist das so, fragte sich Elise. *Zugegeben, dass ich so lange meine Freude an der Ausstaffierung des Gesellschaftstheaters gefunden habe, wundert mich. Genug ist genug. Eines der Ziele habe ich erreicht, war es die Strapaze wert? Meine Großmutter wäre stolz. Habe ich die ganze Zeit nur ihren Traum gelebt? Wenn ich mir auf Dauer Meleses Elend anschaue, besteht die Gefahr, dass ich mir wieder das Joch dieser Beziehung auflade. Davor schützt mich die Entfernung und erspart mir Ausflüchte.*

„Wer widerspricht schon dem Kaiser, ohne wenigstens Goodwill gezeigt zu haben."

„Er schickt Sie ausgerechnet nach Mekele, wundert mich. Womöglich sollen Sie ihm die Kohlen aus dem Feuer holen", orakelte er, ein Ausspruch, mit dem Elise nichts anfangen konnte.

Gleichgültig schaute sie aus dem Fenster auf eine mittelgroße Ansiedlung, die Hauptstadt der Provinz Tigray. Das Zentrum drängte sich entlang einer Hauptstraße im Talgrund, im Norden und Osten säumten Bergketten die Ebene. Rundkirchen garnierten wie kandierte Früchte einen Kuchen die Hügel um die Stadt. Braungraue Steppe oder steinhart getrockneter Ackerboden drumherum, genauer ließ sich das aus der Höhe nicht sagen.

Das Flugzeug flog eine Kurve zum Landeanflug über der kurzen, mit zahlreichen Öltonnen markierten Piste. In einiger Entfernung schlängelten sich hellere Pfade bis an die Abbruchkante zur DanakilSenke, wo sich der Karawanenweg der Salzkamele am Horizont verlor.

„Sie werden von mir hören, Mrs. Dimtu. Wenn Sie länger da sein sollten, besuchen Sie das Abraha Atsebeha Castle Hotel", er zeigte auf einen Hügel mit einem palastartigen Gebäude, „das ist ein Treffpunkt für einen bunten Haufen Aliens."

Elise verabschiedete sich liebenswürdiger als üblich bei

Zufallsbekanntschaften.
Ein Mercedes mit Chauffeur erwartete sie direkt an der Abfertigungsbaracke. Er folgte einer breiten schnurgeraden Straße zum Palast am nördlichen Stadtrand. Gut genährte Geier saßen in Scharen auf den Baumwipfeln unmittelbar über den Fleischerläden oder wo Rinderhäute trockneten. Bougainvilleen quollen, eine verschwenderischer als die andere, als lila Wasserfälle über einige Mauern und kontrastierten zu ihrer graubraunen Umgebung, die seit undenklichen Zeiten in der Sonne zu bleichen schien. Zerlumpte ausgemergelte Gestalten, mit einer Art Briketts geschultert oder an Lederriemen geschaukelt, strebten am Straßenrand in die gleiche Richtung. Salzverkäufer nannte sie der Fahrer.
Die Residenz entpuppte sich als der absolute Kontrast, ein Wunder, dass derselbe Himmel beides überspannte. Das aus honigbraunen Steinen gebaute zweistöckige Schloss, dessen Zinnenbekrönung auf dem langgestreckten Mittelbau und dem dreistöckig vergrößerten Eingangsbereich entfernt an marokkanische Dorfburgen erinnerte, umfing ein Park mit prachtvoll blühenden Rosenbüschen.
Der Fahrer umkreiste am Hang die Quartiere der Bediensteten und stoppte vor dem Eingang des Anbaus im knirschenden Kies. Eine größere Menschenansammlung lungerte herum, in der Hoffnung, den Lidj sprechen zu können, und beäugte die Weiße. Personal hielt die Tür auf und würdevoll schritt Aida der Besucherin durch den Eingangsbereich entgegen. Den Hofknicks verbat sie sich.
„Meine Schwester und meine Mutter haben mir viel von Ihnen erzählt, Frau Dimtu. Lassen wir die Förmlichkeiten, mir ist, als kenne ich Sie schon lange."
Die Augenschminke verstärkte die Familienähnlichkeit. Das aufgesteckte Haar hielt ein Diadem zusammen. Ihre gerade Gestalt umspielte eine weiße Shamma über einem engen Rock und einer Bluse in Türkistönen. Ein leidender Zug lag um ihre Mundwinkel und unter den Augen zeichneten sich Schatten ab.
„Kommen Sie bitte mit in den Salon." Englisch mutete die ganze Einrichtung an, die Chesterfield-Sofas, Beistelltischchen und Polsterstühle, und Elise erinnerte sich, dass Aida in Nordwales zur Schule gegangen war, Clarendon School, und dann in Cambridge studiert hatte. Deshalb waren sie sich auf der Insel nicht begegnet. Aida zeigte

im Vorbeigehen auf die unvermeidlichen Porträts von Mitgliedern der tigraynischen Herrscherfamilie. „Mein Schwiegervater, Ras Seyoum, kämpfte gegen die Italiener und blieb dem Kaiser loyal. Erst nach dessen Flucht trat er in ihre Dienste und lebte hier ungestört in seinem Stammschloss. Mein Besitz liegt in Gondar, waren Sie dort schon einmal?“

Wandleuchter tauchten die ausgestopften Antilopenköpfe in schummriges Licht. Klappen vor den Fenstern sollten die Hitze aussperren. Von dem Beruhigungsmittel noch leicht benebelt, umspannen Elise die weltgewandte Offenheit und Selbstverständlichkeit, mit der sie hier als Freundin der Familie anerkannt wurde.

Nach den üblichen weitschweifigen Eingangsfloskeln und einem Sherry als Willkommenstrunk beschrieb Aida nun ihren Plan in lebhaften Farben, wobei sie ihre Fingerspitzen gedankenverloren gegen die Schläfen drückte.

„Viel Idealismus, wenig Praxisbezug, woher auch“, ging es Elise durch den Kopf. Sie blätterte in dem schmalen Hefter der kürzlich abgereisten Amerikanerin, den ihr die Prinzessin überreicht hatte.

Der abweisend wirkende Vorarbeiter Akale sollte Elise die Firma zeigen. Auf dem Weg dahin begegneten sie einer verhärmten Frau, die mit drei nackten Kindern im Dreck des Straßenrands saß, wobei das quer über ihrem Schoß liegende jüngste faltige Arme bewegte, die Augen schwarz von Fliegen. Die leere Bettelbüchse kickte der Vorarbeiter mit einem wütenden Zischlaut weg, deshalb unterdrückte Elise nach außen jede Emotion und ließ unauffällig eine Münze in den Staub fallen. Ihre Devise war schon immer: „Erst beobachten, wie der Hase läuft, und dann einen eigenen Weg suchen.“

Im trockenen Nachmittagsflimmern gloste ein Gelände mit dürftig belaubten, wie von Mehl bestäubten Bäumen. „Italiener haben das Gebäude als Kino gebaut“, sagte ihr Führer, dessen abgetragene Kleidung um den dünnen Körper schlackerte, „die Bäume und den Brunnen haben sie hinterlassen.“ Ein Kino stammte nicht vom ersten Vorstoß der Italiener, von Massaua und Asmara aus, den Menelik II. 1896 zurückgeschlagen hatte, sondern eher aus den Jahren zwischen 1935 und 1941, der kurzen Zeit italienischer Besetzung.

Eine Handvoll Frauen, in erbärmliche Lumpen verhüllt, saß beim Baumwollzupfen im schattigen Hof der Anlage, andere drängten sich um Färbebottiche und erwiderten verhalten den Gruß der Ausländerin. Deren Innentemperatur stieg proportional zum Sonnenwinkel. Elise nahm die Jacke über den Arm, trat an die Körbe und untersuchte das Material einer Arbeiterin, die sie auf sechzig Jahre schätzte. Obwohl die magere Frau aus nur einem gesunden Auge zu ihr aufsah, das andere war weiß verhornt, machte sie einen zufriedenen Eindruck.

Die Frauen sammelten die herausgepulten Samenreste mit Hilfe eines Tellerchens und eines Siebs. Am Ende war aus den Faserballen ein schönes weiches Vlies entstanden. Bevor Elise den Flachbau betrat, warf sie einen Blick zurück zu der Frau mit dem Augenfehler, die ohne Pause emsig den Haufen weißer Wattewölkchen vergrößerte.

Unter dem von dicken Balken gestützten Dach hockten Männer an schmalen Webstühlen und an einer Anzahl wackeliger Tische Sticker und Näher, im Schummerlicht wie eine Ansammlung zum Schreddern sortierter Kleiderhaufen, zu denen nur die leuchtend weißen Zähne und Augäpfel nicht passten. Ihre Arbeitsergebnisse sahen schief und verzogen aus. Elise nickte ihnen aufmunternd zu und setzte im Geiste einen weiteren Punkt auf die Liste unbedingt notwendiger Verbesserungen.

Wie viele verschorfte Wunden, verkrümmte Rücken und verstümmelte Gliedmaßen sammelten sich in dieser kleinen Gruppe? Manch verwüstetes Gesicht schien Folge von Syphilis zu sein. Was noch an Infektionen, Parasiten und anderen Geiseln der Menschheit hier gehäuft war, wusste allein der Sheitan. „Die Arbeiter sind in keinem guten gesundheitlichen Zustand“, sagte Elise auf dem Rückweg zu A-kale. Er zuckte mit den Achseln.

„Was haben sie vorher gemacht?“

„Die meisten sind barfüßig aus dem Semien-Gebirge heruntergekommen.“ Bald sollte in aller Munde sein, warum diese Menschen ihre Felder im Gebirge verlassen hatten. In der Annahme, die Besucherin habe Angst vor Arbeitskräftemangel, versicherte er ihr:

„Wenn sie nichts mehr taugen, gibt es genug Nachschub.“

„Ich hoffe, Frau Dimtu, oder darf ich Elise sagen, Sie haben einen Eindruck bekommen. Waren alle fleißig am Werk?“, fragte Aida. „Überlegen Sie es sich in Ruhe. Bis zum Essen möchten Sie sich bestimmt noch etwas hinlegen und erfrischen. Charles, führen Sie Frau Dimtu bitte ins blaue Zimmer und bringen Sie ihr einen Krug

Eiswasser. Ich hoffe, es ist alles zu ihrer Bequemlichkeit arrangiert."

„Gewiss, Le`ult." Der Butler verbeugte sich. „Ich habe den Koffer bereits hineingestellt." Er geleitete Elise über eine steile Treppe und pakistanische Läufer den Flur entlang.

Zum Essen trafen viele Männer ein. Die Tafel war im großen, holzvertäfelten Saal gerichtet, dessen Stuck an der Decke durch Lüster beleuchtet viele Spiegel reflektierten. Die gerafften Seidenvorhänge wurden am Abend vorgezogen.

Elise saß rechts des Familienoberhaupts Mikael Mengesha, der sie mit einem Handkuss willkommen hieß, ein schlanker selbstbewusster Mann mit perfekten Umgangsformen und einem helleren Teint als Segelkapitäne nach einem Urlaub an der Côte d'Azur. Es war anzunehmen, dass seine ständig halb geschlossenen Lider Frauen reizten, mit allen Tricks, das Interesse anzufachen und diese Augen zum Funkeln zu bringen.

Auf der anderen Seite saßen neben ihm Aida und die übrigen Honoratioren und Priester der kleinen Stadt in der Reihenfolge ihres Ranges und am anderen Ende der Tafel das Kindermädchen mit der dicken zwölfjährigen Menen, dem fünften und letzten Kind, das noch bei den Eltern wohnte.

Die Gastgeber sprachen englisch, obwohl die Deutsche den Tischgesprächen in Amharisch mühelos hätte folgen können. Sie beteiligte sich jedoch nicht an der Diskussion, sondern hielt sich an das äthiopische Sprichwort „Hör zu, bevor du sprichst, und kaue, bevor du schluckst." Das Gehörte überlagerten organisatorische Abwägungen, wie jedes Mal, wenn sich etwas Neues im Kopf eingenistet hatte.

Die Unterhaltung kreiste um Salz, das die Händler von überall her zum Kauf zusammenführte. Salzpreise, genauer gesagt. „Es wird Ihnen gefallen hier", plapperte Aida. „Mekele ist der Ausgangspunkt der Salzroute, wussten Sie das? Früher gab es Salzwährung! Ich war noch nie auf dem Salzmarkt. Ein kleiner weißer Kamelpfad zieht sich von der Ebene am Roten Meer hoch bis dorthin. Man bindet die Kamele aneinander. Mikael machte einmal die Salzroute mit, sein Wasser und Essen musste er mitnehmen, können Sie sich das vorstellen?"

Als sie sich zwischen zwei Sätzen kleine Küchlein in den Mund schob, setzte ihr Mann fort: „Ich wollte sehen, wie das abläuft. Genau wie die Salzarbeiter." Aida kicherte gedämpft und tupfte sich mit der

Serviette einen Brösel aus dem Mundwinkel. Geistesabwesend drückte sie ihre Fingerspitzen gegen die Schläfen, atmete tief durch und schüttelte den Kopf.

„Sechs Tage mit keuchenden Maultieren“, erzählte Mikael, „die sich aus Erschöpfung zum Sterben legten. Aus zweihundert Kilometer Entfernung torkeln sie zurück. Von Mekele braucht man zwei Tage bis zum Salz. Erst foltern einen eisige Winde, die unten im Canyon durch die Sträucher pfeifen. Die Salzbriketts kosten drei äthiopische Dollars an Ort und Stelle, auf dem Markt in Mekele bringen sie gerne das Zwanzig- bis Dreißigfache. In der Regenzeit muss man besonders aufpassen. Da kann es in den engen Schluchten überraschend Flut geben.“

„Die ist dieses Jahr wieder ausgefallen“, mischte sich ein Pope ins Gespräch, „der Fürst von Mekele hat es vorgezogen, den Karawanen den vorhandenen Weg zu erleichtern, statt eine Straße zu bauen. In den Steilabfall hat ein Bulldozer einen Zickzackpfad angelegt, so dass wir eine größere Menge an Salz heranschleppen können. Der Herr sei gepriesen!“

Der Fürst nickte. „Bei starkem Gegenverkehr war es vorher zu gefährlichen Staus gekommen, haben die Treiber erzählt. Tiere sind abgerutscht, haben sich an den Felswänden die Briketts heruntergescheuert oder zerbrochen. Nun kommen die Züge aneinander vorbei.“

Geschäftsführerin einer Textilfabrik, kreiste es in Elise, *was verkauft sich am schnellsten?*

Endlich reichte der Butler abschließend das Wasserbecken mit darin schwimmender blasslila Hibiskusblüte für die Hände herum, das allgemeine Signal zum baldigen Aufbruch. Beim Einschlafen sinnierte Elise noch lange hin und her: *In dieser trübsinnigen Gegend fange ich mit Vorschusslorbeeren an. Der Anblick der Jammergestalt vom Palasttor. My dear, was war meine misslungene Heimkehr nach Deutschland für ein läppischer Flohbiss im Vergleich zu dem Schicksal dieser Frau!*

Sie fühlte sich schuldig für das, was sie repräsentierte, und es kam ihr so vor, als habe eine ordnende Macht wohlweislich ihre Ausreise verhindert, weil in Äthiopien noch etwas zu erledigen war. Wäre Elise aus dem Land verschwunden, kein Hahn hätte nach ihr gekräht. Kein Resultat ihres bisherigen Einfallsreichtums war dauerhaft. Nichts wäre von ihr geblieben, eine Fabrik wäre etwas ganz anderes. Die paar Menschen, die von ihr abhingen, würde sie einfach mitnehmen.

Bis zum Morgen reifte der Entschluss, der wie ein Lebenselixier wirkte. Der erste Schritt galt dem Netzwerk, das aufzubauen war.

2

Was wäre dazu besser geeignet gewesen als die Einladung in die britische Botschaft, die Elise daheim zwischen der Post entdeckte, die perfekte Möglichkeit, verschiedene Ansprechpartner zu treffen, auf deren Einfluss zu zählen war. Als Elise den Kleiderschrank nach einem passenden Gewand durchsuchte, umkurvte Iyasu mit einem Plastelaster ihre Sandalen. „Pass auf, Schätzchen, dass ich nicht drauftrete." Er machte das Geräusch einer Hupe nach. „Hast du gegessen?", fragte sie mechanisch, im Kopf eine Verhandlungsstrategie zur Spendensammlung. Als Aushängeschild für ihre eigene Werkstatt griff sie, ohne nachzudenken, nach eukalyptusgrüner Spitze.

„Achtung, Mama, ich überfahr dich!", kündigte Elises Sohn an. „Oh, da spring ich zur Seite, damit du mich nicht erwischst", konterte sie. W*ie bringe ich das wichtigste Gerödel in dem alten Auto unter? Ein Kleinlaster wäre Gold wert,* überlegte sie, griff einen Kleiderbügel und ging kurz in die Hocke. „Ob die Straße ins Bad frei ist?"

Iyasu rutschte auf den Knien und schob das Auto brummend in die Fahrspur seiner Mutter. „Da ist eine Mautstation!", rief er. „Alle müssen bezahlen!"

„Hast du das aus einem Bilderbuch?", belustigte sich Elise und entrichtete ihre Gebühr in schmatzenden Küssen. Sie huschte ins Bad, mit dem Bild des hellblauen sonnengebleichten Spielzeugs vor Augen. *Für die lichtechten Farben ist Hoechst die richtige Adresse. Die alten Kontakte wärme ich wieder auf.*

„Wohin gehst du, Mama?", rief Iyasu aus dem Nebenzimmer. „Ich habe Hunger."

„Yibaralem hat noch Auflauf für dich. Mach ihr keine Schwierigkeiten, hörst du? Eine Geschichte vor dem Schlafen! Ich komme erst spät heim, ich muss unsere Reise vorbereiten."

Abseits der Innenstadt an den Ausläufern des Entoto keuchte Elise durch das weitläufige Parkgelände, das direkt mit den angrenzenden Wäldern verschmolz, vorbei an den locker hineingestreuten, weiß gestrichenen Rundhütten der einheimischen Angestellten. Den Getränkestand neben dem uralten wilden Feigenbaum umflatterte ein Menschengrüppchen in heller Sommergarderobe wie Schmetterlinge eine Vogeltränke. Ins Gespräch vertieft, stand der Botschafter Willie Morris in der Eingangshalle des einstöckigen Konsulatsgebäudes, salopp an einen der Pfeiler gelehnt, auf dem die Namen der Amtsvorgänger verzeichnet waren. Die weißen doppelflügeligen Türen waren an diesem Tag geschlossen.

„Informationen unterschlagen ...“, schnappte Elise von Morris’ Gesprächspartner auf. „Selassie!“ und „Flüchtlinge!“ schälte sie aus einem gereizten Wortwechsel einer anderen Gruppe heraus. Das Geplauder steigerte sich zu einem kurzen Wortgefecht.

Als Elise ein Glas Orangeade holen wollte, wurde sie von einer molligen Frau mit großem weißen Hut angerempelt. „Oh, entschuldigen Sie, my dear. Ich bin buchstäblich aus den Sandalen gekippt.“ Die Frau stutzte und stieß einen kleinen spitzen Schrei aus. „Ist es möglich, Elise! Hältst du immer noch die Stellung?“ Lucy, die quirlige Organisatorin ungezählter Oxfambazare, hatte ihre SurvivalReserven für magere Zeiten deutlich aufgestockt und in mauvefarbenen Knitterlook gepresst.

Scham über ihre eigene Schreibfaulheit malte auf Elises Wangen rote Flecken. „Komm, lass uns in eine ruhige Ecke verschwinden und erzähle erst, wie es dir geht. Hat es dir so gut gefallen, dass du nach einem Jahr nicht zurückgehen wolltest?“ Geziert strich Lucy eine rötliche Locke aus der feucht glänzenden Stirn.

Elise lauschte den Dramen im Zeitraffer. Eine Woche bliebe Lucy diesmal, im Herbst komme sie zurück. Elise zog die ellbogenlangen weißen Handschuhe aus und griff nach einem Saftglas, das ein Butler mit Tablett herumreichte. Bedächtig schob sich eine hockergroße Landschildkröte durch das Gras.

Als sich Bernie, ein Mitarbeiter der World Health Organization, zu ihnen setzte, sprach Elise ihn gleich auf Medikamente an. „Meine Arbeiter sollen eine gesundheitliche Grundversorgung erhalten mit den gängigsten Mitteln, Hygiene und Sauberkeit. Wenn man arm ist, muss man noch lange nicht derartig vegetieren.“

Bernies Hängebäckchen schlackerten an dem langen Schädel wie die Lefzen eines Bassets. „Sieht aus, als hättest du dir die entscheidende Region ausgesucht. Schon mal den Namen Dimbleby gehört?"

„Of course, der ist letzte Woche mit mir nach Mekele geflogen."

„Gestern ist ein Bericht in der ‚Times' erschienen, der dürfte wie eine Bombe einschlagen. Hast du da oben etwas von dieser Dürre gemerkt? Morris war auf hundertachtzig. Er rechnet stündlich mit offiziellem Protest. Da kann er wieder auf Knien rutschen, um das auszubügeln."

Jetzt war die Unruhe unter den Gästen erklärlich. Elise fielen die Abschiedsworte des Journalisten ein: "You know, after I shall leave this country, it will never be the same again. Never!"

„Ich weiß nicht, wie es sonst dort aussieht, die Bettler waren zahlreich. Worum geht es?"

Bernie fasste die Essenz des Artikels zusammen: „Der Landadel wird versuchen, die Schwäche der Regierung auszunutzen. HIMs Versuch einer Landreform hat er boykottiert. Sein ‚Ministerium für Bodenreform' hat nichts in Angriff genommen. Die Adligen steckten als Drahtzieher hinter den Rebellionen der Pächter in den letzten sieben Jahren."

War nicht Makonnen in diesem Amt beschäftigt? Ein ausgesprochen gepflegter junger Schwarzer mit dem Logo der Vereinten Nationen auf dem Revers seines dunklen Anzugs hatte bisher schweigend zugehört und nichts ließ vermuten, dass er eines Tages Generalsekretär sein würde. „Sorry to cut you short, Annan." Er verbeugte sich leicht. An seinem beispielhaften Oxford-Englisch erkannte Elise ihn wieder. Neujahrsempfang. Stundenlang hätte sie den belanglosesten Worten aus seinem Munde lauschen mögen.

„Ich habe den Artikel gelesen. Dimblebys Behauptung, Äthiopien wäre theoretisch in der Lage, Kornkammer Afrikas zu sein, finde ich leicht übertrieben. Obwohl es stimmt, dass lediglich zwanzig Prozent der nutzbaren Böden bebaut sind. Eine Bodenreform wäre sinnvoller, als die Leute von Hilfe abhängig zu machen."

Bernie zitierte aus dem Artikel: „Erst im Mai kam ein Hilferuf vom stellvertretenden Gouverneur der Provinz Wollo nach Addis Abeba und verschwand mit dem Stempel ‚Geheime Verschlusssache'". Lucy zog hörbar die Luft ein. „Den Autor hat man versetzt, das war alles, was man unternommen hat. Nur weil die evangelische

Missionsstation aus Versehen eine Kopie erhielt, konnten die Verantwortlichen die Sache nicht länger vertuschen. Bei denen laufen jetzt die Telefone heiß."

Der Repräsentant der Vereinten Nationen nickte, strich seinen Kinnbart und setzte mit sanfter Stimme hinzu: „Egal welche Maßnahmen jetzt anrollen, die Hilfe lindert höchstens kurzfristig. Ohne die Landbesitzer ins Boot zu holen, wird sich nichts ändern, denn in der Verwaltung haben sie die Fäden in der Hand und vermehren mit Hilfe des Staatsdienstes ihren Landbesitz. Es hieße den Bock zum Gärtner machen, diese Clique mit Reformen zu betrauen, die würden damit ihren eigenen Interessen schaden!"

Ein paar handverlesene Äthiopier, Hörrohre des Kaisers, bummelten über den Rasen und ließen sich in keine Diskussion hineinziehen.

Mr. Annan äußerte distanziertes Interesse an Elises Vorhaben.

Als die beiden Männer weiterschlenderten, wandte Elise sich erneut Lucy zu. Im Gespräch ging ihr auf, dass sie im Gegensatz zum Lepraprojekt allein auf sich gestellt sein würde und auch Dinge vor ihr lagen, die ihr früher Gérard abgenommen hatte. Während sie Lucys Geplauder von Londoner Neuerungen lauschte, hoffte Elise, dass die ehemaligen Förderer Gérard noch in positiver Erinnerung haben würden. *Wenn ich nicht auf dem alten Erfolg aufbauen kann, wird es schwierig*, machte sie sich klar.

3

Für den nächsten Morgen raffte Elise ihren Charme zusammen. *Was für ein Typ ist dieser Benkendorff? Soll ich flapsig, kumpelhaft, kollegial oder mit erhobenem Zeigefinger mein Anliegen vortragen? Die Bittstellerrolle liegt mir gar nicht, man fühlt sich klein und bedürftig*, überlegte sie, während sie Milch über die Cornflakes schüttete. „Was stellst du dich an", schimpfte sie mit sich, du willst keine Almosen! Das sind auch nur Menschen. Du verhandelst auf derselben Stufe."

Die Mahnung half bis zum Eingang der Niederlassung des Hoechst-Konzerns, aber die blitzenden Marmorböden und goldverzierten Firmenembleme im gläsernen Eingangsbereich schüchterten sie ein. Am Empfangstisch telefonierte eine reichlich blasierte einheimische

Zimtzicke. Ihre Haare waren in zahllose, eng an den Kopf geflochtene Zöpfe aufgeteilt und im Nacken zu einem Knoten geschlungen.
„Herr Dr. von Benkendorff", die Torwächterin lauschte einen Moment, „Ihr Kunde ist da." Sie forderte Elise auf, ihr zu folgen, und stöckelte im engen Rock vor ihr her zu einem Konferenzzimmer.
Es war Elises Nervosität zuzuschreiben, dass sie dem Chefdrachen keine mitfühlende Bemerkung über deren Überlastung der Hüftgelenke schenkte und den angebotenen Kaffee sowie eine Gelegenheit zum Sitzen akzeptierte.
Eine gewisse Wartezeit signalisierte, dass andere Dinge Vorrang hatten. Als der Manager schwungvoll eintrat, vermittelte sein sorgfältig einstudiertes Auftreten, dass Elise nun das einzig Wichtige des ganzen Vormittags sei. „Womit kann ich Ihnen weiterhelfen, Frau Dimtu?" Ihr Name war ihm geläufig, merkte Elise, genau wie ihr der seine. Das erleichterte ihr den Einstieg.
Elise entschied sich, die Verhandlung mit Hinweis auf ihre Business-Erfahrung zu eröffnen. „Ich will Sie nicht lange aufhalten, Zeit ist Geld auch in Addis Abeba. Sie erinnern sich an das Lepraprojekt?" Das Lächeln des Managers war einen Tick zu nachsichtig und zeigte unverhohlen, dass er eine Frau als Geschäftspartner nicht ganz ernst nahm.
Der hält mich für das Kunstmäuschen mit Handwerksbetrieb, dachte Elise, *na warte!*
Der schlanke Mann war in Gérards Alter, die Klimaanlage sorgte dafür, dass ihn der Duft eines teuren Rasierwassers wie ein Energiefeld umgab. Er orderte ebenfalls einen Kaffee, als er merkte, dass ihr Gesprächsthema nicht mit drei Sätzen zu erledigen war und lehnte sich zurück.
Wenn ich nur wüsste, welche Vereinbarung mein alter Kollege mit ihm getroffen hatte, dachte Elise, *in den Akten war da nichts zu finden gewesen.* Hin und wieder nickte Herr von Benkendorff und spielte mit seinem Kugelschreiber, das Lächeln war verschwunden.
Wie lang mochte er schon in Äthiopien sein? „Das Hinterland kenne ich nicht", sagte er, „ich stelle es mir schwierig vor, die Ware von dort zu verteilen. Bei den Teppichen war das leichter. Warum so weit im Norden?" Seine Bedenken zeigten, dass er Elise nicht nur plappern ließ, sondern mitdachte.

Da Elise alle Punkte durchdacht hatte, fiel es ihr leicht, sich mit immer weniger Zurückhaltung in Begeisterung hineinzusteigern. Skeptisch musterte der Repräsentant die Frau und glich mit den Bemerkungen Gérards ab. „Sie werden Zulieferer brauchen. Gibt es dort eine Infrastruktur?“ Die Idee enthielt für seinen Geschmack zu viele Unwägbarkeiten. „Dort ist die Dürre besonders schlimm. Färberei braucht viel Wasser. Vorarbeiter, Arbeiter, stell ich mir schwierig vor.“ Auch darauf blieb Elise die Antwort nicht schuldig. „Ich bekomme für sie auf jeden Fall eine medizinische Grundversorgung.“

„Meine Güte, das ist ja“, Benkendorff schlug die Hände zusammen, „eine Größenordnung!“ Beeindruckt strich er sich mit einer gezierten Bewegung seiner siegelringgeschmückten Linken über den stoppelkurz rasierten Kopf.

„Mit strapazierfähiger Outdoorkleidung und Folkloresachen fang ich an. Meine Beziehungen zu Oxfam verhelfen uns zu weltweitem Absatz, wenn wir erst die entsprechende Menge liefern können.“ Elise bereute, nicht gleich ihre Entwürfe mitgebracht zu haben.

„Ich möchte Ihnen nichts versprechen, Sie hätten in keinem günstigeren Moment kommen können, Frau Dimtu. Wir haben verschiedene Anwendungen unserer Produkte im Lande gedanklich durchgespielt, sind jedoch bis dato zu keiner Entscheidung gekommen. Wenn Sie mich entschuldigen, ich melde mich sobald wie möglich, wenn ich mich mit der Zentrale kurzgeschlossen habe. Geben Sie Miss Berhe Ihre Adresse, wo ich Sie erreichen kann.“

Beim Weggehen summte er den Hit „My Way“ und machte ein paar Tanzschritte dazu. Er drehte sich um. „Das war das Lieblingslied von Gérard, erinnern Sie sich?“

Freudig wurde Elise von Eliazarian begrüßt, der versprach, ihr zum nächsten Nachmittag die Einkaufsliste an Nähbedarf nach Hause zu liefern. Dort schwirrten die beiden Angestellten kribbelig durcheinander, packten hier, verschoben dort und sortierten vier Haufen in die Kategorien „Unerlässlich“, „Bei Bedarf“, „Selten“ und „Reserve“.

„Die Wohnung behalte ich und der Sabanya kann ab und zu Wache gehen. Wenn ich in Addis Abeba zu tun habe, muss ich schließlich irgendwo bleiben und wie lange der Auftrag läuft, weiß noch keiner.“

„Ich werde hierbleiben“, gestand Yibaralem. Iyasu schrie auf und warf sich der jungen Frau auf den Schoß. Zärtlich zog sie ihn vollends hinauf und streichelte seinen Kopf, den er leise jammernd zwischen ihre Brüste drückte. „Mama, sag ihr, sie soll mitgehen!“

„Ich kann rumfragen, wer ein Kindermädchen braucht. Mach dir keine Gedanken. Da findet sich was.“

„Nein, Herrin, ich möchte in den Lepracompound ziehen“, druckste sie verschämt herum und stellte Iyasu auf die Beine. „Es gibt da jemanden.“ Sie zuckte die Achseln. „Wir wollen heiraten, eigene Kinder.“

„Das ist wunderbar! Wer ist es? Ich wünsche euch, dass ihr glücklich werdet.“ Mit Bedauern zahlte Elise das Mädchen aus.

Tschamusch, die vor einem halben Jahr von Melese zu ihr gewechselt hatte, war dagegen wild entschlossen, ihr nicht mehr von der Seite zu weichen.

Obwohl Elise seit drei Tagen zurück in der Hauptstadt war, hatte sie es bislang versäumt, Leo von der Wirkung seines Rezepts zu berichten. Trotz des Wirbels hätte sie dafür gewiss ein paar Minuten Zeit gefunden, wenn sie nur gewollt hätte, zumal sie sich denken konnte, dass er gespannt war, vom Ausgang des Ausflugs zu hören. Ganz im hintersten Winkel ihres Bewusstseins war ihr ein wenig unbehaglich, so selbstherrlich entschieden zu haben, und sie fürchtete, dass er sich vor den Kopf gestoßen fühlen würde. Jetzt war es zu spät für Reue. Ohne Abschied zu gehen, wäre unverzeihlich. Als die Schatten länger wurden, lief sie los. In der Melekot Street war niemand. Sie setzte sich auf die Stufe und während sie wartete, bastelte sie an einer Verteidigungsrede.

Noch bevor es ganz dunkel war, trabte Leo den Berg herauf. Das Geständnis erledigte sich unkompliziert und mit seinem schiefen Lächeln direkt vor sich erübrigte sich jede Entschuldigung. „Du bist nicht ganz aus der Welt“, tröstete er sich nach der ersten Verblüffung und freute sich mit ihr. Seine Wünsche anzumelden hielt er für verfehlt, dazu waren sie sich nicht nahe genug. Gewiss bedauerte er, dass sie sich seltener sehen würden, aber das gab ihm kein Privileg, Elise Steine in den Weg zu legen. Wie hätte er diese Frau, die noch nicht einmal geschieden war, von ihrem Weg abbringen dürfen?

„Es bleibt vorerst nichts anderes übrig“, stellte sie in Aussicht, „als in regelmäßigen Abständen hier den Nachschub zu holen.“

„Na siehst du, mir werden zwar deine täglichen Beifallsstürme fehlen, umso besser werden dann die Konzerte, wenn der Pianist geübt hat. Hauptsache, deine Lebensgeister sind zurück."
Es gab ihr einen Stich, dass er so wenig Bedauern zeigte und nicht einmal zum Spaß klagte, andererseits war es gut, kein Beleidigtsein ausbügeln zu müssen.
„Sollten wir nicht den neuen Abschnitt feiern? Klar", er schlug sich gegen die Stirn, „mit einem österreichischen Festessen!" Er sprang auf und lief in die Küche.
„Kannst du etwa kochen?"
„Was glaubst du, wie ich mich ernähre? Bei meiner Mutter habe ich zugeschaut", flunkerte er. „Ist nur eine Frage der Zutaten. Jetzt noch einkaufen, ach, da ginge zu viel kostbare Zeit verloren."
Elise hörte Leo in seinen Schränken stöbern und „Süß wie die Liebe und zart wie ein Kuss" singen. „Kennst du Salzburger Nockerln? Dafür würde es reichen."
Elise war aufgestanden, um ihm zuzuschauen. „Was ist das überhaupt, nur den Namen kenne ich."
„Setz dich einfach ins Wohnzimmer und harre der kulinarischen Krönung." Er drängte sie hinaus. „Warst du noch nie in Österreich? Moment ... Eier, Zucker, Mehl, Preiselbeeren Direktimport", murmelte er und rief dann: „Technisch gesehen ist es ein Soufflé!"
„Hört sich nach höherer Kochkunst an. Wann hätte ich da hinfahren sollen? War ja nie Geld für Ferien übrig und als ich es gehabt hätte, wohnte ich auf der Insel."
„Gib mir zwanzig Minuten. Wenn du magst, kannst du den Tisch decken, und dann schau mal in dem niedrigen Regal, da liegt ein Bildband. Jetzt treiben wir erst die Weihe auf die Spitze."
Aus verschiedenen Ecken holte Leo Kerzen und zündete sie an, dann öffnete er eine Flasche Sekt und goss Elise ein. Für sich hatte er ein Glas von draußen mitgebracht und stieß mit ihr an.
Überwältigt war ein zu harmloses Adjektiv, um eine halbe Stunde später den Zustand Elises zu beschreiben, für die noch nie in ihrem Leben ein Mann gekocht hatte. Fleischlos, süß und reichlich exotisch mit den Beilagen Freude, Stolz und dem Willen, es ihr gemütlich zu machen. Sie schlug die Hände zusammen, als er das fertige Werk

auftischte. „Lass mich erst den Anblick genießen."

„Die drei Hügel stehen angeblich für die drei Hausberge in Salzburg", erklärte schmunzelnd der Koch.

Andächtig probierte Elise und verdrehte lustvoll die Augen. „Wer hat denn diese Sünde erfunden?"

„Ich weiß nicht, ob meine Mutter die richtige Informationsquelle ist. Sie stammelte bei der Frage immer etwas von Mätressen und Fürstbischöfen, was mir ganz unwahrscheinlich klingt, zumal bei Schlüpfrigem die Phantasie mit ihr durchging. Muss jedenfalls schon ein paar hundert Jahre her sein."

„Du hast deine Mutter schon so häufig erwähnt. Ihr standet euch bestimmt sehr nahe."

Der baldige Abschied begünstigte die Auskunftsfreude, weil man sich womöglich nie wieder begegnete. Reisende, die einen längeren gemeinsamen Streckenabschnitt durchgestanden haben, sind mitunter gesprächiger als einem Freund gegenüber, weil danach jeder seiner Wege geht ohne die Verpflichtung, des Anderen Last mitzutragen.

„War sie auch musikalisch?"

„Ja, das war sie, deshalb fühlte sie sich in dem Metzgerbetrieb so fehl am Platze. Und mich hat sie ganz in ihrem Sinne erzogen und damit dem Vater entfremdet, um es mal ganz prosaisch auszudrücken. Ich war der bessere Mann an ihrer Seite."

Den leeren Teller ließ Elise ohne Widerstand ein zweites Mal füllen. „Mütter", seufzte sie, „wie hat sie es dann verkraftet, als du heiraten wolltest? Solche Frauen beißen jede Schwiegertochter aus dem Weg. Ich habe mir vorgenommen, nicht den gleichen Fehler zu machen."

„Schwierig war das, sie arbeitete mit Wünschen, Anordnungen, Unpässlichkeiten und Kränkungen in allen Facetten. Mitunter kam ich mir vor wie ein Pferd an der Kandare."

Die Tabakwölkchen aus Leos Verdauungspfeifchen, die seine Rückschau auf zwanzig Jahre vernebelten, kräuselten sich um den dreiarmigen Kerzenleuchter auf dem Klavier.

„Kann es sein, dass sich deine Frau auf verlorenem Posten fühlte, weil du dich nicht deutlich zu ihr bekannt hast?"

„Bist du Hellseherin?" Entgeistert starrte Leo Elise an. Diese Symbiose hatte ihm keinen Freiraum gelassen, eine Karriere tolerierte sie gerade noch, ach was, brüstete sich sogar damit. Der Einfluss einer gleichaltrigen Frau, die es der Mutter mit keiner Aktion recht machen konnte, war ein völlig anderes Feld. „Ich habe mein ständiges Nachgeben, Mitgefühl, Loyalität verflucht, als ich die Zwangsjacke erkannte, war alles zu spät. Nach der Scheidung hat meine Frau die Kinder gegen mich aufgehetzt. Weihnachtsgeschenke haben sie unausgepackt zurückgeschickt."

Elise legte ihm mitfühlend die Hand auf den Arm. „Wie viele Kinder sind es?"

Nachdenklich drückte Leo ihre Hand. Elise wurde rot und wich seinen fragenden Augen aus. „Zwei Mädchen, zwölf und zehn."

„Dann bist du nach Äthiopien geflüchtet?", folgerte sie. *Nur das Gespräch weiter in Gang halten*, dachte sie, *dann fällt meine Verwirrung nicht auf.*

„Egal. Mutter ist tot, das Haus verkauft. Der Abstand ist besser. Meine Kinder könnten mich hier sowieso nicht besuchen." Zu weiteren Offenbarungen ließ sich Leo nicht hinreißen.

Noch ein kurzer Moment länger und ich versickere unter seinem Blick wie geschmolzene Schokolade zwischen den Dielen. Bloß raus, beschloss Elise, erhob sich und stellte die Teller aufeinander. Fast körperlich spürte sie, wie er ihren Panzer aufweichte. „Leo, dieses spontane Candle-Light-Dinner wird mir noch lange die Einschlafphasen versüßen, glaub mir. Jetzt ist es höchste Zeit, ich muss anfangen, meine Sachen zu verstauen."

Die Umarmung, bei der sie unwillkürlich die Augen schloss, dehnte der Pianist eine Sekunde länger aus als nötig, möglicherweise kam es ihr auch nur so vor. Zu schön war es, jederzeit diesen Zufluchtsort zu haben und ohne alle Verpflichtung Verständnis zu finden. Leo blieb lange draußen stehen und bildete sich ein, ihre schlanke Silhouette noch unterscheiden zu können, als sie mit dem Baumdunkel verschmolzen war.

„Hoechst, Berhe am Apparat, ich verbinde", hörte Elise am nächsten Nachmittag und hielt die Luft an. Zuerst traute sie ihren Ohren nicht. Das waren mehrere Füllhörner, die ihre Köstlichkeiten über sie ausgossen!

Der Generalmanager versprach Startkapital. „In der Anlaufphase liefern wir die Farben kostenlos, bis die Gewinne reichen. Keine Sorge,

Sie bekommen Sonderkonditionen eingeräumt."
„Das ist ein Vermögen wert", entfuhr es ihr, so ungenau sie den Betrag in der Eile auch schätzte.
„Nennen Sie es Entwicklungshilfe, kann legal von der Steuer abgesetzt werden. Steigen Sie mit voller Kraft in die Produktion ein." Von Elises Bedenken blieb nicht mehr als das Grummeln eines abziehenden Gewitters, auch wenn Elise irgendwo einen verborgenen Haken befürchtete, der das Wolkenkuckucksheim zum Einsturz bringen würde. „Wann wollen Sie die erste Ladung abholen?"

Zwei Tage später war Elise startklar für die zehnstündige Fahrt, die sie an einem Tag bewältigen wollte. Iyasu quengelte halbwach über das frühe Wecken. Als die ersten Sonnenstrahlen über den Horizont spitzten, versanken die Außenbezirke der Hauptstadt im Rückspiegel des Wagens, dessen Ladekapazität bis zur Dachtraufe mit den Farben für die Fabrik, Säcken mit Baumwolle, für ihr Gefühl noch viel zu wenig, Hausrat und Utensilien ausgeschöpft war, die sie im neuen Heim auf jeden Fall brauchte. Betten, Stühle und Tisch wollte sie an Ort und Stelle kaufen.
Sie folgte der in über dreitausend Meter Höhe gelegenen Serpentinenstraße, die von Mussolini befestigt worden war. In den letzten Überbleibseln morgendlichen Nebels über den heißen Quellen lugten reusenförmige Bienenkörbe aus den Kronen spärlich beblätterter Juniperusbäume wie vor Urzeiten gestrandete kleine Archen.
Hinter dem Tunnel war es wärmer. Jede Kehre eröffnete ein phantastischeres Panorama als die vorhergehende, bis sich auf einmal die Kulisse für den Blick ins Rift Valley öffnete. Einen Moment hielt Elise an, ein Fehler, weil einer der rot-weißen Überlandbusse mit lautem Hupen überholte. Die einzigen Menschenseelen, die die Erhabenheit der Natur störten, saßen eingepfercht darin und strömten, als sich am Horizont die Bezirkshauptstadt Dessie abzeichnete, wie üblich zum letzten Geschäft vor der Stadt auf die Felder, rechts die Frauen und links die Männer.
Widerwärtig, diese ungehemmte Massenscheißerei im Freien, fand Elise. *Solange Toiletten auf die höchsten Kreise beschränkt sind, nicht zu ändern. Und das ausgerechnet bei Leuten, die wegen der Bandwürmer ihr Leben in der Hocke verbringen.*

Schafe, Ziegen und Menschen wankten, schwer beladen oder leichtfüßig nur mit Sonnenschirmen bewaffnet, und minimierten hinter Dessie ihre Geschwindigkeit.

„Was haltet ihr von einer Rast?“, schlug Elise ihren Fahrgästen vor, als der stahlblau glitzernde Lake Haik in Sicht kam. „Mit Bellevue, was sagt ihr dazu, ist das nicht ein wunderschönes Plätzchen?“ Während die Fahrerin sich dehnte und streckte, zog Tschamusch unter Iyasus Jubelrufen und eifriger Hilfe aus den Tiefen des Gefährts eine alte Decke als Sitzgelegenheit.

Blitzschnell knöchelten von der nächsten Anhöhe einige Paviane herab, die sich gewiss nicht herangetraut hätten, wenn ihre Lilibet dabei gewesen wäre, aber die war in Pension bei Melese geblieben. Begeistert kreischte Iyasu, obwohl der Anführer der Gruppe an der Hangkante witterte, seine Mähne bedrohlich plusterte und die Eckzähne entblößte.

„Wenn ihr keine hektischen Bewegungen macht und den Alten nicht anstarrt, kann nichts passieren“, beruhigte Elise ihre Reisegesellschaft.

Mit offenem Mund beobachtete ihr kleiner Junge. „Warum, Mama?“

„Der könnte wütend werden, weil er denkt, du willst ihm was wegnehmen.“ Mit langsamen Bewegungen sammelte sie nach der Jause ihre Habseligkeiten ein.

Iyasu lockte mit einem Stückchen Brot einen halbstarken Affen, der sprang mit einem Satz herzu, riss dem Kind den Brocken aus der Hand und floh mit Gekreisch in ein Dornengestrüpp in sicherem Abstand zu seinen Artgenossen. Während er hektisch schlang, beäugte er nervös die übrige Herde mit dem Boss, die erst den Rastplatz inspizierte, als die Zweibeiner abgefahren waren.

Mit jedem Kilometer weiter nach Norden vermehrte sich die Zahl der Frauen entlang des Weges, denen am Rockzipfel gedunsene Kinder auf klapprigen Beinen hingen. Bei der ersten Mutter hatte Elise angehalten und ihr das übriggebliebene Fladenbrot und eine Wasserflasche überlassen. Im Wagen war kein Platz mehr, um sie in die nächste Stadt mitzunehmen. Die Frau drückte ihr stumm und demütig die Hände. Die abgestumpften Augen der Kleinen verfolgten Elise noch lange, die sich zur Vernunft rufen musste, um nicht den Inhalt ihres Wagens an die Elendsgestalten zu verteilen. Um sich selbst abzulenken, sagte

Elise: „Zuerst wohnen wir im Hotel, bis das Häuschen hübsch hergerichtet ist."

„Will mit Hundi spielen", entgegnete Iyasu.

„Den konnten wir nicht mitnehmen. Tschamusch wird mit dir spielen und Menen."

Für den nachdenklichen Kleinen, der gern verträumt mit einem Stöckchen im Sand kratzte oder aus Steinen, Scherben, Schoten und Rinden ganze Landschaften baute, war damit die Welt in Ordnung und auch der Verlust Yibaralems schien verschmerzt. *Wie schnell sich Kinder arrangieren,* redete sich Elise ein, *Aidas Tochter ist eine passendere Spielkameradin als eine erwachsene Angestellte.*

4

Gedruckte Werbung erübrigte sich. Die Gerüchte über eine Geldquelle schienen von den heiseren Schreien der Kamele und Esel verbreitet, zerlumpte Gestalten standen am Zaun, morgens, mittags, abends. Solange sich die Heimatlosen noch ohne Hilfe auf den Beinen halten konnten, hatten sie eine Aussicht auf Beschäftigung. Im Gegenzug bewirkte jede weitere Stunde, dass der Strohhalm, den die Europäerin ihnen reichte, die Spannung in die Körper zurückbrachte.

„Wir teilen die Arbeiter in Gruppen je nach Endergebnis. Hier habe ich eine Liste gemacht, Akale. Pro Gruppe steht ein Webstuhl bereit, zwanzig Spinnerinnen, zwanzig zum Rupfen und Reinigen, na, Sie kommen schon klar. Wenn draußen noch Leute sitzen, die arbeiten wollen, schick sie rein."

Die Arbeiter verbeugten sich vor ihrer Chefin, bis Elise es ihnen untersagte. Was ging in den Leuten vor? Für die Arbeiterinnen war jede Anregung wie ein Befehl, sie bemühten sich, ihre Leistung zu verbessern, während die Männer sich im Besitz alles Wissens wähnten und die Aufseherposten beanspruchten.

Im Interesse eines reibungslosen Ablaufs musste sich Elise durchsetzen, stellte jedoch Emanzipationsfragen zurück, sie kontrollierte sowohl die Zupferinnen, Spinnerinnen und Färberinnen und brach ungehemmt beim Weben in männliches Territorium ein. Gleich in den ersten Tagen kündigte sie Neuerungen an, die bei den Vorarbeitern für

Unruhe sorgten. „Was ihr bisher gewebt habt, ist ganz ordentlich. Ich möchte aber besondere Kleidungsstücke verkaufen. Da brauche ich zusammenhängende Flächen, kein Gestückel. Die bisherigen Bahnen sind zu schmal."

„Breiter geht nicht", warf ein alter Handwerker ein.

„Doch, ihr werdet sehen. Wir kriegen das hin. Bringt mir als erstes gute Schreiner."

Elise grübelte mehrere Tage über dem Entwurf einer besseren Konstruktion, legte ihn einem Schreiner vor und besprach, worauf es ihr ankam. „Mir ist an längeren und breiteren Stoffbahnen gelegen. Wenn wir das hier verzapfen, dort die Rolle verlängern ..." Als der Handwerker begriffen hatte und sich an seine Arbeit machte, lehnte Elise am Fenster, schaute trübsinnig auf den Hof und beschwor die Erinnerung an Gérard, dessen Hilfe sie gut hätte brauchen können.

„Bringt nichts zu lamentieren. Auf geht's!", rief sie sich zur Ordnung und raffte sich zum nächsten Rundgang auf.

In der Abteilung der Sticker kniff sie die Augen zusammen und schaute genauer. Verliefen die typischen Kantenverzierungen auf den weißen Hemden tatsächlich in Kurven? Alles schief! „Macht ihr keine Vorzeichnung? So geht das nicht!" Die Arbeiter stickten freihändig, kein Wunder. Zurück im Büro, schrieb sie „Stickschablonen zeichnen" in ihren persönlichen Arbeitsplan.

Akale, der sich kühl hinter einer undurchdringlichen Miene verschanzt hatte, betrat den provisorischen Arbeitsraum und wartete schweigend an der Tür, auch noch, als Elise von ihren Papieren aufsah und sagte: „Die rohe Baumwolle kriegen wir zukünftig aus der Stadt in großen Bündeln. Die Zwischenfäden liefert uns ‚Augusta' in Addis Abeba. Für das Ausschneiden der Schablonen stellen Sie noch einen jungen Mann ein. Ich möchte das Sortiment vergrößern:
Wohnbedarf und strapazierfähige Bush Jackets mit vielen Taschen." Er zeigte keinerlei Interesse an ihrer Darstellung.

In der Mittagspause eilte Elise nach Hause und rief beim Betreten des eingeschossigen Gebäudes: „Iyasu, wo bist du?"

Obwohl das Wellblechdach die Hitze minimal dämpfte, wirkte die Wohnung durch die dunkelroten Terrakottafliesen kühl. Weder im abgedunkelten Wohnzimmer versteckte sich jemand hinter dem geflochtenen Gestühl noch in einem der drei anderen Räume. Auf dem Herd

stand ein warmer Topf und in der Spüle ein einzelner Teller.
Im Hof hantierte Tschamusch in der Nähe des Toilettenhäuschens mit einem Besen. „Pass auf, dass dich der blonde Skorpion nicht kneift!“, rief Elise ihr zu. „Hast du Iyasu gesehen?“ Die Bedienstete deutete zum Palast und Elise verließ den Schatten der Eukalyptusbäume, schlüpfte durch die Nebenpforte, grüßte die zwei Wachposten und huschte durch den Rosengarten zum Palast.
Die Familie setzte sich gerade zu Tisch. „Du hast gerochen, dass es der richtige Zeitpunkt ist“, frotzelte Aida. Der lockere Umgangston mit der Prinzessin war Ausdruck einer Art Frauensolidarität, die nicht auf tiefschürfenden Unterhaltungen basierte. Iyasu saß neben Menen, mit der er häufig im Palast spielte, weil er den Kontakt zu Mikael suchte, der immer ein freundliches Wort für den kleinen Jungen hatte.
Während Elise Iyasus Schulter streichelte, ging sie auf Aidas Scherz ein. „Dieser Duft ist die reinste Versuchung.“ Sie zog die Luft in die Nase und schloss genießerisch die Augen, obwohl ihr selbst die positive Anspannung ihrer neuen Aufgabe den seit ihrem missglückten Heimkehrversuch abhandengekommenen Appetit nicht wiederbelebt hatte.
Ihre Gastgeberin fragte: „Wie läuft es mit Akale. Kommst du mit ihm zurecht?“
„Ein verschlossener Mann, Le`ult, er lächelt selten, erfüllt zwar alle Aufträge ohne Versäumnisse, der Aufschwung des Betriebs lässt ihn kalt.“
„Ach, lass die Prinzessin weg. Ich hätte nie gedacht, dass du in der Geschwindigkeit loslegst. Gerade mal acht Wochen hast du gebraucht und die Produktion lief wie am Schnürchen … und jetzt nach einem halben Jahr ... Wie viele Arbeiter beschäftigst du?“
„Fünfhundert. Und das Beste ist, das Lager füllt sich nicht, weil Lucy uns unentwegt mit Bestellungen bombardiert für die Oxfamniederlassungen in Kalifornien, in Australien und seit neuestem auch in Deutschland.“
„Und wie sieht der Verkauf im Land aus?“
„Die einzelnen Stücke im Hilton, bestickte Leder- oder Holzperlengürtel, fallen kaum ins Gewicht. Die Zahl der Touristen hat merklich nachgelassen.“ Bisher war Elise trotz aller Vertrautheit den heißen Eisen ‚Hunger‘ und ‚Dürre‘ ausgewichen, obwohl diese im Hotel

Abraha, wo die Ausländer ihre Freizeit totschlugen, das Gesprächsthema Nummer eins waren.

Unberührt schob Elise das Dessert zurück und stand auf. „Komm, wir gehen zum Mittagsschläfchen, Iyasu."

„Ich will hierbleiben!", verkündete der Vierjährige mit trotzig verzogenem Mund. Seine Augen glänzten unnatürlich. Kaum hatte Elise seine kleine Hand ergriffen, riss Iyasu sich los, spuckte nach ihr und klammerte sich an die Beine des Prinzen.

„Na, na, was soll das, du kleiner Kronprinz?" Peinlich berührt, spielte Mikael auf die frappante Ähnlichkeit mit seinem erwachsenen Doppelgänger an. „Machen Sie sich nichts draus, das sind nur kindliche Launen."

Der Junge braucht ein männliches Vorbild, vermutete Elise, *ihm fehlen die Orientierung und die Reibung am gleichen Geschlecht. Wäre ein Mann im Rollstuhl besser als gar keiner? Den Schlussstrich rückgängig zu machen ist mir ein zu großes Opfer. Meine Selbstachtung wäre dahin. Ein echter Partner, jemand zum Anlehnen, bei dem man sich so recht gehenlassen könnte, würde mir guttun, zum Reden über Gott und die Welt, um Arbeit zu vergessen, der mit einem lacht über Marotten und Pannen. Einer, der mir unerschütterlich zur Seite steht, auf dessen Rat und Zuspruch ich bauen kann, ohne dass am nächsten Tag die ganze Ausländerkolonie weiß, wo es bei mir im Argen liegt, und sich den Mund darüber zerreißt.*

Der letzte Abend mit Leo und seine unbefangene Anteilnahme gingen ihr durch den Sinn. *Blödsinn, ich weiß viel zu wenig von ihm. Da sieht man mal wieder, zu welchen Hirngespinsten die Isolation führt.*

Iyasu protestierte und maulte, als der Lidj ihm gut zuredete und ihm über den Kopf strich. Menen beobachtete das Theater, den Löffel mit Pudding auf halbem Wege zum Mund eingefroren.

„Ich glaube, er brütet etwas aus", sagte Aida, „er war den ganzen Vormittag bei allen Vorschlägen lustlos."

Mikael hob ihn hoch. „Wenn Sie wollen, können Sie meinen Mercedes nehmen und im Hospital vorbeischauen." Zu seiner Frau, die ermattet in ihrem Kaffee rührte, sagte er: „Ich zieh mich ins Arbeitszimmer zurück, meine Liebe." Elise nahm das Angebot an.

Nach zwei Stunden rollte der Wagen auf dem Hof wieder aus. Der Zündschlüssel steckte noch im Schloss, da verbeugten sich alle alten

Männer, die in der windstillen Glut des Nachmittags auf eine Audienz warteten, ehrerbietig vor dem Auto mit den getönten Scheiben. Als nicht der Prinz ausstieg, schlugen einige die Hände vor Entsetzen zusammen: eine Frau, und auch noch in Hosen! Wenn das kein Trugbild der Hölle war.

Die amharischen Entschuldigungen hätte sich Elise sparen können. Unmutige Blicke folgten ihr, als sie den willenlosen, an Ziegenpeter Erkrankten auf den Armen Tschamuschs Pflege überbrachte.

5

Anlässlich ihrer Versorgungsfahrten in die Hauptstadt sah Elise, wenn auch mit zwiespältigen Gefühlen und müde von der langen Fahrt, bei ihren Angehörigen nach dem Rechten.

„Gut, dass du kommst“, begrüßte sie Melese, der, gepflegt wie immer, umgehend zur Sache kam. „Da kannst du dir gleich die Bescherung ansehen.“ Nur wenn man es wusste, sah man in den langen Baumwollhosen die dünnen bewegungsunfähigen Beine und unter dem schwarzen Pullover die Wölbung seines Urinbeutels.

Elise bemerkte seine Nichte im Hintergrund. „Hallo, Judy, wie geht es dir?“

Ihr Mann entdeckte sie gleichzeitig und schimpfte: „Komm sofort hierher, du Balg, habe ich dir nicht verboten, in der Nachbarschaft herumzuhängen?“ Drohend zog er sich zur Bettkante und in Reichweite schnellte er sich mit einem Ruck zur Nichte hin, verkrallte sich an ihren Haaren und ließ sich aufs Kissen zurückfallen. Das Mädchen schrie und wand sich, um freizukommen, während Melese mit wutverzerrtem Gesicht erklärte: „Das ist ihre neueste Masche, anstatt die Schularbeiten zu machen.“

Judy stand heulend am Bett, Makeda schlug auf Meleses Finger und Elise riss an seinen Händen. „Lass das Kind in Ruhe! Was ist los bei euch? Seid ihr noch bei Trost?“

„Ständig ruft er sie ans Bett, um sich bedienen zu lassen“, jammerte ihre Schwägerin, „und weil sie meistens das Verkehrte bringt, geht das Geschrei los.“

„Er schlägt mich jeden Tag“, beschwerte sich Judy. „Ich kann machen, was ich will, immer ist es falsch."

Ärgerlich beugte sich Elise zu ihr hinunter. „Du drehst dich um und gehst, wenn er dich ruft. Ist das so schwer? Das ist unglaublich." Als sie das Mädchen näher in Augenschein nahm, bemerkte sie blutunterlaufene Striemen und schrie entsetzt auf: „Wer von euch hat ihr die Peitsche gegeben? Von selber kann Melese die nicht geholt haben." Nirgends entdeckte Elise ein Gerät, das als Urheber der Verletzungen gedient haben könnte.

Mama Dimtus hohe Töne drangen durch Mark und Bein. „Der schlägt das Kind so schrecklich. Ich weiß nicht, was ich machen soll!"

„Spar dir die Krokodilstränen, Mutter, das funktioniert nur, wenn das Kind in seine Nähe kommt", meckerte Makeda.

„Warum gehst du hin?", wandte Elise sich an Judy, die mit hängendem Kopf am Tisch saß und die Schultern zuckte. Mit dieser Unterwürfigkeit stachelte sie die Wut des Bettlägerigen noch an.

„Du denkst, einem Behinderten muss man alles nachsehen? Diese Erziehungsmethoden sind vielleicht die landesüblichen, ich dulde nicht, dass du das Mädchen für dein Elend büßen lässt!", wetterte Elise.

„Sie gehört zu meiner Familie, ich kann mit ihr machen, was ich will", knirschte Melese erbittert.

„So siehst du aus!"

Elise wandte sich an die beiden Frauen: „Ihr seid zu zweit, was ist denn da so schwierig, Judy von ihm fernzuhalten, wenn das Kind selber zu dumm ist?" Man musste kein Psychologe sein, um Judy als Sündenbock der ganzen Sippschaft zu identifizieren, denn das gleiche Verhalten bei Meleses Schwester hatte seinerzeit niemanden aufgeregt.

Immer noch in Rage, schrie Melese: „Mutter, halt die Klappe, deinem Kirchenfimmel verdanke ich meinen Zustand, verschwinde, mir wird übel, wenn ich dich sehe!"

In diesem Haushalt hat sich seit meinem Auszug nichts zum Guten verändert, dachte Elise. Dafür fiel ihr auf Anhieb nur ein Ausweg ein. „Da ich so weit weg bin, kann ich nicht überwachen, ob du dich in Zukunft am Riemen reißt. So kann es nicht weitergehen. Wenn ich nach Mekele zurückfahre, nehme ich Judy mit."

„Von mir aus. Die Lehrer streiken demnächst, da wird die Schule sowieso geschlossen, dann gammelt sie nur noch rum."

Beim Ehrgeiz kann man ihn nicht packen, aber irgendwas müsste seine Gedanken mal anders ausfüllen, diese Nabelschau ist nur schrecklich, dachte Elise. „Du könntest etwas Vernünftiges machen“, schlug sie ihrem Mann vor.

Er schnaubte mit hängenden Mundwinkeln.

„Beende deinen Entwurf aus Kukunas Zeiten. Warte, schrei nicht gleich. Ich will nicht, dass du es aufgrund der alten Zeiten tust, ich bezahle auch dafür. Rahels Mutter, die Kaffeekönigin, hat mir ein Stück Land am Buchafluss, neben ihrer Villa am alten Flughafen, geschenkt.“

Iyasu war ihr Unterpfand, dass sie im Land Wurzeln geschlagen hatte, was sollte sie sonst mit ihrem Geld anfangen. „Ich möchte bauen. Du weißt, wo man die Pläne einreichen muss?“ Er nickte stumm.

Der kurze Besuch bei Leo fiel ins Wasser, denn niemand reagierte, als Elise bei ihm klopfte. Da sie diesmal keine Zeit verplempern durfte, schrieb sie ihm enttäuscht eine kurze Nachricht und fuhr mit der achtjährigen Judy nach Mekele. Während der Fahrt überfiel sie ein Sehnen nach dem Österreicher, das sie erschreckte, hinter jeder Biegung stand sein Lächeln, es war ihr, als führe er ihre Hand beim Kuppeln, seine Kommentare hingen in der Luft.

Wie sehr er mir im Norden fehlt, dachte Elise. *Anscheinend ist er ein Stück Heimat. Oder etwa noch mehr? Wie besorgt er um mich ist. Am Anfang ist immer alles spielerisch leicht, der Humor verfliegt zu schnell, sobald eine Beziehung zementiert wird. Ach, Leo.*

Jeder Kilometer zerrte mehr an ihr und der nächste Tag trug seinen Teil bei.

6

Wie jeden Morgen von neun bis zehn hockten die Hinfälligen unter Elises Belegschaft geduldig in Reih und Glied auf ihren Haxen in der improvisierten medizinischen Sprechstunde. Elise beflügelte diese Hintertür, mit der sie ihren alten Berufswunsch noch erfüllte, beinahe mit noch mehr Befriedigung als der Aufschwung der Fabrik. Nur schade, dass die Schreibtischhengste, die ihr so viele Steine in den Weg gelegt hatten, ihre Genugtuung nicht mitbekamen.

Zuerst verteilte sie die Zuckerspende einer Firma unter Kindern und schwangeren Frauen. Die anderen klagten „Rasehn, libehn, hodehn, Mein Kopf, mein Herz, mein Bauch!“ Zu aufschlussreicherer Beschreibung reichte es auch diesmal nicht.
Die Patienten infizieren sich immer wieder neu, missbilligte Elise insgeheim, *es ändert sich einfach nichts und wenn ich mir den Mund fusselig rede. Sie sehen nicht ein, wie wichtig Sauberkeit ist und die wenigen Lebensmittel auf dem Markt unterstützen auch nicht gerade meine Überzeugungsarbeit. Ich schicke sie zum Brunnen oder beschwöre ein Horrorszenarium. Aida sollte die versprochenen Toiletten in Auftrag geben, damit ich den Wurmbefall endlich in den Griff bekomme.*
Verschiedene Hilfsorganisationen lieferten, was Elise brauchte, im äußersten Falle Penicillin. Bei unklaren Befunden setzte sie nicht Leben aufs Spiel, sondern schickte Betroffene ins Hospital, auch wenn die den Tod schicksalsergeben hinnahmen. „Die Medizin hat sich geweigert, die Krankheit auszutreiben“, hieß es dann.
Als Nächstes zeigte ihr ein verhutzelter Mann seine Hüfte, die ekelerregenden Verwesungsgestank ausströmte. Ein kleiner Mückenstich kann sich in diesen Breiten ausweiten zu einem Loch, das bis auf den Knochen reicht und schwer heilt.
„Merk dir gut, was ich dir sage“, sprach Elise eindringlich in möglichst simplen Worten. Das unschlagbare Rezept stammte von einem Schweizer Bauern. „Du verrührst einen Löffel Vaseline mit einem Löffel Zucker, bis die Masse richtig weiß und schaumig ist, und bestreichst damit die Wunde. Das Ganze drei Tage lang fest zubinden. Pass auf, dass kein Dreck drankommt.“
Die Begründung, dass die Vaseline die Wunde luftdicht abschließe und der Zucker Eiter und Wundwasser durch die Abdeckung leite, brauchte er nicht. „Wenn du den Verband nach drei Tagen entfernst, wirst du sehen, dass darunter neue rosa Haut gewachsen ist“, stellte Elise in Aussicht.

Feierabend. Den Bericht für Aida steckte sie in ihren Beutel, schloss hinter sich ab und schaute sich nach dem Nachtwächter um. Vom Tor her schallten laute Stimmen. Offenbar musste er mal wieder Arbeiter vom Gelände scheuchen, die wegen des Brunnens zu gern

Überstunden machten.
Aus der Nähe erkannte sie ihren früheren Patienten. Er drängte zu ihr mit einer Kuh am Strick. Elise tätschelte dem Tier über die Nase. Ihre Annahme, er wolle sich aus Dankbarkeit für die Heilung von seinem letzten Stück Vieh trennen, erwies sich allerdings als falsch. Er winkte seine Ärztin vielmehr zur Rückseite der Kuh. „Da schau, das waren die Hyänen. Bei lebendigem Leibe angefressen." Auf den ersten Blick sah die offene Wunde aus wie Kaviarhäufchen auf einem Hinterschinken.
„Notschlachten", riefen die Arbeiter drumherum, „die Maden ausbrennen!"
Der Besitzer schüttelte verzweifelt den Kopf und zerrte einen der Vorarbeiter an dessen Kittel heran. „Du hast ihm bei seiner Hüfte so gut geholfen", übersetzte der. „Er möchte dich bitten, dass du für die Kuh dasselbe Wunder tust."
Um Himmels willen, dachte Elise erschrocken, *für die zweifelhafte Aktion geht mein ganzer Vorrat an Vaseline drauf.* Sie fragte: „Hast du noch mehr Kühe?" Der Besitzer hielt drei Finger hoch.
„Kannst du diese allein im Stall lassen?"
„Der Mann hat keinen Stall", übersetzte der Dolmetscher die Antwort.
„Wir müssen verhindern, dass die Kuh selbst oder die anderen ihr die Salbe ablecken!"
Das Paar, das schließlich in den Sonnenuntergang entschwand, den Schweizer Wunderverband mit allen möglichen Riemen und Stricken festgezurrt, hätte gut zum Abspann eines Westernfilms gepasst.

7

Statt schnurstracks nach Hause zu gehen, lümmelte Elise an der Theke des Abraha-Hotels und orderte ein Bier. „Na, wie laufen die Geschäfte?", fragte der Barkeeper und wischte mit seinem Geschirrtuch über die Theke, während der Gerstensaft schäumend ins Glas schoss.
„Von überall her strömen die Leute, um den Musterbetrieb zu besichtigen. Wir kommen kaum nach bei den Bestellungen! Wenn einer vor mir steht und sofort kaufen will, muss ich aufpassen, dass ich

anschließend nicht nackt dastehe." Der gekühlte Schluck zischte wie ein verdampfender Wassertropfen auf einem heißen Blech in ihre Speiseröhre.

„Besser als andersrum." Er grinste zweideutig.

Elise wischte die Schaumreste von den Lippen. „Heute schneite ein junger Mann aus Madagaskar rein, dem jemand von einer Thusnelda in Mekele erzählt hat, die wunderbare Sachen herstellt." Der zweite Schluck ölte erst richtig ihre Kehle.

Der Barmann beobachtete sie belustigt. „Sieh an!"

„Er hat fünfhundert Safariwesten bestellt."

„Wow!", ertönte es hinter ihr. Ein Neuzugang schwang sich auf den Nebenhocker.

„Die Bekanntheit hat ihre Schattenseiten." Vor allem unter den Entwicklungshelfern stieß Elises Geschäftserfolg auf andauerndes Interesse, was nicht weiter erstaunlich war, denn ohne kulturelle Abwechslung in dieser Weltgegend und tagtäglich denselben Gesichtern waren die Gesprächsthemen begrenzt: ähnliche Intrigen und Tratsch über Kollegen wie überall, wo Ausländer in kleinen Exklaven aufeinandertreffen.

Anjali Kapoor, die indische Geschäftsführerin des Hotels und gleichzeitig Mädchen für alles, schlenderte vollendet graziös heran, als trüge sie eine Wasserkaraffe auf dem Kopf. „Ein Filmproduzent hat vorgestern nach Ihrer Werkstatt gefragt", sagte sie.

„Da siehst du's." Elise zwinkerte dem Barkeeper zu. „Ich komme noch nach Hollywood. Der Blötschkopp ging runter in die Salzwüste. Auf dem Rückweg hat er mir einen Heiratsantrag gemacht!" Ein weiterer Schluck versickerte. „Den Sabanya könnte ich mir sparen. Die Regale sind leer. Ausverkauft."

„Ah, kommen Sie, meine Liebe", rief Frau Kapoor einer schmalen Frau zu, um deren Kopf sich schwarze Locken ringelten. Die Inderin berührte leicht ihre Schulter. „Darf ich Ihnen Frau Dimtu vorstellen? Das ist Frau Ines Pereira von der Zentrale der Vereinten Nationen, die sich persönlich einen Eindruck vom Genfer Tagesgespräch machen will."

„Mich schickt das Rote Kreuz", unterbrach der pickelige Mann hinter einer Whiskeybatterie, dessen Nase und beginnende Glatze sich vom ersten Tag in der Sonne schälten. „Ich soll die Ankunft und Verteilung von Hilfslieferungen organisieren." Auf seinen Wangen sprossen rötliche Bartstoppeln.

„Was halten Sie von der Lage", wandte sich Elise an die Spanierin Ines, „ist es so dramatisch, wie Mr. Dimbleby dargestellt hat? Oder haben Sie sich noch nicht die Füße vertreten?"

Willy Schreinemaker, ein deutscher Ingenieur der GTZ, warf ein: „Ich war heute auf dem Markt und hatte den Eindruck, dass die Versorgung schlechter wird. Man wird sein Geld kaum noch los."

Um solch profane Dinge kümmert sich glücklicherweise Tschamusch, überlegte Elise. *Habe ich heute eigentlich etwas gegessen?* Sie lächelte über ihre Dienerin, die ihre Hände rang, weil eine Herrin, deren Kleidung am Leibe schlotterte, keine gute Reverenz für ihre Kochkunst war.

„Dieser Zeitungsschreiber vergisst, dass die Trockenheit in Tigray eine normale Erscheinung ist", zitierte Elise den Prinzen. „Farmer mit einer Missernte verlassen ihr Land und flüchten ins nächste Dorf. Die Übervölkerung dort trocknet dieses Dorf doppelt so schnell aus und die Leute müssen wieder fliehen. So sind die großen Hungersnöte immer schon entstanden." Manchmal falle zwei Jahre lang kein Regen, im dritten Jahr ein bisschen, aber nicht genug, um Korn wachsen zu lassen. Innerhalb von zehn Tagen verdorre alles, was frisch gekeimt sei.

Bernd Weitershammer, ein vierschrötiger bayerischer Arzt von der Ambulanz, und der schlaksige Piet Sommer, wie die anderen in den Vierzigern und für ein Nicht-Regierungs-Projekt in Alamat'a, setzten sich auf die gepolsterte Sitzbank und orderten ihre Getränke. „Infam ist, dass gleichzeitig Getreide in Mengen exportiert wird. Die meisten Großgrundbesitzer haben nur ihren Gewinn im Sinn. Da müssen wir mit unseren Spenden aufpassen."

Der Neue, der sich als Heribert Schillinger aus Hessen vorstellte, fragte naiv: „Wieso?" Diese Erörterung fiel in seine Zuständigkeit.

Der Barkeeper stellte zwei Flaschen Bier vor Piet ab, der die Vorfreude noch etwas in die Länge zog, indem er dem Greenhorn seine Erfahrung ausbreitete: „Die können von den Einheimischen zurückgehalten werden, damit die Preise hoch bleiben. Sie werden die hiesige Bürokratie noch kennen lernen." Er zog ein Päckchen Tabak aus

seiner Jackentasche und stopfte sich eine Pfeife. „Der einzelne kleine Bauer kann nicht das Geringste vorsorgen, da er nach der Pacht nur das nötigste Essen übrig behält, von Saatgut ganz zu schweigen."
Der Neue in der Runde hatte noch die europäischen Schlagzeilen im Kopf. „In Addis Abeba gab es Streiks der Lehrer und Taxifahrer, weil der Spritpreis hochschnellte. Habt ihr das mitbekommen? Das muss zu Beginn der Unruhen gewesen sein."
„Die einheimischen Zeitungen kannst du vergessen. Alles zensiert. Da muss etwas direkt vor unserer Nase passieren, und wehe, du sprichst öffentlich darüber!"
„Ohne Rücksicht auf Staatsfinanzen hat der Kaiser den streikenden Soldaten mehr Sold versprochen. Von fünfzig- bis hunderttausend Toten bei den Aufständischen ist die Rede. Die Danakil haben noch zwei Rinder pro Familie, nötig zum Überleben wären dreißig bis vierzig", kratzte Heribert aus dem Gedächtnis.
Bernd unterdrückte ein Gähnen. „Der Hunger hält die Leute ruhig. Solange der Bauch leer ist, beschäftigt sich das Hirn nur mit Essen und darüber hinaus denkt keiner an Krawalle. Im Norden hat es deshalb nie einen Aufruhr gegeben." Er wedelte Piets Tabakwolke weg und beugte sich zu Elise. „Du siehst schlecht aus, bist du okay?"
Sie nickte. „Glücklicherweise erledigen die ausländischen Helfer meine Einkäufe in der Hauptstadt mit."

8

An den abendlichen Gemeinschaftsessen im Schloss nahmen neuerdings die europäischen Helfer teil. „Wie konnten eure Regierungen zulassen, dass dieser Dimbleby so ein Geschrei macht!", meinte Mikael. „Jetzt zwingt man uns, um Hilfe zu bitten. Aus allen wohltätigen Organisationen strömen Menschen ins Land, Ärzte, sogenannte Krankenpfleger. Wie soll man die alle im Zaum halten? Die kaiserlichen Geheimdienste sind überlastet."
„Du meinst, das sind alles verkleidete Korrespondenten", vermutete Aida.
Ihr Mann schluckte. „Schnüffeln echte Krankenpfleger und Missionare etwa auf eigene Faust herum, in welchen Kanälen die

Lieferungen versickern?“ Über die Spekulanten, die ganze Schiffsladungen in ihre Magazine umleiteten, verlor der Prinz kein Wort. „Die Verteilung muss unsere Sache bleiben.“

Um solche Scherereien zu umgehen, begannen deutsche Militärtransporte mit dem direkten Dropping von Nahrungsmitteln über der Hochebene und ein Geschwader deutscher Hubschrauber setzte schicke Jungs in Luftwaffenuniformen ab. „Die strotzen vor Kraft und Gesundheit“, raunte Aida Elise zu, „da fällt einem erst auf, dass wir wer weiß wie lange nur vertrocknete Gestalten um uns herum gesehen haben.“

Mikael hatte die europäischen Helfer notgedrungen zu den einzelnen Stützpunkten begleitet, wo sie eine grobe Schätzung der Flüchtlingszahlen vorzunehmen hatten. Als die jungen Männer fasziniert über den Flug und erschüttert über die zum Skelett abgemagerten Mädchen in dieser Runde diskutierten, unterbrach er unwirsch: „Bitte, meine Herren, nicht beim Essen.“

In der Dunkelheit wäre Elise fast über einen unförmigen schwarzen Haufen nahe ihrer Haustür gefallen, sie tastete nach dem Hindernis und hielt erschreckt den Atem an. Ein menschlicher Fuß, trocken und faltig mit lederharten Schwielen. Aus dem Bündel kam ein Stöhnen und unverständliches Murmeln, der Fuß bewegte sich, eine Hand umgriff Elises Handgelenk, Krächzen. „Sind Sie krank?“, fragte sie.

„Essen.“

„Ich bringe Ihnen etwas, nur ruhig.“

In der Küche lugte Elise in die Töpfe. „Tschamusch, was ist noch übrig vom Abendessen?“

„Woizero, soll ich es Ihnen aufwärmen?“

„Nein, füll es einfach in eine Schüssel. Draußen ist jemand am Verhungern, beeil dich.“

„Diese Leute hängen den ganzen Tag herum. Ist es die Frau mit den zwei Kindern? Die hat gestern schon geklopft. Wenn sie der etwas geben, wird sich das herumsprechen und morgen da eine ganze Gesellschaft lagern!“

„Traurig genug, dass sich niemand darum schert. Eine Schande ist das. Gib ihr die Schüssel und ein Stück Brot“, wies Elise ihre

Bedienstete an. „Sie soll es langsam essen, sonst wird sie es nicht bei sich behalten, sag ihr das, Tschamusch."

Die Gestrandeten waren der Ausläufer von etwas weit Größerem, das bis an ihre Schwelle schwappte. Unfassbare Nachrichten trafen aus der Hauptstadt ein: Revolution! *Hört sich weniger schlimm an als Krieg,* dachte Elise, *vermutlich betrifft es allein das Militär. Aus der Abhängigkeit von der kaiserlichen Familie habe ich nie ein Geheimnis gemacht, ob es uns im Ernstfall schadet oder nützt?*

Aida war sich der Gefahr noch weniger bewusst. „Das wäre Verrat", sagte sie und zog einen Flunsch. „Meinst du, dass Großvater gestürzt werden könnte? Das Volk ist viel zu dumm und weiß nichts von Politik!" Sie glaubte Elises Ahnung nicht, dass ihre Tage in Prunk gezählt sein könnten, weil im Palast noch alles in Ordnung war, eine andere Gesellschaftsordnung nicht mal ein Gedankenspiel wert.

Als Ursprung von Aidas wahnsinnigen Kopfschmerzen war ein kleiner Tumor an der Schläfe gefunden worden. Sie sah angestrengt aus, kleine Äderchen zeichneten ein Craquelée-Muster auf die Haut unter den Augen.

„Wir kämpfen, wenn es so weit ist", beruhigte sie Elise. *Zu zweit gegen den Umsturz, lachhaft, wie naiv wir waren,* erinnerte sie sich später, *wir waren die einzigen Erwachsenen mit etwas Überblick im Palast, alle anderen nur Statisten und der Lidj irgendwo im Semien unterwegs.*

„Meine Mutter hat Recht, Großvater ist zu gutmütig. Diese Revolutionäre gehören alle an die Wand gestellt oder verhaftet. Mengistu soll der Rädelsführer heißen, Sohn einer Bäckereisklavin." Sie schwenkte herum und fixierte Elise erbittert. „Ich habe übrigens deinen Bericht gelesen."

Selbst in Liedern versteckten die Sänger die Armut mit ironischen Umschreibungen, die man nur mit sehr guten Sprachkenntnissen entschlüsseln konnte. Nun nahm diese Ausländerin kein Blatt vor den Mund und schilderte nicht nur ganz sachlich die Lebensbedingungen der Fabrikarbeiter sondern zeigte mit Fingern auf die Wurzel des Übels. „Du schreibst, dass die Landbesitzer den Bauern nur einen kümmerlichen Rest lassen. Wie sollte es sonst sein? Was gibt es daran zu kritisieren?", schimpfte Aida. So erregt hatte Elise die Prinzessin noch nie erlebt. „People like you are our problem! They call us overlord."

„Die Ärmsten können gar nicht vorausplanen. Fällt die Ernte besser aus, wird ihnen noch mehr abgenommen. Das kann nicht funktionieren!"

„Ich gebe doch Almosen!"

9

Im Gefolge der internationalen Aufmerksamkeit schwemmten immer mehr Journalisten ins Hotel Abraha, das zu einem quirlenden Hexenkessel wurde. Bestandteil des Wirbels waren die mitgebrachten Zeitungen, deren Schlagzeilen Elise ungläubig verschlang.

Auf dem Vorplatz standen etliche Ausländer zusammen. Im Vorbeigehen schnappte die Deutsche auf: „Der Abgeordnete Fiseha Engeda berichtet im Parlament. Gouverneur von Wollo schlimmer als die italienischen Faschisten. Mehr als 50 Bauern erschossen, weil sie vor Hunger von ihren Feldern flüchteten."

Piet Sommer saß draußen auf einem Mäuerchen mit tiefen Ringen unter den Augen, seine Wangen zusätzlich vom Licht aus den Fenstern gebleicht. Müde setzte sich Elise zu ihm. „Was gibt es Neues, Piet?"

„Heute sind dreiundsiebzig Babys in den Armen ihrer Mütter verhungert. Unsere Ärztin mussten wir mit einem Nervenzusammenbruch ausfliegen."

„Verdammt, kein Wunder, wer hält das aus?"

Piet wedelte unbestimmt mit der Hand. „Was soll man von einem Staat halten, der für Hilfslieferungen Zölle einführt, um seine Kasse ebenfalls zu füllen? Es heißt, dass der Kronprinz als Gouverneur der Hungerprovinz versagt hat. Gut möglich, dass es der Kaiser provozierte, damit jeder sieht, wie wenig Führungsqualität er besitzt. Haile Selassie steht seit längerem unter Druck, einen Nachfolger einzusetzen, irgendwann muss auch er abdanken." *Klingt plausibel,* dachte Elise.

Über die endlose Hinhaltetaktik im öffentlichen abessinischen Leben regten sich viele Leute auf. „Die Äthiopier haben lange genug beobachtet, wie Entwicklungshelfer mit anderen afrikanischen Ländern umgesprungen sind, die zu vertrauensvoll waren. Es gibt genügend gut gemeinte Unterstützung mit Pferdefüßen“, äußerte ein Journalist im Abraha. „Am besten vereiteln und belügen, wo immer die Wahrheit umgangen werden kann. Es geschieht ganz instinktiv, ohne bösen Willen, dass sie die Europäer gegeneinander aufhetzen.“

„Ständig rennen wir gegen Mauern“, klagte Piet, „wo es um jede Minute geht. In Mekele läuft alles zusammen. Addis Abeba ist weit weg, wir sind im Zentrum der Dürre. Willy, setz dich her!“, rief er dem Ingenieur zu, der gerade über die Treppe das Hotel betrat.

„Hallo, ihr Unternehmer. Wie laufen die Geschäfte?“

Piet winkte ab. „Hast du einen Partner gefunden?“

„Nein, noch nicht.“

„Partner, wofür?“, fragte Elise.

„Die GTZ sucht jemanden, der ein Dorf für die Flüchtlinge entwerfen könnte. Für circa fünfhundert Leute. Bei Kobo. Eine Werkstatt bei Alamat’a könnte zu Arbeitsplätzen ausgebaut werden.“

„Kann ich mir das ansehen?“

„Klar. Morgen sieben Uhr Abfahrt.“ Er stürzte einen Whiskey hinunter und fächelte sich mit der Speisekarte Luft zu. Es wurde der schauderhafteste Ausflug ihres Lebens.

Anderntags überschrie Piet den Motorenlärm: „Alle Helfer konzentrieren sich auf diese Straße. Gibt ja keine andere. Erst fehlten Autos! Jetzt haben wir endlich jede Menge Landrover, dafür kein Benzin. Von Assab am Roten Meer fahren alle rüber nach Addis Abeba und nach Norden hoch.“

Je näher sie dem Lager kamen, umso zahlreicher wurden die Jammergestalten, die zu Tode Erschöpften, die am Steppenrand, von Insekten umschwirrt, kauerten und flehend stöckchendünne Arme in Kleiderfetzen hoben, und umso intensiver stank die schwache Brise.

Der Wagen hielt etwas abseits vom ersten Zelt. Am Eingang hockten einige Menschen fatalistisch, darunter ein etwa Achtjähriger mit einem Amulett um den Hals. Die Fliege unter seinem Auge rieb sich in aller Seelenruhe die Vorderbeine neben Tränen, Augenausfluss und Rotz, die auf seiner Wange getrocknet und bis zum Kinn Rinnen in den Schmutz gegraben hatten.

Unterdrücktes Stöhnen, leises Gemurmel, einzelne Worte, für ein Gespräch war keine Kraft mehr da. Elise kroch der Schauder die Arme hinauf. Sie fühlte sich augenblicklich gebrandmarkt und deplatziert in ihren adretten sauberen Hosen und den vergleichsweise gerundeten Gliedmaßen. Apathische Augen blieben an ihren Haaren hängen.

Im Zelt mischten sich statt dem ohrenbetäubenden Geschnatter, das bei so vielen Menschen auf gedrängtem Raum üblich ist, gedämpfte Anweisungen der Europäer mit hoffnungslosem Schluchzen und Röcheln der Tigrayner.

„Aufgetrieben von Kwashiorkor", wies ein junger Mediziner auf die Trommelbäuche. Ein anderer Arzt scharte Eitergeschwüre an den Beinen um sich. „Sie ist aus der Salzwüste hergelaufen", erklärte er bei einer Patientin, deren dicken Schorf auf den Knien man vor lauter schwarz beweglichen Klümpchen nicht sehen konnte. „Er hat sein gesamtes Vieh verloren, bevor er es verkaufen konnte", übersetzte er beim nächsten, weißhaarigen Mann, dessen Zahnstummel im Bartgestrüpp Ähnlichkeit mit rheinischen Burgruinen hatten. Als es Elises Magen beim Anblick einer Schlafenden hob, sagte lakonisch der Arzt nach einem Seitenblick auf die Patientin: „Mammakarzinom mit Maden."

„Wir sehen am Gesichtsausdruck, wer bis zum Morgen tot sein wird. Schauen Sie, dieses hohläugige Starren und die heraustretenden Jochbögen." Die riesigen Augen in hautüberzogenen Schädeln der greisenhaften Kinder, der maskenhafte Mund und abstehende Ohren brannten sich in die Netzhaut ein. „Wer diesen Ausdruck noch nicht hat, der bekommt ein Medikament, die anderen muss man sterben lassen, weil sie unfähig sind, einen Löffel aufgelöster Trockenmilch bei sich zu behalten."

Eine ausgetrocknete Frau, deren totes Kind sich noch mit geckoartigen Fingern an ihren Lumpen festkrallte, verweigerte dem Beerdigungstrupp die Übergabe. Elise zerfloss vor Mitleid.

„Wie überstehen Sie das", fragte sie eine Ärztin mit dem Abzeichen von Médecins Sans Frontières auf dem Kittel, „abends auszuwählen, wer leben oder sterben soll? Das erträgt man nicht!"

Ermattet taumelte Elise durch den unerträglichen Geruch der ungewaschenen Körper, die es bis zu den Abtrittgruben nicht schafften, zum Ausgang des Zelts.

„Was machen Sie mit denen, die davongekommen sind?", fragte sie einen Mitarbeiter, der in der schwachen Luftströmung eine Zigarette gierig inhalierte, den Rauch aus den Backen blies und auf den Fersen wippte. „Die können nicht ewig hierbleiben und dort, woher sie kommen, ist nichts mehr."

„So schnell gehen die hier nicht weg. Hier bekommen sie etwas und wenn es nur Trockenmilch ist. Das Lager wächst deswegen rasend schnell. Wenn bloß keiner Ruhr oder Cholera einschleppt, das wäre für diese geschwächten Gestalten das Aus."

Niedergeschlagen brütete Elise auf der Rückfahrt neben Willy. Erst in Mekele fand sie Worte: „Es steht in den Sternen, wie ich meine Kräfte einteilen soll, aber da muss ich helfen! Die Fabrik läuft von selbst, Akale übernimmt einen Teil der Verantwortung und ich beschränke mich auf die Verwaltung und den Export. Du kannst auf mich zählen."

Jetzt stürze ich mich aufs Nächste, bin ich noch bei Trost? Gut, dass Leo mich nicht sieht. Er würde mich bremsen. Alles Unglück in der Welt komme daher, meint er, dass man nicht mit sich allein sein könne. Sobald man sich zurücklehne, fange es im Kopf an zu rumoren, also betäube man sich. War Faulenzerei etwa eine Hilfe? Sobald man sich zurücklehnt, fängt es im Kopf an zu rumoren. Wer bei solchem Anblick unbeteiligt bleibt, der hat nur einen Tritt in den Hintern verdient. Und wenn es das letzte ist, bevor ich tot umfalle.

10

„Sind das alle Ihre Erfahrungen auf architektonischem Gebiet, Frau Dimtu?“, beanstandete Werner Muschik von der GTZ, ein verschwitzter Mann in fadenscheiniger khakifarbener Anzughose und weißem Hemd, gebeugt über eine Skizze, die Elise mit ihrer Bewerbung eingereicht hatte: ein Dorf für die Flüchtlinge aus dem Lager. Sein intaktes Auge in dem pockennarbigen Gesicht stierte ihre halblang nachgewachsenen Locken an, das zweite bewegte sich so wenig wie ein Glasauge.

„Ich habe öfter Zeichnungen für meinen Mann fertiggestellt.“ Nun senkte ihr Busen im Fadenkreuz seiner Aufmerksamkeit die Waagschale zusätzlicher Qualifikationen.

„Sie trauen sich die Aufgabe zu. Wie steht es mit Ihrem technischen Geschick?“ Er beugte sich vor und legte mit frechem Grinsen, das gelblich verfärbte Schneidezähne entblößte, eine Hand auf das Knie der Bewerberin. Angewidert rutschte diese auf die andere Kante ihres Stuhls und überspielte die Abscheu. „Wenn Sie mir eine Kettensäge zur Verfügung stellen, mache ich aus Ihrem Büro einen Setzkasten.“

Elise empörte sich im Stillen: *Offenbar stuft der mich als Püppchen ein, das gerade mal den Pinsel zum Lackieren der Fingernägel halten kann. Wäre ich nur im Blaumann gekommen! Das habe ich davon, mich zu offiziellen Terminen an die alten Regeln der Etikette zu halten. Der Kerl muss von der Sonne so ausgetrocknet sein, dass ihm meine unscheinbarste Arbeitskluft noch den Seiber auf die wulstige Unterlippe treibt.*

„Sie arbeiten mit Willy Schreinemaker zusammen. Kennen Sie ihn schon? Ansonsten sind Sie auf sich gestellt.“

„Was ist mit einheimischen Helfern, Herr Muschik?“

„Sagen Sie Werner. Sommer kann Ihnen ein oder zwei abtreten.“

„Ich habe mal etwas von einer Biogasanlage auf Kuhmistbasis gelesen.“

„Ich bin beeindruckt.“ Zynisch verzog Muschik den Mund. „Für so ein Land strengen Sie auch noch Ihr hübsches Köpfchen an.“

Hat der 'n Ratsch am Kabbes? Dem gehört die Handtasche um die Ohren gedonnert. Ich muss mich zusammenreißen, sonst war's das!

„Na gut, in Ermangelung einer besseren Lösung legen Sie los! Wir werden sehen.“ Beim Aufstehen legte er ihr den einen Arm um die Schultern, mit dem anderen langte er quer über sie hinweg und streifte ihre Brust. „Sie müssten noch den Vertrag unterschreiben.“

Die Bezahlung war ausgesprochen gut, da sich mehrere Länder an der Finanzierung beteiligten. Elise saß am Reißbrett, Willy, der Ingenieur mit Indienerfahrung, projektierte die Installation. Für die Außenkontakte bekamen sie Mulatu, Piets rechte Hand, einen jungen Absolventen der deutschen Schule.

Direkt am Beginn eines Tals neben dem deutschen Flüchtlingslager sollten sich fünfundvierzig Häuser in einem Karree gruppieren.

„Wir müssen den Leuten eine anständige Beleuchtung hinsetzen“ war die erste Bedingung. „Mit den Ölfunzeln und Kerosinlampen kann kein Schüler nach Einbruch der Dunkelheit noch lernen.“

Nächtelang saßen die beiden Projektleiter in der ersten fertigen Hütte über den Plänen zusammen, diskutierten und verwarfen. „Was hältst du von Biogas?“, fragte Elise. „Benzin ist knapp, eigene Ölvorkommen hat Äthiopien nicht.“

„Das Verfahren ist zwar noch nicht ausgereift, wäre die Gelegenheit für eine Pilotanlage.“ Willy montierte die Kessel, in denen der gesammelte Mist das Gas bildete.

Wohlweislich hatten sie Mulatu, der übersetzen musste, verheimlicht, von wem die Idee stammte. Was eine Frau ihnen vorschlug, hätten die Bauern sofort abgelehnt. Trotzdem zeigten sie Vorbehalte gegen die unbekannte Technik. „Teufelszeug, der Überseekram“, quetschten sie mürrisch zwischen den Lippen hervor, warum nicht Öl oder Holz, wie alle Jahrhunderte zuvor?

„Das haut nicht hin. Hier gibt es meilenweit kaum Holz, schaut euch um!“

„Schlechter Platz“, entgegneten sie.

Mulatu, eine missglückte Kopie fremder Vorbilder, trat großspurig auf und fühlte sich durch Schuhe und ein weißes Hemd den barfüßigen Landbewohnern überlegen. „Deine Kommentare sind jetzt nicht gefragt, Mulatu. Wir wollen die Bauern nicht von vornherein gegen uns aufbringen.“

„Ihr schreibt den Analphabeten vor, wie sie zu leben haben. Die kennen nichts anderes!“ Er vertraute auf die Sicherheit seiner Anstellung in der Organisation, ohne die Langzeitwirkung der Aufgabe zu durchschauen.

„Wenigstens ein Brunnen“, brummten die ausgemergelten Männer.

„Ihr bekommt Vieh für den Anfang, für die Zucht müsst ihr selber sorgen und für das Dungsammeln.“

Unwirsches Gemurmel erhob sich. Wieder platzte Mulatu heraus: „Das ist keine Arbeit für einen tigraynischen Mann! Der überwacht nur seine Tiere.“ Die alten Männer wanden sich verstimmt, wie waren die Zeiten aus den Fugen, dass ein Junge im Beisein Älterer seine Stimme erhob.

„Kinder“, sagte der Älteste, der seinen Hirtenstock nicht aus der Hand legte.

Willy schüttelte den Kopf. „Wie soll das gehen, wenn die Kinder in der Schule sind?“

Vorlaut mäkelte der Mitarbeiter: „Ilamä, Frauen. Schleppen schließlich auch das Brennholz.“

Hier war Überzeugungsarbeit vonnöten, Elise seufzte.

„Wir bräuchten jemanden, der die Denkweise der Bauern kennt und unsere Geistesblitze nachvollziehen kann“, sagte Willy, als sie am Feierabend den Tag überdachten.

„Mein Mann hat mal von einem entfernten Verwandten erzählt, einem Lehrer, der in der kleinen Stadt am anderen Ende des Tals wohnt.“

„Fahr morgen hin, wenn es hell ist.“ Die einzigen Lichtinseln waren die Installationen des Lagers.

„Ach wo, ich fahr jetzt, langsam auf der Piste. Kommst du mit?“

Mehr als den Namen wusste Elise nicht, ein Lehrer war in aller Munde als Besonderheit und bald hatten sie ihn gefunden. Getahum erwies sich als ein langmütiger Mann in fortgeschrittenem Alter, allein das ein Vorzug in der Wertschätzung der Bauern, und erklärte sich zur Unterstützung bereit. In täglichen Gesprächen hörte er respektvoll beiden Seiten zu und entkräftete die Einwände.

„Seit Mulatu ins Büro verbannt ist, brütet er auf Rache, merkst du das auch, Willy?“, fragte Elise und steckte sich abends unter dem Sternenzelt eine Zigarette an. „Waren wir zu hart?“

„Nein, es war richtig, durch seine Kommentare ist er uns ständig in den Rücken gefallen. Er unterstellt jedem, er wolle sich bereichern, auch uns. Damit steht er noch nicht mal allein. Faselt von Ausbeutung. Der hat Schlagworte aufgepickt und weiß nicht, was sie bedeuten. Wir sollten ihn wegloben. Soll sich Piet mit ihm herumärgern."

Eine Woche vor dem geplanten Umzug fuhr Elise die große Steigung hinauf auf den Berg und schaute zurück. Weit hinten sah sie winzige Lichter, das war ihre Schöpfung. Ihr Brustkorb weitete sich, einen Moment hätte sie wie ein Adler ihre Arme ausbreiten und, vom Aufwind des Glücks getragen, über der Ebene drehen können. Wenn eine Aufgabe vollbracht ist, erfüllt das jeden mit Hochstimmung.

Dass um sie herum kein noch so kleiner Tafelberg im SemienGebirge, keine Teffterrasse auf Dauer von der Revolte unberührt geblieben war und ein Entwicklungshelfer nach dem anderen von der Zentrale abgezogen wurde, merkte Elise erst allmählich.

11

Sie hatte gerade ihr Häuschen betreten, da rannte Iyasu ihr entgegen, sprang an ihr hoch und verschränkte die Beine um ihre Taille. Judy beobachtete das wiederkehrende Schauspiel von weitem. Mit Iyasu als Hüftverzierung torkelte Elise auf das Mädchen zu, um ihm den Arm um die Schulter zu legen, aber Judy wich aus.

„Good grief, du kleiner Racker, bringst mich noch zu Fall! Kommt, Kinder!" Elise hoppelte Judy nach und hängte sich an ihren Arm. „Erzählt mir, was ihr heute erlebt habt." Judy, deren Glieder dünn aus dem zu kurz gewordenen Kleid ragten, hatte wie üblich teilnahmslos bei Iyasu gesessen und ihm beim Spielen zugesehen.

Als Elise Entwürfe ins Reine zeichnete, stand das Mädchen mit hängenden Armen daneben und fragte mit langem Hals: „Was machst du?" Es streckte die Hand aus nach den leuchtenden Rottönen neben spinatgrünen Strängen Wolle in einem Korb.

War die Kleine fürs Handarbeiten zu begeistern? „Das werden Muster für Gürtel, die gestickt werden. Die Leute in Alamat'a wollen arbeiten und da können sie für die Kleider aus Mekele die Kleinigkeiten machen. Gürtel, Borten, Schals. Sticken ist ganz leicht. Magst du mal probieren?"

Artig setzte sich Judy.
„Welche Farbe gefällt dir am besten?“
„Blau.“
Elise zeigte der Tochter, wie man den Faden einfädelte, und ermunterte sie, sich an einer Schmetterlingsschablone zu probieren. Dann drehte sie sich ihrer Zeichnung zu. Nach fünf Minuten saß Judy über einer Reihe halber Kreuzstiche und starrte vor sich hin.
Elise unterdrückte aufsteigenden Unwillen. „Na prima, du hast schon fünf Zentimeter. Jetzt stichst du in die andere Richtung, dann kommt die zweite Reihe. Du wirst sehen, das geht fix.“ Judys Finger waren falsch eingeschraubt, kein Wunder, dass sich die Hand verkrampfte. „Ist das nicht schön, wie der Schmetterling wächst?“ Dem Kind war gleichgültig, wie das Ergebnis aussah, fertig oder unfertig, makellos oder schief, schnell erreicht oder mit Mühe.
Womit könnte ich das Kind nur herausfordern? Wenn es Verantwortung bekäme, ein zusätzliches Geschwisterchen? Für eine große Schwester wäre es wie eine lebende Puppe und Bemutterungsgefühle entwickeln sich ganz von selber. Iyasu als großer Bruder ...“
Eigenartig wohlerzogen, sagten beide: „Ja, Mami, es wäre schön, wenn wir noch einen Bruder oder eine Schwester hätten.“
„Dann werde ich mich nächstes Mal in Addis Abeba erkundigen. Machen wir mal Schluss für heute.“ Elise wünschte den beiden ‚Gute Nacht‘ und trat zum Luftschnappen auf den Hof. Dunkelheit hüllte sie einen Moment ein, denn vom Sternenhimmel funkelte das einzige Licht. Schemenhaft unterschied sie die Milchstraße. Ihr kleiner Bruder Dieter, was der wohl gerade machte? Mit dem hatte sie oft versucht, den großen Wagen herauszufinden. Kaum wahrnehmbar meldeten sich zwiespältige Gefühle.
Meiner Mutter ging es um eine respektable Familie und Dieter war der Beweis, dass sie es geschafft hat, ich erinnerte sie höchstens an ihre Schande. Nein, bei mir und meinem Bruder haben die Dinge ganz anders gelegen. Ach, mit Tschamuschs Unterstützung ist alles ganz einfach.
Sie ging noch mal ins Haus, holte eine Taschenlampe und bummelte durch den Rosengarten zum Palast. Ihre Freunde hatten noch einen Verwandten zu Besuch und luden sie ein, sich zu einem Schlummertrunk dazuzusetzen.

Um das mit ihrem Erscheinen unterbrochene Gespräch wieder in Gang zu bringen, sagte Elise: „Wenn ich mich nicht bald auf die Straße nach Süden wage, kann ich meinen Betrieb schließen, weil uns das Material ausgeht.“ *Außerdem ein paar unbeschwerte Stunden mit Leo wären auch nicht verkehrt*, dachte sie.

Der Gast, Ato Tadesse, rief: „Sie schickt der Himmel, Frau Dimtu!“ Der Mann mit den gezupften Augenbrauen und dem schmalen Schnurbart war noch von Kaisers Gnaden zum Präsidenten des Roten Kreuzes von Eritrea ernannt worden. „Ich muss noch heute aufbrechen nach Addis Abeba und habe die ganze Zeit überlegt, wie ich die Rückfahrt meines Autos bewerkstelligen soll. Wenn es Ihnen recht ist, fahren Sie mit mir, erledigen Ihre Geschäfte und bringen das Fahrzeug wieder hierher zum Hauptbüro.“

„Zu zweit ist wenigstens eine Strecke sicherer“, meinte Aida. *Mit einem durchschnittlichen Mann möglicherweise,* dachte Elise*, ein adliger kann eine Bande wildgewordener Rebellen genauso reizen wie Sporen ein wildes Pferd.* Gesagt, getan.

„Im Radio haben sie meinen Namen verlesen“, unterbrach der große, schlanke Fahrer das monotone Brummen des Landrovermotors. „Ich habe mich bei der neuen Regierung zu melden.“

Bei solchen Anweisungen beschlich einen das Gefühl drohenden Unheils. „Niemand weiß, dass Sie die Meldung gehört haben.“

Hinter dem Alagi-Pass hielt Ato Tadesse am Fahrbahnrand, schaute versonnen in die Ebene, wo bis Maychew ein ausgetrocknetes Flussbett die terrassierten Felder durchschnitt. Einzelne Schüsse hinter den Bergen erinnerten ihn an die Geschichte, denn er zeigte mit seinem manikürten Zeigefinger in den Dunst. „Wussten Sie, dass dort 1936 die entscheidende Schlacht zwischen Italienern und Äthiopiern stattfand?“

„Nein“, gab Elise zu und versuchte vergeblich, sich das blutige Getümmel in der friedlichen Landschaft vorzustellen. Jetzt sirrten lediglich Insekten und träge schlugen die Flügel eines abhebenden Geiers. Ein paar dieser Vögel hielten ihren satten Verdauungsschlaf in den umliegenden Baumkronen.

Schlagartig verkrampfte sich das Gebiss der weißen Frau und sie kniff die Augen zusammen. Dort beim Dorf hing etwas in praller

Sonne und drehte sich leicht. Oh, Gott! Das war ein Galgen! Ihr Fahrer hatte den baumelnden Körper entweder nicht gesehen oder er fand die Tatsache nicht bemerkenswert, jedenfalls schaute er Elise erstaunt hinterher und wandte sich dann dezent ab, als sie ihren Magen am nächsten Busch vom Frühstück erleichterte.

Als sie Dessie passiert hatten, blieb Tadesse wiederum stehen, starrte mit umwölkter Stirn nach Osten. „Dort leben meine Verwandten."

„Gehen Sie dorthin! Tauchen Sie unter. Frauen und Kinder kommen eher durch, Männer erwischt es meistens."

„Nein, ich werde mich stellen. Man hat mich gerufen."

„Mit dem Radioaufruf sollte nur die Bevölkerung aufgeputscht werden", war Elise überzeugt, „damit sie die Gesuchten ans Messer liefert."

„Genau. Ich muss meinem Onkel helfen, er soll sich auch stellen und ist viel zu krank, um sich auf den Beinen zu halten."

„Ihre Familie braucht Sie unversehrt. Wer weiß, ob die nicht foltern. Die sind unberechenbar. Hetzen so lange, bis die Meute Köpfe rollen sehen will."

„Dann soll es so sein."

Vor dem Tor zu seinem Besitz stieg Tadesse aus. „Das Fahrzeug stellen Sie bitte in Mekele auf den Hof des Roten Kreuzes." Er räusperte sich. „Die wissen Bescheid." Sie reichten einander die Hand.

„Alles Gute, Ato Tadesse. Ich hoffe, wir sehen uns eines Tages unversehrt wieder."

Er winkte kurz hinter dem Fahrzeug her, dann schloss sich das Tor hinter ihm. Kinder tanzten auf der Straße und sangen „Negus koshasha" – der König ist Dreck.

Kurz vor der African Hall wurde Elise von einer Gruppe wild gestikulierender Revoluzzer gestoppt. „Fetasha!", brüllten die Amharen, deren angeborenes Misstrauen durch die allgemeine Bedrohung zu einem Popanz aufgebläht war. Im Bewusstsein ihrer Macht durchsuchten sie Tasche und Auto mit derselben Beschwörungsformel wie ganze Stadtteile nach Waffen und subversiven Flugblättern.

Als Ziel gab Elise eine Kirche an, denn sie wollte niemandem Anlass geben, sie aufzuhalten, wenn sie sich endlich Klarheit verschaffte über das Drama, von dem im Norden jeder sprach. Beim letzten Abendessen im Palast war Mikael ans Telefon gerufen worden und als

gebrochener Mensch zurückgekehrt. Der Kaiser war abgesetzt.
Das Anwesen der Imrus machte einen verlassenen Eindruck. Hastig öffnete sich die Tür auf Elises Klopfen und ein grauer Kopf näselte: „Komm schnell rein. Beeil dich!“
„Du wagst dich her, wie mutig!“, schrie Masante auf, als sie Elise erkannte. „Wir sind total verlassen. Rahel ist abgeholt worden. Bei uns kann es täglich so weit sein.“
„Was ist mit Seble?“, fragte Elise. Ihre Kinder waren gerade bei Aida zu Besuch gewesen.
Vater und Tochter warfen sich einen Blick zu. „Seble“, Masantes Stimme brach und die junge Frau kämpfte um ihre Fassung.
„Sie hat versucht, sich … Sie haben sie halb tot verschleppt ...“
„Und Rahel?“
„Auch. Die meisten Frauen sitzen im Alem Bekagn.“
„Ist es möglich, Rahel im Zentralgefängnis zu besuchen?“, krächzte Elise heiser.
Masante fuhr sie schrill an: „Du wirst doch nicht freiwillig in diesem Schlangennest stochern? Vater, sag was!“ Der im März zum Handels- und Industrieminister ernannte Ras Imru gehörte zu den Rednern im Palast, die mit den Anführern der Rebellen an den Verhandlungstisch wollten.
„Wir sind alle in Schockstarre“, sagte er. „Addis Abeba ist lebensgefährlich! Jederzeit kann es uns erwischen. Der Patriarch der äthiopischen Kirche hat in seiner Neujahrsansprache den Segen für die kaiserliche Familie weggelassen. Das hat es noch nie gegeben!“ Seine Tochter unterbrach ihn. „Sie haben Papa gezwungen mitzugehen, als sie HIM die Absetzung mitteilten.“
„Es war haarsträubend“, schauderte er, „den alten Mann mit Maschinengewehren und Granaten zu bedrohen. In einem ‚Volkswagen Käfer‘ haben sie ihn weggebracht!“
Elise dachte erschüttert: *Diese Rebellen haben keinen Ochsenkarren genommen, sondern immerhin ein Auto gewählt, das sich auch nur ein Bruchteil aller Äthiopier leisten kann. Als Symbol der äußersten Demütigung für jemanden, der Rolls-Royce bevorzugt, ist das ein hundsgemeiner psychologischer Schachzug!*
Wie ein Automat sprach Ras Imru weiter: „Hohe Würdenträger der

koptischen Kirche sitzen in Haft, der Kommandeur der zweiten Division in Asmara, der Chef der Sicherheitspolizei und Ras Asrate Kassa. Sie haben den kaiserlichen Golfclub, Baracken nahe dem Schlachthof und Militärlager vor der Stadt zu Gefängnissen umfunktioniert." Er bot Elise eine Zigarette an, schüttelte sich eine aus der Schachtel und inhalierte hastig.

„Keiner weiß, nach welchem System dieser provisorische militärische Verwaltungsrat, der sich Derg nennt, vorgeht. Es war ein Fehler, dass der Kaiser meinte, alles aussitzen zu können. Es lässt sich nicht leugnen, dass er den Überblick verloren hatte. Wie soll man das einem Volk klarmachen, das glaubt, der Kaiser sei göttlicher Abkunft? Götter und ihre Stellvertreter werden nicht altersschwach!

Hätte er weise gewählt, hätte sich die Krise vielleicht entspannt."

Imrus Tochter beruhigte: „Du hast einen Großteil deines Landbesitzes verschenkt, das müsste dich nach jeder Seite unangreifbar machen. Vielleicht akzeptieren sie deinen Vorschlag einer konstitutionellen Monarchie wie die englische."

„Zu viel Vertrauen kann uns den Hals kosten. Wenn sie überhaupt eine Taktik haben, dann die der Verunsicherung." Ras Imru hielt inne. „Jan Hoy war verärgert von meinem Alleingang. Jeder Eigentümer musste melden, wie viel Personal er hat. Bei uns sind es zweiundsiebzig Leute. Das war im Moment mein Pluspunkt. Genauso gut kann es uns morgen als Sklaverei angekreidet werden."

Durch das parkende Auto auf der Straße neugierig geworden, klopfte Leo, als Elise vor ihrem Kleiderschrank saß, um etwas Unauffälliges für ihren Gefängnisbesuch auszuwählen. „Mir sind Demonstranten begegnet, die einen unterstützen die Militärregierung, andere verlangen deren Absetzung. ‚Alles Land den Bauern' oder

‚Hängt Haile Selassie' stand auf den Plakaten."

„Sowas siehst du neuerdings fast täglich." Leo winkte ab. „Andere fordern, das Vermögen des Kaisers unter die Armen zu verteilen. Yaleminim dem Etiopia tikdem! Ohne Blutvergießen, Äthiopien über alles!"

„Im Norden ist es ruhig. Da sind wir sicher, auch mit einem Kind zusätzlich."

„Bei dieser unsicheren Lage willst du noch ein Kind adoptieren", fragte Leo. „Warte lieber, bis sich die Zustände stabilisiert haben."

„Der Abstand zwischen Judy und Iyasu ist zu groß, die beiden sind wie Einzelkinder aufgewachsen und haben so gar keinen Zusammenhalt. Beide könnten mit einem Jüngeren Verantwortung entwickeln und etwas Kleines im Arm lenkt mich von all dem Chaos ab. Jetzt habe ich noch die Kraft, aber ich werde auch nicht jünger. Ich habe sie gefragt."

Leos Skepsis riss Elise jäh aus der Selbstzufriedenheit ihrer demokratischen Raffinesse: „Haben sie etwa gejubelt?"

„Das gerade nicht, aber zugestimmt."

„Was sollen sie auch anderes sagen? Du machst keinen Hehl aus deiner Meinung über Kinder. Sie sind von dir abhängig und können es sich nicht leisten, deine Sympathie zu verscherzen, und vor allem überblicken sie nicht, was das für sie konkret ändert." Leo lehnte sich auf dem Sofa zurück. „Was ist, wenn du deine Zelte abbrichst. Wenn die Lage kritisch wird, werden wir alle ausgeflogen. Die Meinung deines Stiefvaters spielt dann keine Rolle." Sacht strich er mit der linken Hand über ihre Finger.

„Ich bleibe so lang wie möglich hier. Die Kinder sollen ihr Land und die Sprache kennen, wissen, wo sie herkommen und keine kulturellen Zwitter werden, sondern vorrangig Äthiopier bleiben. Später entscheiden sie selber, wo sie mal leben werden." Jetzt hatte Leo Elises Hand gedreht und untersuchte die Innenseite.

Morgen gehe ich ins Gefängnis und sehe, was sich für unser Nest machen lässt, dachte sie. *Riskant ist es, Rahel zu besuchen, aber im dunklen Wald zu singen hat schon manchen Räuber vertrieben. Zerschlägt sich der letzte Vorstoß, brauche ich mir wenigstens keine Vorwürfe machen, einen Rettungsversuch verpasst zu haben. Reichlich egoistisch sieht das aus, was soll ich machen? Elli sagt zwar, europäischer Besuch könnte das Los der Gefangenen verschlimmern, aber das glaube ich nicht. Anteilnahme brauchen sie. Oder werden die Wachen neidisch sein?*

Die Hände des Arztes gingen auf vorsichtige Wanderschaft. Elise fühlte überdeutlich sein Tasten den Arm hinauf, noch ins Gespräch über Kindererziehung ganz allgemein verpackt. Als er ihre Brust streifte und im Nacken rastete, beleuchtete er insbesondere die antiautoritären Aspekte. *Warum kann nicht der Schwebezustand bleiben,* flehte sie tonlos, während sich ihr Mund derweil gegen körperliche Züchtigung aussprach. Dabei rauschte und zischte ihr Blut durch die Bahn, dass es in den Ohren gurgelte.

„Deine Patella erinnert mich übrigens an Johansen und seine Entdeckung.“ Mit einem Finger umrundete er ihre Kniescheibe.

„Wer ist Johansen? Nie gehört.“ Elise steckte die Nase in seine Halsgrube und schnüffelte hingerissen.

„Ein Amerikaner, der einen Vortrag gehalten hat über seine Ausgrabungen. Eine Sensation!“

„Hat ihm ein Danakil ins Knie geschossen?“

Nachsichtig schüttelte Leo den Kopf. „Du lebst hinter dem Mond da oben. Nein, er hat bei Hadar die älteste Kniescheibe eines Menschen gefunden! Lucy ist Minimum drei Millionen Jahre alt.“

„Die Kniescheibe war beschriftet, sag bloß?“

„Ihre Besitzerin war sogar Vegetarierin wie du.“

„Jetzt mach mal einen Punkt! Der hat euch einen schönen Bären aufgebunden.“

„Er hat natürlich noch mehr gefunden.“

Ganz beiläufig fanden sich auch ihre Lippen. Der so viel Jüngere, der durch seinen grau gesprenkelten Bart älter wirkte, entschied sich fürs Bleiben. Es war ganz normal, dass sich Elise am nächsten Morgen nicht mehr an die Details aus seinem Ausgrabungsbericht erinnerte, obwohl die Zärtlichkeiten das Licht nicht zu scheuen brauchten, oder gerade deshalb. Was hatte er noch gesagt? Dass die Fundstelle an einer Furt des Awash zum Sterben schön sei.

„Mit so etwas soll man keine Witze machen, Leo.“

Wundervoll entspannt fühlte sie sich. „Ich bleib noch liegen.“

Als ihr Freund zum Hospital gegangen war, schlief sie noch mal ein. Jedenfalls hatte sie ganz vergessen zu erwähnen, was sie vorhatte.

12

Aufs Äußerste gespannt spähte Elise aus einiger Entfernung zu dem langen Schuppen des Gefängnisses. Aus Gittern war ein Laufparcours gebildet, durch den sich die Schlange der Besucher Meter für Meter bis zum Tor schob. Beängstigend waren die Soldaten, mehr Kinder als Männer, die hinter einer Aura von Unberechenbarkeit ihre Unsicherheit versteckten und sich an der Angst der Zivilisten vor ihrer Willkür weideten.

Offiziere durchsuchten die Körbe mit Essen, Lektüre oder Handarbeitssachen nach Verbotenem. Wurde einer der Besucher abgewiesen, erhob sich Gemurmel, die Reihe geriet ins Taumeln und brauchte eine Weile, bis wieder Ruhe einkehrte, denn es war ein Signal, dass der betreffende Häftling weder Zuspruch noch Essen mehr benötigte und die letzte Hoffnung zu begraben war.

Wenn denen irgendetwas an mir nicht passt und ich werde festgehalten, bringt Tschamusch die Kinder zu Melese. Um Himmels willen. wie fange ich es an, dass ich Rahel begreiflich mache, was ich brauche? Amharisch verstehen die Wächter und Englisch könnte Krawall auslösen, weil sie irgendwelche Absprachen vermuten. Ich muss mit harmlosen Redewendungen verklausulieren!

Entsetzt stand sie endlich Rahel gegenüber, die, abgeschottet von jeder Veränderung, gefasst wirkte. „Wie geht es dir? Sag ehrlich? Brauchst du etwas?“

„Na, wie kann’s mir gehen so ganz ohne Männer?“, konterte diese mit Galgenhumor. Persönliches und Neuigkeiten über die Fabrik in Mekele waren unverfänglich zu besprechen.

Elise übergab der Freundin einige Kunstbücher und ärgerte sich, dass sie nicht eine Nachricht zwischen die Seiten geschmuggelt hatte, jetzt war es zu spät. Gegen Ende der Besuchszeit schlenderte der Wächter Richtung Ausgang, als sie sich endlich einen Stoß gab. „Offen gestanden, ich sitze auf Kohlen auf dem Stück Land“, raunte sie.

Die Bekannte hatte sich nach anfänglicher Verblüffung sofort unter Kontrolle und sprang auf den Code an. „Ach, wie weit bist du mit der Kohleförderung?“

„In Kürze werde ich die Werkzeuge verteilen und eine Mannschaft einstellen. Es wird gemunkelt, dass man alles unbebaute Land verstaatlichen will. Ich muss schleunigst die Fließbänder in Gang setzen, sonst wird das nichts mehr."

„Schade, wenn ich dir nur helfen könnte. Schau mich an! Wir schlafen auf dem Boden in einem Lagerraum mit Matratzen und haben nur eine Glühbirne, die ununterbrochen brennt."

„Eine schriftliche Erklärung reicht, hast du Papier? Gott, wie peinlich mir das ist, dich mit solchen Kleinigkeiten zu behelligen, du hast wahrhaftig anderes im Kopf."

„Dem Frosch muss man den Appetit an der fetten Fliege mit einer Ladung Salz verderben. Wer zuletzt lacht, lacht am lautesten."

Verstohlen überzeugte sich Elise, ob jemand seine Ohren in ihre Richtung justiert hatte. „Ich bitte dich, einen Brief zu schreiben, in dem das Land dem Volk geschenkt wird, deren Vertreter meine Kinder sind. Ausländer werden nämlich enteignet. Vielleicht besänftigst du damit das Regime." Rahel verstand und erfüllte den Wunsch.

Direkt vom Gefängnis klapperte Elise noch die letzte Adresse ab, nachdem sich alle Fabriken als ausgestorben herausgestellt hatten. Der Haupteingang der Hoechst-AG war verrammelt, der spiegelnde Protz mit Einschusslöchern verschandelt. Durch ein Seitentürchen schlängelte sie sich in das düstere Bürohaus und folgte entferntem Schreibmaschinengeklapper über die Hintertreppe, denn der Aufzug funktionierte nicht. Auf der Straßenseite fand sie im dritten Stock eine geöffnete Korridortür und zwei Sekretärinnen, die ihre Köpfe eifrig über die Ablage beugten.

Das Getrappel und die Kommandos draußen störten Afra und Senait nicht mehr. „Das geht seit Tagen so im Gebäude gegenüber", sagten sie der bekannten Unternehmerin, die nervös lauschte. „Es ist das Gefängnis der Vierten Division. Sehen Sie das Tor, nachmittags stehen dort wieder die eleganten Limousinen Schlange."

Afra hatte gerade, erfreut über die Abwechslung, an einem Tischchen Tee serviert, da hörten die drei den Ruf „Feuer!" Eine Gewehrsalve zerschnitt den trügerischen Frieden und ließ die Köpfe der beiden Angestellten Richtung Fenster herumreißen, Bruchteile von Sekunden später warfen sie sich schreiend auf den Boden.

„Das ist drüben, Afra", deutete die eine lautlos mit Augen voller Entsetzen. Auf allen vieren krabbelte sie zur Fensterseite und zog sich in Zeitlupe am Schrank hoch. „Feuer!" Die zweite Salve dröhnte in ihren Ohren. Die drückende Stille unterbrach noch nicht einmal das Winseln eines Hundes. Aus welcher Richtung kamen die Schüsse, gestikulierte Elise. Pfiffen ihnen gleich Querschläger um die Ohren?

Afra schob sich zentimeterweise näher an die Gardine und riskierte einen schnellen Blick nach draußen.

„Was siehst du?“, wisperte Senait.

„Auf der Straße ist keine Menschenseele.“

Befehle vervielfachten sich zwischen den Wänden des Gefängnishofes. Hinter der Mauer zur Straße bewegten sich zahlreiche Köpfe. Daneben trieben Soldaten mit Maschinenpistolen eine aus dieser Menge ausgesonderte Gruppe mit Schreien an die dem Fenster gegenüberliegende Wand des Innenhofes. Am Fuße dieser Wand verrenkte Gestalten, unter denen sich dunkle Pfützen ausbreiteten, gefesselte Hände, einzelne Schuhe.

Den drei Frauen neben dem Fenster raste der Puls, sie vergaßen jede Vorsicht, entdeckt zu werden. Tränen schossen ihnen in die Augen, die Knie zitterten, sie klammerten sich aneinander. Elise stand vom Donner gerührt! Das war doch, oh nein, den kannte sie doch! Es war ihr, als schaue er hoch, direkt zu ihr! Neben sich einen gebrechlichen Mann. Die zwei Angestellten zerrten sie zu Boden.

„Feuer!“ hieß der nächste Befehl und nun sahen sie, dass an der Betonwand in Kopfhöhe keineswegs das abstrakte Werk eines umnachteten Malermeisters aus seiner roten Phase prangte.

13

Nichts wie weg! Elise hatte Leo, nachdem sie unter Schock nach Hause gefahren war, nicht überreden können mitzukommen.

Nachmittags erreichte sie die Ebene von Kobo. Der Umzug ins Flüchtlingsdorf sollte in vollem Gange sein. Verwundert hielt sie den Wagen an einer Militärsperre. Das war übertrieben, deswegen den Verkehr anzuhalten!

„Läuft alles reibungslos?“, fragte sie den Posten am provisorischen Schlagbaum, der sie argwöhnisch musterte. „Unser Dorf für die Flüchtlinge, dort ... Heute ist Einzug.“

Der Soldat zuckte mit den Schultern. Was ging es die verrückte Ausländerin an, allerdings geheim war es auch nicht. „Militärtransport,

Madam. Dauert höchstens noch eine Stunde.“
Aus einem Nickerchen auf der Decke unter einer Tamariske wurde nichts. Ein fernes Dröhnen steigerte sich zu anschwellendem Krach, bis ein Konvoi von dreißig Lastwagen und etlichen Jeeps erkennbar wurde, der aus dem Norden herankroch und in den Talgrund einbog. So viel Hilfsbereitschaft des Militärs, alle Achtung!
Mehrere Geier erhoben sich in Zeitlupentempo von ihren Verdauungsästen und zirkelten Bögen in den Himmel. Die typischen Bettelgestalten waren jedoch, so sehr Elise die Augen auch anstrengte, auf keinem der Fahrzeuge zu sehen. Als einige der Soldaten aus Übermut in die Luft zu schießen begannen, war ihr Bedarf nach Mittagspause verflogen.
Sie schlenderte zu dem Posten zurück. „Was läuft da drüben? Ihr verbindet die Übersiedlung mit einem Manöver?“
„Nein, die Truppe wird dort in einem neuen Lager untergebracht. Sie können jetzt weiterfahren.“
Elises Stimmung sank augenblicklich in Minusbereiche. Ein Wutgeheul in die trockene Steppenluft wäre der angemessene Ausdruck für ihren Zorn gewesen, als ihr aufging, dass sie von diesen Offizieren zum Handlanger gemacht worden war.
Mochten ihnen die Gasbehälter um die Ohren fliegen und die Wasserhähne abfallen! Eigenhändig müsste man ihnen die Leitung zudrehen. Dafür hatte alle Welt gespendet!
Mit unverminderter Empörung, die sich auf den gefährlichen Kilometern durchs Gebirge nicht gemäßigt hatte, betrat sie den Palast.
Im Flur rief ihr ein äthiopischer Diener entgegen: „Stellen Sie sich vor, der Major hat sein Gewehr abgegeben!“
„Was, sein Gewehr abgegeben, ist der verrückt? Wie kann man so was tun? Ausgerechnet jetzt!“
Auf den breiten gusseisernen Feuerstellen der geräumigen Küche dampfte keine Mahlzeit wie üblich um diese Uhrzeit, das verkrustete Geschirr des Vorabends stand noch in den steinernen Spülbecken, die Angestellten hatten anderes im Kopf gehabt, als den weiß und blau gefliesten Boden von Schalenresten und Soßenspritzern zu säubern. Verstört diskutierten Köchin, Zimmermädchen, Butler und Gärtner in kreischend hervorgestoßenen Sätzen über ihre Lage. Elise fragte ungläubig: „Was soll das heißen, er hat sein Gewehr abgegeben?“ Ihr

schwante, dass der Ausdruck eines der typischen Sprachbilder sein könnte.

„Ja, es ist richtig. Der Major hat sich mit allen zehn Mann Palastwache den Revolutionären ergeben. Was soll aus uns werden?“ Die Köchin rang die Hände und begann zu wimmern.

„Tja, ich weiß nichts. Wir müssen auf Gott vertrauen“ war die Meinung des Butlers, der über seiner knappen Weste eine berufstypisch gefasste Miene zur Schau trug.

„Der Prinz wird uns weiter brauchen“, stieß das Zimmermädchen hervor. „Soll die Prinzessin etwa selbst kochen und bügeln? Als der Offizier kam, hat die Prinzessin in ihre Schmuckkassette gegriffen und Hände voller Juwelen an uns verschenkt.“ Närrisch, an dem Staatseigentum würden die Beschenkten keine lange Freude haben.

„Die Palasttore sind geschlossen. Die haben alle ihr Gewehr abgegeben.“ Elise fragte sich, was die unbewaffneten Soldaten noch wollten. Keiner sah vorher, was kommen würde, ihre Spekulationen reichten von der Entmannung, wie sie die Danakil mit ihren Feinden durchführten, der Zwangsrekrutierung bis zum Erschießungskommando. Furcht machte ihre Bewegungen linkisch.

Neben dem großen hochbeinigen Four-poster-Bett, in dem Aida mit Migräne zwischen den schweren gelben Baldachinfalten lag, saß Mikael in einem Sessel und erhob sich zur Begrüßung.

„Gott sei Dank bist du wieder da“, murmelte die Prinzessin schwach. „Hol dir einen Stuhl. Hat dich keiner aufgehalten?“

Das Geröllgepolter war also kein Hirngespinst gewesen. Elise zögerte, ihre Angst im Gebirge zuzugeben. „Wer sollte mich aufhalten?“

„Gestern ist an der Brücke ein Ehepaar tot aufgefunden worden. Übel zugerichtet. Ein normaler Shifta war das nicht.“

Elise überkam ein inneres Zittern, das sie nur mit Mühe beherrschen konnte.

„Entspann dich, du bist erschöpft, meine Beste.“ Der Ehemann klopfte beruhigend die Hand seiner Frau. „Elise hat es ja geschafft.“ Dann fragte er die Reisende direkt: „Wie sieht es in der Hauptstadt aus?“

Elise schilderte die Durchsuchungen, die allgemeine Stimmung und machte ihrem Ärger über das zweckentfremdete Flüchtlingslager ausführlich Luft, ihre Besuche bei Masante und Rahel unterschlug sie jedoch genauso wie Tadesses Ende. Wem war gedient mit noch mehr niederschmetternden Nachrichten, das lähmte nur die Handlungsfähigkeit.

„Darf ich heute Nacht bleiben?“, fragte Elise. Sie sehnte sich nach einem Vollbad! Eine andere Mutter hätte den Wunsch gehabt, sich mit ihren Lieben irgendwo zu verstecken. War sie nicht im Auge des Orkans bestens aufgehoben? Die Kinder waren wohlbehalten bei Tschamusch, davon hatte sie sich überzeugt. Jeder musste annehmen, sie seien harmlose Einheimische, während die Gesellschaft einer Ausländerin die Aufmerksamkeit auf sie gelenkt hätte.

Bald zog sich Elise ins blaue Zimmer zurück und fuhr vor ihrem Spiegelbild zurück: die Haare zerzaust, Schmutzstreifen auf Stirn und Unterarmen, ein Hosenbein zerrissen. Ein Riemen hielt ihre dreiundvierzig Kilo Lebendgewicht zusammen. Nachträglich genierte sie sich, in diesem desolaten Aufzug hereingeplatzt zu sein. Dass das Ehepaar keinen Ton darüber verloren hatte, zeigte ihren Gemütszustand.

Den ersten Tee servierte der Butler wie gewöhnlich ans Bett und stellte außerdem noch einen Koffer ab. „Den hat die Prinzessin für Sie gepackt. Nehmen Sie den gleich mit?“

Verwundert erklärte sich Elise bereit, nachdem sie das Gepäckstück mal probehalber gelupft hatte. Nicht voll. Sie marschierte mit entschlossenem Schritt zum Palast hinaus, bis die Wachen an der Palastmauer ihr den Weg verstellten. „Wo willst du hin?“, fragte einer in rüdem Ton.

„Erstens“, sagte Elise energisch in Amharisch, „bin ich eine Respektsperson und du hast mich nicht zu duzen, zweitens verlange ich, dass du mich entsprechend behandelst. Geh bitte zur Seite!“ Nur in der Sprache dieser Leute konnte man das mit entsprechender Autorität vorbringen. Wenn sie jedoch erwartet hatte, dass der Angesprochene kuschen würde, sah sie sich getäuscht. Er drehte sich vielmehr zu seinem Kollegen um. „Verdammt, guck mal, wie sich diese Ausländerin benimmt! Was machen wir mit der?“

Ein Dritter nahte. „Wo kommen Sie jetzt her?“

„Ich habe bei meiner Freundin übernachtet. Was soll das? Jetzt gehe ich zu meiner Arbeit da in der Fabrik. Von mir aus können Sie ruhig mitkommen! Sie sehen, die warten auf mich!“ Von weitem sah man die Arbeiter zusammenstehen.

Mit einer Handbewegung, als wolle der Soldat eine Fliege verscheuchen, forderte er Elise auf zu gehen. Neugier schlug in Abwehr um und zum Affen einer Ausländerin ließ er sich schon gar nicht machen. Erst aus einigen Schritten Entfernung rief er ihr nach: „Was schleppen Sie da weg?“

„Die Kronjuwelen, was sonst“, platzte sie heraus. „Sie können sie haben, wenn Sie wollen! Je früher ich die los bin, umso besser.“ Woher sie nur den Mut nahm, wunderte Elise sich selber.

In der Fabrik erwartete sie Akale. „Dass man Sie rausgelassen hat! Wissen Sie nicht, dass nichts mehr so ist, wie es war?“

„Na und! Ich habe lediglich da übernachtet!“

Verdrossen stellte Elise den Koffer ab und wandte sich der Arbeit zu. Ihr Vorarbeiter grinste hämisch. „Würde mich nicht wundern, wenn die Prinzessin bald abgeholt wird!“

„Was soll das heißen?“

„Die holen sie nach Addis Abeba.“

„Wie schrecklich, wäre ich besser dageblieben! Gibt es keine Möglichkeit, die Prinzessin zu retten?“

„Nein“, triumphierte Akale. „Da können wir nichts tun. Das ist die Revolution und mit dem Kaiser ist es vorbei. Fertig, aus! Wir Arbeiter sind jetzt die Könige und die Prinzessinnen.“ Wenn das die Bedingung war, zu der Elises Angestellte weiterarbeiteten, dann sollte es so sein. Ihre Bestürzung verbarg Elise. Hinter einer geschäftsmäßigen Miene blitzten Wege, Fahrzeuge, Verstecke durcheinander, wurden verworfen, abgelöst von Grenzsituationen, Karten und Verkleidungen, Elise stand unter Strom.

Zu Mittag rasselten Panzer durch die Straßen und ließen den Untergrund genauso wie Elise zittern, die sich bei dem bekannten Geräusch lieber unter dem Bett versteckt hätte als Stärke zu demonstrieren.

Von der Kreuzung her krächzten Flüstertüten: „Zwischen eins und zwei... Achtung! Achtung! Häuser nicht verlassen... Ausgangssperre!“

Voller Besorgnis lugten Elise und Tschamusch zwischen den Lamellen der Fensterläden hindurch. Einzelne Detonationen in der Ferne zerrissen die trügerische Ruhe, in der Nähe ertönten Kommandos, Staubfahnen wehten Papierfetzen in die Höhe.

„Da, sie kommen! Die Limousine!“ Vom Palast herunter rollte ein Wagen und schwenkte, gefolgt von etlichen Jeeps, in die Hauptstraße zum Flughafen ein. „Mein Gott, sie holen Aida, Menen und Sebles Kinder ab.“

Es gehörte schon eine ganze Portion Unverfrorenheit dazu, in dieser Lage irgendetwas zu organisieren, das über den Moment hinausreichte. Gerade die Konzentration aufs Private, zu tun, als sei alles normal, schützt unter Umständen vor dem Wahnsinn. Das Leben geht verrückterweise weiter, man konzentriert sich aufs Naheliegende und blendet objektive Betrachtung möglichst aus.

14

Theoretisch hätte Melese einer Adoption zustimmen müssen, da die Ehe noch nicht geschieden war, aber Elise vertraute darauf, dass sich die äthiopischen Behörden genauso wie bei Iyasu nicht daran stoßen würden.

Adrett herausgeputzt spazierte sie mit der Eskorte ihrer Kinder ins Krankenhaus und erkundigte sich bei Dr. Schwertfeger: „Steht derzeit ein Kind zur Adoption an?“ Die zwei Kinder in ihrer Begleitung waren für die Seriosität ihres Wunsches Beglaubigung genug.

Der diensthabende Arzt nickte. „Wir haben einen netten kleinen Jungen da und Zwillinge, Mädchen.“ Dieser kleine Junge, der mit ausgebreiteten Armen geschlafen hatte, erwachte augenblicklich, als die drei sich über sein Gitterbett beugten. Seine dunklen Augen waren beschattet von langen Wimpern, sein Kopf zierlich, der zahnlose Mund verzog sich zu einer Grimasse der Unzufriedenheit.

„Ein Findelkind. Seine Mutter hat ihn zu kurz abgenabelt und der Nabel kam raus. Den haben wir wieder hineinoperiert, außerdem litt er bei der Einlieferung an einer Lungenentzündung.“

„So viel auf einmal hattest du“, sagte Elise und kitzelte das Baby mit ihrem Zeigefinger, den seine kleine Hand reflexartig umschloss.

„Wo hat man ihn denn gefunden?“

„Der große Führer Mengistu hat erstmalig alle Schüler und Studenten aufgerufen, den Mercato zu säubern. Die jungen Leute fanden das Baby auf einem Abfallhaufen und hielten es für tot. Sie brachten es auf die Polizeistation, wo man feststellte, dass es noch lebte."

„For heaven's sake! Einfach im Stich gelassen."

Ihren Kindern blieb der Mund offen vor Schrecken, hilflos und allein sein, das empfanden sie nach, für Schlimmeres fehlte ihnen im Gegensatz zu ihrer Mutter die Vorstellungskraft.

„Er war eine ganze Nacht draußen im Freien, kein so glücklicher Start. Zwei Monate lang haben wir ihn aufgepäppelt." Der Arzt versicherte: „Ein lieber Junge, er ist über den Berg, nachdem er so viel Schweres durchgemacht hat. Wenn Sie das Kind nicht adoptieren, nehm ich's."

Die letzte Bemerkung sackte ins Unbewusste und wirkte dort wie die Garantieerklärung einer Werkstatt bei einem Gebrauchtwagen. Wenn das so war, was gab es dann noch zu zögern, und eine Nacht Bedenkzeit war eine reine Anstandsfrist. Nie hätte Elise eines der elternlosen Hungerkinder aus Alamat'a zu sich genommen, die grässliche Anfangszeit mit Judy war noch zu präsent, obwohl sie jetzt zehn und Iyasu vier Jahre zählte.

Als der kleine Samson bei Familie Dimtu einzog, benannten sie ihn einstimmig in Isaak um, ein Heiliger, der für Wunder zuständig ist, und sein Überleben war ein Wunder. Überzeugt war Elise später, dass die folgenden Jahre anders verlaufen wären, wenn sie gewusst hätte, was der Doktor verheimlicht hatte.

Zunächst funktionierten die Scheuklappen ausgezeichnet, weil sich die Maßstäbe durch die allmähliche Gewöhnung an Radau und Aufstände ohnehin verschoben hatten. Auf der Rückfahrt nach Mekele war Elise nach Singen zumute, in das Tschamusch und die zwei Kinder auf der Rücksitzbank einstimmten. Für das jüngste Familienmitglied hatten sie Kukunas Mercato-Körbchen aus einem Abstellraum gekramt.

Meine glückliche Rasselbande, dachte sie wunschlos. Eine Familie, in der jeder sich hundertprozentig auf den anderen verlassen kann, aus der alle neue Energie schöpfen und an einem Strang ziehen. Viel zu schnell wachsen sie aus dem Alter heraus, in dem sie noch alles Neue bestaunen, mit schokoladeverschmierten Mündern herumlaufen und Löcher in den Bauch fragen. Ab jetzt werde ich hundertprozentig für sie da sein. Elise lächelte im Gedanken an Leo.

Ein paar Tage genügten, um zu sehen, dass Isaak seltsam anders war als die beiden älteren Kinder. Etwas war ganz und gar nicht üblich. Stocksteif, lautlos und mit offenen Augen lag er die ganze Nacht neben ihr. Sie hob ihn hoch und wollte ihn in sein eigenes Bett bringen. Isaak patschte ihr ins Gesicht und sie pustete in seine Handfläche. Da! Diesmal war keine Täuschung möglich. Ekelhaft! Ihr Baby schob sein kleines Geschlechtsteil vor und versuchte, es an ihr zu reiben. Sie war so vom Donner gerührt, dass sie ihn beinahe wie eine heiße Kartoffel hätte fallen lassen.

Irgendwer hatte mal erzählt, dass arabische Kindermädchen die Jungs gern zur Beruhigung stimulieren. Erbost stürmte Elise in die Küche und stellte ihre Dienerin zur Rede: „Tschamusch, reibst du diesen kleinen Casanova? Was fällt dir ein?"

„Nein, Woizero."

Eiskalt kroch Elise der Frost über den Rücken. *Solch abstoßendes Verhalten bei einem Säugling! Ich werde ihn entweder mit dem Gesicht von mir abgewandt tragen oder ihn auf Abstand halten. Genau darum wollte ich niemals einen Rüden und bei meinem Kind soll ich das dulden?*

Nach dem Zähneputzen fragte Iyasu: „Hast du mich auch aus diesem Krankenhaus geholt? Warum hast du mich überhaupt adoptiert?" Seine Mutter küsste ihn auf die Stirn und deckte ihn zu.

„Na, ich wollte eine kleine Familie für mich haben. Eine große hat leider nie geklappt. Fändest du das nicht auch schöner, wenn viele Leute um dich sind und Spielkameraden in Hülle und Fülle?"

„Hast du Kinder lieb? Warum bleibst du nicht bei uns und bist so oft weg?"

Seine Mutter stutzte. *Kindermund tut Wahres kund! Iyasus Kreis waren die Näherin Maryam gewesen, das Mädchen für alles Yibaralem, Taibe, der Gärtner, und Nachtwächter Sörfu und jetzt nur noch Tschamusch. Mache ich mir etwas vor und statt einer Familie schare ich nur Hilfsprojekte um mich?*

Elise setzte sich und zog das Kind an sich; „Weißt du, es gibt viele Leute, denen es schlecht geht, die nichts zu essen haben und krank sind. Denen muss ich helfen, verstehst du das?"

„Können die nicht woandershin gehen?"

„Die haben niemanden." Unzufrieden schaute der Kleine ihr nach, als sie das Licht löschte und das Zimmer verließ.

Lasst mich nur erst einmal mein eigenes Haus haben, redete sie sich ein, *dann verbringen wir mehr Zeit miteinander, dann genießen wir die Früchte meiner Arbeit. Leo wird mir beibringen, auch Ruhe auszuhalten.*

„Ich nehme die Scheidung in Angriff", verkündete Elise ihrem Mann. „Die Abmachungen waren für dich just pie in the sky, wenn du dich erinnerst. Irgendwann soll das Alte abgeschlossen sein. Ich hoffe, am Familiengericht arbeitet noch jemand."
Melese wehrte sich nicht gegen das Ansinnen. „Wie hätte ich denn, in diesem Zustand?"
„Abmachung ist Abmachung." Das längst abgeschlossene Kapitel Ehe brauchte nur eine Bestätigung.
Nach dem Vortrag der persönlichen Zuständigkeiten und Elises Verdiensten, neben denen sich Meleses Beiträge besonders kärglich ausnahmen, wünschte das Gericht die früheren Trauzeugen zu sehen, Adunja, der sich mit seiner kanadischen Frau in Addis Abeba niedergelassen hatte, begleitete Melese. „Ich habe getan, was menschenmöglich war, die Trennungsfrist hat keine Änderung gebracht." Sein wie eine Bowlingkugel glänzender Kopf federte auf einem Doppelkinn und Elise überlegte, wie er mit seinen kurzen Armen den Abstand über den Bauch bis zum Operationsobjekt überbrückte.
Der Richter hakte nach: „Diese Ehe ist also nicht mehr zu retten."
Melese saß wortkarg neben seinem Jugendfreund und zerpflückte ein Taschentuch, doch der traurige Anblick appellierte nicht an Elises Mitgefühl.
Da die Bänke im Rücken der Parteien von den Betroffenen der nachfolgenden Rechtsfälle zu drei Vierteln gefüllt waren, erhob sich nach der Verlesung des Falles teilnehmendes Schnalzen und Gewisper. Volkesstimme tendierte zur weiblichen Position. „Diese Weiße, die so viel auf die Beine gestellt hat ...", sagte eine Frau im schwarzen Umschlagtuch.
„... und das bei unserer Verwaltung und sonstigen Hindernissen", ergänzte ihr Nebenmann.
Aus Richtung Tür tönte es: „Eine solche Kämpferin gibt jetzt ihre Ehe auf."
„Da muss es schlimm gewesen sein", murmelte eine alte Frau mit

Zahnstummeln.

Der Richter klopfte mit Hämmerchen um Ruhe. „Habt ihr euch überlegt, wie das Eigentum geteilt wird?“

Der gescheiterte Trauzeuge bestätigte: „Haben wir alles geregelt.“

Als Schlusspunkt klopfte der Richter nochmals auf den Tisch. „Ich erkläre Sie für geschieden.“

Alles Zeitliche hängt an einem Zwirnsfaden

1

Wenn Elise später daran dachte, schüttelte sie nur den Kopf zu der Schnapsidee, mitten im Bürgerkrieg ein Haus zu bauen, wo nichts geklärt war und niemand einen Groschen auf ihren Verbleib im Land gesetzt hätte! Meleses Bauantrag glich einer Zitterpartie, weil Soldaten kein Anlass zu gering war, um jemanden an die Wand zu stellen. Da mit Hilfe der ostdeutschen Genossen die ganze städtische Verwaltung umgekrempelt, die Städte in Blocks unterteilt und die Häuser erstmals nummeriert worden waren, war es kein einfaches Unterfangen, die Papiere beim zuständigen Kader einzureichen, in denen Chiefs einem Gericht vorsaßen.

Zweimal speiste man die Deutsche ab: "Chief not on seat."

Ein andermal nuschelte der Aktenträger: „Tut mir leid, Kosso." Mit dieser unanfechtbaren Andeutung, auf dem Topf zu sitzen, um die Parasiten loszuwerden, hielt man sich gern lästige Besucher vom Leibe.

Beim dritten Besuch hörte sie: „Alawik` imi", ich weiß nicht, oder „Ishi nege", jawohl, morgen, allesamt nichtssagende Versprechungen und blumige Umschreibungen fürs Nichtstun, nie ein direktes Ja oder Nein.

Als Elise beim vierten Mal den Holzstuhl im Vorraum wetzte, sagte jemand auf Amharisch: „Die Frau dort ist vor mir dran."

„Was, Sie schon wieder?", fragte der Aktenträger streng und blähte sich auf wie ein Ochsenfrosch. „Wir haben gesagt, das geht nicht."

Sie erhob sich in ihrem unaufdringlichen Leinenkostüm, strich die Knitterfalten aus dem engen Rock und schwang eine Rede, die vom Virus der Demonstration inspiriert sein musste: „Ihr Äthiopier nehmt von Deutschland Medikamente und Geld, ihr nehmt von Holland Geld, ihr nehmt von den Engländern die Landrover, ihr habt von den Russen die Waffen, euer großer Führer Mengistu nimmt das alles von überall her. Ich weiß aus zuverlässiger Quelle, dass letzte Woche noch mein Botschafter bei ihm war und ihm Tausende für medizinische Versorgung zur Verfügung gestellt hat. Und Sie sabotieren, dass kleine Äthiopier ein Stück Land bekommen, ein kleines Haus _ von einer

Deutschen! Wenn der große Führer all die Millionen annehmen kann, warum können Sie den Kindern nicht zu einer Wohltat verhelfen?"

„Ja, ja, ja", murmelten die Frauen im Saal. „Sie hat Recht! Das ist typisch für die Männer! Es wird Zeit, dass da etwas unternommen wird. "

Ihrem gebrochenen Amharisch folgte dräuendes Schweigen. Wie konnte diese Ausländerin es wagen, den Namen des großen Führers in den Mund zu nehmen? Der Oberst vom Entscheidungskomitee schnalzte mit fest aufeinandergebissenen Zähnen, die den Äthiopiern eigene Art Zustimmung zu bekunden, und verließ den Saal. Im Nu unterschrieben die drei Richter und der Antrag war durch.

„Der Eckstein des Friedens ist der Kommunismus. Ethiopia tikdem."

Und nun das. „Mein Name tut nichts zur Sache", knarrte eine Männerstimme im Telefonhörer. „Morgen früh wird eine Kommission vom Rathaus auf Ihr Land hinauskommen, um den Skandal aufzudecken. Die werden Ihnen das abknöpfen, weil Sie kein Recht darauf haben!" Aufgelegt.

Im Garten nippten Magdess und Elli an ihren Gläsern, das heißt, Elli, die von einer Krebsoperation und durchgrübelten Nächten mitgenommen aussah, knipste schon wieder an den Stauden herum. Kukuna, Iyasu und Ellis Jüngste bespritzten im Planschbecken den krähenden Isaak. Elli zog den treuherzigen Schluss: „Jemand im Rathaus, der dir wohlgesonnen ist, hat von der Landbegehung erfahren."

Dieser Ton? Wohlgesonnen? Egal ob Warnung oder Drohung, Elise witterte eine Falle. Noch mit feuchtem Stempel auf der Baugenehmigung hatte der Bau einen Monat zuvor begonnen. In ihrer Abwesenheit kontrollierten Leo und Essaye abwechselnd die Arbeiter, damit kein Unfug passierte, und in Nullkommanichts standen die Außenwände mit dem Dach.

Fröstelnd zog Elise die saphirblaue Steppjacke über ihrem Kleid zusammen und zermarterte sich den Kopf nach einem Ausweg. Sie hatte nach dem Nachmittag voller Kindergeschrei und Frauentratsch das Bedürfnis, sich berieseln zu lassen. Wie so oft machte sie sich auf den Weg in die Melekot Street. Sie hätte besser einen Regenschirm mitgenommen, denn es schien nicht bei einzelnen Tropfen bleiben zu wollen.

Von weitem erklang eine an- und abschwellende Melodie durch ein geöffnetes Fenster. Als Elise sich bemerkbar machte, bearbeitete Leo ohne Unterbrechung weiter die Tasten und rief: „Hereinspaziert, jeder, den die Lust umtreibt.“

War sie so leicht zu durchschauen? Elises Wangen färbten sich.

„Die Lust ist Ursprung und Ziel des glücklichen Lebens.“ Munter erging sich Leo in weiteren Fingerübungen. „Lust, mit mir zu sprechen, an Musik, Kunstwerken und ... Elise, was hast du?“, fragte er, dem die In-sich-Gekehrtheit der Freundin auffiel. „Du wirkst auf mich wie eine Erdmännchenmutter, wenn der Posten gepfiffen hat.“

„Verflixt! Das Land rücke ich nicht raus, um keinen Preis! Wofür habe ich so lange gekämpft und geschuftet?“

„Die Größe des Menschen besteht darin, sein Elend zu erkennen.“

„Na bravo! Hast du etwas vom Squatter-Gesetz gehört?“ Endlich drehte sich Leo auf seinem Hocker.

„Magdess behauptet, es gibt ein altes Gesetz, wahrscheinlich von England übernommen. Wer sich mit Kind und Kegel auf einem Flecken Land niederlässt und zwischen Sonnenuntergang und Sonnenaufgang vier Wände mit Dach darüber errichtet und einzieht, der kann das Stück Land behalten.“

„Hast du etwa vor, alleine mitten in der Nacht ...“

„Nicht alleine. Sörfu und Taibe bewachen die Baustelle. Hast du Campingzeug?“

„Eine Luftmatratze und einen Schlafsack, mehr nicht.“

„Kannst du mir das leihen?“

„Nur wenn du mich mitnimmst.“

„Du glaubst nicht etwa, die beiden Alten gehen mir an die Wäsche.“

„Ich bezweifle, dass ihre Leidenschaften gänzlich zum Schweigen gebracht sind und sie das ruhige Gleichmaß der Seele erfüllt. Entschuldige, ich lese gerade Epikur. Eile mit Weile, es reicht, wenn wir vor Mitternacht dort sind. Auch Bürokraten schlafen nachts.“ Mochte Elise sonst für Leos virtuosen Gefühlsausdruck von Chopins Nocturnes die richtige Würdigung aufbringen, heute fehlte ihr die Konzentration, sich darauf einzulassen. Das Schattenspiel auf den Muskeln seiner Oberarme verdrehte ihr den Kopf genauso wie der feine Flaum auf seinem Nacken, der in der Zugluft vibrierte. Nach zwei Stücken klappte der Pianist mit einem dissonanten Akkord den Deckel zu, setzte sich zu ihr aufs Sofa und begann, sie wie ein verängstigtes Kind mit beruhigendem Gemurmel zu streicheln. Unwirsch zog er wegen ihrer abgekauten Fingernägel die Brauen zusammen.

„Die Kinder müssen ins Bett“, wandte sie zaghaft ein mit dem dringenden Wunsch, er möge nicht aufhören.

„Ach was, es sind Ferien und das wird die Gaudi ihres Lebens.“

„Du schließt von dir auf andere?“

„Die einzigen guten Erinnerungen an meinen Vater hängen mit Camping zusammen. Im Sommer schloss er das Schlachthaus zu und es ging mit Steilwandzelt an den Wolfgangsee. Wir freuten uns! Fünf Wochen nach keiner Pfeife tanzen, nannte er das, dann ließ er die Sau raus.“

„Dein Vater war nicht Soldat?“

„Nein, kriegswichtig, er lieferte für die Etappe. Typischer Bluthochdruck, Choleriker und überheblich aus Dummheit.“

Leo war immer leiser geworden und hätte nicht Elise an seiner Brust gelegen, wäre der Rest nicht zu verstehen gewesen. „Der Tyrann, der das Muttersöhnchen vor allen Angestellten an den Pranger stellte, wenn ich in den Semesterferien aushalf.“

„Lebt er noch?“

„Am Ende ein dementer Zellhaufen. Jahrelang lag er neben mir im anderen Ehebett und ich habe ihn versorgt. Einmal die Woche rief mich die Polizei aus der Praxis, wenn sie ihn orientierungslos aufgegriffen hatte.“

Vor fünf Jahren war etwas vorgefallen, das niemanden in diesem gottverlassenen Land zu interessieren hatte.

Elise inhalierte den Tabakgeruch, der in Leos Haaren hing. Eine Sinnestäuschung, von draußen hereingeweht, musste es sein, dieser kurze Hauch von Alkohol, oder er hatte etwas desinfiziert.

Nachts um elf Uhr überrumpelten die beiden ihre Wächter mit Kind und Kegel.

„Was haben Sie vor, Woizero? Sie können nicht hierbleiben!“, erregte sich Sörfu. Sein Protest verhallte unbeachtet.

Während Taibe half, die Ausrüstung abzuladen und notdürftig zu arrangieren, schüttelte er fassungslos den Kopf. „Nein, so was, eine Herrin im Freien.“

Mit Kindern, Hund, Tisch, Kerzenstumpen, einem kleinen Kocher und Decken war sie auf alles vorbereitet. Zu der einen Luftmatratze stapelten sie alte Kartons und eine Schaumgummimatte auf der Erde zu einer Unterlage. Die Rohbauwände boten zwar etwas Windschutz, ohne Fenster und Türen war die Nacht in dieser Höhe von zweitausendvierhundert Metern dennoch kalt.

Bei Schummerlicht rückt man gern zusammen. „Jetzt hört mal her, wisst ihr, wo Transsilvanien liegt?" Den Nachtwächtern hätten sich die Haare gesträubt bei Leos Draculageschichte, vorausgesetzt sie hätten Deutsch verstanden, die Kinder jedenfalls gruselten sich mit Inbrunst, sobald es raschelte, quakte und knisterte. Ein Fledermauspaar, dem die Umgebung zu unruhig wurde, entschloss sich zum Auszug.

Die Kinder waren längst der Müdigkeit erlegen, als die Erwachsenen den Schlafsack über sich breiteten und sich Rücken an Bauch tuschelnd aneinander kuschelten. Die Stellung, bei der Elise Leo nicht in die Augen schauen musste, erleichterte ihre Geschichte, für die der Mond den Aufhänger hergab. Mitleidlos mit sich selbst gewährte sie ihm einen Blick auf das, was sie tagsüber erfolgreich verdrängte, das Gewicht, das sie niederdrückte, sie klein machte, dass sie sich am liebsten in ein Mauseloch verkrochen hätte. Die ganze Glitzerfassade ihres Geschäfts riss sie ein. Bei jeder weiteren schrecklichen Einzelheit zog Leo seine Freundin fester an sich. Der Müll war abgeladen, mochte er jetzt in Afrika verrotten und zum Humus für Besseres werden.

Leos Absolution erübrigte sich, seinen Kommentar unterdrückte er, als er ein männliches Rühren verspürte: *Das Auffrischen bewegender Erfahrungen führt oft zu einer Enttäuschung, schöner ist, sich auszuschmücken, was sein könnte. Wer weiß, ob es Elise von ihren Ängsten befreien würde.*

Morgens früh stand Elise auf, zog Morgenrock und Pantoffeln an und bereitete Leo, der zur Sprechstunde musste, eigenhändig den Tee auf dem von Taibe unterhaltenen Kohlefeuerchen. Da sie die Haare endlich kurz geschnitten hatte, brauchte sie keine Lockenwickler, die ihre Glaubwürdigkeit überstrapaziert hätten. Dafür standen der verschlafenen Judy die Korkenzieherlöckchen noch in alle Richtungen ab. Kurzum, die Gruppe hätte einer amerikanischen Fernsehserie als Vorbild häuslicher Traditionen Modell stehen können, als eine halbe

Stunde nach Leos Abfahrt ein Landrover langsam ausrollte und zwei Männer in Hemdsärmeln und zerknitterten Anzughosen ausstiegen. Der Anblick gab ihnen anscheinend Rätsel auf, denn sie blieben neben der Motorhaube stehen, guckten herüber und kratzten sich am Kopf, weil da irgendetwas anders war, als sie es vorhergesehen hatten.

In den besseren Siedlungen der Hauptstadt startete der Bau eines Hauses in der Mehrzahl mit einer Holzpalisade. Zum Glück hatte Elise sich nicht damit aufgehalten, sondern gleich die Mauern hochziehen lassen, sonst wäre sie jetzt ausgebootet gewesen. Die ganze Markierung ihres Landstückes war ein kleiner, fünfzig Zentimeter breiter und ebenso tiefer Graben.

Auf den martialischen Prügel, Rauschebart, Turban und die biblischen Gewänder des Sabanyas, der ihnen entgegenschlurfte, wäre jeder jemenitische Freischärler neidisch gewesen. „Suchen Sie etwas, meine Herren?"

Peinlich darauf bedacht, den Graben nicht zu überschreiten, fragte der mit dem rasierten Kopf: „Was machen die Leute hier?"

„Wohnen."

„Was soll das heißen, sie wohnen hier?"

„Kommen Sie rein." Diese Einladung schlugen sie aus und blieben lieber, wo sie waren. Elise ging mit ihrer Tasse in der Hand zu den Männern hin. „Tee, die Herren?"

Erst ihr erstaunter Augenaufschlag entlockte die magere Auskunft: „Wir haben etwas zu klären. Was haben Sie hier verloren?" „Merkwürdige Frage. Das ist mein Haus", erklärte sie energisch.

„Und da drinnen schlafen meine Kinder."

„Hier steht etwas anderes, Sie behaupten Unsinn", widersprach einer der Männer und fuchtelte mit einem Zettel durch die Luft. „Sie sind Ausländerin!"

„Das stimmt zwar." Gleichzeitig zog Elise ihre Papiere hervor. „Hier, sehen Sie." Sie zeigte mit dem Finger auf die Adresse. „Vier Personen, unsere Namen." Sie rief: „Iyasu, Isaak, kommt mal her!"

Der größere hatte den Kleinen auf dem Arm und rieb sich die Augen. „Das ist Iyasu und das Isaak. Denen gehört das Haus. Hier bitte, überzeugen Sie sich." Die Männer waren zu verwirrt, um sich zu fragen, wieso drei afrikanische Kinder mit einer weißen Frau im Morgenrock in einer Baustelle campierten und ihre Besitzurkunde in der Tasche hatten. „Egal, was Sie für Unterlagen haben, das Gebäude gehört uns!“, bekräftigte sie nachdrücklich.

Der schneller überzeugte, jüngere Gesandte murmelte zu seinem Kollegen: „Was sollen wir jetzt machen? Die Angaben in der Liste sind falsch.“ Nach einer kurzen Besprechung riefen sie „Okay, thank you!” zu der Gruppe hinüber.

Später am Tag kam Leo wieder und nagelte mit den Kindern ein Baumhaus zusammen, in dem sie die folgende Nacht verbrachten, nur um sicherzugehen, dass sich die Kontrolle nicht wiederholte.

Nicht lange danach war Elise in ein Provisorium mit gestampftem Lehmboden eingezogen und die Eigenleistungen zogen sich entsprechend lang hin. In Anbetracht der schlechten Zeiten und der Tatsache, dass sie in den Norden zurückmusste, beschränkte sich schließlich die Einweihungsfeier auf das geschrumpfte Häuflein Freunde, Adunja war krank, Elli hatte Nachtschicht, die kaiserlichen Freunde waren nach wie vor in Haft oder außer Landes.

Nach den kalten Frühlingsregen Ende September saßen am Maskalfest Menschen beim Feuer, den Garten sprenkelten wie alle Grünflächen die gleichnamigen gelben Blümchen. Von der Straße her wehte Gesang und es rappelte am provisorischen Gittertor. „T`ena Emäbet Hoy, Emäbet-Hoy“ - Gesundheit wünschen wir, königliche Dame.“ Der Sabanya wollte die Kinder wegjagen, doch Elise hielt ihn zurück. Sie empfand diese Sitte wie eine erste Huldigung nach der Weihe zur Hausbesitzerin.

Endlich habe ich einen Ort, an den ich gehöre, dachte sie. *Merkwürdig genug, dass ich erst weit reisen musste. Ich habe Wurzeln geschlagen und bis ans Lebensende einen Platz.*

„Wartet, ich glaube, es ist noch Kuchen da, den könnt ihr haben. Schau, Taibe, was das für dürre Bürschchen sind.“

Der Gärtner holte die Reste aus der Kühlbox, Elise nahm sie ihm ab und reichte sie den Jungen, die sich auf lange Stöcke stützten, hinaus.

Die Mauern umschlossen auf zwei Seiten eine Veranda, aus dem leicht abgeschrägten Wellblechdach ragte der Schornstein für den Kamin. Isaak tastete sich an einer Wand naturbelassener Sandsteine entlang, wo die rote Sitzgarnitur stehen sollte.

„Bist du zufrieden mit deiner Schar?“, fragte Magdess, die sich nach längerer Zeit mal wieder eingefunden hatte. „Judy hat sich rausgemacht. Eine unansehnliche Larve hat sich in eine verheißungsvollere Puppe verwandelt.“ Bestätigend nickte Elise. „Sie ist selbstbewusster durch die Erfolge in der Schule.“

„Haben sie den Kleinen akzeptiert?“

„Judy hält sich fern und Iyasu ist eifersüchtig. So richtig spielen kann man mit ihm nicht.“

„Was ist mit Isaak?“

„Er spricht lediglich ein paar Brocken Amharisch, die er bei Taibe aufgeschnappt hat, dem einzigen Menschen, der ein bisschen Zugang zu ihm hat. Ihm erzählt er lange Geschichten, die kein anderer versteht.“

Die amerikanische Botschafterin, eine ehemalige Kindertherapeutin, hatte zugehört. „Wissen Sie, wenn wir jetzt in Übersee wären, würden wir die gesunden Partien des Gehirns aktivieren und könnten den möglichen Ausfall der anderen kompensieren! In Äthiopien fehlen die nötigen medizinischen Apparate, um festzustellen, was in dem Gehirn los ist.“

In dem Bedürfnis, den Kleinen in Schutz zu nehmen, sagte Elise: „Er kann phantastisch schwimmen. Wenn man Isaak ins Wasser wirft, schwimmt und taucht er und kann ewig die Luft anhalten.“ „Auf jeden Fall ist der Junge gestört. Möglicherweise ist ein Teil erfroren, als der Säugling die erste Nacht draußen verbrachte. Ich empfehle Ihnen dringend, ihn in ein Heim zu geben, die Schwierigkeiten, die auf Sie zukommen, können Sie nicht bewältigen, wenn er erst in die Pubertät kommt. Die anderen beiden brauchen Sie!“

„Ich weiß, was los ist, Dr. Schwertfeger hat es beim letzten Treffen, bevor er abreiste, zugegeben: Isaak hatte Meningitis.“

Die Amerikanerin schrie auf: „Sollten Sie das Land verlassen, nehmen Sie dieses Kind um Himmels willen nicht mit. Wie wollen Sie sich in Ihrem Heimatland um ihn kümmern? Sie müssen darum kämpfen, selber auf die Füße zu kommen, und niemand wird ein behindertes schwarzes Kind wollen, weder ein Heim und schon gar nicht die Verwandten.“

Mebrat, ein neues Dienstmädchen, das eingearbeitet wurde, stammte aus einem Dorf vor der Stadt und hatte einen behinderten

Sohn. „Es ist gut, dass wir keine Angst haben müssen, Herrin. Die Kinder lachen jetzt ihre ungebildeten Eltern aus, die bei den Studenten das Schreiben gelernt haben. Sie sind total verhetzt.“ Angstvoll rollte sie mit ihren Augen. „Wenn sie ihre Eltern über der Bibel erwischen, müssen sie sie anzeigen, konterrevolutionär nennen sie das.“

Aus dem Garten ertönten Geschrei und Gelächter. Durch die Verandatür sah Elise Iyasu, Judy und Elli mit ihren Kindern vor dem übermannshohen Papyrus umherspringen. Kaum war sie hinausgetreten, brach ein Hollenlärm über sie herein. Auf Töpfen wurde getrommelt, Deckel wurden gegeneinandergeschlagen und durch Trichter getrötet. Girlanden, Luftballons und Fähnchen hingen an jedem erdenklichen Vorsprung der Fassade.

„Meine Güte, ein ganzes Orchester!“ Der Dirigent brachte so etwas Ähnliches wie eine Ordnung in die akustische Grenzerfahrung, indem er mit seinem Stöckchen auf eine Stuhllehne klopfte und der Lärm stoppte. Glückstrahlend über die gelungene Überraschung gab Leo erneut den Einsatz und sang mit übertriebener Pantomime: „Mein kleiner grüner Kaktus steht draußen am Balkon, holleri, holleri, hollero.“ Es war zum Schießen, mit welcher Ernsthaftigkeit sogar Mebrat mittat, die annahm, es handle sich um einen Choral zur Lobpreisung ihrer Herrin. „Zugabe!“, rief Elise, als das Lied endete, und klatschte die Hände feuerrot, bis sie brannten.

„Ich bin baff, wie seid ihr nur auf die Idee gekommen?“

„Leo hat mit uns geübt, immer, wenn du unterwegs warst.“

Unbändig freute sich Elise und morgens wachte sie noch voll des träumerischen Lachens auf, weil Leo endlich zustimmte, bei ihr einzuziehen. Eine echte Basisstation hatte sie jetzt, welch ein Luxus. Sie selbst musste zwar wieder aufbrechen, doch jedes Heimkommen lockte mit traulicher Vorbereitung.

2

„Was machen Sie hier?“, fragte ein breitschultriger Offizier, dessen Dekoration einem Weihnachtsbaum zur Ehre gereicht hätte, Elise und Anjali. An der Rezeption des Abraha-Hotels standen die Kommandeure der aufständischen Truppen.

„Kommen Sie und schauen Sie es sich an!“ Wie alarmiert Elise war, vermutete hinter ihrer professionellen Maske niemand.

Waren die vom Sozialismus Infizierten überhaupt in der Lage zwischen ihrem Engagement für die Menschen und dem Auftrag des Kaisers zu unterscheiden? Jede Ungleichbehandlung brachte Elise auf die Palme, eine Einstellung, die sie nie an die große Glocke gehängt hatte, wenn nur mit Diplomatie weiterzukommen war.

Der Offizier lud die beiden zurückhaltenden Frauen zu einem Drink ein. Die Hotelchefin raffte mit elegantem Schwung die brombeerlila Seide ihres Saris und griff in ihr Repertoire an Smalltalk: „Was versprechen Sie sich von dieser Revolution?“

Die Wissbegierde einer schönen Frau huldigte seiner Eitelkeit. „Ich hoffe, dass die Armut bald ein Ende hat. Die Masse der Menschen, die bislang unterdrückt war, bekommt jetzt die Freiheit.“

„Sie sollten beim Straßenbau anfangen“, plapperte Elises loses Maul. „Ohne Straßen haben Sie keine Kontrolle über das Land. Außer einer einzigen von Eritrea nach Kenia sind alles Feldwege.“

„Erst gibt es eine Landverteilung“, behauptete der Truppenführer angeberisch.

Wie unter einem Brennglas stach Elise ein Fädchen ins Auge, an dem einer der Knöpfe seiner Uniformjacke mit letztem Halt seiner Bestimmung nachkam. „Der einzelne Bauer, der fünfzig Kilometer von der nächsten Straße weg wohnt, braucht eine Möglichkeit, seine Früchte zu verkaufen!“

Die Inderin musterte Elise bewundernd von der Seite, sah sie aus den Augenwinkeln.

Ihr Vorredner ignorierte den Hinweis. „Wir bilden Kooperativen.“ Sein Rundumblick fahndete erfolglos nach Anzeichen einer versteckten Frage, sonst hätte er sein Wissen über die Anwesenden ausgegossen. „Vor allem werden die Studenten hinausgeschickt, um überall dem Volk Lesen und Schreiben beizubringen. Bis es so weit ist, verbreiten wir informieren die Nachrichten über Radio, seit letztem Monat auch auf Oromo.“

Anjali senkte ihre kajalgerahmten Wimpern, leise raschelte der Stoff, als sie ihr Glas auf den Tisch stellte. „Das ist auf jeden Fall zu begrüßen.“

„Was halten Sie davon, dass die Macht der amharischen Aristokratie endlich gebrochen ist?“ Die Kraft des Fädchens musste bald am Ende sein, noch eine Bewegung. „Schluss mit den Blutsaugern, denen die Bauern Tribut gezahlt haben seit Jahrhunderten! Alle sind gleichberechtigt.“

Elise riss ihre Augen von seiner Jacke los und stellte sich beeindruckt. Ihre Skepsis zu Durchführbarkeit und Dauer dieser Vorhaben behielt sie für sich, obwohl ihre Gemütsruhe unter dem zunehmenden Druck wankte.

Am Morgen hatten in der Fabrik Grüppchen lauschend um einige Wortführer gestanden. Einer davon war Mulatu, der alte Gerüchtekoch, ihr ehemaliger Vorarbeiter in Kobo, der ihr übel mitgespielt hatte, kurz bevor Piet das Land verließ. „Am Flughafen hat sie rumgebrüllt, unsere Prinzessin.“

Elise sah Piet noch in Alamat'a sitzen in einem Shirt mit erkennbaren Schweißrändern unter den Achseln und auf jeder waagerechten Fläche seines Zimmers Stapel von Papier. „Mein Vorarbeiter sagte mir, er habe dich mit Gedrucktem in der Hand in meinem Büro gesehen. Ich werde eine Untersuchung veranlassen, Elise.“

Die Relief and Rehabilitation Commission spuckte Gift und Galle. nachdem Elise kein Fehler nachgewiesen und der Stab nicht über ihr gebrochen werden konnte. Als das Verhör hinter ihr lag, erwischte sie Mulatu mit dem Ohr an der Tür. Damals war ihm misslungen, Elise auszumanövrieren.

Jetzt stand er auf einer Kiste wie ein Redner am Speakers Corner und schaute trotzig in die Menge. „Wir werden siegen!“, äffte er die Prinzessin nach. „Der Negus Negesti geht nicht unter!“

Einige Zuhörer lachten, andere dachten an ihr eigenes Fortkommen, nachdem es mehr als fraglich war, woher bei leerem Lager in Zukunft ihre Löhne kommen sollten. „Die Fabrik muss im Dienst der Masse stehen! Wir sind die Besitzer!“, zeterte Mulatu und rüttelte seine Faust gegen Himmel.

Eine Gruppe Offiziere betrat die Fabrik und forderte einen Rundgang. Iyasu spielte in einer Ecke des Hofes mit Kreide. Was hatte der Kerl vor? Siedend heiß erinnerte sich Elise an den Koffer, der unberührt im Büro verstaubte.

Während Akale die Färbeverfahren erläuterte, entschuldigte sich Elise damit, etwas vorbereiten zu wollen, und hastete ins Büro, Iyasu sprang ihr vergnügt nach. Schnell wuchtete sie den Koffer auf den Schreibtisch und öffnete ihn. Sorgfältig verpackt in zwei Persianermäntel glänzte ein silbernes Teeservice, ein Geschenk des Kaisers. Sie hing die beiden Mäntel demonstrativ über den erstbesten Stuhl und schob das Übrige unter den Tisch.

Krachend schlug die Tür auf. „Die Bücher müssen geprüft werden, Woizero."

„Bitte schön, jederzeit."

Der Eindringling mit der umgehängten Maschinenpistole lächelte selbstgefällig ob ihrer Nachgiebigkeit. „Wie ist es bei Ihnen persönlich?"

„Was soll mit mir sein? Ich habe Adoptivkinder. Das ist Iyasu, eines davon."

Der Soldat kniff ihm in die Wange. „Wer ist der Vater?"

„Das weiß ich nicht."

„Ach, das kann ich für Sie herausfinden, wenn Sie wollen."

Iyasu zog sich verschüchtert ans Fenster zurück. Der Fünfjährige hatte ein karamellbraunes Gesicht und große Augen wie die Menschendarstellungen äthiopischer Handschriften. „Der kommt mir bekannt vor", sagte der Kommandeur.

„Nein, das ist unmöglich! Die Mutter ist gestorben bei der Geburt, den können Sie nicht kennen."

„Ich kann herausfinden, wessen Kind das ist", beharrte er.

„Es ist mir lieber, wenn ich darüber nichts weiß, er soll ganz unbelastet aufwachsen." Eine stählerne Klammer legte sich um ihren Brustkorb. Iyasu war aus demselben Holz geschnitzt wie die kaiserliche Familie. Ein Verdacht, durch einen gewieften Schnüffler breitgetreten, konnte sie in Teufels Küche bringen. Sollten sich Beweise finden, wäre Iyasu nicht nur die längste Zeit bei ihr gewesen sondern seines Lebens nicht mehr sicher.

Vorläufig ließ sich der Eindringling ablenken. „Ich verbiete Ihnen, die Stadt zu verlassen. Ihre Fabrik ist eine volkswichtige Industrie. Die Menschen verhungern, wenn Sie gehen."

„Wie sollen wir in der augenblicklichen Situation jemals ein Flugzeug bekommen, das unsere Waren ins Ausland befördert? Das haben Sie alles kaputtgemacht. Damit ist es Sense!", platzte Elise heraus,

bevor er ihr auf den Mund schlagen konnte.
„Das soll Ihre Sorge nicht sein“, dröhnte der geschniegelte Fatzke. Der erste Schwarm dieser Buschtauben war Mittag kaum dem Taubenschlag entflogen, da setzte der nächste Trupp zur Landung an: Kassa Kebede, General Mengistus.
„Ich zahle dir, was du willst, wenn du nach Addis Abeba kommst und dieselbe Arbeit bei mir machst“, protzte er breitbeinig mit in den Gürtel eingehängten Daumen.
„Und was soll aus meinen Arbeitern hier werden?“ Elise erhob ihre Stimme. „Das sind zweitausend Mägen, die da dranhängen. Außerdem darf ich die Stadt nicht verlassen, Anordnung des Führers.“ Seitdem stand Elise rund um die Uhr unter Bewachung.
„Heute war eine Gruppe hier drin“, schimpfte Tschamusch mit verrutschtem Kopftuch aus der Küche, als ihre Herrin über die heimische Schwelle trat. „Sie haben nicht gesagt, was sie suchen.“
Von Tag zu Tag hatte sich die Lage so verschlimmert, dass es als üppig zu bezeichnen war, wenn es Weißkohl, zwei, drei Kartoffeln oder ein kleines Brot zu kaufen gab.
„Ach, Madame“, jammerte Tschamusch, die genau bemerkt hatte, dass die Herrin wieder alles Essen den Kindern überlassen hatte. „Ihre Blume hat nicht mehr geblüht die letzten paar Monate.“
„Ach, wirklich?“ Lachhaft, dieses ständige Verklausulieren von Unangenehmem. So fühlten sich also die Wechseljahre an!
Als sie zusammen um den Tisch bei etwas saßen, das man nur der Uhrzeit halber als Abendessen bezeichnen konnte, krachte und splitterte es auf einmal.
Sekundenlang saßen alle wie betäubt, Iyasu robbte, ehe einer eingreifen konnte, auf seinen Unterarmen über den Boden und brachte einen mit Papier umwickelten Stein, der die Scheibe durchschlagen hatte. „Sie sind eine von uns“ stand darauf in ungelenker amharischer Schrift. „Wenn Sie viele Leute zusammenstehen sehen, gehen Sie ruhig in Ihr Haus. Es könnte sein, dass es eine Kundgebung gegen diese Regierung gibt.“

3

Jeder wird durch diesen Strudel behelligt, sinnierte Elise, *den einen zieht es ins Zentrum, der andere wird hinausgeschleudert. Ich brauche einen freien Rücken. Besser, niemand besitzt ein Druckmittel gegen mich, falls es ernst wird. Bis jetzt haben nur die Scheiben geklirrt, wenn in der Nähe die Kugeln heulen und in eine Lehmwand einschlagen. Meine Kinder bringe ich außer Reichweite. Eine günstigere Chance, als sie Frau Liebherr anzuvertrauen, kommt nicht mehr. Die hat die Lage ohne umständliche Fußnoten erfasst, in der Not kann man sich auf seine Landsleute verlassen.*

Im Morgengrauen begleitete Elise ihre Kinder, die sich verschlafen und muffelig aneinanderklammerten, zum Bus. Es war ihre erste Reise allein und wahrlich keine Vergnügungstour.

Die schlampig gekleidete Brillenträgerin, die aus entzündeten Augenlidern blinzelte, eine Helferin der Relief and Rehabilitation Commission, fuhr nach Dessie. „Ich bezahle Sie dafür, wenn Sie meine Pänz unversehrt beim Deutschen Hilfswerk abliefern. Meine Kinder“, übersetzte sie.

„Warum kommst du nicht mit?“, maulte Iyasu verdrießlich.

„Ich muss erst noch etwas erledigen, ich kann die Fabrik nicht von heute auf morgen einfach stehenlassen. Schließlich sind viele Leute von mir abhängig. Ihr fahrt schon zu Makeda. Sobald ich fertig bin, komme ich nach.“

Judy war es unbehaglich in ihrer Haut, es lag nicht allein an ihrem dünnen Baumwollträgerrock, dass sie die Schultern hochzog.

„Mach dir keine Sorgen, wenn du nicht zu ihm gehst, kann Melese dir nichts anhaben. Du bist jetzt schon groß.“ Das Mädchen ließ stumm den Kopf hängen und nahm den kleinen Bruder auf den Schoß. Iyasu saugte an seinem Daumen, was ihm trotz seiner fünf Jahre in Momenten der Verzagtheit half, ein Anblick, der Elise allerdings durch Mark und Bein ging.

„Ihr könnt mit den Hunden spielen. Die werden sich freuen.“

Gegen den Motorenlärm des altersschwachen Gefährts kämpfte Elises letzte Ermahnung: „Ihr zwei Großen müsst euch um Isaak kümmern und schön brav sein. In dem Beutel gibt es Essen und Limonade, teilt es euch ein.“ Im Bus saßen äthiopische Funktionäre, in Galabija gehüllte Araber, Eritreer mit Frauen und Kindern, italienische

Kaufleute und Ingenieure aus Asmara, die ihre Ohren spitzten und die vier argwöhnisch beobachteten.
Elises Schwermut lichtete sich nicht, als sie dem abfahrenden Wagen nachwinkte. Zu oft war sie Überlandbussen gefolgt, deren Hinterteile in den Serpentinen über dem Abgrund schwebten. Wenn das vierte Rad den Bodenkontakt verlor, ertönte aus dem Vehikel regelmäßig das Geschrei der Insassen: „Abet, abet, abet!“ Oh weh, Hilfe!
Nur Augenblicke später waren die Rücklichter hinter einer Kurve verschwunden. „Wenn das Schicksal es vorgesehen hat, sehe ich die Kinder wieder“, seufzte Elise, starrte mit weiten Pupillen noch etwas in die Richtung und gab sich dann einen Ruck: „An die Arbeit!“

Im Gegenlicht der ersten Sonnenstrahlen lärmten Polizeistiefel durch den Hof der Fabrik, die Tür flog auf. „Der Prinz ist weg. Sie müssen ihm zur Flucht verholfen haben, Mrs. Dimtu. Sie sind verhaftet!“ Der kastenförmige Einsatzleiter, durch strenge Blicke unbeeindruckt, baute sich vor Elises Schreibtisch auf und hätte liebend gerne gewusst, was in ihr vorging.
Sie dachte; *Ich habe Aidas Sohn die Erlaubnis gegeben, von unserem Gelände aus nachts seinen Landrover zu beladen, ist ja das mindeste an Menschlichkeit!*
Der hämische Akale verdrückte sich in der Menge der Fabrikarbeiter, die im Hof schweigend Spalier standen, als Elise abgeführt wurde. Eingelocht! Da war er wieder in ihrem Inneren, der Begleiteintopf der Nachkriegszeit aus dumpfer Finsternis und Schlüsselgerassel. Ihre Phobie verstärkte die Furcht. Die Armeeangehörigen übergaben die stadtbekannte Arbeitgeberin in der Polizeistation nach langwierigem Palaver dem obersten Polizeibeamten und verschwanden.
Aus ihrer sitzenden Position war es leicht, den flehendsten Ausdruck, dessen Elise fähig war, in ihren Blick zu legen. „Ich kann unmöglich in diese Zelle gehen. Das können Sie mir nicht antun.“
Seine Strenge schmolz dahin wie Palmöl im Wasserbad. „Habe ich eine andere Möglichkeit, beruhigen Sie sich!“, druckste er. „Wenn der Offizier kommt, muss er sehen, dass Sie in der Zelle sind. Danach sehen wir weiter, für ein paar Minuten.“
„Einverstanden. Abgemacht?“
„Versprochen.“ Der Sergeant sperrte Elise in die Zelle und verbeugte

sich vor ihr in einer Mischung aus Zerknirschung und väterlicher Konsequenz. „Sorry."

Zum Verhör holte sie der kontrollierende Offizier aus Addis Abeba, der zum Stab des neuen Führers gehörte, und blaffte. „Sie haben Ihre Finger im Spiel bei dieser Flucht. Wo ist der Prinz? Von der Wüste verschluckt? Die Schwester der Prinzessin war mit dem Gouverneur der Nachbarprovinz bei Ihnen gewesen. Hat er sich dort versteckt?"

„Ich habe die ewig nicht gesehen! Die Schwester war allein vor ein paar Tagen da, die hat mir nichts erzählt."

„Jeder Buchstabe gelogen!" Der Offizier machte zwar keine Anstalten, sie mit Gewalt zu beeindrucken, trotzdem misstraute sie seiner verbissenen Miene, als müsse er jeden Augenblick Daumenschrauben aus dem Sack ziehen. Da seine Anklage über einem Whiskeyglas zusammengesponnen war, sah er nach kurzer Zeit selber ein, dass er keinen Zufallstreffer landen konnte, und zog unverrichteter Dinge ab.

Kaum war sein Schatten um die Baracke verschwunden, da servierte ihr der Kerkermeister einen Imbiss.

In den langen Stunden bis zur Nacht wuchs die Reue des Polizeibeamten über sein voreiliges Versprechen. „Sie müssen in der Zelle schlafen. Was soll ich denn sonst mit Ihnen machen?"

„Bis jetzt sind wir uns einig geworden", sagte Elise. „Wir haben uns gegenseitig Vertrauen bewiesen. Ich gehe jetzt heim, schlafe dort und komme morgen früh wieder her."

Als ihr Aufpasser unschlüssig überlegte, versicherte sie: „Davon erfährt keiner was."

„Okay", willigte er schließlich ein. Es war höchste Zeit, denn viel länger wäre die ungewöhnliche Gefangene nicht mehr Herrin ihrer Blase gewesen und hätte sich in den Hof hocken müssen, denn in der Dienststelle gab es keine Toilette. Erleichtert hastete sie, so leise wie möglich, von Schatten zu Schatten durch die wegen der Ausgangssperre ausgestorbene Straße. Ihr wachsames Dienstmädchen fuhr erschrocken zurück, als es das Tor einen Spaltbreit öffnete.

Die kostbare Verschnaufpause vertrödelten sie nicht mit Haareraufen. „Tschamusch, du gehst zurück zu deiner Familie. Nimm alle Sachen mit. Verkauf sie. Ich kann dich vorerst nicht bezahlen."

„Was haben Sie vor, Herrin? Sie können unmöglich in einem leeren Haus bleiben!"

„Ich werde einen Weg finden, von hier wegzukommen.“

Umsichtig und mit sparsamen Bewegungen packte die Angestellte die wichtigsten Dinge zusammen. „Sobald sich die Lage beruhigt hat, komme ich nach Addis Abeba und melde mich“, brummte sie, über den Koffer gebeugt.

Obwohl Elise ihr gerne geholfen hätte, überwältigte sie der Schlaf. Zeitig fand sie sich nach traurigem Abschied von Tschamusch im Gefängnis ein und legte sich auf die einzige Pritsche. Der merklich wortkargere Offizier kam ohne neue Instruktionen zurück.

„Ich habe Ihnen gesagt, was ich weiß. Das wird auch nicht mehr, wenn Sie mich ein ganzes Jahr gefangen halten. Ich habe die Prinzen auf dem Grundstück stehen sehen. Das geschah häufiger, weil es dort schattig ist. Deshalb ist es mir nicht weiter aufgefallen.“

„Sie können gehen“, knirschte er, „Mekele verlassen Sie nicht.“ Am Tor ihrer Fabrik klebte von Stund an ein Plakat, das jeden darüber in Kenntnis setzte, die Direktorin stehe unter Stadtarrest.

Wenig später riss Akale die Bürotür auf. „Kommission des Derg!“, platzte er heraus und fünf Marionetten des neuen Regimes drängten ihn augenblicklich beiseite.

4

„Wir werden untersuchen, inwiefern sich jemand an den armen Arbeitern bereichert hat“, raunzte der erste des Untersuchungstrupps und verschränkte die Arme. „Die Arbeiter sind jetzt die Eigentümer der Fabrik.“

Da ein Protest ausblieb, bohrte er nach: „Ihnen gehörte die Fabrik?“

„Nein, ich habe sie nur aufgebaut.“

„Sie sind amtlich als Eigentümerin der Fabrik registriert. Sie sind ein Feind des Volkes.“

Akales herausfordernder Gesichtsausdruck belegte, dass er zu jenen Arbeitern gehörte, denen die außergewöhnliche Macht zu Kopfe gestiegen war. Zu gerne hätte er es erlebt, dass diese Weiße sich wie ein kleiner Wurm im Staub wand, um ihre Haut zu retten, aber die kalte Dusche war für ihn reserviert.

„Ich wollte zum geeigneten Zeitpunkt eine Kooperative aus der Fabrik machen. Jetzt kommt es halt früher. Das bringt uns nicht in Schwierigkeiten“, verkündete Elise den versammelten Vorarbeitern nach dem Abzug der Kommission. Während sie erklärte, wie eine Kooperative funktioniert, spielte sie im Kopf Fluchtmöglichkeiten durch. Scheiterte eine am passenden Fahrzeug, mangelte es ihr bei der anderen an Kraft oder sie fiel auf wie ein weißes Kamel.

Hoffnungslos starrte sie in ihr Glas, als sie abends im Hotel Abraha ihre Einsamkeit betäubte. Kurz vor der Sperrstunde landeten katholische Missionare an der Bar und schauten fragend um sich. „Wenn es Ihnen nicht zu gefährlich ist, dann leisten Sie einer Feindin des Volkes Gesellschaft“, flachste Elise und deutete an den Tresen neben sich. „In diesen Tagen rückt man zusammen, die Gruppe bietet minimalen Schutz.“

Die Amerikaner lauschten ihrer Geschichte unter allen Anzeichen des Mitgefühls. „Liebe Güte, Frau Dimtu, wie halten Sie das aus? Das ist unmöglich! Sie müssen raus!“

„Lieber früher als später, wenn mir nur ein Weg einfallen würde!“ Zwei Missionare wechselten einen Blick. „Uns wird etwas einfallen“, sagte einer der beiden, „ich werde mich mit Schwester Franziska bereden. Sie kennt immer ein Hintertürchen.“

Daniel, ein Rot-Kreuz-Helfer aus dem hessischen Knüll, riet dringend ab: „Verdrück dich nicht! Wenn du wegläufst, werden sie dir als Sündenbock ihren ganzen Hass aufladen!“

„Ja kannst du mir sagen, wie lange eine Revolution dauert? Ein paar Jahre unter Umständen! Was soll ich in der Zwischenzeit tun?“

„Es wäre trotzdem schlecht. Egal, wo du dich versteckst, sie werden dich aufspüren, weil sie das Land besser kennen als du!“

Am selben Abend klopfte Franziska verstohlen an den Fensterladen im Hinterhof. „Wir verhelfen Ihnen zur Flucht. Wir sind zu viert hier und schließen unsere Zweigstelle. Man hat die Missionsfluggesellschaft enteignet. Die Finnen haben ihre Leute schon abgezogen. Für uns ist es auch so weit. Wenn Sie möchten, nehmen wir Sie mit.“

„Ist es nicht allgemein bekannt, wie viele zu Ihrer Gruppe gehören?“

Die Schwester legte den dunklen Umhang ab und enthüllte ein faltenfreies munteres Gesicht, das von konspirativem Tatendurst glühte.

„Unsere Chance ist, dass keiner mehr den Überblick hat. Die uns kennen, sind längst ersetzt durch Linientreue.“ Das leuchtete ein.
„Morgen früh holen wir Sie mit dem Wagen ab. Ich hoffe, die Zeit zum Packen reicht Ihnen. Nehmen Sie nur das Nötigste mit, aber das brauche ich Ihnen ja nicht zu sagen.“
Je schneller, umso besser, dem Gegner durfte keine Verschnaufpause bleiben, die nächste Falle aufzustellen. „Kann ich Ihnen meinen Koffer gleich mitgeben? Sollte mich jemand morgen sehen, wird er denken, ich fahre nur in die Innenstadt.“
Franziska nickte. „Geht klar, geben Sie her.“
Das Unternehmen war alles andere als gefahrlos. Die bei allen öffentlichen Gebäuden wimmelnden Bewaffneten machten Elise keine Sorge, nur der General, der vor Ort die Regie hatte, bewohnte eine Villa in der Nähe und hätte mit Leichtigkeit ungewohnte Aktivitäten auf ihrem Grundstück beobachten können. Deshalb stellte sie den großen Landrover auf den Parkplatz der Relief and Rehabilitation Commission, als benötige er eine Reparatur, den kleinen ließ sie in der Fabrik zurück.
Als Elise den Hof betrat, war die Belegschaft vollzählig versammelt. Die Reden der Soldaten putschten die Arbeiter zu konfusem Taumel auf. Mit der Ankündigung, eine Ansprache zu halten, schläferte sie Akales Aufmerksamkeit ein. „Wir werden uns freuen“, beteuerte er mit süffisantem Lächeln.
Hauptsache, er verschwendet die nächste halbe Stunde keinen weiteren Gedanken an mich, hoffte seine Chefin.
Ein Riesenkerl von Wächter steckte den Kopf zur Tür herein, Elise fuhr ihn an: „Ich komme gleich! Ich schreibe das hier noch fertig, dann stehe ich zur Verfügung. Fangt ohne mich an!“ Jetzt musste es schnell gehen.
Ihr letztes Abrechnungsbuch klemmte sie sich unter den Arm, sobald er verschwunden war, und schlüpfte durch den vorderen Ausgang, der vom Hof aus nicht einzusehen war. Keuchend langte sie vor ihrem Domizil an, wo der Geländewagen voller Theologen mit laufendem Motor bereitstand.
Sofort kauerte sie sich auf den Boden, bekam einen Habit übergeworfen und los ging es zum Airport. Ehe jemand realisierte, dass sie nicht nur zur Toilette gegangen war, hatte das Fahrzeug die Außenbezirke

erreicht.
Nun kam der schwierigste Teil. Was, wenn ihnen jemand begegnete, der sie kannte? Elise schlüpfte in die Rolle einer Büßerin und senkte demütig den Blick. Der Habit verdeckte die verräterischen Haare und wehte um ihre Gestalt. Genauso wenig wie bei einer Schar Gänse registrierte das Personal am Counter Merkmale der Einzelnen, als die Ordensfrau eincheckte: „Sie gehört zu unserer Gruppe."

Um jeglichem Straucheln vorzubeugen, hakten die Amerikaner Elise vertraulich unter, überquerten mit ihr den als Landebahn markierten Grasstreifen und stiegen zusammen ins Flugzeug.

Jetzt war es höchste Zeit! Elise stülpte ihre Tasche um. Oh nein, ihre Medikamente gegen Flugangst! Sie lagen in der Schublade des Küchentischs! Verfluchtes kaiserliches Teeservice, das war gerettet.
Sie zweifelte an ihrem Verstand.
Pater Benedikt raunte ihr von hinten ins Ohr: „Bedenken Sie, Mrs. Dimtu, wenn es überhaupt eine passende Zeit für Beten gibt, jetzt ist sie da."
Sie murmelte: „Mea culpa, mea maxima culpa. Am besten nicht hinschauen."
In Anbetracht der Soldaten, die sich wie durch den zähen Brei ihrer übelsten Albträume unaufhaltsam über die Wiese näherten, war es das Einzige, was es zu tun gab.
Ganz leger stellten sich die Uniformierten unter das Cockpit und unterhielten sich mit dem Piloten. Warum funktioniert der Körper in so einem Augenblick weiter?
„Die denken, dies ist ein Bus, der erst losfährt, wenn er voll ist", stöhnte Franziska. Als der Steward die Handgepäckklappen schloss, sagte sie couragiert: „Hör mal, wir haben noch ein Flugzeug zu kriegen in Addis Abeba. Wenn wir länger rumstehen, verpassen wir das."
Der Steward informierte den Piloten, der umgehend die Motoren einschaltete, die Soldaten traten zurück und die zur Hälfte besetzte Maschine rollte an.
Dem Rumoren in meinen Eingeweiden nach zu schließen lebe ich noch, stellte Elise fest, *und meine Gebete müssen den richtigen Empfänger erreicht haben.* Sicherheitshalber murmelte sie weiter.
In Lalibela ließ der Pilot die Maschine vor der Zwischenlandung kreisen, um sich zu überzeugen, dass die Piste weder von Regen

aufgeweicht noch von Kühen oder Schafen besetzt war. „Ob die Telefonleitungen noch heil sind?“, wisperte Elise dem angeschnallten Nebenmann ins Ohr. „Wenn die uns aus Mekele hinterhertelefoniert haben, holen die mich raus.“

Hopsend rollte das Flugzeug aus und wurde von Soldaten weiträumig umstellt. Entlang der Wiese patrouillierten sie, ohne den Abstand zu vermindern. Leise zählte Elise Sekunden und zwang sich zu langsamer Atmung, auch wenn ihr hundeelend war. Endlich, als ihre Hoffnung erschöpft war, besiegelte das gleichmäßige Brummen der Propeller das Entkommen.

5

Am Flughafen Addis Abeba winkte Elise ein Taxi heran. Zuerst musste sie wissen, wie es den Kindern ging.

„Woizero, lulululu...“, trällerte das Dienstmädchen. Iyasu rannte sie beinahe über den Haufen, Lilibet verlor vor unbändiger Freude ein Pfützchen und Elise drückte ihre Nase in Kindernacken. Sogar Judy klammerte sich in den Knäuel von Menschenleibern, Magdess und Esseye, die zufällig gerade zu Besuch waren, drängten gerührt heran, die Umarmungen nahmen kein Ende. Melese platzte mit einer schlechten Nachricht heraus: „Adunja ist von seiner Frau Rosaly zur Krebsbehandlung nach Montreal gebracht worden.“

Unter welcher Anspannung alle standen, zeigte sich augenblicklich, als kreischend ein Fahrzeug stoppte und die Gesellschaft, wie von einem Zauberstab berührt, einfror. Zwei Soldaten in olivgrüner Montur postierten sich vor der Hofeinfahrt, zwei sprangen auf die Veranda und polterten direkt durch den Eingang.

Barsch fragte der Tiefschwarze mit grimmig rollenden Augen:

„Wie viele Leute wohnen hier?“

Beide hatten ihre Kalaschnikows locker umgehängt, ihre Finger bebten über dem Abzug und jederzeit konnte aufflammende Wut ein Blutbad verursachen.

Derart bedroht fing Meleses Mutter an, in hohen Tönen zu wimmern, die Kinder drückten sich in die Winkel. In der Hauptstadt hatte niemand von Elises Flucht etwas geahnt, gab es solche Zufälle? Unter äußerster Willensanspannung wahrte sie den Anschein der Ruhe und zeigte die verlangten Ausweise. An den ununterbrochenen Kaubewegungen las sie ab, dass ihr Name ihnen nichts bedeutete.

„Warum sind Sie nicht ausgereist, Madame?“, fragte der Kommandant mit verächtlich verzogenem Mund und fingerte unbewusst am Verschluss seiner Waffe.

„Ich wollte meine Kinder hier großziehen.“

„Welche Kinder? Ich sehe hier nur äthiopische.“

„Das sind meine. Ich habe sie adoptiert.“

„So, so, und Ihr Mann?“

Jetzt mischte sich Melese ein. „Das bin ich, äh war“, fing er an zu stottern, als er den abwesenden Blick des Kommandanten auf seinen unbrauchbaren Beinen ruhen sah. Unangebrachter Trotz sprach aus seinen Augen, die Laufburschen eines Rebellen sollten nur versuchen, ihn, den studierten Architekten, zu drangsalieren.

Indem der Soldat Melese die Antwort schuldig blieb, zeigte er ihm seinen Stellenwert, er packte die Weiße an der Schulter und schob sie Richtung Ausgang. „Sie kommen mit! Kassa Kebede will Sie sprechen.“ Ihre Hand, die nach dem Pass ausgestreckt war, übersah er.

Iyasu spürte die Anspannung und klammerte sich an seiner Mutter fest: „Wohin bringen die dich, Mama? Ich will mit!“

„Das geht nicht. Die wollen sich mit mir unterhalten, bleib ruhig, sei ein tapferer Junge und pass auf, dass Isaak keinen Unfug macht.“

Sie unterdrückte den Wunsch, mit Töpfen nach diesen arroganten Raubeinen zu werfen, wehrlos zu sein, reizte sie bis zur Weißglut. Ihr Verschwinden aus Mekele war jedoch Provokation genug, um sie hinter Gitter zu bringen. Das Glück zu wiederholen, einen vergleichbar naiven Wärter wie in Mekele zu erwischen, brächten keine hundert Ave Maria fertig.

Dumpf senkte sich ein erstickendes Tuch über Elise und ihre Gedanken verknoteten sich, als sie zwischen die zwei gut genährten Männer auf die Rücksitzbank des Jeeps gestoßen wurde. Alter Schweiß in lang bewohnten Uniformen wirkte wie Betäubungsmittel, sie hörte die Männer mit aggressivem Lachen über irgendwelche Passanten witzeln, die wie aufgescheuchtes Geflügel in den Gassen zwischen den Wellblechbaracken verschwanden, sobald sie den Jeep sahen.

Lastwagen mit schwerem Geschütz und besetzt mit Bewaffneten, Panzer und viele andere Geländewagen, aus denen die Läufe von Maschinengewehren ragten, sperrten manche Straßen oder rollten in Kolonne. Eine Reihe aneinander geketteter Gefangener klopfte Steine am Straßenrand und diente Elise als Vorschau auf ihr eigenes Schicksal.

Ihr fiel keine Begründung ein, die ihre Henkersknechte davon abhalten könnte sie einfach umzulegen. Für sie war Elise entbehrlich, solange das Chaos herrschte, und die Botschaft, sofern die überhaupt noch besetzt war, führte sie höchstens auf der Liste der Verschollenen.

Der Wagen bremste unvermittelt vor einem Seiteneingang, ihre Begleiter schubsten sie ruppig in einen kargen Raum mit abgewetzten Dielenboden, der bis in Brusthöhe mit graugrüner Ölfarbe gestrichen und zwei Stühlen und einem Tisch ausgestattet war. Ein Dreckrand markierte die Stelle, an der bis vor kurzem das Porträt des Kaisers aufgehängt gewesen war. Elise zog eine Zigarette aus der Packung und wollte gerade um Feuer bitten, da schlug die Tür mit Schwung an die Wand und Mengistus Scherge Kebede trat an dem salutierenden Soldaten vorbei herein.

Er hatte seit seinem Eindringen in die Textilfabrik vor zwei Monaten an Gewicht zugelegt, der erste Ansatz einer Wampe quoll über seinen Gürtel und der Hals schien den Kragen bald sprengen zu wollen. Dennoch sah man seinen Händen den Frauenhelden noch an und das Aftershave stammte aus beschlagnahmten Beständen.

Seinem Gesicht war keine Regung zu entnehmen. „So, Mrs. Dimtu, legen Sie Ihre Karten auf den Tisch. Wir haben die anderen Parasiten sitzen. Uns entgeht keiner von den Kapitalisten. Was ist Ihre Aufgabe?“

„Was meinen Sie? Sie haben die Fabrik gesehen. Meine Berichte müssten Sie im Palast vorgefunden haben. Ich hatte sie letzten Monat der Le`ult überreicht.“

„Lassen Sie den Schwachsinn beiseite. Das können Sie meinem Bruder ums Maul schmieren.“

Aha, dachte Elise, die Gerüchte treffen zu, er ist Halbbruder des neuen Führers Mengistu.

„Ich habe wenig Zeit. Sie sind ein Kurier der Kaiserpartei. Schließlich sind Sie bei Lidj Mikael ein- und ausgegangen und ständig nach Addis Abeba gefahren. Sie stecken mit ihm unter einer Decke. Die

Fabrik war Tarnung."

Absurde Vorwürfe. Treibt man solchen Aufwand mit einem Unternehmen, nur um etwas anderes zu verschleiern, das gäbe es einfacher. „Fragen Sie Mulatu oder Akale, einer von beiden war ständig um mich rum."

„Das hat nichts zu sagen. Sie hätten im Palast und im Auto genügend Gelegenheit gehabt, da war keiner von unseren Leuten."

Kebede stützte sich auf den Tisch und schrie unvermittelt: „Wenn Sie weiter mauern, können Sie im Keller vermodern! Einen freien Verschlag finden wir allemal für Sie."

Elises Unterkiefer verkrampfte sich, um das Zittern der Lippe zu unterdrücken. Die Befriedigung, sie zum Winseln zu bringen, gönnte sie ihm nicht.

„Oder wäre Ihnen eine Liege bei meinen Männern lieber, die eine blonde Frau zu schätzen wissen, selbst wenn sie so mager ist wie Sie." Er beugte sich noch tiefer zu der Festgenommenen hinunter.

„Wo waren Sie gestern Nacht?"

„In Mekele."

„Wer war bei Ihnen?"

„Niemand. Das Dienstmädchen habe ich zu ihren Verwandten geschickt." *Von den Missionaren ist nichts durchgesickert*, Elise atmete auf.

„Sie haben Mulatu erwähnt. Was ist mit ihm?"

„Er war mein Vorarbeiter in Kobo. Ich habe ihn zuletzt in der Fabrik gesehen, als er eine Rede schwang."

Abschätzig schürzte ihr Gegenüber die Lippen. „Er wurde heute früh tot aufgefunden gegenüber der Villa des Gouverneurs. Erschossen. Haben Sie eine Waffe?"

„Ich fasse so was nicht an."

„Wissen Sie etwas darüber?", bohrte Kebede.

Sie schüttelte den Kopf. *Schau einer an, Mulatu war vom Regime auf die Ausländer angesetzt und hat als Informant seine Intrigen gesponnen und ausgehorcht, wie die Meinung dieser Ferendji war. Deshalb hat das Militär so pünktlich in Kobo einziehen können, obwohl ich die Fertigstellung noch nicht den Behörden gemeldet hatte.*

„Nein, wie sollte ich."

„Sie müssten einen Schuss gehört haben.“ Im selben Moment kreischte in der Nähe eine gebrochene Stimme, ging in langgezogenes, markerschütterndes Heulen über und brach unvermittelt ab. Kassa Kebede zuckte mit keiner Augenbraue und warf dem Posten stirnrunzelnd einen Blick zu.

„Man hat es öfter schießen hören“, sagte Elise. „Wer hat sich da noch etwas bei gedacht?“

„Wem haben Sie hier Bericht erstattet?“

„Niemandem. Ich habe versucht, Wolle und Farben einzukaufen.“

Kebede schnalzte unwirsch mit der Zunge. Ich kriege dich eines Tages noch weich!, drückte seine Miene aus. „Abführen!“, schnaubte er wutentbrannt.

Das Loch, in dem man die Deutsche verstaute, war feucht, ein kleiner vergitterter Betonausschnitt sorgte für Zwielicht und die Zufuhr von Gestank ließ darauf schließen, dass sie nur die Außenwand von der Abtrittecke des Hofes trennte. Die Gefangene hockte sich auf die Fersen, lehnte sich an die Wand und schloss die Augen. Einatmen, ausatmen, ganz ruhig. Ihr Herz war anderer Meinung und raste wie nach einem Sprint. Ein, aus, jedes Lungenbläschen wollte versorgt sein. Ihr Puls beruhigte sich allmählich.

Die Geräusche von draußen mobilisierten die Phantasie: ein Schrei verknüpfte sich mit Streckbett, Elektroschocks, Auspeitschen und Schlafentzug. *Welchem Werkzeug werden sie den Vorzug geben? Besser, ich male mir nichts aus,* dachte Elise*, sonst spiele ich denen in die Hände.*

An den Wänden gab es außer undefinierbaren Ausblühungen der Fugen nichts zu sehen, also zählte sie die Kettfäden ihrer schwarzen Hose. Kurz gurrte eine Taube, weit entfernt tackerte ein Maschinengewehr.

Der Schatten ihres Fenstergitters wanderte im Halbkreis. In einem Dämmerzustand kauerte Elise mit vor der Brust verschränkten Armen: „… tausendvierzehn, tausendfünfzehn ...“ Zwischen den Augenbrauen lösten sich von Zeit zu Zeit Schweißperlen und rieselten Richtung Kinn.

Ihre eingeschlafenen Beine kribbelten schmerzhaft, als ein kahlköpfiger Oromo mit Drei-Tage-Bart in einer schlabbernden Uniformjacke, von der ein Ärmel leer herunterhing, Elise nach draußen kommandierte. Dass sie nicht nach Lindenblüten roch, bestätigte sein Naserümpfen. Sie hielt sich leidlich aufrecht, obwohl die Bauchschmerzen in zusammengekrümmter Haltung besser zu ertragen waren.

In demselben Raum, in dem Elise zuvor gewesen war, wartete Kebede.

„Sie werden für mich die Nazareth Garment Factory aufbauen. Seit fünf Jahren stagniert die Planung. Wir haben die Zusage der International Labour Organization, die Sache zu unterstützen. Legen Sie mir nächsten Monat einen Entwurf vor." Hörte Elise richtig? Kein Schlafentzug, keine ausgedrückten Kippen auf der Haut?

„Sehr wohl", vor Erleichterung wankte sie, „kann ich meinen Pass haben?"

„Der bleibt hier. Sie werden ihn kaum brauchen."

Wie eine Traumwandlerin setzte sie einen Fuß vor den anderen. So wie sie war, warf sie sich ins erstbeste Fiat-Taxi, das sie erspähte.

„Deutsche Botschaft", krächzte sie und flehte, dass dort wenigstens noch eine Notbesetzung vorhanden war.

Das zwölf Hektar große Gelände lag unversehrt abseits des Zentrums. Am Zaun randalierte Elise eine ganze Weile, bis sich der Hausmeister blicken ließ und zögerlich, nach allen Seiten sichernd, das Tor aufschloss.

„Der Botschafter ist da", murmelte er unnötigerweise, denn ein Mann in einem makellosen dreiteiligen dunklen Anzug kam ihnen entgegen.

„Sobald die Anweisung zur letzten Evakuierung kommt, sind wir weg." Er deutete auf den erstbesten Stuhl. „Bis auf die Mitarbeiter der Kirchen betrifft das nur eine Handvoll Geschäftsleute." Der Botschafter fummelte unruhig an den Utensilien auf seinem Schreibtisch herum. „Ein unbeschreibliches Durcheinander. Kurz bevor die Österreicher und die Australier einsteigen wollten, wurden sie von aufgebrachten Angestellten überrascht, die behaupteten, sie hätten ihren Lohn nicht bekommen. Wie soll man in solcher Situation das Gegenteil beweisen? Es blieb ihnen nichts anderes übrig, als den Flug aufzuschieben. Eine Idee von oben, schätze ich."

Tschamusch würde sich niemals derartig missbrauchen lassen, war Elise überzeugt, aber wer weiß, mit welchen Mitteln die Machthabenden die Masse manipulierten. „Gibt es eine Möglichkeit, mir einen

Ersatzpass ausstellen zu lassen?“
„Das dürfte kein größeres Problem sein. Wenn Sie uns Passbilder bringen, ist das in ein paar Tagen erledigt. Haben Sie Ihren denn verloren?“
Am Ende ihrer Ausführung verzog er sein Gesicht und bedauerte:. „Unter diesen Voraussetzungen sehe ich keine Möglichkeit. Es tut mir leid, Ihr Pass ist offiziell eingezogen, und Sie wissen , wo er sich befindet. Das wäre ein Eingriff in innerstaatliche Angelegenheiten. Deshalb sind mir die Hände gebunden.“ Es verursachte ihm sichtlich Unbehagen, denn er trommelte mit den Fingerspitzen gegen die Scheibe. Nach einigen Minuten, während Elise niedergeschlagen seufzend auf ihrem Stuhl rutschte, drehte er sich herum. „Die einzige Chance könnten die Vereinten Nationen bieten. Haben Sie es dort schon versucht?“
„Nein.“
Den nachfolgenden Ereignissen war anzulasten, dass die Bemerkung in Vergessenheit geriet.

6

Mit unbeschreiblicher Sehnsucht nach Normalität zog es Elise nach Hause. Leo saß zusammengesunken mit dem Rücken zu seinem Klavier auf dem Hocker davor, in der Hand ein Glas, das er unentwegt schwenkte, und brauchte ein paar Sekunden, um Elise als real zu erkennen. Dann zog er sie zwischen seine Schenkel und drückte seinen Kopf an ihre Brust.
Die äußere Lebensgefahr ließ alle anderen Bedrohungen schrumpfen und bewirkte auf selbstverständlichste Art, was die zwei bis dahin gescheut hatten. Leben setzten sie dem ganzen Irrsinn entgegen und saugten sich wie ausgehungert am anderen fest. Sofort auf dem Klavierhocker riss es beide hin, ohne Rücksicht auf Reiseschmutz, Angstschweiß und Gefängnismoder drängte es sie an- und ineinander, als suche jeder beim anderen elementaren Schutz.
Verschwitzte Strähnen hingen Elise eine halbe Stunde später in die Stirn. „Ein Festessen kann ich Euch nicht bieten, wenn schon nicht das, dann lasst mich Euren süßen Leib verwöhnen, holde Jungfer, und steigt mit mir ins emailumfasste Nasse, auf dass uns die Relikte von

Rührung, Lust und Begehren hinweggespült werden zu neuer Wonne.“ Leo fühlte sich durch Elises atemloses Lauschen angespornt, bis sie ihr Gelächter nicht länger zurückhalten konnte, sich ächzend auf der Abflussseite in die Wanne senkte und die Füße neben seine Hüfte klemmte.

Als Leo ihre Blutergüsse, Schrammen und hervorstehenden Knochen inspizierte, rief er entsetzt: „Mein Gott, Mädchen, du bist ja nur noch Haut und Knochen, auf deinen Rippen kann man Xylophon spielen! Da ist keinerlei Polsterung.“ Durch die Schwaden des Wasserdampfs langte er nach zwei Gläsern und füllte sie mit Rotwein.

„Seit wann trinkst du Alkohol?“, wunderte sich Elise.

„Das ist eine längere Geschichte.“

„Mich hetzt nichts mehr. Wir haben alle Zeit der Welt. Die Kinder sind versorgt, die Größenwahnsinnigen haben mir einen Auftrag gegeben und werden mich vorläufig nicht behelligen.“ Dann strömten ihre Erlebnisse der letzten Monate aus übervollem Speicher.

Wieder schwenkte Leo sein Glas und suchte auf dem Grund nach dem Anfang. „Ich bin Alkoholiker. Deshalb bin ich nach Afrika gegangen. Die Pflege meines Vaters hat mich an die Grenzen gebracht, du glaubst nicht, wie viel Aggression mit Medizin kanalisiert wird. Am Ende waren wir quitt. Alles unter dem Deckmantel des hippokratischen Eids ..., bin immer mehr reingerutscht ... Ich war nicht mehr bei mir. Ich wurde zur Gefahr für Patienten.“

„Was heißt das?“

„Akute Appendizitis. Hab die wandernden Bauchschmerzen für Regelschmerzen gehalten und einer Patientin gesagt, sie soll sich zusammenreißen und zwei Tage später war sie tot. Mir war das so was von egal.“

Leo ließ die Tränen laufen, ohne die Miene zu verziehen, stetig und vehement. „Du bist restlos erschöpft“, erkannte Elise und schmiegte zärtlich ihren Kopf auf sein Knie, das aus dem Wasser ragte.

„Es liefen schon Verhandlungen, mir meine Approbation zu entziehen. Unwirklich weit liegt das zurück, dass es einen anderen zu betreffen scheint.“

Als das Wasser auskühlte, stiegen sie aus der Wanne und wickelten sich in warme Morgenmäntel. „Die Schweizer Köchin soll den Kaiser vor kurzem tot im Bett mit der Bibel auf seiner Brust aufgefunden

haben, als sei er beim Lesen eingeschlafen. Glaubst du das?"
Einen Moment dachte Leo nach. „Das friedliche Aussehen kann auch vorgetäuscht werden. Die werden einen Arzt finden, der ihnen bestätigt, dass es kein Kissen war."
„Weshalb sollten die Putschisten ein Kissen der öffentlichen Exekution vorziehen?"
„Angeblich soll er Geld in der Schweiz unter dem Namen seiner Hunde angelegt haben. Es gibt trotz allem noch Königstreue. Gleichzeitig machen die zahlreichen Anhänger einer Zivilregierung Jagd auf die Befürworter einer Militärregierung. Jetzt haben wir den gleichen Salat wie in Russland, Weißen und Roten Terror. Wer zwischen die Lager gerät, hat keine Zeit mehr, nach dem Priester zu rufen. Ich ertrage dieses Land nicht mehr."
„Ich bin festgenagelt", sagte Elise, „wer weiß, wie lange sich das Regime hält. Das muss ich aussitzen. Du könntest natürlich ..."
„Kommt nicht in Frage."
Als kurz darauf Kanada am Telefon war und ihr vor Schreck der Hörer fast aus der Hand fiel, war der Moment für Sonderberichte vorbei. Leo hatte auch diesmal nicht die ganze Wahrheit gesagt. Eine Weile blieb er verschwunden und ließ Elise telefonieren.
Adunja war gestorben. „Was soll ich tun?", klagte seine Witwe in Übersee. „Meine Schwiegermutter in Äthiopien besteht auf einer normalen Beerdigung." Rosaly hatte sich über seine Wünsche hinweggesetzt und den Verstorbenen routinemäßig einäschern lassen.
„Lass mich das machen", versicherte Elise, „schreib mir, wann die Fracht kommt. Ich organisiere alles hier!"
„Wie soll ich dir danken, Elise? Ich bin wie aufgelöst. Adunja hat immer alles geregelt. Ich habe keinen Durchblick und fühle mich wie gelähmt, wenn ich mich damit befassen soll. Ich glaube, ich habe keine Kraft, nach Äthiopien zu kommen."
Obwohl Elise mit Rosaly nie so ganz warm geworden war und nur lockeren Kontakt gehabt hatte, kannte sie den wahren Grund seit ihrem obligatorischen Neujahrsbesuch, zu dem Melese erzählte, der Trauzeuge habe mit einer Geliebten in Äthiopien ein Kind.
„Mach dir keine Sorgen", beruhigte Elise, „ich kümmere mich um die Beerdigung und die Haushaltsauflösung."

Für den Seelenfrieden der Mutter war ein intakter Leichnam notwendig. Die Illusion war nur aufrechtzuerhalten, wenn sie ihren Sohn nicht ein letztes Mal zu sehen bekam.
„Kommst du mit? Das lenkt dich ab, Leo. Wir kaufen einen Sarg.“ Die Annahme, dass ihn die allgegenwärtige Gewalt deprimierte, war so naheliegend und Elise bohrte nicht weiter.
Mebrat wusste, wo die Tischler zu finden waren: „Mit Goldrand, Verzierungen und dunkel gebeizt kostet der Sarg eine Stange.“ „Das ist logisch, aber nicht zu umgehen. Wir sind es ihm schuldig. Über einen Holzkasten ohne alle Verzierungsbeschläge würde die Mutter sich empören.“ Mit einer Eilzulage versprach der Tischler die pünktliche Fertigstellung.

Der Prunk amerikanischer Särge war mit äthiopischen Mitteln nicht nachzuahmen und gottlob war Adunja klein gewesen, sonst hätte der Sarg nicht in Elises Wagen gepasst. Die Schreinergehilfen luden ihn ein, sie deckte ihn mit einer Sofadecke zu und fuhr zum Flughafen. Die Schranke stand offen, sie hielt hinter einem Hangar und folgte den Stimmen in einen Lagerraum.
„Hören Sie, da kommt mit der Neun-Uhr-zwanzig-Maschine aus Montreal eine Urne als Fracht. Die Familie, die sie abholen wird, erwartet einen Sarg. Die Mutter darf auf keinen Fall merken, dass ihr Sohn verbrannt ist, sonst kriegt sie einen Herzanfall.“ Verständnisvoll nickten die drei. „Ein Sarg wäre besser.“
„Ich habe einen Sarg besorgt. Er ist draußen im Auto. Wären Sie bereit, die Urne da reinzustellen?“
Die Männer brummelten entgeistert und verzogen ihre Münder.
„Das merkt jedes Kind, dass da kein Toter drin liegt, weil der Sarg viel zu leicht sein wird.“
„Ich weiß, die Urne kollert drinnen herum, wenn die Kiste schief getragen wird. Wir müssen Ballast hineinpacken. Haben Sie hier irgendwelches Material, das ich verwenden kann?“
„Das geht unmöglich. Auf den Frachtpapieren steht ein anderes Gewicht.“
„Vergessen Sie die Papiere.“ Elise schob ein paar Scheine in seine Hosentasche, die unbürokratisch den Dienstweg der Ladung

umleiteten. Der Arbeiter zog die Augenbrauen hoch und grinste. Selbst wenn es sich um einen gesuchten Kriminellen handelte, der anders als geplant die Heimreise angetreten hatte, dem großen Führer konnte ein kleiner Deal nicht schaden.

Elise musste ihr Auto an einen Durchlass im Zaun fahren und in Windeseile wechselte die Kiste die Seite. Kurz nach Landung der Maschine stand Elise mit der Familie und einem Priester offiziell zum Empfang bereit, als der Gepäckwagen vom Flugzeug zurückrollte und am Hangar zum Stehen kam. Keiner in der Trauergruppe hatte darauf geachtet, was vorher schon auf dem Wagen stand und wie es mit dem übereinstimmte, was aus der Ladeluke gereicht worden war. Die Mutter warf sich kreischend über den Kasten. „Öffnet ihn! Ich will mein Augenlicht sehen."

„Das geht nicht, Mutter Adunja. Seine Krankheit war ansteckend." Zerknirscht plapperte Elise die Lüge, aber gnädigerweise blies der uneingeweihte Priester ins gleiche Horn.

Dass Leo bei der Beerdigung besonders in sich gekehrt war, passte in den Rahmen und gab Elise erst nachträglich zu denken.

7

„Die kaiserlichen Kinder sollen entführt worden sein!", rief die amerikanische Schwester Mary schon von der Einfahrt aus. Elise stockte der Herzschlag, sie richtete sich mit den letzten Resten des Grillfestes anlässlich Iyasus Geburtstag in der Hand auf. Es war ihr gelungen, den Kindern der kaiserlichen Familie einen unbeschwerten Urlaubstag vom Hausarrest zu bereiten. Wie sie vorausgesehen hatte, war die Zubereitung des Schafs eine gelungene Gaudi gewesen, jeder wollte den Spieß eine Weile drehen und der Älteste, der sich zum Zeremonienmeister ernannt hatte, schnitt das Tier in handliche Portionen. Eine frühere Amme hatte die Kinder vor Beginn der Ausgangssperre vorschriftsmäßig zurückgebracht.

Schwester Mary kickte einen Ball zu Isaak und nestelte an ihrer schwarz-weißen Haube, die ein altersloses Gesicht umschloss.

„Erzähl, was weißt du?", bestürmte Elise ungeduldig die Schwester nach Einzelheiten, doch die musste passen. „Sie wurden nicht zurückgebracht von einem Ausflug, heißt es! Die Imperialisten stecken dahinter, da geh ich jede Wette ein! Entführung durch den CIA!“

Im selben Augenblick meldete Tschamusch einen Fremden. *Soldaten,* war Elises erster Gedanke, *warum ich?*

Eine Bedrohung ging von ihm nicht aus, aber sie blieb wachsam. Die stolze Haltung des Mannes war das einzige, was auf einen ehemaligen Livreeträger hindeutete. Während er sich in blumigen Floskeln erging, fahndete Elise, welche Andeutungen Schwester Marys den Drahtziehern der Entführung vermutlich den Weg geebnet hatten. Erst als sich der Fremde allein sah mit Elise, drückte er ihr einen kleinen Zettel in die Hand und verabschiedete sich. Auf dem zerknitterten Schnipsel las sie: „Sorge dich nicht. Uns geht es gut.“ Unterzeichnet war er von Menen, Aidas Tochter.

Was bedeutete das? Hinter der Heimlichkeit steckte mehr! War es ihre Handschrift? Wie passte das mit der Neuigkeit zusammen? Sicherheitshalber verwandelte Elise, die jede Minute eine Razzia voraussah, den Zettel in graue Ascheflocken, die Lilibet mit einem Schwanzwedeln durch die Luft verteilte, rief ihre Kinder zusammen und schärfte ihnen ein: „Wenn euch jemals einer ausquetschen will, was ich mache oder wo ich bin, wisst ihr von nichts. Ihr müsst einfach ruhig bleiben. Ganz ruhig. Überhaupt nichts erzählen! Sonst bringen sie mich weg.“

Bei jedem Schritt durch die Stadt wurde die Geschichte durch Einzelheiten ausgeschmückt. Zuerst hieß es, die Amerikanerinnen sollen Geld gesammelt und aus Nairobi einen Hubschrauber angefordert haben. Der Nächste wusste, dass ein Helikopter von einer Fregatte im Golf zu Aden gestartet war und Fallschirmspringer abgesetzt hatte. In der Version des Samstags waren die amerikanischen Streitkräfte von Somalia aus eingefallen und hatten die Kinder aus den Wäldern um den Langanosee herausgekämmt. Elise traute den Rebellen zu, dass sie die Entführung vorgetäuscht hatten, um die Kinder umzubringen und das Verbrechen dann anderen anzulasten! Jedenfalls musste sie sich davon überzeugen, ob ihre Freundinnen von dem Verschwinden ihrer Kinder in irgendeiner Weise wussten.

Fahrig füllte Elise einen Beutel mit dem Nötigsten und wollte sich gerade zum Frauengefängnis auf den Weg machen, als ihr Elli aufgelöst entgegenstürzte. Ihre Augen waren blutunterlaufen, die Haare hingen fettig, ihre beige Strickjacke war schief geknöpft und den Jeans sah man die Gartenarbeit an.

„Simon ist heute Nacht nicht heimgekommen. Bitte, Elise, komm mit mir. Ich muss ihn suchen, ich schaff das nicht allein.“ Ihr Patenkind. Alarmstufe Rot!

„Wann ist er weg und wohin wollte er?“

Das Neueste war eine nächtliche Ausgangssperre, während der das Militär im Schutze der Dunkelheit Jagd auf unerwünschte Beobachter ihrer Durchsuchungen, Verhaftungen und Transporte machte. Addis Abeba glich einem Schlachthof, denn die Aufständischen ließen die Toten liegen, wo die Gewalt der Feuergarbe sie getroffen hatte, und morgens fuhren die Familien, die Vater oder Sohn vermissten, durch die Stadt, um sich die Toten anzusehen.

Wenn schon der Leichnam nicht entfernt werden durfte, gab es wenigstens Gewissheit. Ein Attentat auf Mengistu war fehlgeschlagen. Die Revolution beglich umgehend alte und neue Rechnungen in der Art des Wächters im Amt für Fernmeldewesen, der eine Gehaltserhöhung mit dem Hinweis verlangt hatte: „Wir sind die arbeitende Klasse, wir regieren, da musst du mir das Geld geben!“ Für die Weigerung schoss er seinen Chef über den Haufen.

Manche Leichen waren zur makabren Warnung mit einem Plakat in den Händen an Häuserwände gelehnt: „Der rote Terror wird blühen“ oder „Das war ein Konterrevolutionär“. Unweit einer Hauptstraße schreckte die beiden Frauen ein Bündel am Straßenrand. Ein Toter mit verrenkten Gliedern ohne Kopf, dessen Lebenssaft aus dem Halsstumpf in den Sand versickert war. Im Dunkel einer nahe gelegenen Hütte ahnten sie verschreckte Augen.

„Halt, da vorn, Elise!“, schrie Elli und klammerte sich an den Oberarm der Fahrerin. Ein Geier zog gerade von der Beute, in die er sich verkrallt hatte, mit kräftigem Zug eine Art Schnur aus der Hose, so sah es von weitem aus. Bei ihrer Annäherung flatterte der Vogel gravitätisch bis zum nächsten Telegrafenmast.

Elise fuhr das Fahrzeug rechts heran, zog die Handbremse und zwang sich auszusteigen. Rücklings über eine Verkehrsinsel streckte sich ein männlicher Körper mit ausgebreiteten Armen und einem angewinkelten Knie, das türkis und blau gestreifte Shirt war hochgerutscht und gab einen obszön herausragenden Nabel frei, unter dem aus einer

Bauchwunde Gedärme wie prall gefüllte Würste quollen. Daran hatte der Aasfresser gezogen.

Ellis Schrei drang mit Verzögerung in Elises Bewusstsein, weil sie sich neben die Beine des Toten erbrach, dann richtete sie sich keuchend auf und wischte sich das Gesicht mit einem Taschentuch ab. Der Gestank des Breis aus den Tiefen der Eingeweide setzte etliche grün schillernde Fliegen vor die Qual der Wahl.

Als sich die Blicke der Frauen trafen, rang Elli nach Luft, schüttelte den Kopf und schritt schluchzend zum Auto zurück. Simon war es nicht. Elise verschränkte die Ellbogen auf dem Autodach, lehnte ihren Kopf darauf, atmete tief durch und klemmte sich wieder auf den Fahrersitz. Ihre Freundin zog die Nase hoch.

„Bedien dich aus dem Handschuhfach", wedelte Elise unbestimmt und verschnaufte mit geschlossenen Augen.

„Kannst du noch? In welche Richtung sollen wir weitersuchen?"

Die nächsten drei, vier Leichen kamen nicht in Betracht, weil Elli nach kurzer Bedenkzeit endlich schwor, dass Simon ein graues Shirt mit einem turnenden Hund auf der Brust und eine beige Baumwollhose trug, als er gegen zwanzig Uhr die Wohnung verlassen hatte. Diese unbeweglichen Haufen dort kleideten entweder die am Unterschenkel engen Amharenhosen, graubraune kurze Shorts oder Uniformteile.

Sie fuhren an der Africa Hall vorbei, umrundeten den Palastbezirk, passierten das Parlament und folgten der King George Street. Zwanzig Tote, seltsam verdreht oder embryonal zusammengekrümmt, hatten sie abgehakt und jeder Misserfolg reduzierte Ellis Horrorphantasien. In den Straßen rund um die Universität hatte die Räumung der Relikte nächtlicher Gewaltexzesse durch abgestumpfte Arbeitslose eingesetzt. Die wie zu Windbruch Erstarrten verluden sie auf Lastwagen, indem sie sie, an Armen und Beinen gepackt, mit Schwung über die Ladeklappe schleuderten.

„Wir fahren zum Entoto rauf und auf einer Parallelroute zurück zur Innenstadt", schlug Elise vor.

Ihre Beifahrerin nickte stumm und wies auf einen frisch ausgehobenen Graben und unregelmäßige Erdhügel. Das waren unverkennbar Massengräber. In Sichtweite der ersten Soldaten, die das Gelände von Debre Tabor abriegelten, bogen sie ab, denn hier wäre ein Aussteigen

zu gefährlich gewesen. Das Regime wollte keine Zeugen.
Simon blieb verschollen.

8

Vier Tage danach schwenkte Elise in die Auffahrt ein und versteifte sich augenblicklich. Am Eingang zu ihrem Bungalow stand ein junger Mann. Die schlaksige Silhouette gehörte unzweifelhaft Simon, steckbrieflich gesucht seit dem letzten Wochenende, an dem der „Ethiopian Herald" zur Hatz aufgerufen hatte. Ohne Rücksicht darauf, wie lange Simon schon die Aufmerksamkeit auf sich gezogen hatte, drückte ihm Elise Isaak in den Arm und drängte ihn in die Wohnung. Ein Rundumblick zeigte, dass die Straße leer war.

So groß das Risiko auch war, Elises Hilfe war selbstverständlich, aber ihre drei Kinder mochte sie nicht gefährden.

„Was machst du hier? Stimmt das, was die in den Nachrichten verbreitet haben? Du druckst Flugblätter für die Kommunisten?"

„Besser, du weißt nichts, Tante Elise. Sag Mutter nicht, dass ich hier war. Die Phase der freien Debatten ist vorbei. Manche glauben, dass das Militär den Sozialismus durchsetzen kann, aber zuerst muss man die korrupten Beamtenärsche von den Schreibtischen wegräumen, damit endlich die Arbeiter und Bauern mit uns am Tisch sitzen können."

Das schwarze Haar fiel lockig bis auf die Schultern. Von der Akne, unter der er als Schüler gelitten hatte, zeugten nur noch Reste auf der Stirn.

„Halt dich raus, Simon, diese Figuren sind unberechenbar. Die wollen nur ihre eigenen Schäfchen ins Trockene bringen. Ich kenne die Leute. Großes Maul und nichts dahinter. Am besten, man kommt ihnen nicht in die Quere."

„Zu spät, Tante Elise, es geht hart auf hart. Hast du die Toten gesehen? Die Derg ist genauso faschistisch wie der alte Herr, in Wirklichkeit wird das Volk ausmanövriert."

Innerlich verdrehte Elise die Augen über das demagogische Gefasel, das sich wie Jahresringe um den wahren Kern der Geschichte legte. „Kriegt das Volk nicht endlich sein Stück vom Kuchen?" Sie musste ihn ernst nehmen, mahnte sie sich, sonst würde er dichtmachen.

„Die Verstaatlichung spielt denen in die Hände!“, erhitzte er sich. „Glaubst du etwa, die Kooperativen haben etwas zu entscheiden? Ich habe es gesehen. Übers ganze Land werden Kaderschmieden errichtet, um unter dem Landvolk mit regelmäßigen Schulungstagen ihre Ideologie zu verbreiten.“ Simon war im Rahmen der Alphabetisierungskampagne auf dem Land gewesen.

„Du hast ja Recht“, beruhigte Elise, während sie den halb dösenden Isaak für den Mittagsschlaf entkleidete. „Eine Revolution dient am allerwenigsten der Gerechtigkeit. Ich nahm an, ein Teil der Derg will ebenfalls eine Zivilregierung.“

„Mit denen arbeiten wir nicht zusammen. Heute fletschen sie lächelnd die Zähne und morgen retten sie ihre eigene Haut, indem sie dich ans Messer liefern.“

„Jugend“, seufzte Elise und beschloss, sich auf das Naheliegende zu konzentrieren. „Hast du gegessen? Etwas Hühnercurry müsste noch im Kühlschrank stehen. Das reicht für dich und Iyasu. Der kommt gleich aus der Schule.“

„Danke, ich merke erst jetzt, wie müde ich bin. Kann ich mich gleich aufs Sofa legen? Mach dir keine Umstände.“

„Möchtest du nicht duschen? Du hast nichts zum Wechseln dabei“, unterbrach sie sich selber.

„Stinke ich zum Himmel?“

„Man könnte dich mit einem Gurage am Mercato verwechseln, der seit Revolutionsbeginn seine Shamma nicht mehr gewaschen hat.“ Elise lächelte. „Nachmittag hole ich bei deiner Mutter frische Kleidung. Leg dich auf die Couch. Es ist täglich mit Durchsuchungen zu rechnen, auf keinen Fall kannst du lange bleiben.“

„In Ordnung.“

Während sie eine Decke und ein Kissen bezog, meinte sie: „Ich kenne Schleuser, die einen über die Grenze bringen. Bei mir ging es nicht wegen Isaak, der hätte jederzeit weinen können und alle in Gefahr gebracht, aber du könntest.“

„Nein, unmöglich. Ich werde meine Genossen nicht im Stich lassen.“

„Na, schlaf erst mal.“ Elise zog die Tür hinter sich zu und wärmte im Topf das Essen auf für ihren großen Sohn, der die erste Klasse besuchte.

Nach zwei Stunden erwachte Simon und die Kinder belagerten ihn, um ihr Spielzeug bewundern zu lassen.

„Ich fahre zu deiner Mutter. Macht niemandem auf und lauft nicht raus. Ich mach es kurz."

„Gut, wir kommen klar." Im Gehen hörte sie Iyasu „Such mich!" rufen.

Die einzigen Passanten waren Mönche und eine Handvoll Hausfrauen mit wehendem Umschlagtuch, jeder beeilte sich und hastete unauffällig durch Nebengassen. Die ganze Stadt duckte sich, alle hatten den Kopf eingezogen und wollten am liebsten so schnell wie möglich den Sturm vorüberziehen lassen.

Als Elise die Straße erreichte, in der ihre Freundin wohnte, stellte sie ihr Auto am Randstreifen ab und musterte die geparkten Wagen, die Schatten der Vorgärten, die Einfussungsmauern, hinter denen ein Denunziant lauern konnte, aber sie bemerkte niemanden.

Weil sie wusste, dass Familie Gabra den Garten als Erweiterung des Wohnzimmers einbezog und die Türen immer offen waren, ging sie um das Gebäude herum. Am unteren Ende des Hangs hatten Gärtner mehrere Sträucher entfernt und frisch eingesät, somit war die Mauer auf dieser Seite ohne Sichtschutz. Die jüngste Tochter machte unter dem verwachsenen Feigenbaum ihre Schulaufgaben und grüßte durch ein Heben ihres Füllers.

Auf Elises Rufen erschien Elli, blass und verhärmt mit tiefen Falten um die Mundwinkel. „Schön, dass du kommst. Ich kann eine Pause gebrauchen."

„Hast du einen Drink, mein Mädel?" Zum angedeuteten Wangenkuss hauchte Elise in ihr Ohr: „Ich habe gute Neuigkeiten für dich." Ein möglicher Beobachter hätte nichts Außergewöhnliches berichten können. Elli, die sofort verstanden hatte, schloss für Minuten die Augen.

„Komm mit in die Küche, mein Dienstmädchen wird die richtige Flasche suchen." In einer dunklen Ecke, die von draußen nicht einzusehen war, fragte sie: „Wo hast du Simon gesehen?"

„Er ist bei mir. Sollten die ihn finden, werden sie mit einer Ausländerin kein langes Federlesen machen. Denen genügt ein Vorwand, um mich loszuwerden. Kannst du mir frische Sachen einpacken für ihn?"

„Selbstverständlich. Kann ich ihn treffen?" Kopflos rannte sie zum

Kleiderschrank.
„Das geht auf keinen Fall. Ich habe zwar jetzt niemanden draußen gesehen. Geh davon aus, dass du beobachtet wirst. Wenn er mit jemandem Kontakt aufnimmt, dann doch mit seiner Mutter! Ich will nicht an die Wand gestellt werden." Das sah Elli notgedrungen ein.

9

Am nächsten Morgen krabbelte Isaak auf dem Boden, Iyasu kratzte die letzten Reste seines Porridges aus der Schale und klapperte mit ein paar Buntstiften, die noch in den Schulranzen neben dem Tisch gehörten. Leo war vom Nachtdienst in der Klinik noch nicht zurück und Mebrat zum Markt. Angetan mit einem chinesischen Kimono, briet Elise Frühstückseier und Toast. Auf einmal waren von der Zufahrt Getrappel und Poltern zu vernehmen, sie griff sich mechanisch die Pfanne und ging damit zur Tür.
Oh Schreck, Soldaten! Fetascha, da hat mich einer verpfiffen, war ihr erster Gedanke. Die Schemen durch die Milchglasscheibe der Eingangstür signalisierten: drei.
Warum hält mein Kopf noch auf den Schultern, obwohl das, was sonst in der Brust klopft, in den Hals gewandert ist?
„Dürfen wir ...?", fragte der erste der mit Maschinengewehren behängten Männer, zwei davon einen Kopf größer, und drängte, ohne auf Antwort zu warten, herein.
„Natürlich, tun Sie sich keinen Zwang an." Elises Beine bewegten sich wie ferngelenkt durch den Flur, den Eindringlingen voran, die Nerven zur Steuerung der Hand mit der Pfanne schienen unterbrochen. Iyasu drückte sich mit offenem Mund an die Wand und beäugte interessiert die Waffen, von deren Berührung ihn die Zackigkeit der Fremden abhielt.
„Ach, Sie haben äthiopische Kinder." Der breiter als seine Kameraden gebaute, von der Wichtigkeit seiner Aufgabe geblähte Sergeant kniff dem älteren Jungen in die Wange und Elise verzog das Gesicht zur grinsenden Grimasse. *Nur ruhig, mach einfach weiter*, befahl sie sich.
„Wir müssen die Schränke inspizieren!"

„Bitte. Tun Sie sich keinen Zwang an. Suchen Sie etwas Bestimmtes?“ Sehr systematisch gingen sie nicht vor, das sah die Eigentümerin, als sie den Männern durch alle Zimmer folgte, mit einem Ohr hin zum Badezimmer, wo das Wasser unüberhörbar rauschte.

Sollen sie nur alles betasten und die Kleider auf den Stangen zurückschieben, dann sind sie beschäftigt. Hat Simon nichts gehört? Vielleicht ist er längst durch das Toilettenfenster entwischt. Bis zur Mauer zum Nachbarn sind es nur ein paar Schritte. Wenn nicht, wie alarmiere ich ihn, fragte sie sich verzweifelt. *Wenn ich einen Tumult entfache, kommt er heraus und schaut nach. Das auf keinen Fall.* Sie verwarf die Idee, Iyasu einen Wink zu geben. Viel zu gefährlich.

Seit der Flucht aus Mekele, auf der sie nur gerettet hatte, was sie auf dem Leibe trug, verloren sich in den Schränken einige Überbleibsel, die ihr Abreisende übergeben hatten, und Leos ebenso überschaubare Staubfänger der Erinnerung hatten ausreichende Lücken gefunden. Die Tage, in denen sich Elise auf ihre Garderobe etwas eingebildet hatte, gehörten grauer Vorzeit an.

Den Polterern lag weniger an einer Bestandsaufnahme als vielmehr am Eindringen ins Private, an der Ausübung ihrer Macht. Die Unterwürfigkeit ihrer Opfer, die Angst in deren Augen ersetzten ihnen vollauf das Wühlen in Reizwäsche.

Als Letztes näherten sich die drei Uniformierten der Badezimmertür. Elise packte den hölzernen Stiel der schweren gusseisernen Pfanne fester. Die Muskeln in ihrem Arm spannten sich an. Gleich zwei mit einer Umdrehung?

„Da ist noch jemand in der Wohnung“, brummte der eine und drückte die Türklinke nach unten.

„Die liebe Verwandtschaft“, sagte Elise und machte hinter den dreien Anstalten, wie eine Hammerwerferin mit einer Drehung dem Kerl die Waffe aus der Hand zu schlagen.

Simon stand in Shorts mit eingeseiftem Kinn am Waschbecken, das Haar zerzaust, die Rasierklinge erhoben. Ein Gruß gab den anderen, doch wo blieb der Aufschrei? Elise wagte kaum weiterzuatmen, der Anführer tippte an seinen Helm und befahl den Abzug!

Wie ein stummer Diener, der ein Tablett für die Visitenkarten hinhält, stand sie, als die Tür hinter den Typen ins Schloss fiel. Zitternd stellte Elise das Rührei auf den Herd, das sofort weiterbrutzelte, weil die

Flamme nicht abgestellt gewesen war, und sackte auf einen Küchenstuhl. „Noch so eine Situation und ich falle tot um. Ich schaff das nicht“, stöhnte sie.

Simon verschränkte die Finger hinter dem Kopf, presste seine Ellbogen zusammen und hockte sich auf seine Fersen.

„Du musst gehen, Simon. Ich habe dir gern geholfen, Tekledu, aber das ist zu viel für meine Nerven. Diesmal sind wir davongekommen, weil du ein Halfcast bist. Bei solchen Kindern hatten die Soldaten nichts anderes erwartet, deshalb fiel ihnen nichts auf. Beim nächsten Mal sind sie totsicher besser vorbereitet.“

Beide zuckten zusammen, als sich ein Schatten am Schloss des Eingangs zu schaffen machte.

Leo stutzte zwischen Tür und Angel und schaute mit hochgezogenen Brauen vom einen zum anderen. „Wenn das Gehirn auf Sparflamme läuft“, sagte Elise, „funktioniert nur noch das, was wir als Kinder mal eingetrichtert bekommen haben. Unglaublich, mein Mundwerk redete ohne Kontakt zur Basis.“

Leo goss allen einen Drink ein und hob sein Glas. „Wie bei Demenz. Auf den Schrecken. Großer Gott, ich bin dem Jeep noch begegnet! Besser du fliehst ins Ausland, Simon. Überleg es dir, bevor die drei und drei zusammenzählen und Elise mit deiner Mutter in Verbindung bringen.“

Betäubt schüttelte Simon den Kopf, seine Pupillen auf einen Punkt weit außerhalb fixiert.

„Es gibt einen Niederländer mit diplomatischem Status“, ergänzte Leo, „ich mache gern einen Kontakt für dich.“

„Ganz geschützt ist er da nicht, jedenfalls weniger als in einer Botschaft.“

„Wenn er dich aufnimmt“, unterbrach Leo seine Partnerin, „wäre schon geholfen. Ich habe mich umgehört, übermorgen vor Sonnenaufgang geht ein Konvoi nach Assab und dort gehst du aufs Schiff.“

Der junge Wirrkopf protestierte: „Nein, ich verdrücke mich nicht, sobald es brennt. Ich kämpfe für Äthiopien.“

„Aber wir nicht. Denk mal nach! Du kannst die Presse, die ganze Welt auf euch aufmerksam machen! Und deinen Genossen nutzt du auch nur lebend!“

„Das würde euch so passen. Ich verpiss mich nicht, bloß weil sie mich auf dem Kieker haben. Ich tauch ab.“ Uneinsichtig schlich Simon sich in der Abenddämmerung davon.

Eine Woche danach durchwanderte Leo ruhelos die Wohnung, wieder und wieder, bis Elise ihn stoppte, indem sie die Arme um seine Hüfte schlang. „Was treibt dich um? Mehr können wir für den Jungen nicht tun.“ Er brummte.

„Kannst du nicht wieder mal so wie früher spielen? Das bringt uns auf andere Gedanken.“ Schmeichelnd führte Elise den Pianisten zum Klavier. Gehorsam setzte er sich und spielte ein paar Läufe, während sie seinen Nacken massierte.

„Ich glaube kaum, dass das ausreicht.“

„Meinst du die Massage oder die Musik?“

„Beides.“

Sie drehte den Klavierhocker zu sich herum und hockte sich vor ihn.

„Was ist mit dir?“

„Ich war heute bei einer Untersuchung, weil ich seit einiger Zeit Probleme habe.“

„Welche Probleme denn?“

„Was Shakespeare schon hatte: to pee or not to pee.“

Verständnislos versuchte Elise in Leos Miene zu lesen. So hellhörig sie mittlerweile seine in Witzchen und Aphorismen verpackten Andeutungen dechiffrierte, diesmal dauerte es Sekunden, bis der Groschen gefallen war. Er spielte auf seine Prostata an.

„Das ist nicht schlimm, nur lästig, oder?“

„Bei mir ist der Befund positiv.“ Leo räusperte sich. Ein paarmal tief durchatmen und er hatte seine vibrierende Stimme wieder unter Kontrolle. „Nächste Woche habe ich Operationstermin. Nicht grundsätzlich lebensgefährlich, meist folgenreich, womit ich ... wir uns herumschlagen müssen.“ *Wie alt muss man werden*, dachte er, *um sich so zu akzeptieren, wie man ist? Seit wir unsere unsinnige Zurückhaltung aufgegeben haben, läuft mir die Zeit davon. Ein Abschied auf Raten.*

Mit einem Mal schluchzte er. Fest schlang seine Freundin die Arme um ihn und wiegte ihn sachte hin und her.

„Du, ich kenne so viele Männer, die das hatten, damit kann man gut leben! Sogar zwei Onkel waren darunter und ..." Elise zählte wahllos Namen auf, die Leo genauso unbekannt waren wie ihr das Liebesleben dieser Kranken.

Mut machen ist wichtig, dachte sie, *immer gibt es einen Weg. Das Selbstbild von Männern, ach ja, aufrecht steht und fällt es. Mein halbes Leben habe ich mich selbst gegeißelt, weil ich unbedingt Kinder wollte, und dazu musste ich meinen Abscheu überwinden. Auf die alten Tage gibt es wahrhaftig andere Möglichkeiten, sich Zuneigung zu zeigen.*

Wohlig erinnerte sie sich der durch ihren Körper rieselnden Wellen, die er neuerdings durch Streicheln wachrief. Ganz überwältigt, schmiegte sie sich danach in seine Arme.

„Lass dir von europäischen Ärzten eine zweite Diagnose machen. Da gibt es modernere Behandlungsmethoden als hier, Spezialisten vor allem."

„Ich lass dich hier nicht allein!"

„Dann stehen wir das zusammen durch!", versicherte Elise.

Mebrat steckte den Kopf durch die Tür. „Woizero, im Radio kam eine Meldung! Gott steh ihm bei!" In den frühen Morgenstunden konnten Regierungstruppen den Anführer einer Terroristengruppe fassen, hieß es, die Anschläge gegen die Regierung plante. Simon Gabra.

In der Nacht klingelten Simons Eltern. Kaum sah Amanuel seine Freunde, begann er zu schimpfen: „Elli ist verrückt. Die bringt drei Kuchen hin! Die anderen füttert sie mit." Obwohl sich seine ehemals V-förmige Silhouette dem H annäherte, war seine Attraktivität ungeschmälert. Sein Gang federte normalerweise so markant, dass er von weitem daran erkennbar war. Heute trug er Bleisohlen. „Wenn die Hurensöhne sehen, was wir da alles hinbringen, denken die, wir hätten zu viel davon! Bring du sie zur Vernunft!"

„Ich weiß, was ich tue", entgegnete Amanuels Frau auf ihre Intervention.

„Nein, das weißt du anscheinend nicht, Elli. Verständlich. Das ist dein Lieblingssohn. Du bist im Augenblick zu aufgeregt und bringst uns alle noch ins Grab! Hör auf, so viele Lebensmittel zu schicken. Das macht euch zu einem lohnenden Ziel. Habt ihr ihn gesehen?"

„Nein, wir mussten alles abgeben. Wenn er gefoltert wurde ..." Elli versagte die Stimme. Die ehedem makellos geschminkte Pflegerin war grau wie die Wand und die Augen wirkten von schlaflosen Nächten eingesunken.

„Er hat die Botschaft ‚I love you, Mama und Papa' mit Lippenstift aufs Kissen geschrieben."

Der starre Gesichtsausdruck Amanuels verriet, dass noch mehr auf ihm lastete als der Kuchen. „Vor zwei Tagen war eine ganze Horde schwer bewaffneter Soldaten bei uns. Am Fuße des Gartens haben sie ein Bombenlager ausgegraben! Wir hatten keine Ahnung, dass wir auf einem Pulverfass saßen! Elise, ich versteh diesen Jungen nicht mehr."

Simons Aussichten traute niemand in Worte zu fassen, als ob das ein Eintreffen des Unheils verhindere.

Es dauerte weniger als eine Woche, da platzte Amanuel mit der Hiobsbotschaft herein: „Ich war im Gefängnis und man hat mir das Essen zurückgegeben."

Elise schlug die Hände vor den Mund und flüchtete sich in Leos Arme. „Oh nein, Simon."

Ellis Mann bedeckte sein Gesicht, in das sich Falten gruben wie Trockenrisse in ein Wadi. „Wie soll ich das meiner Frau beibringen?", jammerte er. „Noch nicht einmal den Leichnam rücken sie raus." Sein Schluchzen schüttelte den ganzen Körper.

Als Elise und Leo ihn nach Hause begleiteten, stand Elli am Esstisch und arrangierte Blumen wieder und wieder in der Vase und fragte unfreundlich: „Was wollt ihr so spät?"

„Elli", begann Elise betreten, „in dieser schweren Zeit müssen wir zusammenstehen!"

„Ich brauche niemanden, lass mich in Ruhe. Mein Sohn hat mit diesen Terroristen nichts zu tun. Es wird besser sein, wir sehen uns nicht mehr. Du musst dahinterstecken, dass er untergetaucht ist."

„Nein. Ich wollte ihn ins Ausland schmuggeln. Er wäre in Sicherheit, wenn er auf mich gehört hätte, glaub mir."

Auf Amanuels Nachricht kniff sie ihren Mund zusammen und drehte sich weg.

10

„Der ist ja schon wieder da!“ Leo legte unwirsch die Zeitschrift beiseite, nachdem Lilibet, die seit einiger Zeit nicht mehr unnötig herumsprang wie früher, von der Veranda aus kläffte. Elise räumte den Papierstapel und Leos Teekanne weg, um auch an diesem Sonntag Platz zu machen für das Buffet. Ihr Blick fiel kurz auf das Deckblatt: ein Sonderheft zur Urologie-Forschung.

Den Frühschoppen für Ausländer hatte sie wie in Londoner Jahren wieder aufgenommen, diesmal mit den Notbesetzungen der Botschaften, der Vereinten Nationen und kirchlichen Organisationen, den wenigen, die sich herauswagten. Einerlei, ob es sich um Hungerhilfe, Wirtschaftsaufbau oder medizinische Unterstützung handelte, alle Helfer aus kapitalistischen Ländern zählten aus Sicht der Einheimischen zu denjenigen, die auf ihren Profit bedacht waren.

Den Reigen eröffnete jedes Mal ein Mann. Unscheinbar in einen dunklen Anzug gekleidet, das schmale Gesicht versteckt hinter einer Sonnenbrille und unter einer Perücke, verbreitete er unergründliche Kälte um sich. Den linken kleinen Finger, den eine Warze zierte, spreizte er affektiert ab, wenn er ein Glas hielt, grüßte servil, äußerte sich belanglos über den Verkehr, trank ein bisschen und verschwand, ohne sich zu verabschieden.

„Wer war das?“, fragten die anderen Gäste. „Habt ihr ihn nicht mitgebracht?“ Keiner wusste etwas über ihn.

„Dann ist es mein Schatten, ihr Lieben. Mein Telefon wird abgehört, woher hätte er sonst von der Veranstaltung erfahren?“

„Wundert mich nicht, Elise. Die politischen Schulungen setzen in den Köpfen der Halbgebildeten eine wirre Gärung in Gang, dessen Ausgang ungewiss ist.“

„Haben wir alles schon gehabt“, entgegnete Elise, die keine Lust auf die Rolle der Kassandra hatte.

„Warum bist du noch im Land?“, fragte Dr. Paul Steiner aus Genf, ein hühnerbrüstiger, leicht gebeugter Mann mit unbezähmbarer Lockenpracht.

„Wo soll ich sonst sein? Man hat mir meinen Pass abgenommen.“

„Komm zu uns!“

„Was macht das für einen Unterschied?“

„Du kriegst einen Diplomatenpass!“

„Ohne Projektvertrag mit den Vereinten Nationen wird das nicht gehen“, glaubte Elise.
„Wenn überhaupt eine Chancen hat, dann doch wohl du. Du kennst die Verhältnisse und wärst besser geeignet als jeder Newcomer. Ich kann für dich in der Zentrale anfragen.“
Im gleichen Moment traf Schwester Mary ein, die erfreut aufatmete. „Bei dir fühlt man sich wie in einer Oase, Elise. Wo man hinschaut, schwarze Borten an den Gewändern. Na ja, jede Familie beklagt Verluste. Der Regen entleert sich Tag und Nacht über der Hauptstadt, als wären nach drei Jahren Sammlung die himmlischen Zisternen geplatzt. In unserer Straße stehen Bäume knöcheltief im Wasser und der Unrat schwimmt in allen Mulden, dass der Gestank kaum auszuhalten ist. Neblig, heute Morgen, mein Taxi ist fast im Schlamm versunken. Unterwegs verstopfen liegengebliebene Autos die Straßen.“
Als Mary mit einem Getränk versorgt war, fragte sie gespannt: „Wer kommt noch?“
Leo zählte die Zusagen auf. „Ich habe noch frisches Blut eingeladen, keine Sorge, sie sprechen vorzügliches Englisch. Fidel Castro hat Professoren für Medizin geschickt.“
„Was lädst du dir Kommunisten ein, Darling!“, stöhnten die Amerikaner.
„Sonst nur die Chinesen von der Botschaft, an der ihr vorbeigekommen seid. Denen habe ich bei einem Streit geholfen und sie haben mir Pflanzen für den Garten geschenkt. Unsere Brüder aus Ostdeutschland gehen dem belanglosesten Gespräch mit dem Klassenfeind lieber aus dem Weg. Ich vermute mal, dass sie selbst hier einen Aufpasser dabeihaben.“
Lautstark schnatternd trafen die Kariben ein und versprühten den virilen Charme der Latin Lovers mit blitzendem Lächeln und dem Versprechen im Schritt. Von keinen Minderwertigkeitsgefühlen gebremst, unterhielten sie sich glänzend. Rein optisch strotzten diese Musterexemplare der Gattung Mann unter ihren schlichten einheitlichen Anzügen vor Gesundheit.
„Injera muss ich schuldig bleiben“, bedauerte Elise, „Mebrat hat nur Spaghetti ergattert.“
Leise, so dass es keiner der Kubaner mitbekam, schimpfte Pater Mikael: „Auf Rat der Russen verknappt die Regierung künstlich die

wichtigsten Lebensmittel, um die Bevölkerung fügsam zu machen. Die Einheimischen stehen überall Schlange. Noch nicht mal für den neuen Birr kriegst du was, der äthiopische Dollar mit dem Kaiserbild ist verboten und Schillinge werden beschlagnahmt."

Mebrat bestätigte: „Sogar Kaffee wird rationiert. Eine Handvoll Bohnen für jeden soll reichen!"

„In unserem Viertel gibt es noch unbegrenzt Kaffee." Auf Deutsch brauchte Paul seine Stimme nicht zu dämpfen. „Eure Bezirksverwaltung übertreibt eigenmächtig. Es ist nämlich Unsinn, der Kaffee wäre wegen der Hungersnot im Norden knapp. Erstens wächst dort kein Kaffee, zweitens ist der Hunger vorbei."

„An der Hauptstraße stehen Zelte. Da kannst du eine Schachtel Streichhölzer für achtzig Birr ersteigern. Der Erlös kommt dem Vaterland zugute", teilte Mary mit.

„Anscheinend bringen sie die Bettler zum Arbeiten aufs Land."

Ein Amerikaner nahm Elise im Garten beiseite und mit Blick zum chinesischen Nachbarn raunte er: „Es ist verrückt, wie die Leute aus den Kaderschulen Belegschaften, Frauenvereine, Gewerkschaften, Veteranen in Begeisterung hochputschen. Glauben die ihren eigenen Senf?"

Gebückt rollte Elise einen Erdbrocken ins Beet. „Du sagst es, Frauen kochen für die Milizen, Unternehmen überreichen öffentlich Schecks für den Krieg, habe ich selbst gesehen."

Pater Mikael trug einen Teller heraus, hockte sich auf einen Stein und stach mit seiner Gabel in den Nudelberg. „Stimmt es, dass sie eine neue Methode erfunden haben, um Soldaten zu fangen?" Als er die Neugier der anderen beiden geweckt hatte, kaute er und schluckte. „Sie versprechen die Verteilung von Salz und wenn die Männer eine Ration holen wollen, werden sie zwangsrekrutiert zum Krieg gegen Eritrea. Sehr geschickt, muss man sagen."

„Was für einen hübschen Messob hast du da in der Küche?", fragte Mary dazwischen und schnitt vier Kerben in die Schale einer Apfelsine. „Wo hast du den gefunden? Hast du Beziehungen?"

„Der ist aus kaiserlicher Produktion", sagte Elise, „von Aida persönlich."

„Gehst du immer noch ins Gefängnis?", fragte die Schwester, als keiner der Kommunisten in der Nähe war.

„Nenn es meine Art des Sonntagsspaziergangs. Als ältere Frau ist es ungefährlich. Mir traut man nicht zu, dass ich konterrevolutionäres Material einschleuse.“

„Wie ist die Stimmung bei den Herrschaften? Die sind bestimmt mit den Nerven am Ende.“

„Das wechselt“, summierte Elise, „mal niedergeschlagen, mal aufgedreht. Besonders die, die nur Glamour gewohnt gewesen sind, leiden, obwohl ... die akute Bedrohung wird kleiner, allerdings verweigert man ihnen ärztliche Betreuung. Die Lebensbedingungen sind miserabel, Kälte und Schmutz zermürben psychisch. Dahinter steckt System. Ich habe den Eindruck, Mengistus Büttel sind uneins, was sie mit den Leuten anfangen sollen. Das Interesse der Bevölkerung an den Überbleibseln der alten Zeit flaut ab und das könnte gefährlich werden.“

„Das Regime will sie im Land festhalten“, vermutete Mary und schälte noch eine Frucht, „um Kaisertreue aus der Reserve zu locken. Sie glauben felsenfest, dass sie Beweise finden würden, eine Buchhaltung über Ländereien, Häuser, Fabriken, Devisen. Bis auf die letzten Jahre hat der Kaiser alles nur im Kopf gehabt.“

Aus dem Wohnzimmer perlte Gelächter der Kubaner, die am Radio herumschraubten und nach Tanzmusik suchten. „Tut sich irgendwas in Nazareth?“, fragte Esseye und reichte seiner Frau Magdess eine geschälte Orange.

Elise schüttelte den Kopf. „Die Maschinen verrotten in der Halle. Mein Gehalt ist das Einzige, was läuft.“

„Kunststück“, sagte Leo, der das leere Geschirr einsammelte, „das kommt ja auch von der Rehabilitation Agency for the Disabled ...“

„Was nutzen die tollsten Anträge? Bis da einer von den hundertfünfzig Kriegsversehrten arbeitet, ist der Jangtse ausgetrocknet. Stoffe, Garn, Maschinenöl und Spezialmöbel für Behinderte suchst du vergeblich.“

Mit einem Arm umfasste Leo seine Partnerin, die sich für Sekunden an ihn drückte, und murmelte: „Du hast dein Versprechen gehalten.“ Mebrat nahm ihm die Teller ab, woraufhin er den zweiten Arm um Elises Taille schlang.

Einen Moment tauschten sie einen innigen Blick, dann zuckte Elise die Schultern und wandte sich zu Mary. „Die Planung für KinderKonfektion habe ich Kebede auf den Tisch geknallt. Der Vorarbeiter hätte gerne anderes gehört, das ist mir auch klar. Für Meineide bin ich nicht zuständig!“

Als sich Paul verabschiedete, vereinbarte das Paar einen Besichtigungstermin für einen alten Peugeot. Leo spielte mit den beiden Jungs und einem der Kubaner unter lautem Geschrei Fußball und zeigte eben einen klassischen Fallrückzieher, seine Hose übersäht von Gras und Staub, da krampfte Elise ein nie gekannter Schmerz hinter dem Brustbein, ihr blieb die Luft weg. Ganz vorsichtig mit ruhigem Oberkörper setzte sie sich und wagte nicht durchzuatmen. Kalter Schweiß stand ihr auf der blassen Stirn, vom Magen brannte es die Speiseröhre hinauf, zwischen den Schulterblättern stach die Lunge und ein Schraubstock quetschte sie zusammen. Keuchend klammerte sie sich an Leo.

„Du hast dich wieder übernommen“, warf er ihr in liebevollem Ton vor und lockerte ihren Gürtel. „Komm, leg dich her! Keine Widerrede.“ Langsam atmete Elise aus, horchte auf das Pochen in ihrer linken Seite, auf das nächste Stechen gefasst, das ihr jeden anderen Gedanken aus den Zellen quetschen würde. Sie streifte alles ab, was sie beengte und bewegte sich vorsichtig. Noch einmal durchfuhren sie Stöße von Pein, dann blieb nur Schwäche. Leo verabreichte ihr eine Beruhigungsspritze.

„Ist Ihnen in letzter Zeit Treppen steigen schwergefallen?“, fragte einer der Kubaner.

Statt ihrer antwortete Leo: „Kein Ende finden, ohne Rücksicht auf sich selbst. Da ein paar Pillen, dort eine kleine Stärkung, demnächst eine größere, Hauptsache, der Motor läuft rund.“

„Ich will Sie nicht bevormunden, Kollege. Es könnte sein, dass die Höhenlage ihr nicht bekommt. Wie lange lebt sie schon hier?“ „Hallo, ich lebe noch und kann selber Auskunft geben“, rief Elise empört, „sechzehn Jahre.“

„Das war gerade ein Warnschuss vor den Bug: Ständig über zweitausend Meter Meereshöhe ist Gift für Sie! Klären Sie das mal ab!“ Erst auf ausdrückliche Zusicherung der Schwächelnden, dass sie sich mindestens für den Rest des Tages schonen und höchstens ihr Dienstmädchen liegend dirigieren würde, zogen die letzten Gäste von dannen. Entsetzt standen die Kinder um ihren Sessel.

„Sie denken, es ist Hypoxie, die Bergkrankheit. Was bildet der junge Schnösel sich ein?“, moserte Leo und brachte aus dem Garten eine Handvoll Brennnesselwurzeln und Weidenröschen, um Mebrat mit einem Tee zu beauftragen.

Müde beobachtete ihn Elise. „Warum warst du so zurückhaltend?“

„Mit seinen Henkern muss man sich gut stellen“, frotzelte Leo. „Morgen weiß ich, ob ihre medizinische Ausbildung ihrem Auftreten entspricht. Da werde ich mich unters Messer legen.“

Er zog Elise an sich, küsste sie und drückte ihren Kopf an seine Schulter. Lilibet schnüffelte in der ausgestreckten Hand und rieb sich schnaufend an ihrem Bein.

„Sollte es so einfach sein, in die Vereinten Nationen zu schlüpfen, gehen wir nach Deutschland und erholen uns mal richtig.“

Zum gedämpften Gemurmel hinter der Mauer zur chinesischen Nachbarschaft sank Elise in den Schlaf.

Das alles hier, was mache ich damit? Ach, soll Melese hier einziehen. Von Besitz wird mein Leben nicht dirigiert. Loslassen, um es abzurunden, dachte sie noch, da wurde sie durch einen Kuss geweckt.

„Komm raus, Liebchen, der Mond scheint so herrlich. Schauen wir, ob der Lotos schon blüht.“

In seinen Arm gehängt lehnte sie den Kopf an seine Schulter und übersprang mühelos mit ihren Gedanken zwei Stunden Schlaf: „Wir könnten auch ganz nach Deutschland zurück. Auf Verwandte sind wir nicht mehr angewiesen.“ Leo nickte.

Wahrscheinlich liegt es an dieser Perspektive, dachte sie später, nachdem sie sich für den Rest der Nacht zurückgezogen hatten, *ich fühle mich so leicht. Bei Leo bin ich daheim, wo immer das auch ist, wie kommt das nur? So lange liegt es zurück, dass mich eine ähnliche Zuversicht erfüllt hat. Erfolg und Misserfolg sind ganz zweitrangig, was kommt, das kommt.*

Natürlich, eine Prostataoperation kann peinliche Folgen haben für einen Mann. Warum sollte es uns treffen? So spät haben wir uns gefunden. Ist es nur der Partner, mit dem alles gleich so viel einfacher aussieht? Halt, generell stimmt das nicht. Noch bevor sie die Frage beantworten konnte, schlief sie traumlos.

11

„Wie geht es ihm?“, fragte Paul, als er Elise die Fragebögen und einen Stift reichte.

„Oh, er hat den Eingriff gut überstanden. Im Aufwachraum ist er in sicherer Obhut. Lange werden sie ihn nicht dabehalten, die Operation hat zwar länger gedauert als vorgesehen, aber Auskunft hat mir bisher noch niemand gegeben. Bald wird Leo wieder ansprechbar sein.“

Gibt es etwas Schöneres, dachte Elise, *als sich die gemeinsame Rückkehr nach Europa in allen Details auszumalen? Ein wirkungsvolleres Heilmittel als Schubertlieder.* Nein, sie zweifelte nicht am Erfolg ihres Antrags.

„Wohin wird mich ein Projekt führen? Gibt es eine Prioritätenliste?“

Pauls Geste umfasste alle vier Himmelsrichtungen.

Einerlei. Ärzte werden überall gebraucht. Es ist ein Mittel zum Absprung. Nicht zu früh freuen, dämpfte Elise ihre Euphorie, als sie mit dem Auto, das sie auf einer Probefahrt am nächsten Morgen testen würde, zur Klinik zurückkehrte. *Tag um Tag vermindert sich die Restzeit, die ich hier festgenagelt bin.* Einige Soldaten, die vor ihr auf der Pritsche eines Lastwagens ihre Finger zum Siegeszeichen spreizten, forderten so etwas Ähnliches wie Schadenfreude heraus. „Euch schlage ich ein Schnippchen!“, rief sie ihnen hinterher.

Übermütig schwenkte sie ihre Tasche und beschleunigte ihren Schritt, mit dem sie die Station wieder betrat. Es fehlte nicht viel und sie wäre über die Fugen der Kunststofffliesen gehopst. Ihre fröhlichen Grüße ins Schwesternzimmer trafen auf Unbekannte. Ach so, die Mittagszeit war vorüber, die Schicht hatte gewechselt, unter den Schwestern war kein bekanntes Gesicht.

„In welches Krankenzimmer ist Dr. Musculus verlegt worden?“, fragte Elise an der Rezeption.

Die Schwesternschülerin schaute in ihr Verzeichnis und antwortete geschäftsmäßig: „Moment bitte. Ich hole Dr. Fernandez, er ist noch bei der Visite.“

„Ich wollte nur ...“ Schon war die Angestellte um die Ecke verschwunden.

Einige Somalis mit Umhängen und Körben hinkten schnatternd durch den Flur, ein Mann mit Krücken warf Elise einen zornigen Blick zu. Ihr wurde, je länger sie wartete, unbehaglicher, sie verschränkte die Knöchel, wechselte mal das rechte über das linke Bein, dann wieder das linke über das rechte.

Vielleicht ist er noch immer im Aufwachraum? Vorsichtig klopfte sie an die Tür. Die Schwester, die den Kopf herausstreckte, nuschelte, durch den Mundschutz gedämpft und, wie Elise schien, mitleidig, dass sie einen „Musculus" nicht unter ihren Patienten habe.

Wehrlos überwältigten sie jetzt Filmsequenzen, deren Rohmaterial einem medizinischen Lexikon hätte entstammen können: Krebsgeschwüre, die jeden Hohlraum des Körpers füllten, Killerzellen, die Leukozyten fraßen, piepsende Apparate in der Intensivstation.

Womöglich lag er dort, Elise fragte sich durch und spähte durch die Scheiben, ohne etwas zu erkennen. Ein Bett mit einer komplett verhüllten Gestalt wurde eilig vorbeigerollt. Elise rang die Hände, ein Gelübde lag ihr auf der Zunge. Welches Opfer würde ihr schwer genug fallen, dass es Leos Gesundheit aufwog? Aus dem Stegreif leierten ihre Lippen ein Gebet.

Wo steigere ich mich da hinein? Du bist ja völlig überspannt! Nur weil dich die Kubaner warten lassen.

Sekunden wirkte die persönliche Zurechtweisung, dann schnürte es ihr die Luft wieder ab und sie musste sich setzen. Die Rezeptionshilfe rannte vorbei. „Der Doktor kommt gleich!"

„Ich wollte nur die Zimmernummer ..." Die Angestellte hörte sie nicht mehr.

Auf einmal hatte Elise Angst vor dem Gespräch. Sie wollte nur bei Leo sitzen und eventuell seine Stirn kühlen oder Händchen halten, ein deutsches Heim im Geiste einrichten, viel mehr verlangte sie gar nicht.

Wenn ein Chirurg zum Angehörigengespräch lädt, muss etwas Ernstes sein, oder nimmt er sich Zeit, um ein paar Rezepte zum Sonntagsbuffet beizusteuern? Dass wir nicht verheiratet sind, bedeutet auf diesem Kontinent nichts. In Deutschland bekäme ich keine Auskunft. Bin ich stark genug für die Wahrheit, sie unter Umständen für uns beide zu tragen?

Für einen Moment schloss sie die Augen, da stand Dr. Fernandez vor ihr und geleitete sie in einen Büroraum. Eine Weile schauten sie sich stumm an, keine Wimper zuckte, sein Gesicht verbarg die Überlegung, was er zumuten konnte und was nicht. Dann hüstelte er und sagte: „Es tut mir sehr leid, Frau Dimtu, wir haben alles versucht."

Perfekt, analysiert sie automatisch. *Er hat die einfache Vergangenheitsform benutzt.* Sie will nicht die Bedeutung dahinter ergründen. Wie ein Brandmal auf der Seele, dieser Satz, der wird ihr jeden Schlaf rauben, das weiß sie jetzt schon. Ihre Welt liegt in Schutt. Sie muss sich weiterbewegen wie ein aufgezogenes Blechspielzeug! Abgeschaltet, gekappt die Verbindung zum Innersten, im Kopf nur eine Abfolge von Eindrücken ohne Kontakt zum Sehnerv. Die letzten Tage, Leo am Klavier, Leo lachend am See, Leo bei Kerzenlicht, Leo in Tränen.

Elise spürt Leos Hand auf ihrer Schulter, während sie wie festgewachsen auf diesem Kunststoffstuhl klebt. Alles, was der Arzt noch sagt, muss sie Wort für Wort in ihr Bewusstsein transferieren. Für ein Entschlüsseln der Botschaft fehlt ihrem Gemüt die Kapazität.

Da ihr Gesichtsausdruck das Unverständnis widerspiegelte, fragte der Doktor: „Haben Sie mich verstanden?" Herzmassage, Elektroschock eine Sammlung wirrer Wortkaskaden brandete an ihr Ohr, überschlug sich, verebbte und am Ende einer dunklen Röhre saß dieser weiße Kittel, dessen Mund sie entströmte.

„Es war ... alles gut verlaufen ...", stammelte Elise kaum hörbar.

Ein Restrisiko bleibe immer. Embolie. Tue ihm sehr leid. Wenn er noch etwas für Sie tun könne, aber die Formalitäten hätten Zeit bis morgen. Er wusste, dass Europäer nicht von einer großen Sippe aufgefangen werden, allein in der Fremde. „Brauchen Sie etwas zur Beruhigung?"

„Kann ich ihn sehen?", krächzte sie. Sie musste sich sein Bild in ihre Netzhaut brennen für die Ewigkeit.

Verloren stand sie danach am Ausgang des Hospitals und fragte sich, wie ihr Auto aussah und wo sie es abgestellt hatte. Eine Frau im glänzenden Sari kam die Stufen herauf und stutzte. „Mrs. Dimtu?" Sie trat noch näher. „Elise?"

„Anjali!" Das Abraha Hotel in Mekele mit seiner polierten Teakholztheke, Piet Sommer und Aidas Rosengarten kreiselten vor Elises Augen, verlockten zuzugreifen, ein eiskaltes Getränk jetzt hinunter. *Nein, reiß dich zusammen,* befahl sich Elise und die schnelle Abfolge widersprüchlicher Gefühle ließen sie schwanken.

Chaotisch stammelnd fasste sie zusammen, warum sie an diesem Platz gelandet war. Die äußerliche Versteinerung der alten Bekannten veranlasste die Inderin abzusehen von ihrer hinduistischen Gewissheit, die den Tod lediglich als Übergang in eine andere Daseinsform bewertete. In Anbetracht gemeinsam durchlittener turbulenter Vergangenheit schlug sie vor: „Ganz in der Nähe hat kürzlich ein Café wiedereröffnet. Komm mit, wir bereden alles, was jetzt nötig ist." Elise folgte ihr willenlos.

Ich habe eigentlich kein Recht, irgendetwas für ihn zu entscheiden, ging ihr auf. *Muss jemand benachrichtigt werden? Was hätte Leo gewollt?* „Äthiopische Christen werden nicht eingeäschert, aber Leo hat sich dafür ausgesprochen." Daran erinnerte sie sich genau, es war anlässlich Adunjas Beerdigung gewesen. „Soviel ich weiß, gibt es in ganz Äthiopien kein Krematorium und eine Sargüberführung ist viel zu teuer. Ich kann mir nicht vorstellen, dass der Entwicklungsdienst so etwas zahlt. Außerdem ist in seiner Heimat niemand, der Interesse an einer Grabpflege hat, und wo ich mal lande ..."

Anjali verstand das Dilemma. „Unserer Religion ist Verbrennung vorgeschrieben."

„Wie macht ihr das?", fragte Elise.

„In unserem Zentrum ist es möglich", antwortete die Inderin zögernd.

Irgendwie kam Elise nach Hause, auf welchem Weg, blieb ihr nicht in Erinnerung. Sie schaute sich selber zu, wie sie die Kinder über das Entsetzliche unterrichtete. Die Kinder, die das Elend in ihr fühlten, durchschauten das oberflächlich Tröstende nicht, das Unheil war zu erschreckend.

Sie schlichen auf Zehenspitzen. Immer wieder umklammerten sie die Mutter, die sie so verstört nicht kannten. Braver waren sie nie gewesen, als wüssten sie, dass zusätzliche Schwierigkeiten den Faden, der sie mit dem Leben verband, gefährdete.

Wir haben alles getan, echote die Chirurgenstimme in ihr. *Komplikationen. Musste Leo sich ausgerechnet von diesen Ärzten operieren lassen, hätte ich nur drauf gedrungen ... Nicht mal ein Abschied. Ein letztes Mal dies oder jenes ausgekostet, bewusster als üblich. Vorbei*!, hämmerte es fortwährend in ihrem Kopf. Wütend auf sich selbst hantierte sie unsinnig im Haushalt herum, warf die Brettchen in die

Spielkiste und Spielsachen in die Schublade, um im nächsten Moment weinend in eine Ecke zu sinken.

Da! Sein Geruch. Ihre Härchen auf den Armen stellten sich auf. Er stand hinter ihr, streifte fast an ihrer Hose, sie atmete drei Sekunden ein, schloss die Augen und hielt die Luft an. Jeden Moment, drei Sekunden presste sie die Luft raus, streckte ihre Hand aus. Nichts!

Lilibet schnupperte an den Fingern, in ihren Augen suchte Elise ein Zeichen von ihm, eine Nachricht.

Was sie sich im wachen Zustand nicht zugetraut hätte, erledigte sie schlafwandlerisch, als führe jemand anders ihre Hand.

12

Deshalb war Elise hierhergefahren, an den Awash, weil ihr Leo von dieser Ausgrabung vorgeschwärmt hatte. Gleich hinter der Brücke verließ sie ihr Auto mit Iyasu und Isaak und gab ihnen, scheel beäugt von einigen Kindern, den Auftrag, es zu beaufsichtigen. Sie hatte die beiden ängstlich um sie Besorgten zwar mitgenommen, bei dem, was ihr bevorstand, wollte sie jedoch nicht abgelenkt werden.

Ein letztes Mal Eins sein. Sie fühlte, Leo schreite neben ihr her und seine kläglichen Knochensplitter seien nicht verborgen in jenem Gefäß unter ihrem Arm, das ihr am Anfang des Wegs viel zu leicht, und je weiter sie voranschritt, umso schwerer dünkte. Vielleicht war es nur ihr Tritt oder ihr eigenes Gewicht, das die Füße unwillig dem Ort entgegentrugen, an dem die Trennung endgültig und ihre Mission erfüllt wäre. Ein Kilometer.

Leo war die Tour ein Anliegen gewesen, Elise den Platz zu zeigen. Pilgerfahrt. Ein Bittgang mit ihrer Großmutter kam ihr in den Sinn. Zum Kreuzberg in Bonn. Fronleichnam. Ihn auf Händen tragen, das wollte sie auskosten bis zur Neige.

An einer Kieszunge, die ins Blau des von Felsen durchsetzten Flussbetts hineinragte, schnatterten zwei Frauen beim Wäschewaschen, sie nahm sie nicht wahr. Auch nicht das saftige Grün, das sich jenseits einer Flussbiegung von der mit Schirmakazien bewachsenen Parklandschaft oberhalb der Steilufer abhob.

Erst die sanften Hügel weckten durch Farbe und Form die

Erinnerung: Salzburger Nockerln. Woher der intensive Duft nach Ribiselkuchen und Beuschel? Und der Geschmack auf der Zunge, seiner Zunge, wenn sie sich küssten. Viel zu selten. Die verschwendeten Jahre im Norden bohrten unter ihrem Rippenbogen. Ihr Aneurysma sollte nur platzen, dann wären sie von Stund an zusammen.

Mit nachgebenden Knien sank Elise im Schatten der Bäume zu Boden und verschnaufte. „Ich verstehe dich“, sagte sie, „hier muss es in alten Zeiten gewimmelt haben von Antilopen, Gazellen, Zebras und Flusspferden.“

An einen Stein gelehnt, versank Elise mit offenen Augen im Traumstückwerk, neben sich den Topf mit Asche, zerrissen ihr Innerstes: Anjali, die den Fluten entsteigt, die Verständnisvolle. Die Herde der übriggebliebenen europäischen Christen ohne Hirten, der seine Hilfe aufdrängt. Ein Federstrich unter der Erklärung beim Zoll, den Verstorbenen seiner Familie zu übersenden. „Es ist mein Bruder“, sagt Anjali und rafft ihren weißen Trauersari. Bündel von Birr entzünden den Holzstapel, während die Mondscheibe ihr lähmend fahles Licht durch ein Fenster schickt.

Das Geräusch klatschender Vogelschwingen musste Elise in die Wirklichkeit geholt haben. Sie erhob sich, griff den Behälter und kletterte die Böschung zum Wasser hinunter, hockte sich hin und beobachtete das Auf und Ab, das Gurgeln und Glitzern der Strömung, wie es sich an kleinen Zacken brach, wegtauchte und murmelnd strudelte.

„Den breiten Strom der Moldau lässt Smetana an Prag vorbeifließen“, hörte Elise Leos Stimme. „Zum Sterben schön“ hatte er den Platz beschrieben.

Sie sah sich um. Kein Lebewesen weit und breit. Entsetzliche Verlassenheit zwang sie auf das Ufergeröll, der Schmerz schrie aus ihr, sie schlug ihre Fäuste auf den Boden, bis die Knöchel blutig zerschunden waren, und grub die Fingernägel in Grasbüschel, während ihr eine salzige Flut über die Wangen lief.

Zorn hieß sie nach einer Weile aufsetzen. Sie klagte Leo der Fahrlässigkeit an, die Medizin der Unfähigkeit, die Reihe setzte sich fort und kreiste, warf sie schließlich auf sich zurück, so dass sie den Kopf auf die Steine schlug, rasend vor Machtlosigkeit.

Ungemessen war Zeit durchs Stundenglas gelaufen, als sie das Gefäß öffnete und ihre Hand hineintauchte. Durch die Finger ließ sie die

Asche rieseln und rief das Bild seiner Arme zurück, seine Schulter, jederzeit zum Anlehnen bereit. Verschwunden die weiße Haut, die er vor der Sonne schützen musste. Den kleinen Bauch konnten auch tägliche Dauerläufe nicht im Zaum halten. Weich war sein Bizeps gewesen und immer kalt seine Füße, sie lächelte versonnen. Die Betroffenheit schnürte ihr die Kehle zu, als ihr ausgerechnet das Strickmuster der Badehose einfiel und sein verschämtes Geständnis, woher sie stammte. Der Topf entglitt ihr, kollerte ins Wasser, kippte um und wurde samt Inhalt von der Strömung weggetragen.

Als sie ihm nachschaute, bemerkte sie einen kleinen Vogel, der auf einem tiefhängenden Ast wippte und sie beäugte. Minutenlang fixierten sie einander. Leo wollte ihr durch das Vögelchen etwas mitteilen, hätte es sonst so lange da gehockt? Als es zwitschernd fortflog, blieb Elise sitzen, beschattete die Augen mit einer Hand und verfolgte seinen Flug im Gegenlicht. Es war hoffnungslos, den Code entschlüsseln zu wollen. Gegen einen Zentnerdruck quälte sie sich empor, als die Sonnenstrahlen schräg einfielen, und streckte die eingeschlafenen Beine.

Nicht einmal schaute sie zurück, musste sie, um nicht zu stürzen, doch auf den Boden achten. Wie gesät lagen dort schwarze Steine, scharfkantig und blattförmig. Obsidian. Sie bückte sich und hob einen auf.

13

Als Elise mit den Jungen nach Hause kam, hatten sich die Dinge überschlagen und eine Nachricht von Paul lag im Briefkasten: „Wir haben eine Vorladung für Genf, Ticket inklusive."

„Seit fünf Jahren bin ich amtlich nicht existent gewesen, verloren, Spielball für jeden. Keiner wäre im Ernstfall zuständig." Lächelnd beobachtete Paul, wie Elise ehrfürchtig den blauen Pass in den Händen wog, aufschlug und sich vom Namen überzeugte.

Der Flug nach Genf war die Feuerprobe. Erst danach vertraute sie diesem Papier, ihrer Umgebung noch lange nicht.

Was wird aus dem Haus? Ich darf nichts regeln, überlegte Elise*, sonst macht sich irgendjemand Gedanken über die Gründe.* Eindringlich schärfte sie den Kindern und Mebrat ein: „Wir müssen vorsichtig sein. Wir sagen erst kurz vorher, dass wir wegfahren, und zwar am achtundzwanzigsten, obwohl wir am dreiundzwanzigsten abreisen. Hauptsache, es kommt niemand auf die Idee, uns aufzuhalten."

Drei Tage vor der Abfahrt nach Khartum zum Auslandseinsatz für das Kinderhilfswerk der Vereinten Nationen schluckte Elise Librium. Um der Aufregung keinen Raum zu geben, in der sich die Kinder unter Umständen verplappert hätten, versorgte sie jeden mit einer Aufgabe entsprechend seiner Fähigkeiten. Erwartungsvoll hockte der Kleinste auf seinen Fersen.

„Isaak, du trägst die Sandwiches und eine Flasche Wasser."

Dem Mädchen konnte man mehr zutrauen. „Judy, ganz wichtig, es darf nichts wegkommen von unserem Gepäck. Immer wenigstens einen Fuß dranhalten, damit du sofort merkst, wenn einer den Koffer wegrücken will, und einen Arm auf die Tasche!" Wacher als sonst, versuchte der Backfisch, sich nützlich zu machen.

„Du, Iyasu, übernimmst das allerwichtigste Amt. Du bist der Wächter über die Pässe." In einem Brustbeutel hängte sie ihm die Dokumente um den Hals.

Damit Elise nicht gleich nach Personal Ausschau halten musste, kam die Dienerin mit. „Mebrat, behalte bitte die Kinder im Auge."

Vor der leer stehenden Afrikahalle schaute ihnen ein riesiger Lenin hinterher. Am Flughafen erweckte die Hellblonde in Begleitung einer schwarzen Kinderschar Neugier, aber die Zöllner guckten unbeteiligt mit hinter dem Rücken verschränkten Händen.

„Ihr sitzt im Flugzeug einfach still!", ermahnte Elise. „Ich kann nicht rausgucken! Wenn das Flugzeug umdrehen sollte und nach Addis Abeba zurückfliegt, bekomme ich einen Kreislaufkollaps! Schaut! Wer zuerst unten ein silbernes Band sieht, einen Fluss, bekommt einen Apfel. Sagt mir Bescheid."

„Heureka, da ist er!", rief Iyasu. Judy schmetterte: „Wir sind über dem Sudan!" Den Aufschrei bekamen alle Passagiere mit und als sie die Ursache dafür erfahren hatten, überschütteten sie die Kinder mit Süßigkeiten.

Elise presste ihre Nase an die Scheibe. Unten breitete sich eine große, weite, braun verbrannte Fläche aus: Wüste. Über den Anblick des Rheins wäre sie kaum weniger glücklich gewesen als über dieses

silberne Band, den Nil.
Meine Dämonen waren von der Sorte, der man sich nicht durch Amulette entziehen kann, und wahrscheinlich wird auch das blaue Laisserpasser der Vereinigten Unionen daran nichts ändern, resümierte Elise. *Dieser Fesseln habe ich mich jedenfalls entledigt.*
„Wir sind entkommen!“

Epilog

2008, Bonn
Von wegen unsichtbar und Generation Beige! Mit frisch onduliertem zartlila Haar kam mir Elise von der Bushaltestelle entgegen, als ich zum „Rosenhof" radelte. Keine Andeutung mehr von Tippelschritt am Rollator, nein, sie schwebte in aufrechter Haltung, die Altersdepression wie weggeblasen.

Vor zwei Jahren hatten wir uns angefreundet. Damals bat sie mich, für sie bei der Gesellschaft für Humanes Sterben die Unterlagen anzufordern, und nun hatte sie Rouge aufgelegt, passend zum altrosa Strickkostüm, und um die Schultern einen nachtblauen Glitzerschal.

An diesem milden Frühlingstag saßen einige alte Herren auf den Bänken und ließen sich die Sonne auf den Pelz brennen. „Wie, du kommst mit dem Bus, Elise, ich denke, du fährst nur noch Jaguar!", meckerte ein weißhaariger Herr mit Stock.

„Hatschi!" Elise suchte nach einem Taschentuch.

Herr Siebenkötter rollte mit seinem Stuhl vorbei. „Jetzt sin Se verkäält."

Eine pensionierte Xanthippe mit Handtäschchen auf dem Schoß und hechelndem Rollbraten an der Leine rief herüber: „Ja klar, is die verkäält. Kutschiert ja ooch nur noch im offenen Cabrio eröm."

Die diebische Freude war Elise anzusehen, als wir ihr kleines Appartement betraten. „Es gibt zwei Lager, von den einen hagelt es Komplimente und Bewunderung für meinen Mut, von den anderen Anzüglichkeiten."

„Das kann ich mir denken." Ich hatte noch unser Gespräch von vor einem Monat im Ohr.

„Ich bin ganz durcheinander", hatte Elise zaghaft gesagt und ich merkte, dass sie lange mit sich gerungen haben musste. „Am liebsten würde ich weglaufen. Das war immer meine Methode, wenn's brenzlig wurde. Kannst du mir raten?"

Auf meine Frage, was denn passiert sei, hatte sie leise gehaucht: „Ich habe mich verliebt."

Donnerwetter, dachte ich. *Mit einundachtzig Jahren noch mal aus den Gleisen gehoben zu werden! Die Bedürfnislosigkeit des Alters kann ich mir abschminken.*

„Wer ist denn der Glückliche? Woher kennst du ihn?"

„Wir waren bei der Baronin zum Geburtstag eingeladen. Ihr Rechtsanwalt eben. Gezielt gesucht hat er mich nach der Beerdigung."

Vor meinen Augen sah ich Jopi Heesters, der sich seit zweihundert Jahren ins Maxim schleppte.

„Er sehnt sich nach einer Familie, ist ganz normal in seinem Alter." Sie lachte. „Aber dazu müsste er meine dreckeligen Pänz adoptieren."

„Wie alt ist er denn?"

„Achtundfünfzig."

Ich schluckte. „Wenn er sich trotzdem zu dir hingezogen fühlt, findet er etwas bei dir, was ihm fehlt. Das ist doch schön!"

„Na ja. Was passiert, wenn eine Jüngere kommt, mit der er noch eine Familie haben kann? Dann steh ich im Regen."

„Ist es nicht leichter, die Gegenwart zu genießen, wenn du weißt, die verbleibende Zeit ist überschaubar und nach dir die Sintflut? Du beklagst dich, dass die Leute um dich herum nur von Krankheiten reden. Langeweile wäre bestimmt kein Thema mehr! Jeder Tag könnte noch größere Überraschungen bereithalten als die auf dem Röntgenbild!"

„Meinst du? Weißt du, er ist so gepflegt und wohlerzogen, Handkuss und Blümchen, wir machen kleine Fahrten, er liest mir Hölderlin vor oder wir schwelgen in Beethoven. So ein Niveau habe ich mir immer gewünscht."

„Wahrscheinlich bewundert er deine Weltläufigkeit genau wie ich! Eine bönnsch-englisch-amharische Konversation findet man nicht auf Bestellung."

„Ja genau, das sagt er. Es kann keine Berechnung dahinterstecken."

„Warum sollte er dir etwas vormachen? Du bist keine Erbin, die er um ihre Millionen bringen könnte."

„Es ist kein Geheimnis, dass ich mit meinen paar Kröten gerade über die Runden komme. Die Nachbarn sagen: ‚Jetzt spinnt die Elise, sich einen Typen an Land zu ziehen!'"

„Nein, ist die cool!"

Elise kicherte. „Ich hab schon immer meinen Kopf durchgesetzt.

Vielleicht hast du Recht. Jetzt ist mir leichter."

Mit einem Seufzen ließ sie sich in ihrer Wohnung auf den Stuhl fallen. „Nach dem Essen klappe ich zusammen. Er hat sich nämlich angewöhnt, in der Mittagspause bei mir reinzuschneien."

„Weiß er, wie schwer dir das Kochen fällt?"

„Wo denkst du hin! Ich werde doch keine Schwäche zeigen. Überwache mal in meinem Alter noch drei kochende Töpfe, das ist eine Leistung! Seit Jahren habe ich für mich nicht mehr richtig gekocht. Du weißt ja, wie wenig ich esse. Gestern schellte das Telefon und schon war der Herd vergessen, bis es aus der Küche qualmte. Oh my Lord, wenn die Hausverwaltung das merkt, ist es aus mit dem betreuten Wohnen, dann sperren sie mich ins Pflegeheim."

Elise zupfte an der Haut ihrer Unterarme. „Wenn nur meine äußere Hülle besser zum Inhalt passen würde! So schummrig kann keine Energiesparlampe sein ..."

Da klingelte es. „Schnäppchenmarkttransport!" tönte es aus der Sprechanlage. Aufgeregt drückte Elise auf den Öffner und lief ins Treppenhaus. Zwei Mann stiegen aus dem gläsernen Fahrstuhl.

„Elise Dimtu", fragte der erste. „Ja, da wollen wir mal erst runtertragen, was Sie haben. Dann bringen wir das andere hoch."

Betulich führte sie die kräftigen Kerle herein und wies auf ihre Liegestatt. Zwei andere Arbeiter in blauen Latzhosen hatten schon die Rückseite des Transporters geöffnet und schwätzten mit drei Bewohnern. Währenddessen waren die zwei Träger mit Elises Bett aus der Haustür gekommen und alle Köpfe drehten sich ihnen zu, auch diejenigen der Spaziergänger auf dem Deich, der plötzlich belebt war wie zuzeiten des Rheinmarathons.

Als die Männer auf unserer Etage aus der Treppenhaustür traten, sah ich, sie brachten eine französische Liege.

„Mein altes Bett war einfach zu schmal." Noch immer stand eine Sechsergruppe Zeugen auf dem Deich und verdaute das Gesehene.

„Die werden sich fragen, wie das noch in dein Ein-Zimmer-Appartement passt."

„Die fragen sich noch ganz andere Sachen. Der Nachbar massiert sich den Hals, so oft wie der sich verrenkt, um sein Ohr an die Wand zu legen!“ Wir grinsten uns an. „Manchmal steht sein silberner Wagen sogar über Nacht auf dem Parkplatz. Zum Abschied kriegt er seine drei Küsschen rechts und links, wie es in Äthiopien üblich war. Dann wackeln die Gardinen.“ *Ups,* dachte ich, *mutig.*

„War mir schon mulmig beim ersten Mal“, gab Elise zu und die Bilder in unseren Köpfen glichen sich vermutlich. „Erst am Ende meines Lebens stoße ich auf so ein Juwel.“

Zum Abschied nahm ich sie in den Arm. „Besser spät als nie.“

„Und das, wenn du denkst, du läufst außer Konkurrenz“, rief sie mir hinterher.

Stammbaum des Kaiserhauses

Ausschnitt aus dem Stammbaum der kaiserlichen Familie, sofern relevant für das Buch

Fett= gesichert in Haft nach dem Putsch; unterstrichen= hingerichtet 1974

Haile Selassie ∞ Menen Asfaw
1892-1975 1889-1962

Asfaw Wossen
1916-1997
∞Medferiashwork Abebe
1922-2009
Ijigayehu (1936)
Maryam Senna (1944)
Sehin Azebe
Sifrash Bizu (1959)
Zera Yacob (1953)

Zannaba Worq
1918-1933
∞Haile Selassie Gugusa

Tenagne Worq
1913-2003
∞ Desta Damtew
1892-1937 hingerichtet
Seble Desta (1931-2023)
Aida Desta (1927-2013)
Amaha Desta (1928-1944)
Hiruth Desta (1930- 2014)
Sophia Desta (1934-2021)
Iskinder Desta (1934-1974)
Tsige Mariam (Mary) von Abebe Retta (+ in Haft)
Mentewab Andargatchew (starb als Kind)

Tsehay
1919-1942
∞ Abie Abebe

Makonnen
1923-1957
∞ Sara Gizaw
1929-2019
Paul Wossen Seged (1947 –2021)
Mikael (1950)
Dawit (1952 –1989)
Makonnen (1951)
Aklile Berhan Makonnen (1956)
Fileppos Tafari Makonnen (1954)
Beede Mariam (1957)

Sahle Selassie
1931-1962
∞ Mahisente Habte Mariam (*1937)
Ermias Sahle Selassie (1960)

Kinder von Seble und Kassa Wolde Mariam:

Jote Worq Kassa(*1960)
Yeshimebet Kassa (*1962)
Aus der Haft entkommen 1977:
Laly (Debritu) Kassa (*1963)
Kokeb Kassa (*1967)
Amaha Kassa (*1973)

Kinder von Aida und Mengesha Seyoum (*1927):

Ribka Mengesha
Mikael Sehul Mengesha (*1950)
Yohannes Mengesha (*1951)
Estifanos Mengesha (*1952)
Jalyee Mengesha (*1955)
Seyoum Mengesha (*1957)
Menen Mengesha (*1962)

Enkel von Asfaw Wossen:

Samson Fikre Selassie (geb. 1954)
Rahel Fikre Selassie (geb. 1957).
Meheret Fikre Selassie (geb. 1959).
Aster Fikre Selassie (geb. 1960).
Bekere Fikre Selassie (geb. 1962).
Yishaq Fikre Selassie (geb. 1964).

Erläuterungen zum Stammbaum-Abschnitt, der aus Wikipedia-Daten extrahiert wurde

Bereits 1960 war der Kronprinz Asfaw Wossen in einen Putsch gegen den Kaiser verwickelt gewesen, 1973 sein Enkel Iskander Desta, Chef der äthiopischen Marine. Noch 1974 ernannte Haile Selassie Asfaw Wossens Sohn Zere Yacob, zum neuen Thronfolger.

Während viele Kinder der kaiserlichen Familie aus Äthiopien flohen, mussten sich die Frauen ab September 1975 einen ehemaligen Lagerraum im Gelände des berüchtigten „Alem Bekagn“ Gefängnisses teilen. Erst im September 1988 kamen sie unerwartet frei, ein Jahr später auch die Männer der Familie. Mindestens zwei Frauen starben durch verweigerte medizinische Versorgung:

Yeshashework Yilma (+ 1982 kurz nach Entlassung aus dem Gefängnis) war die Tochter von Yilma Makonnen; Nichte des Kaisers, dreimal verwitwet

Ijigayehu Amha Selassie (1936-+ Anfang 1976 in Haft); ältestes Kind von Asfaw Wossen). Ihr Mann, Fikre Selassie, blieb acht Jahre lang inhaftiert und starb im August 1996.

Aus der äthiopischen Geschichte

1869	Assab wird italienisch
1887	Menelik II., König von Shoa, gründet Addis Abeba
1889-1911	Amtszeit von Menelik II., Kaiser von Äthiopien
1896	Schlacht von Adua. Sieg über italienische Angreifer
1897	Eritrea wird italienische Kolonie
1916-1930	Amtszeit von Kaiserin Zawditu
1930	Haile Selassie I. zum Kaiser gekrönt
1935-1941	italienische Besetzung Äthiopiens
1952	Eritrea wird Äthiopien angegliedert
1960	missglückter Staatsstreich
1974	nach Staatsstreich Abdankung des Kaisers im Arrest; Tod unter ungeklärten Umständen 1975 ; 61 Mitglieder seiner Regierung werden ohne Prozess hingerichtet
1974-1991	sozialistische Militärdiktatur
1977	Mengistu Haile Mariam wird Staatschef
1987	Demokratische Volksrepublik Äthiopien
1989	Freiheit für die inhaftierten Frauen der kaiserlichen Familie; 1990 Exil
1991	Flucht Mengistu Haile Mariams nach Simbabwe
2006	Todesurteil für Mengistu in Abwesenheit wegen Völkermord
2008	Bestätigung des Urteils vom Obersten Gerichtshof Äthiopiens

Glossar und Namensverzeichnis

Abet	Hilfe
Aderatsch	Festmahl in einer großen Halle
Adunja	Trauzeuge und Freund Meleses
Aida Desta	Tochter von Tenagne Worq, Enkelin von Haile Selassie; Frau des Gouverneurs
Akaki	Stadtviertel von Addis Abeba
Alawik'imi	amh.; Ich weiß nicht
Alem Bekagn	Name des Zentralgefängnisses, 2007 abgerissen für das Hauptquartier der Afrikanischen Union; übertr.: „Abschied von der Welt“
Amanuel Gabra	Mann der Kollegin Elli
Amharen	ethn. Gruppe, dominante Minderheit, die sich selbst als Elite betrachtet; 26 % der Äthiopier
Anjali Kapoor	indische Geschäftsführerin eines Hotels in Mekele
Ato	amh., Herr, als Titel
Awash	Fluss in Südäthiopien
Bariya lidj	amh., Sklavenkind
Bernd Weitershammer	Bayerischer Arzt
Besrate	Dienerin
Beuschel	österr., Ragout aus Innereien
Birr	Währung, 1 Birr = 0,016 Euro
Daniel	Rot-Kreuz-Helfer aus dem Knüll
Danya	amh., Laienrichter
dark ages	übertr. depressive, ereignislose Zeit
Dat jüd' et nit!	bönnsch; Das gibt's nicht!
DDT	Insektenvernichtungsmittel Dichlordiphenyltrichlorethan
Dedjazmatch	amh., militärischer Titel

Derg	Coordinating Committee of the Armed Forces, Police and Territorial Army, regierte zwischen 1974 und 1987
Dieter	Elises Halbbruder
Dr. Leo Musculus	Elises Freund
Elli Gabra	Deutsche Freundin aus Englands Zeiten; Krankenschwester
Emahoi	amh., Kopfbedeckung der Nonnen
Ermyas	Ellis zweiter Sohn
Esseye	Mann von Magdess
fairly used	engl., wenig gebraucht
Ferendji	Franke, übertr. Ausländer
Fetasha	amh., Hausdurchsuchung
For heaven's sake	engl., lieber Himmel
For Pete's sake	engl., für Peters Heil
Fijörche	bönnsch, Figürchen
Galla siehe Oromo	
ganhoy	amh., Anrede Majestät
Gazew, Tilahun	Name eines Demonstranten
Gebre-Egzy, Tesfaye	Minister für Information
Gérard	Belgischer Entwicklungshelfer
Getahum	Name eines Lehrers
Gētawi izīya newi?	amh. Ist der Herr da?
Gētawi hēdwali	Der Herr ist weg.
Gibbi	amh., Festhalle
good gracious, good grief	engl., Meine Güte! Liebes Bisschen!
GTZ	Gesellschaft f. technische Zusammenarbeit
Grazmatch	amh., militärischer Titel
Gumbo	amh., Tonkrug
Gurage	ethn. Gruppe, 3 % der Äthiopier
Gursha	amh., Bissen, der einem Untergebenen in den Mund gefüttert wird
Halfcast	engl., Mischling
Don't make a mountain out of a molehill	engl. Mach keinen Berg aus einem Maulwurfhügel; übertr. Übertreibe nicht!
Hadja	Name, Bekannte im Ministerium für Adoptionen

Hans	Ehemann von Tante Käte
Heinz	Stiefvater
HIM	Abk. für His Imperial Majesty
Ilamä!	Sieh mal an!
Indisha	Ich weiß nicht
Ines	Kollegin bei der UNO
Injera	Fladen aus Teffmehl, Weizenart
Isaak	Elises zweiter adoptierter Sohn
Ishi	amh., ja
Ishi nege	amh., jawohl, morgen
Jaan en de Nol enjefäddemb	kölsch, Garn in die Nadel einfädeln
Iyasu	Elises erster adoptierter Sohn
Jonathan Dimbleby	Englischer Journalist, sein Bericht über die Hungersnot in Äthiopien 1973 mit dem Titel „*The Unknown Famine*" bekam den Richard Dimbleby Award und diente dem Regime als Begründung zur Absetzung des Kaisers.
Judy	Meleses Nichte
Just pie in the sky	engl., übertr. Wie Blätter im Wind
Kassa Kebede	General, Handlanger von Mengistu
Käte	Elises Tante
Khat	Pflanzliche Alltagsdroge
Kirikiri	amh., Streit
Kofi Annan	Ab 1962 bei der UNO, Generalsekretär 1997-2006
Koshasha	amh., Dreck
Le'ult	Prinzessin
Lidj	Prinz
Löcksö	Trauerfeier
Lucy	Freundin aus London
Magdess	Freundin und Krankenschwester
Makeda	Elises Schwägerin
Makonnen	Meleses Studienkollege

Malka Arsad	Lokalität am See Bishoftu
Mrs. Markham	Direktorin des Colleges in London
Maryam Fellegetsch	Name der Vorarbeiterin
Masante	Tochter von Ras Imru
Matthes	Pastor
Mebrat	Name eines Dienstmädchens
Melese	Elises Ehemann
Messob	Typischer Korb aus Gras und Palmblättern geflochten
Mikhael	Masantes Bruder
Mind the gap	Übliche Lautsprecheransage in der Londo- ner Metro: Achtung Lücke“ (zwischen Zug und Bahnsteig)
mon bijou	frz., mein Schmuckstück
My goodnee	engl., du lieber Himmel!
Oromo	ethn. Gruppe, 34 % der Äthiopier
Oxfam	englische Hilfsorganisation
People like you are our problem! They call us overlord!	engl., Leute wie du sind unser Problem. Sie nennen uns Ausbeuter.
Piet Sommer	deutscher Entwicklungshelfer
Rahel	Tochter von Ras Imru
Ras Imru	Cousin von Haile Selassie (1892-1980)
Ribiselkuchen	österr., Johannisbeerkuchen
Ruth, Judith	Schulfreundinnen von Elise
Sabanya	Wächter
Sarah Mahisente Hapte Mariam	Frau des Sahle Selassie (*1937)
Seble Desta	Tochter von Tenagne Worq (1931-2023)
Sehul	Vater von Judy, Bruder von Melese
Servant	engl., Diener
Shamma	Toga ähnliches Tuch, Mantelersatz
Simon	Ältestes Kind der Deutschen Elli und dem Äthiopier Amanual Gabra, Elises Patenkind
Siniti biri newi	amh., wieviel kostet es?

Sörfu	Name des Wächters
Surri	Hosenform mit unten verengten Beinen
Taibe	Name des Gärtners
Talla	äthiopisches Bier
Tedj	Honigwein
Tekledu	Kosename für Simon

Über die Autorin

Die promovierte Archäologin Aide Rehbaum war langjährige Dozentin für kreatives Schreiben der VHS und wissenschaftliche Dokumentarin für Heimatmuseen.
Seit 2004 arbeitet sie als freiberufliche Historikerin bzw. Autobiografikerin und verfasst Sachbücher, Auftragsbiografien, Firmenfestschriften und Romanbiografien. Sie lebt in der Nähe von Bonn.

Näheres unter: www.kreativ-schreibstudio.de

Bisher erschienen folgende Bücher der Autorin:

- Sündenbock Hexe. Ausgrenzung und Vernichtung gestern - und heute?
  Gießen 1994

- Verein Deutscher Zementwerke (Hrsg.) 125 Jahre Forschen für Qualität und Fortschritt
  Düsseldorf 2002

- Katrin Okumafi (Pseudonym) Kein Fleckenwasser für Leoparden
  Rudolstadt 2009

- Flammentod im Grafenhaus. Ein Indizienprozess als kulturhistorische Quelle
  Marburg 2011

- Sog der Ferne. Hessische Abenteurer, Pioniere und Auswanderer im 18. und 19. Jahrhundert
  Darmstadt 2020

- Tod auf der Zeil. Strafverfolgung und soziales Milieu im Vormärz
  Bonn 2023